新法科·法学核心课程系列教材

华东政法大学
教材建设和管理委员会

主　　任　郭为禄　叶　青
副 主 任　罗培新　韩　强
部门委员　虞潇浩　杨忠孝　洪冬英
　　　　　屈文生　陆宇峰
专家委员　王　迁　孙万怀　钱玉林
　　　　　任　勇　余素青　杜素娟

本书受上海市高水平地方高校建设项目资助

Introduction to Digital Law

数字法治导论

主　编　陆宇峰
副主编　张文龙　韩旭至

北京大学出版社
PEKING UNIVERSITY PRESS

图书在版编目(CIP)数据

数字法治导论 / 陆宇峰主编. -- 北京：北京大学出版社，2025.1. -- ISBN 978-7-301-35751-4

Ⅰ．D922.174

中国国家版本馆 CIP 数据核字第 20248QJ793 号

书　　　名	数字法治导论 SHUZI FAZHI DAOLUN
著作责任者	陆宇峰　主编
责 任 编 辑	李小舟
标 准 书 号	ISBN 978-7-301-35751-4
出 版 发 行	北京大学出版社
地　　　址	北京市海淀区成府路 205 号　100871
网　　　址	http://www.pup.cn　新浪微博：@北京大学出版社
电 子 邮 箱	zpup@pup.cn
电　　　话	邮购部 010-62752015　发行部 010-62750672　编辑部 021-62071998
印 刷 者	北京圣夫亚美印刷有限公司
经 销 者	新华书店
	730 毫米×980 毫米　16 开本　23.75 印张　439 千字 2025 年 1 月第 1 版　2025 年 1 月第 1 次印刷
定　　　价	78.00 元

未经许可，不得以任何方式复制或抄袭本书之部分或全部内容。
版权所有，侵权必究
举报电话：010-62752024　电子邮箱：fd@pup.cn
图书如有印装质量问题，请与出版部联系，电话：010-62756370

明德崇法　华章正铸

——华东政法大学"十四五"规划教材系列总序

教材不同于一般的书籍,它是传播知识的主要载体,体现着一个国家、一个民族的价值体系,是教师教学、学生学习的重要工具,更是教师立德树人的重要途径。一本优秀的教材,不仅是教师教学实践经验和学科研究成果的完美结合,更是教师展开思想教育和价值引领的重要平台。一本优秀的教材,也不只是给学生打下专业知识的厚实基础,更是通过自身的思想和语言的表达,引导学生全方位地成长。

习近平总书记深刻指出:"当代中国的伟大社会变革,不是简单延续我国历史文化的母版,不是简单套用马克思主义经典作家设想的模板,不是其他国家社会主义实践的再版,也不是国外现代化发展的翻版,不可能找到现成的教科书。"新时代教材建设应当把体现党和国家的意志放在首位,要立足中华民族的价值观念,时刻把培养能够承担民族发展使命的时代新人作为高校教师编写教材的根本使命。为此,编写出一批能够体现中国立场、中国理论、中国实践、中国话语的有中国特色的高质量原创性教材,为培养德智体美劳全面发展的社会主义接班人和建设者提供保障,是高校教师的责任。

华东政法大学建校70年以来,一直十分注重教材的建设。特别是1979年第二次复校以来,与北京大学出版社、法律出版社、上海人民出版社等合作,先后推出了"高等学校法学系列教材""法学通用系列教材""法学案例与图表系列教材""英语报刊选读系列教材""研究生教学系列用书""海商法系列教材""新世纪法学教材"等,其中曹建明教授主编的《国际经济法概论》、苏惠渔教授主编的《刑法学》等教材荣获了司法部普通高校法学优秀教材一等奖;史焕章研究员主编的《犯罪学概论》、丁伟教授主编的《冲突法论》、何勤华教授与魏琼教授编著的《西方商法史》及我本人主编的《诉讼证据法学》等教材荣获了司法部全国法学教材与科研成果二等奖;苏惠渔教授主编的《刑法学》、何勤华教授主编的《外国法制史》获得了上海市高校优秀教材一等奖;孙潮教授主编的《立法学》获得"九五"普通高等教育国家级重点教材立项;杜志淳教授主编的《司法鉴定实验教程》、何勤华教授主编的《西方法律思想史(第二版)》和《外国法制史(第五版)》、高富平教授与黄武双教授主编的《房地产法学(第二版)》、高富平教授主编的《物权法讲义》、余素青教授主编的《大学英语教程:读写译(1—4)》、苗伟明副教授主编的《警察技能实训教程》等分别入选第一批、第二批"十二五"普通高等教育本科国家级规划教材;王立民教授副主编的《中国法制史(第二版)》荣获首届全国优秀教材二等奖。1996年以来,我校教师主编的教材先后获得上海市级优秀教材一等奖、二等奖、三等奖共计72项。2021年,由何勤华教授主编的《外国法制史(第六版)》、王迁教授主编的《知识产权法教程(第六版)》、顾功耘教授主编的《经济法教程(第三版)》、王莲峰教授主编的《商标法学(第三版)》以及我本人主编的《刑事诉讼法学(第四版)》等5部教材获评首批上海高等教育精品教材,受到了广大师生的好评,取得了较好的社会效果和育人效果。

进入新时代,我校以习近平新时代中国特色社会主义思想铸魂育人为主线,在党中央"新工科、新医科、新农科、新文科"建设精神指引下,配合新时代背景下新法科、新文科建设的需求,根据学校"十四五"人才培养规划,制定了学校"十四五"教材建设规划。这次的教材规划一方面力求巩固学校优势学科专业,做好经典课程和核心课程教材建设的传承工作,另一方面适应新时代的人才培养需求和教育教学新形态的发展,推动教材建设的特色探索和创新发展,促进教学理念和内容的推陈出新,探索教学方式和方法的改革。

基于以上理念,围绕新文科建设,配合新法科人才培养体系改革和一流学科专业建设,在原有教材建设的基础上,我校展开系统化设计和规划,针对法学专业打造"新法科"教材共3个套系,针对非法学专业打造"新文科"教材共2个套系。"新法科"教材的3个套系分别是:"新法科·法学核心课程系列教材""新法科·法律实务和案例教学系列教材""新法科·涉外法治人才培养系列教材"。"新文科"教材的2个套系分别是:"新文科·经典传承系列教材"和"新文科·特色创新课程系列教材"。

"新法科"建设的目标,就是要解决传统法学教育存在的"顽疾",培养与时代相适应的"人工智能+法律"的复合型人才。这些也正是"新法科"3套系列教材的设计初心和规划依据。

"新法科·法学核心课程系列教材"以推进传统的基础课程和核心课程的更新换代为目标,促进法学传统的基础和核心课程体系的改革。"新法科"理念下的核心课程教材系列,体现了新时代对法学传统的基础和核心课程建设的新要求,通过对我国司法实践中发生的大量新类型的法律案件的梳理、总结,开阔学生的法律思维,提升学生适用法律的能力。

"新法科·法律实务和案例教学系列教材"响应国家对于应用型、实践型人才的培养需要,以法律实务和案例教学的课程建设为基础,推进法学实践教学体系创新。此系列教材注重理论与实践的融合,旨在培养真正能够解决社会需求的应用型人才;以"新现象""新类型""新问题"为挑选案例的标准和基本原则,以培养学生学习兴趣、提升学生实践能力为导向。通过概念与案例的结合、法条与案例的结合,从具体案件到抽象理论,让学生明白如何在实践中解决疑难复杂问题,体会情、理与法的统一。

"新法科·涉外法治人才培养系列教材"针对培养具有国际视野和家国情怀、通晓国际规则、能够参与国际法律事务、善于维护国家利益、勇于推动全球治理体系变革的高素质涉外法治人才的培养目标,以涉外法治人才培养相关课程为基础,打造具有华政特色的涉外法治人才培养系列教材。

"新文科·经典传承系列教材"以政治学与行政学、公共事业管理、经济学、金融学、新闻学、汉语言文学、文化产业管理等专业的基础和主干课程为基础,在教材建设上,一方面体现学科专业特色,另一方面力求传统学科专业知识体系的现代创新和转型,注重把学科理论与新的社会文化问题、新的时代变局相联结,引导学生学习经典知识体系,以用于分析和思考新问题、解决新问题。

"新文科·特色创新课程系列教材"以各类创新、实践、融合等课程为基础,体现了"新文科"建设提出的融合创新、打破学科壁垒,实现跨学科、多学科交叉融合发展的理念,在教材建设上突破"小文科"思维,构建"大文科"格局,打造具有华政特色的各类特色课程系列教材。

华东政法大学2022年推出的这5个系列教材,在我看来,都有如下鲜明的特点:

第一,理论创新。系列教材改变了陈旧的理论范式,建构具有创新价值的知识体系,反映了学科专业理论研究最新成果,体现了经济社会和科技发展对人才培养提出的新要求。

第二,实践应用。系列教材的编写紧密围绕社会和文化建设中亟须解决的新问题,紧扣法治国家、法治政府、法治社会建设新需求,探索理论与实践的结合点,让教学实践服务于国家和社会的建设。

第三,中国特色。系列教材编写的案例和素材均来自于中国的法治建设和改革开放实践,传承并诠释了中国优秀传统文化,较好地体现了中国立场、中国理论、中国实践、中国话语。

第四,精品意识。为保证系列教材的高质量出版,我校遴选了各学科专业领域教学经验丰富、理论造诣深厚的学科带头人担任教材主编,选派优秀的中青年科研骨干参与教材的编写,组成教材编写团队,形成合力,为打造出高质量的精品教材提供保障。

当然,由于我校"新文科""新法科"的建设实践积累还不够丰厚,加之编写时间和编写水平有限,系列教材难免存在诸多不足之处。希望各位方家不吝赐教,我们将虚心听取,日后逐步完善。我希望,本系列教材的出版,可以为我国"新文科""新法科"建设贡献华政人的智慧。

是为序。

华东政法大学校长、教授 叶 青
2022年8月22日于华政园

编写说明

随着数字时代的到来和"数字中国"建设的加速推进,既有的生产生活关系和社会秩序面临着前所未有的深刻重塑,社会治理和法治建设发生重大转型。在此背景下,2023年中共中央办公厅、国务院办公厅印发了《关于加强新时代法学教育和法学理论研究的意见》,明确提出加快发展数字法学等新兴学科。《数字法治导论》作为全新的法学专业课程,是一门探索如何构建数字法律新秩序的新学问,是帮助数字领域实现从野蛮走向文明的法律新地图。本教材旨在向学生介绍数字法治领域的学术成果与理论创新,为新时代法科学子打下数字法学的坚实基础。

市面上数字法治相关的教材大致可分为四类。第一类从数字技术与部门法的关系出发,如人工智能与宪法、行政法、民商法、经济法等;第二类从数字实务的具体场景出发,如数据跨境传输、金融数据安全、消费者数据保护、未成年人数据保护等;第三类从数字法治的基础概念与命题出发,如数字权利、数字权力、网络安全、算法治理等;第四类通过改编团队成员最新论文,形成相关教材。本教材系针对本科生教学的专业课教材,在博采众家之长的基础上,着力介绍通说性的理论,更易于阅读和理解。本教材采取上下编的结构,上编聚焦基础理论,下编深入实务场景,全面覆盖数字法治的重点问题。

本书的编写者都是在数字法治研究领域具有深厚学术积淀的专家学者,既包括从事一线法学教育的教师,也包括从事相关法律实务工作的专家。具体分工如下:

主编、第四章　陆宇峰　华东政法大学科研处处长、数字法治研究院副院长、教授

副主编、第十五章　张文龙　华东政法大学数字法治研究院副院长、副教授

副主编、第十七章　韩旭至　华东政法大学数字法治研究院副院长、副教授

第一章　马长山　华东政法大学数字法治研究院院长、《华东政法大学学报》主编、教授

第二章　岳　林　上海大学法学院副教授
第三章　周尚君　西南政法大学副校长、教授
　　　　罗有成　西南政法大学人工智能法学院讲师
第四章　杨显滨　华东政法大学中国法治战略研究院教授
第五章　吴　玄　上海师范大学哲学与法政学院副教授
第六章　刘岳川　华东政法大学涉外法治学院副教授
第七章　董学智　福建师范大学法学院副教授
第八章　方　懿　上海中联律师事务所合伙人、数据与网安专委会主任
第九章　王鹏鹏　福建师范大学法学院副教授
第十章　余圣琪　上海政法学院人工智能法学院讲师
第十一章　肖梦黎　华东理工大学法学院法律社会学研究中心副主任、讲师
第十二章　陈吉栋　同济大学法学院副教授
第十三章　高　阳　上海对外经贸大学法学院副教授
第十四章　钟浩南　华东政法大学中国法治战略研究院师资博士后
第十五章　童云峰　华东政法大学中国法治战略研究院特聘副研究员
第十六章　戴　曙　上海市高级人民法院三级高级法官
第十七章　张　迪　华东政法大学中国法治战略研究院特聘副研究员

编写组尽管在主观意愿上是想编写一本既有理论水准、又有实践应用性的高质量教材，但能否做到这一点还有待时间的检验。同时，由于从编写到交稿、出版的时间有限，错讹与不足在所难免，还望学界同仁和广大师生批评指正。

本教材能够顺利出版，得益于华东政法大学教务处的关心和支持，也得益于北京大学出版社及编辑老师的鼓励和帮助，在此也一并表示谢意！

编　者
2024 年 8 月

目 录

上编 数字法治的基础理论

第一章 数字时代的法治变革 …………………………………… (3)
    第一节 国家与社会治理现代化的双重面向 ………………… (4)
    第二节 数字时代的社会治理逻辑 …………………………… (7)
    第三节 "中国式"的数字法治道路 ………………………… (18)
    第四节 数字法治的变革重塑 ………………………………… (28)
    问题与思考 …………………………………………………… (31)
    扩展阅读 ……………………………………………………… (31)

第二章 数字法治的理论脉络 …………………………………… (33)
    第一节 数字法学的学科构建 ………………………………… (34)
    第二节 数字社会的法律转型 ………………………………… (40)
    第三节 数字经济的法律规制 ………………………………… (49)
    问题与思考 …………………………………………………… (56)
    扩展阅读 ……………………………………………………… (56)

第三章 数字正义的内涵与实践 ………………………………… (57)
    第一节 数字正义概述 ………………………………………… (57)
    第二节 数字正义的形态变化 ………………………………… (63)
    第三节 数字正义的实践逻辑 ………………………………… (66)
    第四节 数字正义的实现机制 ………………………………… (69)
    问题与思考 …………………………………………………… (73)
    扩展阅读 ……………………………………………………… (74)

第四章　数字人权的基本问题 ……………………………………（75）
第一节　数字人权的概念与特征 ………………………………（75）
第二节　数字人权的内容与法律价值 …………………………（80）
第三节　数字人权的法律保护 …………………………………（86）
问题与思考 ……………………………………………………（89）
扩展阅读 ………………………………………………………（89）

第五章　数字法治的制度发展 ……………………………………（91）
第一节　我国数字法治制度的发展历程 ………………………（91）
第二节　数字法治领域重点制度 ………………………………（101）
问题与思考 ……………………………………………………（113）
扩展阅读 ………………………………………………………（114）

下编　数字法治的典型场景

第六章　数字经济的法律治理 ……………………………………（117）
第一节　数字经济治理的概念和内涵 …………………………（117）
第二节　数字经济的垄断治理制度 ……………………………（121）
第三节　数字经济不正当竞争行为的治理制度 ………………（124）
第四节　数字经济的消费者权益保障制度 ……………………（128）
问题与思考 ……………………………………………………（132）
扩展阅读 ………………………………………………………（132）

第七章　数字税收的法律因应 ……………………………………（134）
第一节　数字经济背景下的税法问题概述 ……………………（134）
第二节　数字经济背景下的税法挑战 …………………………（140）
第三节　数字经济背景下的域外税法变革 ……………………（145）
第四节　应对数字经济背景下税法变革的中国思路 …………（150）
问题与思考 ……………………………………………………（155）
扩展阅读 ………………………………………………………（155）

第八章　数字金融的法律监管 (156)

　　第一节　数字金融概述 (156)

　　第二节　互联网金融的法律监管 (160)

　　第三节　区块链金融的法律监管 (167)

　　问题与思考 (173)

　　扩展阅读 (173)

第九章　数字保险的法律规范 (175)

　　第一节　数字保险概述 (175)

　　第二节　数字保险的说明义务 (178)

　　第三节　数字保险的如实告知义务 (186)

　　第四节　数字保险的应用场景 (190)

　　问题与思考 (193)

　　扩展阅读 (193)

第十章　数字信用的法律规制 (194)

　　第一节　数字信用概述 (194)

　　第二节　数字信用中的法律困境 (198)

　　第三节　数字信用中的法治化治理 (201)

　　问题与思考 (205)

　　扩展阅读 (205)

第十一章　数字安全的法律机制 (207)

　　第一节　数字安全概述 (207)

　　第二节　数字安全的规制框架 (213)

　　第三节　数字安全的重要制度 (217)

　　第四节　数字安全的治理实践与未来展望 (225)

　　问题与思考 (230)

　　扩展阅读 (230)

第十二章　数字交通的法律架构 (232)

　　第一节　数字交通概述 (233)

第二节　智能网联汽车管理 …………………………………………（239）
　　第三节　车路协同 ……………………………………………………（248）
　　第四节　路权及其发展 ………………………………………………（253）
　　第五节　法律责任 ……………………………………………………（257）
　　第六节　自动驾驶保险 ………………………………………………（262）
　　问题与思考 ……………………………………………………………（266）
　　扩展阅读 ………………………………………………………………（266）

第十三章　数字艺术的产权保护 ……………………………………（267）
　　第一节　数字艺术概述 ………………………………………………（267）
　　第二节　数字艺术的类型化及侵权可能性分析 ……………………（272）
　　第三节　数字艺术的产权保护路径分析 ……………………………（282）
　　问题与思考 ……………………………………………………………（286）
　　扩展阅读 ………………………………………………………………（286）

第十四章　数字行政的法律治理 ……………………………………（288）
　　第一节　数字行政概述 ………………………………………………（288）
　　第二节　数字行政的优势与风险 ……………………………………（295）
　　第三节　规制数字行政的法律制度 …………………………………（301）
　　问题与思考 ……………………………………………………………（306）
　　扩展阅读 ………………………………………………………………（307）

第十五章　基层数智治理的法治路径 ………………………………（308）
　　第一节　基层数智治理的概念与特征 ………………………………（308）
　　第二节　基层数智治理的发展趋势 …………………………………（315）
　　第三节　基层数智治理的主要挑战 …………………………………（322）
　　第四节　基层数智治理的法治化进路 ………………………………（326）
　　问题与思考 ……………………………………………………………（330）
　　扩展阅读 ………………………………………………………………（330）

第十六章　数字司法的运行机制 (332)
- 第一节　数字司法概述 (333)
- 第二节　数字司法的正义机理 (337)
- 第三节　数字司法的运行机制 (341)
- 问题与思考 (351)
- 扩展阅读 (352)

第十七章　ODR 的理论与实践 (353)
- 第一节　ODR 概述 (353)
- 第二节　ODR 的基本理论 (358)
- 第三节　ODR 的实践发展 (360)
- 问题与思考 (367)
- 扩展阅读 (367)

上编

数字法治的基础理论

第一章 数字时代的法治变革

【引读案例】

2017年,英国的机器人科学家彼得·斯科特-摩根被确诊患有运动神经元病(渐冻症),医生认为他活不过两年。但彼得利用他对人工智能和机器人技术的了解,对自身进行了改造。他不仅将身上所有因病萎缩的器官都替换成了机械装置,还创造出了一个外挂大脑和虚拟形象。这样,就给人的神经系统加上机器配件,人脑进行思考,其他生理部件则机械化,形成人类和机器的融合体,从而进化成了"彼得2.0"。于是,2019年,人类史上第一个真正的赛博格(电子人)诞生,即彼得2.0。它一半是人类,一半是机器,但最核心的机器部分是人工智能,而不是纯机械。

此前,霍金也曾使用过AI系统,他希望获得对AI的完全控制权,它所说和所写的内容,都要和他脑海中的一字不差。相反,彼得却毫不排斥和AI"共生",他还把AI形容成一个即兴表演的演员,而自己是导演,"无论AI怎么表演,这仍然是我的电影"。有一次,彼得与好朋友杰瑞视频通话,杰瑞提出了一个非常聪明的提案,彼得本想回复"你真是太棒了",但彼得2.0却自作主张地替他说出了"你真是个大混蛋"。彼得从来没有在它面前说过这个词,"它要么是一个bug,要么是一种恶意的赛博幽默"。

彼得2.0"上线"后,虽然肉体的彼得只能躺在床上,但彼得2.0却可以同时出现在不同的地方,一边在纽约接受记者的一对一采访,一边在北京用中文进行演讲。2020年,彼得开始书写自传《彼得2.0》,该书的前3/4由彼得本人完成,最后一部分则是彼得2.0完成的。

经过与渐冻症长达5年的斗争,"赛博格"的生命永远定格在了2022年6月15日。然而,彼得无疑创造了一次伟大的"人类实验",为人机融合的变革发展积累了经验和智慧。随着电子人、脑机接口、元宇宙、大模型等的技术发展,人们不仅开始重新思考人机关系、主体客体、主观客观等法哲学问题,而且开始更多地思考数字时代的法学未来。

从古到今,人类发展经历了三次重大革命,人类的生活品质也获得了三次转型升级。第一次是农业革命,使人类从采集生活走向了种植生活;第二次是工业革命,使人类从畜力耕作走向了机械生产;当今信息革命是第三次,使人类从物理生态走向智能生态,迈入了数字社会。信息革命创造了便捷舒适、丰富多彩、高效智能的社会生活,使基于原有单一物理世界的生产生活关系、思想观念和行为、社会制度和秩序等,都面临着深刻的颠覆和重建。与此相应,社会治理也必然会呈现出数字时代的特有逻辑,并成为推动国家治理体系和治理能力现代化、促进包容共享型法治的根本动力,并由此开启了数字社会治理和数字法治建设的新时代。但同时,这也带来了一些前所未有的风险和挑战,并成为数字社会治理和数字法治建设所必须面对和解决的重大课题。

第一节 国家与社会治理现代化的双重面向

从党的十八届三中全会开始,党和国家就把全面深化改革的总目标确定为"完善和发展中国特色社会主义制度,推进国家治理体系和治理能力现代化";党的十九届四中全会通过《中共中央关于坚持和完善中国特色社会主义制度推进国家治理体系和治理能力现代化若干重大问题的决定》(以下简称《决定》),提出到21世纪中叶要"全面实现国家治理体系和治理能力现代化";党的二十大将其进一步升华为既有各国现代化共同特征又有中国特色的"中国式现代化"——它是人口规模巨大的现代化,是全体人民共同富裕的现代化,是物质文明和精神文明相协调的现代化,是人与自然和谐共生的现代化,是走和平发展道路的现代化。① 这一进程置身于全球化和信息革命的深层背景之中,并呈现出现代性与"超现代性"的双重面向。

其一,国家治理体系和治理能力现代化的现代性面向。在农耕时代,中国曾创造了辉煌的制度文明,但随着工商业时代的到来和现代性的出现,便逐渐"落伍"成"传统社会"。因此,自晚清以来,中国的历次革命和制度变迁都在追求现代性、追赶现代化,包括"德先生、赛先生"。中华人民共和国成立后,开启了全新的社会主义现代化模式,并在1954年首次提出要实现工业、农业、交通运输业和国防的"四个现代化"。改革开放后,1980年再提工业、农业、国防和科学技术的"四个现代化"目标,大力发展市场经济、加速现代化建设进程,直到党的十九届四中全会《决定》着力推进国家治理体系和治理能力现代化,并在党的二十大再次提升为"中国式现代化"。可见,现代性面向是一百多年来中国的不懈追求,并

---

① 参见习近平:《高举中国特色社会主义伟大旗帜 为全面建设社会主义现代化国家而团结奋斗——在中国共产党第二十次全国代表大会上的报告》,载《求是》2022年第21期。

从"四个现代化"转向国家治理体系和治理能力现代化。它的核心是以理性科学、民主法治来取代经验传统和人治方式,最终把权力关进制度的笼子里,实现良法善治。

其二,国家治理体系和治理能力现代化的"超现代性"面向。近代以来,以自由与理性为核心的启蒙价值和现代性精神,一直占据社会发展的主导地位,成为摆脱传统和落后、走向富强和文明的基本标志。然而,现代性也并不是完美的,特别是进入20世纪后遭遇到了诸多问题和挑战。一方面,"自由主义的社会用一只手所提供的东西,往往会被另一只手拿走"[1],贫富两极分化和多元矛盾冲突日益严峻;另一方面,后发现代化国家的追赶"仿制"进程常常遭遇"水土不服",西方样板"遗憾地未能达到现代性模式在某个地方也得到许诺的那种有效程度",这就使得"现代性总是一种他性的概念"[2]。而全球化进程又加剧了现代性的张力后果,为此,后现代性思潮崛起,它们对现代性展开全面的、彻底的反思和批判。但问题是,后现代主义者只是颠覆和摧毁,并没有给出一个合理有效的方案,而且后现代世界"也许看上去很不像但同时又非常像现代世界"[3],其局限也就昭然若揭了。

事实上,现代性危机也好,后现代性幻象也罢,都根源于其发展过程中的内在矛盾与变革诉求,都是在"上帝"为人类规划好的物理时空"围栏"中展开的。然而,网络化、数字化、智能化进程则开始突破上帝的"围栏"——它在人类有史以来惯常生活的现实空间之外开辟出了虚拟空间,在人的天然生物属性之外添附了数字属性,而AI技术又让机器"活了",形成了人机协同状态。此时,各类产销数据、关系数据、身份数据、行为数据、音语数据等,成为重要的生产要素和新时代的"石油",搜索引擎、商业平台、物联网等各类新业态迅速崛起,从社会生产到日常行为都呈现出日益加深、日益全面的数字化生态,人类生活也面临着全面的改写和重建。这样,就出现了远超现代性/后现代性的全新景象。它完全突破和改变了物理"时空体制",不仅会提高沟通交流的速度,加强经济过程与生产过程的"虚拟化",还会形成新的职业结构、经济结构以及沟通传播结构,开启新的社会互动模式,甚至是新的社会身份认同形式,造成时间和空间的"脱嵌"。于是,"人类主体无可避免的是去中心化、分裂、充满张力的,而且无法否认欲望与

---

[1] 〔英〕齐格蒙·鲍曼:《后现代性及其缺憾》,郇建立等译,学林出版社2002年版,第240页。
[2] 〔美〕弗雷德里克·詹姆逊:《单一的现代性》,王逢振等译,中国人民大学出版社2009年版,第177页。
[3] 〔美〕大卫·雷·格里芬编:《后现代精神》,王成兵译,中央编译出版社1998年版,第210页。

价值观念之间有无法调和的冲突"①。这就彻底颠覆了基于物理时空和工商业生活的现代性构造，涌现出虚实同构、数字生活的"超现代性"。为此，当下中国的国家治理体系和治理能力既要实现从传统到现代的总体转型，在现代性的道路上"继续追赶"，同时也要在"超现代性"的颠覆变革面前获得"换道超车"的可能和机会。此时，它必然要融入数字社会的诸多客观要求、要素和机制，赋有"超现代性"的数字面向。党的十九大提出建设"数字中国""智慧社会"并推进"智慧治理"，《法治政府建设实施纲要（2021—2025 年）》进一步确立"全面建设数字法治政府"的发展目标，《国务院关于加强数字政府建设的指导意见》则对"加快推进数字机关建设，提升政务运行效能"做出了具体部署。这些都是顺应这一趋势的重要战略决策，既体现着工商业时代的现代性逻辑，也展现着数字时代的"超现代性"诉求。

其三，数字社会治理向度的体制表达。毋庸讳言，农业革命和工业革命都曾对生产生活和人类命运产生了决定性影响，但它们都是在上帝的"围栏"内进行的，更多在于改变了人的生存条件和环境，而非人的属性和存在方式，因而一直是物理时空中的"固态社会"。如今的信息革命则突破了上帝"围栏"，形成了一个既包容物理世界又对其进行数字化重建的"液态社会"。这样，基于"固态社会"而形成的生产生活规律、社会组织形式、社会治理体系、法律制度规范等，必将面临数字时代"液态"发展逻辑的挑战和重塑。它的欲求最初也许是新技术、新业态、新模式在"破窗"过程中与制度碰撞而生发的，但随后便会向思想观念、商业环境、社会治理、生活方式等领域不断扩散传播，进而影响国家和社会治理的战略选择。事实上，近年来我国社会治理中出现的两个重大的变革转向，也恰是这种"超现代性"的数字社会治理向度的一种体制表达。

一是从层级治理转向智慧治理。中华人民共和国成立后，建立了中央政府统一领导、地方政府分级管理的主导体制，形成了"金字塔式"管理的层级结构和层级"势能"，虽然其间经过多次的党政管理体制改革，但这种主导体制和基本面并没有太多变化。它主要以物理时空要素特别是地域管辖为基础，也曾发挥了高效、良好的治理作用。然而，现在的问题是，以往层级结构和层级势能所依凭的物理时空基础和载体，逐渐被数字时代的扁平化、破碎化、流动化的社会关系和社会结构所消解，诸如网络犯罪、网络纠纷、虚拟社区、数据鸿沟、算法歧视等很多新问题、新矛盾，都已超出它的涵射范围和能力所及。与此同时，日益崛起

---

① 〔英〕哈特穆特·罗萨：《新异化的诞生——社会加速批判理论大纲》，郑作彧译，上海人民出版社2018 年版，第 39、118、146 页。

的网络化、数字化和智能化平台,却不断地加速万物联通、业务覆盖和智能升级,使人力、物力和财力能够突破以往的物理时空限制而进行全景融合、高量赋能,且成效获得指数级放大。这种发展趋势深度地改变了社会治理体系,孕育了全新的智慧治理,进而从层级"势能"转向数字化"动能",发挥着智慧治理的支撑作用。近年来,党和国家也在不断推进智慧城市、智慧社会、智慧司法建设,层级治理逐渐被智慧治理所取代,这已成为国家治理体系和治理能力现代化的重要一环。

二是从政府主导转向共建共治共享。四十多年来的改革开放,无疑是一个从政府主导不断向社会开放,并加强与社会合作的变革进程。从"三位一体"到"四位一体",社会力量参与逐渐获得必要肯定和保障。特别是近年来网络化、数字化、智能化的进一步融合发展,"分享经济正慢慢渗透我们的生活,从汽车的分享,到私人房产的分享,到技能和剩余时间的分享,再到创意分享,人们迎来一个'无分享不生活'的时代,智能手机成为入口,社交给分享导流。过去既求所有又求所用的消费观念,变成了不求所有但求所用"①。于是,共享经济和共享治理模式随即在社会变革中迅速展开。在这种情形下,亟须从政府主导走向多元治理。为此,党的十九届四中全会《决定》就把"共建共治共享"的社会治理策略上升为治理制度,其最终目标是"全面实现国家治理体系和治理能力现代化"。这无疑反映了"超现代性"的变革要求和发展趋势,是数字社会治理向度的一种体制表达。

第二节 数字时代的社会治理逻辑

信息技术革命给人类创造了"未来已来"的恢宏图景,生产生活也都开始全面数字化、智能化,数据、算法和算力成为新兴的发展动力和技术支撑,甚至成为个人、家庭、组织及日常生活的构成要素。这样,就呈现出与工商业社会完全不同的治理诉求和治理逻辑。

一、技术赋权与权义平衡的价值理念

我们知道,权利在根本上是利益的法律表达,人类生产创造出来的利益越多,权利就会越丰富。然而,农耕社会所创造出来的利益基本上由权力来掌控,主要是按照身份等级来分配。因此,它秉持的是君权神授观,人们的行动要服从

---

① 李光斗:《互联网下半场》,中国人民大学出版社2017年版,第115页。

君权,形成一种专制集权理念和管理模式。工商业社会所创造出来的利益基本上由资本来掌控,主要是按照市场规则来分配。因此,人们就改奉天赋人权观,公权力要服从并服务于私权利,由此形成了一种民主法治理念和治理模式。而当下的数字社会所创造出来的利益,则基本上通过数据信息来掌控,主要是按照技术赋能来分配。这就开启了一种技术赋权观,启蒙精神与价值理念面临着全新挑战。

首先,技术先占中的自我赋权。科学技术一直是人类文明进步的核心动力,它能够大幅拓展人的能力、提高生产效率、提升生活品质,与旧有制度发生碰撞并促进其变迁。但这次信息技术革命的显著特征是,它对制度的"破窗"具有迅速性、总体性和颠覆性,如淘宝、京东、抖音等平台所创造的新业态颠覆、替代了传统的商业模式,QQ、微博颠覆、替代了传统的社交模式,微信、支付宝颠覆、替代了传统的支付模式,等等。众多资本与技术融合后便在广阔的网络空间和新业态领域中"砸钱圈地",形成了"技术先占"的态势,在大量的法律空白或者规则灰色地带进行自我赋权,倒逼政府"承认"和做出有关制度变革,滴滴打车在出租车管理规则中的技术"植入"和"嫁接",并最终获得合法化就是一个典型。[1]

其次,技术规制路径下的权力转化。随着网络化、数字化、智能化的加速融合发展,各类平台开始全面颠覆工业革命以来的商业模式和经济业态,人财物等生产要素,人们的行为方式和生活方式,都在信息化、数字化过程中发生重大解组和重建。这使得原有的管理或治理机制难以有效应对新的挑战与难题,而全新的技术规制策略却不断涌现。一方面,各类平台凭借其运营模式、资金和技术优势,创设了诸如滴米规则(滴滴)、规则众议院和大众评审团(淘宝)、大众点评(美团)等大量的、技术化的平台规则,使得"网络互动经常具有复杂的身份构建、规则制定和执行等特征"[2]。这里既有政府给平台"加责任"而形成的"监管权",也有平台基于自身新业态、新模式而形成的技术规制权,如通知删除、限制下单、限制用户权益、警告、罚款、封号、下架直至关店等,这就形成了技术权力化倾向。另一方面,公共权力部门则在智慧政务、智慧司法、智慧检务的战略目标下,把网络技术、数字技术和人工智能技术作为一种技术赋能,在其权力运作过程中日益广泛和深入地应用,如智能监控、人脸识别、智能辅助办案系统等,这些算法决策和代码规制便形成了权力技术化的态势。权力与技术的全新结合,使得"老大

---

[1] 参见马长山:《智慧社会建设中的"众创"式制度变革》,载《中国社会科学》2019年第4期。
[2] 〔英〕安德鲁·查德威克:《互联网政治学:国家、公民与新传播技术》,任孟山译,华夏出版社2010年版,第34页。

哥"能够"干涉他人的能力、维稳能力和法律强制力不断增强"。① 可见,在当今数字时代,政府与平台都带有技术规制路径的取向,并不断演绎、强化着技术权力化和权力技术化的治理逻辑。

最后,价值变革中的权义平衡。当今信息革命产生了日益明显的颠覆性变革,平台经济、移动支付、数据画像、算法决策等,都在不同方面不同程度地给现有制度带来了负担,导致"许多以前我们曾经依赖的东西,正在数字化时代支离破碎"②,曾经农业文明的"熟人社会"、工商业文明的"陌生人社会"都已淡去,信息文明的"透明人社会"就此拉开帷幕。此时,"大数据时代将要释放出的巨大价值使得我们选择大数据的理念和方法不再是一种权衡,而是通往未来的必然改变"③,因而工商业文明的启蒙精神面临着数字时代的解构和重构。具言之,自由、平等、人权等目标追求,都是基于以往的物理时空和工商业社会的价值构架,而当今数字生活将从"固态"走向"液态"。人们的言论自由、财产、契约、民主参与等方面权利都在网络空间和智慧服务中获得了巨大拓展甚至升华,但同时,隐私、人格、平等、劳动等方面的权利却相应地受到了某种程度的限缩。如此看来,这并不是简单的自由和权利的多少问题,而是进入数字社会后对自由和权利的重新定位问题。对此,有人呼吁:"世界的新主人向我们许诺的好处太过诱人,而人们失去的自由太多,对于现代人而言,一旦他们有办法就是反抗大数据。"④而更多人则采取一种理性的积极态度:虽然在互联网的终端,占支配地位的是自由市场和私有化原则,但其核心标准层面发挥作用的则是共享协议,"只有将'私人'与'共有'两者结合起来,这两者才能充分发挥作用"⑤。也就是说,我们不宜再采用传统个人主义、自由主义的启蒙精神来框定和评判其得失,而应该立足数字时代的价值理念,"利用当今网络技术的优势来进一步保存我们的文化和价值观,并在保护现有体制和塑造数字世界之间达成平衡"⑥。这种共享与控制的权

---

① 参见〔英〕约翰·帕克:《全民监控——大数据时代的安全与隐私困境》,关立深译,金城出版社2015年版,第1页。
② 〔德〕克里斯多夫·库克里克:《微粒社会——数字化时代的社会模式》,黄昆等译,中信出版集团2018年版,"前言"第XII页。
③ 〔英〕维克托·迈尔-舍恩伯格、肯尼斯·库克耶:《大数据时代:生活、工作与思维的大变革》,盛杨燕、周涛译,浙江人民出版社2013年版,第94页。
④ 〔法〕马尔克·杜甘、克里斯托夫·拉贝:《赤裸裸的人——大数据、隐私与窥视》,杜燕译,上海科学技术出版社2017年版,第147页。
⑤ 〔美〕弥尔顿·L.穆勒:《网络与国家——互联网治理的全球政治学》,周程等译,上海交通大学出版社2015年版,第325页。
⑥ 〔美〕安德鲁·基恩:《网民的狂欢——关于互联网弊端的反思》,丁德良译,南海出版公司2010年版,第184页。

义平衡之道,已成为数字社会治理的一个鲜明特征。

二、去中心化与再中心化的体系性构架

众所周知,现代性制度的一个重要贡献,就是把以王权为标志的高度中心化的传统社会,改造成为一个以分权制衡为标志的国家/社会二元框架,开辟了多元化的自由主义乐园。然而,进入垄断资本主义阶段之后,却出现了明显的国家社会化、社会国家化的趋向,国家权力扩张的脚步一直没有停歇,因而中心化、等级化的问题依然存在,后现代性思潮的反本质、反理性、反中心、反基础、反二元结构等,都是力图解构这种中心主义逻辑的一种努力,只是效果欠佳而已。

现在人类迈进了数字社会,以往的交易经济也转换为分享经济,形成了前所未有的"大平台"与"微时代"。事实上,"自计算机产生起,技术改变的核心问题是权力的转移"①,特别是"随着信息的生产和传播从集中走向分散,治理的权力也在从集中走向分散"②。于是,传统国家/社会二元构架下的权力制约和权利保障逻辑,就面临着严峻的挑战甚至颠覆。例如,互联网——物联网——人联网的发展就掀起了一场扁平化、多元化、自由化的自我赋权和规制革命,它们"已经向政府和它的传统权威发起了挑战。这种挑战不是故意的,完全是技术进步的偶然结果",它们还"建立了前所未有的王国,并且设计了很多对自己有利的规则"。③ 再如,全新的平台业态打破了供需之间的信息壁垒和传统中心化的信息壁垒,扮演着"信息壁垒打破者和重构者"的双重角色,进而以自助式、网络化的商业模式替代了传统那种管道式的线性商业模式,在推进价值互动的过程中重构了价值创造与分配的关系。同样,区块链技术更是一种分布分享型的体系构架。在这种信息化、数字化的总体背景之下,便出现了从"关系社会"到"微粒社会"、从"理性人"到"微粒人"的重大转变,"我们的身体、我们的社会关系、自然界,以及政治和经济——一切都将比以前更加精细、精确、透彻的方式被获取、分析和评价"④,由此便汇聚成一场"碎片化"运动和商业生态。这样,多元参与、分散治理就成为一种时代潮流。

然而,事实上问题并不那么简单。这种去中心化的背后,却有一种再中心化

---

① 〔美〕马克·格雷厄姆、威廉·H.达顿:《另一个地球:互联网+社会》,胡泳等译,电子工业出版社2015年版,"导论"第 XXXIV 页。
② 周学峰、李平主编:《网络平台治理与法律责任》,中国法制出版社 2018 年版,第 36 页。
③ 参见〔美〕德伯拉·L.斯帕:《技术简史——从海盗船到黑色直升机》,倪正东译,中信出版集团2016年版,"序言"第 XII 页。
④ 〔德〕克里斯多夫·库克里克:《微粒社会——数字化时代的社会模式》,黄昆等译,中信出版集团2018年版,"前言"第 VI—VII 页。

的态势正在形成,或者说,它实际上是一种具有去中心化外观的再中心化,正可谓:"一种形式的权力或许被摧毁了,但另一种正在取代它。"①其一,互联网看似抹平了信息的鸿沟,但掌握网络话语权和流量的个人或机构,又重构了新形态的信息不平等,更何况还有各种删帖、屏蔽和"水军"操作。其二,平台表面上看是一种多方参与、多方共治的共建共治共享机制,但每个平台都占有的大量信息,也就拥有了强大的权力,数字化创造了"赢家通吃"的市场,甚至会形成垄断;而且它们还凭借平台交易组织者地位而拥有相当的规则制定权、违规处罚权和纠纷裁决权。其三,通常所说的区块链那种去中心化、分布式、不可更改的信用机制并不能过于理想化,因为广播与验证机制是需要算力来完成的,谁拥有足够的算力谁就拥有验证的权力;而所谓"不可更改"也不是绝对的,从矿工到矿池(Mining Pool)的演进、从拥有51%挖矿哈希值对区块的改变到操纵等,都说明了这一点。2018年《全球公链项目技术评估与分析蓝皮书》就告诉人们,公链事实上是一个高度集中的活动,大约200人控制绝大部分的公链,他们就是公链的中心。其四,无论是互联网、平台还是区块链,都难以回避政府对它们的监管②,而且还有不断加强的趋势。上述这些,无疑都是"去中心化"的反面。这表明,数字时代的生产生活方式正在以"去中心化"的方式颠覆传统工商业时代的生产生活方式,并在解构和重组过程中实现了"再中心化"。

可见,在"大平台"与"微时代"相互交织的背景下,出现了"去中心化"与"再中心化"同步共振、张力运行的体系性构架。其中,"去中心化"创造了碎片化、微粒化、流动性的生活状态,其动力是连接分享、共识信任和价值互动,展现着数字时代的共享发展逻辑。而"再中心化"面临着数据流通和商业生态所设定的边界,人们"必须设法平衡数字平台(包括行业平台)的效益与风险,确保其开放性,并为协作式创新提供机会"③,需要通过数字平等、数字民主来打造"后资本主义平台"时代,"以便分配资源,实现民主参与,并进一步发展技术"④。基于此,共建共享也就成为社会治理逻辑和治理体系的关键要义了。

---

① 〔美〕劳伦斯·莱斯格:《代码2.0:网络空间中的法律》,李旭、沈伟伟译,清华大学出版社2009年版,第89页。

② 2018年6月12日,美国密歇根州提出一项法案,该法案对操纵区块链数据以实施欺诈的行为将进行刑事处罚。这是世界上第一次对分布式账本技术(DLT)上所存储数据进行的法律保护——如果有人将错误的信息输入区块中或更改区块的话,他可能要面临长达14年的监禁。参见《质疑区块链的不可更改性:我们是否需要保护区块链数据?》,https://www.sohu.com/a/239798916_100203902,2020年1月10日访问。

③ 〔德〕克劳斯·施瓦布:《第四次工业革命——转型的力量》,李菁译,中信出版集团2016年版,第11页。

④ 〔美〕尼克·斯尔尼塞克:《平台资本主义》,程水英译,广东人民出版社2018年版,第141页。

三、平台引领与"软硬协同"的治理模式

数字社会的主导方向是平台经济、共享经济,这种新业态、新模式不仅会引起经济领域的深度变革,也会对社会治理方式产生重要影响。一方面,众多的商业平台和技术平台呈现出"破窗"的"坏孩子"形象,在不断突破现有体制的束缚中实现创新。另一方面,它们也是与政府互动共赢的"好孩子"。它们会把科技革命带来的广阔"飞地"和巨大利益,逐渐转化为政府与民间的相互赋权和相互塑造,这就是当下日渐崛起的平台引领与"软硬协同"的治理机制。

首先,平台治理的引领性。当今的巨大技术革命,使得"人类变成了制定规则的上帝,所有伴随人类进化历程中的既定经验与认知沉淀将遭遇颠覆性挑战"[①]。在这种颠覆与重建的深刻转型面前,既有前所未有的难得机遇,也有变幻难测的巨大风险。此时政府不能预设管制,法律也不能先天感知,否则就会出现"红旗法案"那样阻碍进步的不良后果。最佳的选择是,政府要保持开放和谦抑的姿态,放手让民间力量大胆地进行"大众创新、万众创业",然后对随时出现的问题和风险进行适时监控和有效防范。平台经济作为新业态、新模式的典型代表,身处科技创新的前沿地带,推动着"劳动者—商业组织—顾客"的传统商业模式向"劳动者—平台—顾客"的共享模式转型,它不仅重新发现了人的价值,而且展现了数字时代的全新治理逻辑。基于此,平台治理就赋有了"先行先试"的探索角色,特别是平台作为信息壁垒打破者和重构者以及交易组织者,可以根据平台模式的自身规律来制定各类电商交易规则、纠纷解决规则和治理规则。这些"软法"能够为国家立法和司法机关处理纠纷提供规制测试、案例样本和积累经验,甚至升华为国家"硬法",从而发挥创新性、引领性作用。

其次,平台治理的基础性。一方面,在网络化、数字化、智能化发展变革的推动下,人类进入了"要么加入平台,要么被平台所消灭"的平台经济时代。这些平台企业越来越具有多元复合性,打造了"赢者通吃"、超强覆盖的商业生态,如微软、谷歌、亚马逊、苹果、阿里巴巴、腾讯、百度等,均是"触角延伸甚广,涉足的领域多到难以统计,且不断推陈出新",形成了一种"多环状生态圈"[②]。于是,平台便成为经济活动的重要组织者和主力军。另一方面,党的十九届四中全会《决定》进一步要求"建设高标准市场体系,完善公平竞争制度,全面实施市场准入负

[①] 王天一:《人工智能革命——历史、当下与未来》,北京时代华文书局2017年版,第192—193页。
[②] 参见陈威如、余卓轩:《平台战略——正在席卷全球的商业模式革命》,中信出版集团2013年版,第220页。

面清单制度",强化市场自律秩序,其中平台治理自然责无旁贷。这样,平台的"软法"规制就在推进国家治理体系和治理能力现代化的战略布局中占据基础性地位,发挥重要的支撑作用。

最后,平台合规与司法审查。尽管平台"软法"及其治理发挥着引领性和基础性作用,但不能因此而忽略它的局限性,即它需要接受合规性评价和司法审查的检验。平台合规一般指平台的经营管理活动,包括平台"软法"体系、治理构架机制、纠纷解决机制等与法律、规则和准则相一致;而司法审查则指针对平台规则、平台处罚和平台裁决之诉而发生的司法裁判。

众所周知,在互联网兴起之初,网络自由主义十分盛行,人们认为:"网络空间是一个完全不同的社会。那里有约束和管理,但应从下而上建立,而不是通过国家的指导来建立。这个空间的社会应是一个完全自我组织的实体,没有统治者,没有政治干预。"①但这种网络乌托邦情结并没能维持太久,随着黑客、欺诈甚至恐怖活动的涌现和传播,人们便理性地看到:"门和守门人仍然是信息版图中的关键部分。"②而平台合规与司法审查就是国家介入平台治理的重要形式和途径,"由政府和商务共同推动,正在构筑一种能够实现最佳控制并使高效规制成为可能的架构"。人们希望,"处于这种最佳控制的环境中,必要的自由将得到保障"③,通过这种"软硬协同"共治来促进治理成效的大幅提升。这就意味着,"互联网的治理系统是市场自由主义、国家监管和共同决策趋势的结合。如此,我们告别了互联网'有监管'和'无监管'两极分化,走向一套有着细微差别的不同规制模式:法规的/自愿的、正式的/非正式的、国家的/超国家的、等机制的/分散的"④。从中孕育生成了平台引领与"软硬协同"的治理机制,它演绎着数字社会的共建共享逻辑,反映出国家治理体系和治理能力现代化的数字性面向。

四、算法决策与代码规制的秩序形态

网络化、数字化、智能化必然呈现出智慧发展的趋势,从此,"算法成为未来经济系统演变的重要推动力量,人类正在进入一切皆可计算的时代"⑤。算法决策与代码规制便成了塑造社会秩序的重要力量,它们常常可以更高效地组织各

---

① 〔美〕劳伦斯·莱斯格:《代码2.0:网络空间中的法律》,李旭、沈伟伟译,清华大学出版社2009年版,第3页。
② 〔美〕马修·辛德曼:《数字民主的迷思》,唐杰译,中国政法大学出版社2016年版,第17页。
③ 〔美〕劳伦斯·莱斯格:《代码2.0:网络空间中的法律》,李旭、沈伟伟译,清华大学出版社2009年版,第5页。
④ 〔英〕詹姆斯·柯兰等:《互联网的误读》,何道宽译,中国人民大学出版社2014年版,第128页。
⑤ 徐恪、李沁:《算法统治世界:智能经济的隐形秩序》,清华大学出版社2017年版,第323页。

方行动。然而,这种算法决策与代码规制并非天衣无缝,而是一柄充满张力和悖论的双刃剑。

首先,技术中立与价值偏好。当今信息革命通过数据信息和虚拟空间翻转了现代性的物理世界,它确实给人类带来了巨大进步、便捷和福利。然而,因此就把"技术中立"作为"破窗"的正当性、合法性理由,也未必妥当。虽然宣称:"最终解放我们的是技术,而不是法律和制度;他们相信,技术将使政治与治理问题逐渐消失"①,但人们很清楚,一旦离开实验室而进入商用,技术中立可能就难以再继续保持。事实恰好相反,"我们可以建造,或构筑,或编制网络空间使之保护我们最基本的价值理念,我们也可以建造,或构筑,或编制网络空间使这些价值理念丧失殆尽。这里没有中间立场"②。算法和代码正是这样一种建造或构筑,它们嵌入了设计者的价值理念和主观偏好,进而实现一定的目标或者实现某种控制,大数据杀熟、竞价排名、算法歧视、算法共谋等就是例证。因此,控制算法决策的霸权、抑制代码规制的偏好,就成为维护数字社会公平、促进技术向善秩序的重要方面。

其次,透明社会与算法黑箱。千百年来,人们都是在有限的、相对隔离的物理时空中分散地存在和行动,个体的心理、身份和行踪都是难以收集、测量和分析的,因而是一种不透明的"陌生人"社会,也是隐私相对安全的社会。如今的数字社会则彻底改变了这一状况,每个人每天每时都游走在虚实交错的世界里,包括网络购物、网络投票、移动支付、微信互动、刷脸验证等,留下一串串身份数据、关系数据、行为数据、音容数据。这样,"慢慢地积累所有数据,直至在计算机数据库中形成一个'人'"③。这些数据可以用来进行挖掘分析、数据画像、行为追踪,甚至可以做到"读心"。因此,曾经的"陌生人"社会不复存在,呈现出来的是随时"裸奔"的"透明人"社会,相应的权利保障和社会秩序遇到前所未有的挑战。与此相反,黑箱问题又接踵而来。随着智慧政务、智慧司法、智慧检务、智慧社会建设等的不断推进,原有的人类决策会越来越多地转交给算法,其功能不仅仅是预测和提供服务,平台(公司)和政府会更多地利用它们来推动数字经济发展和塑造社会秩序。而"很多算法解决方案就像一个黑盒子,依赖这些算法做决策的

---

① 〔美〕弥尔顿·L.穆勒:《网络与国家:互联网治理的全球政治学》,周程等译,上海交通大学出版社 2015 年版,第 3 页。
② 〔美〕劳伦斯·莱斯格:《代码 2.0:网络空间中的法律》,李旭、沈伟伟译,清华大学出版社 2009 年版,第 6 页。
③ 〔英〕约翰·帕克:《全民监控——大数据时代的安全与隐私困境》,关立深译,金城出版社 2015 年版,第 14 页。

人根本不知道他们做出的决定是否正确,制定的政策是否公正,有没有歪曲事实①。这样,算法和代码如何规制以及谁控制算法和代码,就成为数字时代必须关注的实践正义问题,"其答案会揭示网络空间是如何被规制的"②。可见,抑制算法黑箱的"暗算"、构建技术向善的算法治理和代码规制机制,就成为数字社会治理的一个突出问题。

最后,技术理性与人文流失。自近代以来,技术理性就开始渗入人类生活,法兰克福学派曾经展开对工具理性和技术理性的批判,力图重建人的主体性和主体精神。然而,当下信息革命的迅猛袭来,就不再是技术理性渗入的问题,而是带有"接管"的意味。人们看到了阿尔法狗战胜人类的无限前景,看到了谷歌搜索算法那种不可思议的深入"了解"和预测用户需求的能力,看到了诸多强大的数据分析、超高的效率、低廉的经济成本以及摆脱人类主观偏好的客观可靠性,于是就更积极地采用算法来解决更多的问题,推进生产生活的智慧化。这固然是一种人类进步的趋势,但不可忽视的是,人类世界也随之被植入了计算机逻辑。换句话说,"这些自动化系统已经由简单的行政管理工具变成了主要的'决策者'",这就"有可能使这些活动丧失最根本的人性"③。如果智慧化生活的背后多为信息输入便求得结果输出的冰冷机器,如果人类放弃经验、情感和知识图谱而依赖于机械的数理计算,那么就人的主体性和人文精神流失的风险就难以避免,而那可能并不是人类想要的世界。当然,这里并不是意在回避、否定或者阻止技术进步,而是强调要认真地去面对这些问题,抑制其弊端和风险。

总之,上述这些悖论性的问题和挑战,反映着数字社会和智慧发展过程中的新样态、新矛盾、新趋势,需要通过数字正义理念和共建共享机制来平衡、化解和矫正,进而"用人性的洞察设计更人性的社会"④。因此,遵循数字社会的治理逻辑,回应全新的治理挑战,建立相应的治理体系架构也就迫在眉睫了。

五、纠纷解决机制的可视化趋向

正义和秩序是人类的永恒主题。人类发明了以多样化协商调解为基础、以

---

① 〔美〕卢克·多梅尔:《算法时代:新经济的新引擎》,胡小锐、钟毅译,中信出版集团2016年版,第139页。
② 〔美〕劳伦斯·莱斯格:《代码2.0:网络空间中的法律》,李旭、沈伟伟译,清华大学出版社2009年版,第89页。
③ 〔美〕卢克·多梅尔:《算法时代:新经济的新引擎》,胡小锐、钟毅译,中信出版集团2016年版,第137、223页。
④ 〔美〕阿莱克斯·彭特兰:《智慧社会——大数据与社会物理学》,汪小帆、汪容译,浙江人民出版社2015年版,第185页。

法律规则和司法装置为主导的纠纷解决机制,力图来实现众所期待的正义秩序。然而,由于人们一直生活在"上帝"给定的物理空间中,因此这些纠纷解决机制除了制度因素外,自然还会受到财力物力、技术装备、交通工具、知识能力等的限制,很多时候都是依赖于司法/调解决策者的知识、技能、经验和智慧,其中或多或少、或隐或显地包含着性格、情感和价值偏好等因素的影响,即便是存在可能影响案件公正的贪腐情况,当事人也只能猜测而无法做出清晰的判断。对此,古代社会主要靠社会舆情来进行监督制约,而到了近代,人们则力图通过司法公开来解决这一问题,把司法活动置于众目睽睽之下。这种"阳光司法"制度设计取得了明显的成效,但其公开的"可见"范围和方式依然受制于物理时空和技术手段,难以满足人们的更多期待。然而,随着数字时代的到来,这一切才发生了根本性的改变,也即纠纷解决机制从单一物理空间的"平面公开",迈向了跨越物理/数字双重空间的"立体可视",从而改变了纠纷解决机制的逻辑和路径,促进了数字正义的共建与分享。

其一,打破物理时空限制,实现了空前的可视化。在新兴技术变革的巨大推动下,"最显著的变化就是网络变得越来越可视化"①。先前工商业社会那些物理时空的阻隔、不可预测的行为和心理、不可预知的事件和状态等,如今都可以凭借数据分析技术做到清晰可见;原来只能通过墙板告示、纸介媒体、广播电视等进行的平面化信息公开,如今则通过官网链接、网络直播、网络庭审、在线非讼调解(ODR)等双重空间、即时互动的全新样态,来实现数字化、立体化的全景呈现。于是,从 ADR 到 ODR,从常规司法裁判到智能辅助办案系统,纠纷解决机制的决策过程都掀去了神秘的面纱,变成多元参与、可视化的权利博弈过程。人们能够更多地看到规则程序、事实证据、各自诉求和裁决由来。因此,"与早期替代性纠纷解决机制倡导者所提出的物理上的多门法院相比,当今新技术可以让我们有更多机会去创设一个虚拟的'多门法院',让当事人更容易地去实现正义"。而这个"数字正义可以让'接近正义'不再依赖于物理的、面对面环境,甚至不再受制于人类的决定,就可以实现",从而就打破了"正义之门"的威严壁垒,成为一种多元互动、可视分享的过程。②

其二,规避人性局限,创造更多的"阳光"。19 世纪法国工程师米歇尔·舍瓦利耶就认为,统计数据在本质上不带任何偏见,因而可以利用统计数据来构建

---

① 〔美〕Phil Simon:《大数据可视化——重构智慧社会》,漆晨曦译,人民邮电出版社 2017 年版,第 34 页。
② 参见〔美〕伊森·凯什、〔以色列〕奥娜·拉比诺维奇·艾尼:《数字正义:当纠纷解决遇见互联网科技》,赵蕾、赵精武、曹建峰译,法律出版社 2019 年版,第 54、263 页。

完美的社会。而"在当今社会,算法处理问题的速度非常快,我们认为算法客观可靠,不会受人类主观性的影响"①,这无疑是一种技术客观性的理想追求。智能辅助办案系统、在线非讼纠纷解决等都是大量借助信息数字和智能技术,来程式化、代码化地处理案件,意在创造技术规制条件下更具客观性、更多阳光化的纠纷解决情境,从而规避人性局限和排除人为因素的影响,努力做到标准一致、客观公正和"同案同判",推进智慧司法和法律服务的普惠效能。

其三,改写知识逻辑,加持数理逻辑。从古到今,人类都是凭借理性、知识和经验来治理社会、处理纠纷。虽然其间也会运用数理逻辑,但它们都是辅助性、佐证性的,并不能进入决策系统。如今人们开始追逐高度自动化、智能化的生产生活,政务、商务、交通、医疗、司法等领域中的日常化人类决策,便日益转交到算法手中,这无疑是一个重大社会转型。具言之,人类决策是基于理性、知识和经验,它主要借助物理时空的机械思维来抽象出无须证明的基本公理,基于此再推导出各种基本定理,最终达致"科学"的认知。然而,"从工业时代到信息时代的转变,是从机械思维到数据思维的转变"②,进而开始塑造这个世界。此时算法决策基于建模计算和数理逻辑,这样就在决策系统中改写了知识逻辑,逐渐实现数理逻辑加持。此时,人们不再热衷于寻找因果关系,而开始注重相关关系,并通过全样本数据分析,来"常规性地利用实时的、有力的、交互式的数据可视工具,提出更好的问题并最终据此制定更好的决策"③。可视化的纠纷解决机制就是其中之一,即"在'数字正义'理念之下,私人和社会都加强了对数字技术的采用,在法院内外共同促进'接近正义'的实现"④。这样,凭借数字技术和数字逻辑,让人们能够在个案中更多以可视化方式来体验公平公正,从而努力去共建共享新时代的数字正义。

综上所述,无论是技术赋权与权益平衡、去中心化与再中心化构架,还是平台引领与"软硬协同"、算法决策与代码规制、可视化纠纷解决机制等,都是从工商业社会向数字社会转型进程中的重大解组和重构,是从价值观念、社会结构到规制方式、秩序样态和解纷机制的总体性变革,反映了物理空间与数字空间、控制与分享、中心化与分布式、国家治理和社会自主、技术进步与人文关怀、接近正

---

① 〔美〕卢克·多梅尔:《算法时代:新经济的新引擎》,胡小锐、钟毅译,中信出版集团2016年版,第207页。
② 王天一:《人工智能革命——历史、当下与未来》,北京时代华文书局2017年版,第95页。
③ 〔美〕Phil Simon:《大数据可视化——重构智慧社会》,漆晨曦译,人民邮电出版社2015年版,第20页。
④ 〔美〕伊森·凯什、〔以色列〕奥娜·拉比诺维奇·艾尼:《数字正义:当纠纷解决遇见互联网科技》,赵蕾、赵精武、曹建峰译,法律出版社2019年版,第259页。

义与可视正义的交融博弈和逻辑转换,展现着网络化、数字化、智能化发展的新型治理诉求,亟须"共建共治共享"的治理机制来达致最大公约数并进行积极的制度性回应。

第三节 "中国式"的数字法治道路

数字社会的治理逻辑,必然会在当下的法治建设进程中获得实践性展开,这就推动着法治范式的时代转型,并为探索自主性的"中国式"数字法治道路提供了时代动力。

一、包容共享型法治的孕育生成

近代法治是人类一项重大的现代性文明成果,为社会提供了有效而稳定的权力制约、权利保障和秩序机制。然而,近代法治从产生那天起,就一直处于发展变革之中,呈现出明显的"未完成性"特征。如今,在从工商业社会向数字社会、从现代性向"超现代性"的迭代变革过程中,法治范式也随之出现了跨越式的转型升级。

其一,物理空间的法治困境。众所周知,在几百年的法治发展进程中,曾经历了三次法治范式转换。近代法治形成之初,是一种自由主义法治范式,它贯彻和践行理性、自由、平等和人权等启蒙精神,促进了自由资本主义的迅速发展。然而,这种"一路凯歌"并没有维持多久就出现了问题,甚至"自由变成了个人主义,而个人主义则变成了不可剥夺的先占、利用和挥霍的权利"[①],进而导致了严重的两极分化和社会矛盾。因此,从19世纪末20世纪初开始,福利国家法治范式逐渐兴起,它旨在修正自由主义法治范式那种过于形式化的自由和平等追求,主张实质性的自由平等、弱者保护和社会公平,大大缓解了两极分化和社会危机。然而,这却助长了"家父主义"的国家干预和"从契约到身份"的反向运动,并造成了"政府失灵"、权力扩张和福利国家危机,个人自由和权利也遭受到了严重的侵蚀,以至于出现了伯尔曼、昂格尔所称的西方法律传统危机。这样,程序主义法治范式便走上前台,它力图通过重构"私人自主"和"公共自主"的互动关系、倡导对话沟通的"程序主义",来克服前两种法治范式的局限,通过协商参与、回应反思和"规制的自主性",来实现权利与义务、自由与公平相平衡的社会秩序。这一理想蓝图虽佳,但因缺少落地的制度安排,也就难免成为一种空谈。总体观

---

① 〔美〕伯纳德·施瓦茨:《美国法律史》,王军等译,中国政法大学出版社1997年版,第145、171页。

之，从自由主义法治范式——福利国家法治范式——程序主义法治范式的变革，反映着近代法治的时代发展和进步。核心问题在于，如何来调适公共利益与私人利益、自由平等与社会公平、权利与秩序等的内在互动与平衡关系。之所以历经几次转型都难以摆脱困境，原因在于近代法治所调适的权益关系深置于物理空间，其人财物等资源具有某种紧缺性、有限性和不可分享性，这种物理空间法治之中的一些内在紧张和矛盾冲突就在所难免了。西方的一些理论家，如德沃金更关注平等，诺齐克更强调个人自由，罗尔斯力图在平等自由的基础上确立有利于最小受惠者的开放性差序安排等，都是试图为拯救西方法治困境危机而开具的不同药方，但事实上均难以奏效。

其二，双重空间的法治转型。众所周知，近代法治的社会基础是国家/市民社会、公权力/私权利的二元关系构架，法律规范的调适对象则是基于物理时空和人之生物属性的社会关系。因此，它一直以制约公权力、保障私权利为主基调，以调适"人、财、物"为中轴线，并致力于打造自由公平的社会秩序，从自由主义法治、福利国家法治到程序主义法治，也都是围绕如何更好地实现这一目标而做出的策略调整。然而，当今信息技术革命开辟了前所未有的数字时代，形成了立足"现实—虚拟"双重空间、人的"生物/信息"二维面向和人机协同基础上的数字社会关系构架。这些"重大的技术变迁会导致社会和经济的范式转换"①，法治范式也不例外。一是从独享到分享。网络化、数字化和智能化的深度交融发展，使得各类生产要素和生活要素按照双重空间、人的双重属性和人机协同的时代需求进行了全新功能定位和分解重组，尤其是在数据信息生产及其处理能力空前提高的情况下，原来物理空间的信息阻隔和流通障碍获得了消解，原来通过产权明晰和责任归己制度来发挥人财物价值的"确权经济"（或"独享经济"），逐渐过渡为"不求所有、但求所用"的"共享经济"（或"分享经济"）；同时，网络空间、数据信息、算法代码、人工智能等代表着新兴的社会关系和利益载体，需要去面对技术赋权、去中心化与再中心化、平台治理、算法规制、可视化纠纷解决等各类挑战与问题。这固然离不开传统路径上的权益界分，但更关键在于体现数字社会规律的平衡、参与、公开和分享机制，而目前的"法治灰度"也正是这样一个探索和转型的过程。② 二是从数据公地到个人权利。数字社会的到来，正在深刻地颠覆和重建着人类的生活，日常生产生活、经营方式以及包括个人兴趣爱好和

---

① 〔英〕乔治·扎卡达基斯：《人类的终极命运——从旧石器时代到人工智能的未来》，陈朝译，中信出版集团 2017 年版，第 296 页。

② 参见周汉华：《网络法治的强度、灰度与维度》，载《法制与社会发展》2019 年第 6 期。

习惯在内的一切都在迅速地数字化。于是,数据信息正在转变成的新型的产品和服务,并深刻地改变着人们的生活,这样,数据信息便随之成为"权力的中心",并构成了双重空间的运行中枢。这里既需要有必要的"数据公地",也需要对个人信息加以保护,即"为了使个人数据和体验的共享成为可能,我们还需要可靠的技术和规则来保证个体能够安全方便地与他人、企业和政府共享个人信息"①,并基此建立"再中心化"、算法黑箱、算法歧视、算法共谋的规制机制。总之,数字社会的新生活,将从单一物理空间的固态逻辑走向双重空间的液态逻辑,亟须基于数字社会的发展规律和治理诉求来重塑法治机制,进而迈向包容共享型法治范式。

二、包容共享的法治原则与运行机制

包容共享型法治是对物理空间法治的突破和超越,它既要遵从现代性法治的核心理念,又要反映数字社会的治理逻辑和时代要求。因此,它必然会形成一些新的价值原则和机制,主要包括:

(一)数字善治的法治理念

在当今数字社会,现实世界与虚拟世界、物理世界与数字世界的边界逐渐消失,"每个人的数字生活将更加细节化",一旦"制度性反应缺失,行为成本和后果更加难以计算"②。因此,仅靠物理空间法治的良法善治原则就难以有效应对了,而应该扩展为数字善治的法治理念。

一是探索"数据新政"。数据信息已成为人类生产生活的关键要素,而且"数字技术创造了多种共生的关系,它使得我们能够为了自己的利益而获得和分享信息,与此同时,我们所产生的数据对于那些为数字交往提供便利并加以控制的公共和私人机构有着巨大价值"③。这就亟须确立一种"数据新政",从服务于个体和整个社会的利益出发,设定相应的监管标准和经济激励,进而引导数据所有者(持有者)有效地分享、利用数据,既要"使公共产品所需要的数据既易于获得,又能有效保障公民权利",既要"令个体对涉及他们自身的数据拥有前所未有的

---

① 〔美〕阿莱克斯·彭特兰:《智慧社会——大数据与社会物理学》,汪小帆、汪容译,浙江人民出版社2015年版,第173页。
② 〔美〕伊森·凯什、〔以色列〕奥娜·拉比诺维奇·艾尼:《数字正义:当纠纷解决遇见互联网科技》,赵蕾、赵精武、曹建峰译,法律出版社2019年版,第20、23页。
③ The New Zealand Human Rights Commission, *Privacy, Data, and Technology: Human Rights Challenges in the Digital Age*, www.hrc.co.nz, accessed May 25, 2018.

控制权,同时在公共和私人领域也带来了更好的透明度和参与度"①。这个共享边界和权衡标准无疑是数字良法的基础,也是"数据新政"的根本所在。

二是确立数字正义。由于政府与社会、群体与个人、企业与用户、自我与他人的界限发生了深刻变化,数字鸿沟、算法黑箱、算法歧视、数据画像、社会监控等问题日渐突出,自由、平等、权利、公平等价值诉求及其现实利益也随之面临着变革与重建,因此需要按照数字时代的发展规律和治理要求来确立数字正义,建立新型的数字社会治理秩序。

三是保障数字人权。随着数字技术的快速发展,"能处理海量数据的智能计算机给政府提供了一种全新的革命性工具。自由市场和政府管理的社会主义之间意识形态的分歧将会模糊"②。随即出现了技术权力化、权力技术化的发展趋势,与此同时,人的数字属性又催生各类社会关系、权利形态和运行方式的数字化,并面临着日益严峻的困境和挑战。因此,亟须确立"数字人权"的理念,来防范和抑制政府权力和平台权力的技术化扩张和滥用,保护社会公众的自由权利。

四是保持人文关怀。数字社会治理固然需要革新观念,转变机械逻辑、加持数字逻辑,去迎接更多的算法决策和代码规制。然而,其初衷和目标无疑是更好地让它们服务于智慧社会建设,更好地提高人类的生活品质,而不是让人类活在由冷冰冰的机器决定、机器做主的世界中。因此,需要在技术发展中贯彻以人为本、科技向善的设计理念,来安放人性和制造"友好人工智能"。也就是说,"我们迎面走向的,不是人性的丧失和机器的人化,相反,我们所走向的,是对人类更精确的认识"③,进而弘扬人性价值、增进人的主体地位、保障人的权利和自由。

可见,遵循数字社会的治理逻辑,致力于数字善治,让更多的人能够分享新兴科技所带来的进步、福利和便捷,成为数字时代的主人而不是"信息社会的囚徒",这无疑是转向包容共享型法治和推进数字社会治理的价值选择。

(二)共建共享的制度安排

从工商业社会向数字社会的变革转型,必然会遭遇很多风险和挑战,其出路则在于按照数字社会的发展规律和治理逻辑,做出包容共享型法治的制度安排。

其一,规则体系上的共建共享。古往今来,"不管多么软弱无力,国家权力毕

---

① 〔美〕阿莱克斯·彭特兰:《智慧社会——大数据与社会物理学》,汪小帆、汪容译,浙江人民出版社2015年版,第171、173、204页。
② 〔英〕乔治·扎卡达基斯:《人类的终极命运——从旧石器时代到人工智能的未来》,陈朝译,中信出版集团2017年版,第296页。
③ 〔德〕克里斯多夫·库克里克:《微粒社会——数字化时代的社会模式》,黄昆等译,中信出版集团2018年版,"前言"第XV页。

竟还是引导和有计划变革社会制度的主要工具"①。这意味着,国家构建一直是社会秩序的主导者、引领者。但在当今信息技术革命面前,这种状况发生了重大改变。随着各种新业态、新模式的大量"破窗"涌现,使得很多旧有的习惯被颠覆,很多旧有的制度面临挑战,但也给社会带来了大量进步性的革新体验。此时,政府对这些既不了解,也无法做风险/收益研判的技术,只能采取谦抑姿态和审慎包容的策略,对"任何与技术相关问题的立法、司法都应走一条'先了解技术,然后才立规'的路径"②。与此同时,更多的民间力量则积极参与到"大众创新、万众创业"发展战略之中,尤其是滴滴、淘宝、京东、QQ等各类平台,创造出了大量的新业态规则,从而形成了一种"众创式"的制度变革路径。"它需要国家的合作与参与,既要说服国家不在治理层面立法,又希望通过国家法律协助实施其规则。如果这些都能实现,那么将转化为一个共同规制的治理系统。"③这种规则体系上的"软硬协同"反映了数字社会的共建共享要求,在这里,"国家和社会力量能够相互赋权,而国家和社会力量之间的互动(而非分裂),其效果是能够为双方一同创造更多的权力"。其间,"国家也许帮着塑造社会,但是也受到其所在社会的不断塑造"④。这样,就从国家构建主导转向了国家与民间的双向构建,成为包容共享型法治变革发展的重要动力。

其二,权义安排上的共建共享。如果说规则体系上的共建共享是制度形式,那么权义安排上的共建共享就是制度实质了。以往工商业社会的基础是单一物理时空的"独享经济",面对的都是"看得见、摸得着"的人财物,彼此交往的都是现身在场"关系人";当今数字社会的基础则是双重空间中的"分享经济",面对的是虚实同构的网络空间、平台治理、建模算法、区块链、人工智能等利益载体,彼此交往的都是远程临场的"微粒人"。在这样一个数字化的世界中,数据信息承载着流动迭加的数字社会关系。因此,国家立法"针对哪些信息流是可以被允许的或被阻止的,哪些是需要鼓励或打压的,都需要在制度、激励、法律、技术或者规范方面进行清晰的设计和规划"⑤。核心在于,一方面要基于"大部分的系统都必须使用我们的信息或者将我们与它们的信息相结合,才会顺利运转",按照

---

① 〔美〕安·塞德曼、罗伯特·塞德曼:《发展进程中的国家与法律——第三世界问题的解决和制度变革》,冯玉军等译,法律出版社2006年版,第43页。
② 杭州市西湖区人民法院:《支付宝网络支付案件司法审查报告(2008年3月—2015年3月)》,载许多奇主编:《互联网金融法律评论》(2016年第1辑·总第4辑),法律出版社2016年版,第185页。
③ 〔英〕克里斯弗·米勒德编著:《云计算法律》,陈媛媛译,法律出版社2019年版,第528页。
④ 郑永年:《技术赋权:中国的互联网、国家与社会》,邱道隆译,东方出版社2014年版,第17页。
⑤ 〔美〕埃里克·布莱恩约弗森、安德鲁·麦卡菲:《第二次机器革命》,蒋永军译,中信出版集团2016年版,第342页。

数字社会的"控制/分享"规律来平衡配置个人权利\社会权力\公共权力以及权利/义务/责任;另一方面也要看到,新的治理和控制系统是从数据收集、传送和分析中产生并发展的,人们担忧"大数据技术的繁荣和信息不对称的加重将令财富分配不公现象更为严重"①。但它已超出工业时代那种为契约自由和财产权的斗争范畴,如今"算法时代则为了数据的收集、传送、使用和分析而斗争"②。这就需要根据数字善治理念来消解算法决策和代码规制中的各类风险和威胁,防止"再中心化"和新的两极分化,进而构建数字社会的治理秩序,推进多元参与和精细的分权化治理。它"不是零和博弈,而是可以让所有人共享、共同提高"③,这也是包容共享型法治的根本目标所在。

(三)分布参与的治理机制

在数字社会的扁平化、碎片化、流动化的巨大运动中,"我们的社会将变得更加平等,更加人性化,每个人都重新拥有了知情和参与的权利。无论从经济上还是从社会上来看,几乎所有的东西都被民主化,变得更好"④。在国家治理和社会治理层面上,也必然要反映出数字社会的治理逻辑,展现出包容共享型法治的时代诉求。

首先,在国家治理上,智慧政务、智慧司法成为时代趋势。这一方面要求利用网络技术、数字技术和人工智能技术来大幅提高工作效率和效能,为公众提供便捷的、精细化的、自动化的公共服务和可视正义;另一方面也要求避免底层民众被排除到信息通信技术产生的红利之外,克服技术权力化和权力技术化偏好,加大技术便民化、惠民化、民主化力度,向社会提供更多、更有效的公共参与渠道,增进可视化纠纷解决机制的开放性和参与性,让人们坐在家里就可以分享政府数据、利用鼠标就可以参政议政、凭借手机就可以监督政府和伸张正义,进而使智慧政务、智慧司法成为全民共建共治共享的时代机遇。从世界范围来看,当代信息技术变革确实带来了一种新兴的"数字社会主义",但它无疑"旨在提升个人的自主性,反对中央集权。它是去中心化的极致表现"⑤。因此,它有技术能

---

① 〔英〕阿里尔·扎拉奇、〔美〕莫里斯·E.斯图克:《算法的陷阱——超级平台、算法垄断与场景欺骗》,余潇译,中信出版集团2018年版,第314—315页。
② Jack M. Balkin, *Free Speech in the Algorithmic Society:Big Data, Private Governance, and New School Speech Regulation*, University of California Davis Law Review, Vol. 51, 2018.
③ 〔美〕尼古拉斯·伯格鲁恩、内森·加德尔斯:《智慧治理——21世纪东西方之间的中庸之道》,朱新伟等译,格致出版社、上海人民出版社2013年版,第169页。
④ 〔澳〕史蒂夫·萨马蒂诺:《碎片化时代:重新定义互联网+商业新常态》,念昕译,中国人民大学出版社2015年版,第296页。
⑤ 〔美〕凯文·凯利:《必然》,周峰等译,电子工业出版社2016年版,第155页。

力、有条件来打造前所未有的、远程临场的分布式参与机制,并进一步构建数字法治。这就要求在技术赋权进程中,"必须与民众所生活的社会维度、政治维度以及个体维度相结合,以便让赋权实践与包容、参与以及社会正义相结合"①。只有这样,才能更好地展现现代性和超现代性维度,实现国家治理体系和治理能力现代化,为包容共享型法治秩序提供重要支撑和保障。

其次,在网络空间治理上,多中心协同治理势在必行。当初的网络自由主义曾主张"去国家化",但这种互联网治理模式出现了很多致命的公共问题,因而国家在互联网治理中的作用和地位开始不断攀升,并迈向多中心协同治理。一是网络空间自治失灵需要国家介入。信息与通信技术固然创造了匿名化、虚拟化、个性化、自由化的全新数字环境,"原则上,它可以在任何时间任何地点为任何人所分享。信息圈开始在任何空间中弥散"②,进而从技术上突破了物理空间和代议民主的限制性条件,使表达自由、行动自由和直接民主成为可欲的目标。然而,互联网上的各种动员往往来自"不同的和碎片化的政治认同上"③,这也为民粹主义创造了条件,使网络民粹主义和多数人的暴政相互助长,从而扭曲了民主的精神实质和现实途径,同时还滋生了各种黑客、网络诈骗等违法犯罪活动,出现了明显的自治失灵,国家的介入自然就不可避免。二是政府的"老大哥"权力出现扩张。它不断延伸放大的网络监管权力,对网络空间自由产生了严重侵蚀,需要进行有效的控制和制约。三是代码就是网络空间中的法律。这就使得"互联网的控制权越来越集中在强大的互联网公司手里,它们受到软件和硬件的限制",有时候甚至商界和政府能联手修改代码。这样一来,网络空间就变成了它们控制公众的力量,带来数据鸿沟、算法黑箱、算法歧视、算法霸权、代码规制以及"再中心化"等严峻问题和挑战。因此,需要网络公民、行业组织、新旧媒体、各类单位、商业平台、政府部门等诸多社会力量,来协同推进网络空间的多元化、自由化和民主化,"使公众拥有在线网络的监督权和参与权"④,从而形成分布式的多中心协同治理机制。这不仅是维持和增进网络空间的生命与活力所必需,也是促进包容共享型法治的重要动力。

再次,在平台治理上,注重分享和参与的生态化治理逐渐生成。随着数字时

---

① 〔英〕Robert Adams:《赋权、参与和社会工作》,汪冬冬译,华东理工大学出版社2013年版,第201页。
② 〔英〕卢恰诺·弗洛里迪:《信息伦理学》,薛平译,上海译文出版社2018年版,第426页。
③ 〔英〕安德鲁·查德威克:《互联网政治学:国家、公民与新传播技术》,任孟山译,华夏出版社2010年版,第37页。
④ 〔英〕詹姆斯·柯兰等:《互联网的误读》,何道宽译,中国人民大学出版社2014年版,第207页。

代的到来,平台经济业态迅速崛起,它颠覆并替代了传统物理时空的"管道"式线性商业模式。至此,"集中化的时代已经过去,现在的世界充满了更多的商机,以及更加分散的事物"①,新型的平台治理机制也随之应运而生。其一,平台治理是一个生态体系。它置身于政府与平台、平台与用户、平台与平台、平台与媒体、平台与公众等多主体的环状互动之中,采取的是连接数边群体、业务复合多样的覆盖性商业模式,通行虚实交融、算法决策、代码规制等运营方式,从而形成一个网络化、数字化、智能化的"多环状生态圈"。其二,保持足够的开放性和参与性。"网络正使史无前例的经济自由民主化成为可能",平台经济也正是这种自由民主化的结果,"今天平台的成功是基于参与,而非所有权"②。因此,它为外部供应商和顾客之间的价值创造互动赋予了开放的、参与式的架构,并为它们设定了治理规则。首要目标是"匹配用户,通过商品、服务或社会货币的交换为所有参与者创造价值",并在"中介重构、分享使用权与管控以及市场集合"上引起产业的结构性改变。③这就要求平台治理秉持共建共享价值,吸纳更广泛的社会参与,如淘宝的规则众议院和大众评审团、美团的大众点评等,形成一种分布式的、多方共赢的治理机制。其三,促进权益平衡和信任合作。平台经济模式是建立在对用户信息数据的收集、控制、分析和使用基础上的,这既要有基本的社会分享理念,也需要有可靠的信息权利保护。因此,需要以更为科学、更为合理、更为公平的权益平衡方式,来"重塑用户个人与数据公司之间的信任与合作,建立数据使用的新秩序"④,从而妥善经营所有参与者共同联系起来的网状关系,"有效维持生态圈的利益平衡,并在平衡中携手前进"⑤。与此同时,也要推进平台治理的合规建设,"设计出平衡的内部治理系统和外部监管制度,以确保平台公平运营"⑥。这既是抑制"再中心化"、促进"软硬协同"治理的重要基石,也是推动包容共享型法治的内在要求。

最后,在基层治理上,微粒互动的精细化治理秩序得以生成。当今信息革命

---

① 〔澳〕史蒂夫·萨马蒂诺:《碎片化时代:重新定义互联网+商业新常态》,念昕译,中国人民大学出版社 2015 年版,第 296 页。
② 〔美〕亚历克斯·莫赛德等:《平台垄断:主导 21 世纪经济的力量》,杨菲译,机械工业出版社 2018 年版,第 102 页。
③ 参见〔美〕杰奥夫雷·G. 帕克等:《平台革命:改变世界的商业模式》,志鹏译,机械工业出版社 2018 年版,第 6、77 页。
④ 徐恪、李沁:《算法统治世界:智能经济的隐形秩序》,清华大学出版社 2017 年版,第 284 页。
⑤ 陈威如、余卓轩:《平台战略——正在席卷全球的商业模式革命》,中信出版集团 2013 年版,第 252 页。
⑥ 〔美〕杰奥夫雷·G. 帕克等:《平台革命:改变世界的商业模式》,志鹏译,机械工业出版社 2018 年版,第 230 页。

使得"人类正在从持续了千百年的物理实体社会跨入新兴的虚拟数字社会"①，人们的生产生活和日常交往均打破了原有物理时空的限制，在虚实双重空间之中进行结构和重构。一是"微粒社会"中的分布互动。随着"微粒社会"的扁平化、破碎化、流动化加剧，就"在这个数字和程序算法的世界里发展出一种新的人性形态"②。这些新形态的"微粒人"使得特定人群的行为不再一致，一致的行为人群不再特定，形成了分布式的微粒化互动。由此，"发展中的个人主义、无线移动性、无所不在的互联网都促进了联网个人主义，使之成为社区的基石"③。二是"微粒人"的分布式参与。数字时代的社会秩序主要依靠的不是社会控制，而是人们之间的互动互利行为。"用户执行的每一项操作，无论多么微小，对于重新配置算法和优化流程都是有用的。这就是数据的重要性。"④因此，虚实双重空间下的基层治理，离不开网络论坛、微博平台、QQ群、微信群、朋友圈等的"微粒"聚合和分布式参与，它们虽然带有无中心、平面化、超时空、匿名化、强流动等特征，但形成了多元化的亚文化圈和分殊化的社会纽带，塑造了无数节点共建共享的公共空间、社会动员机制和舆情场域。三是精细化、网格化的基层治理。面对数字社会的各种问题和挑战，国家提出了加强智慧社会建设和基层网格化治理、打造共建共治共享社会治理格局的战略目标。然而，在具体推进落实的过程中，一些地方却出现了物理中心主义、政府中心主义、地域中心主义、技术中心主义等突出问题。⑤因此，需要在网格化基层治理中，根据"微粒社会"和"微粒人"的时代特征，设计更精细的网络问政、微信动员、在线纠纷解决等，进而构建分布互动的共享赋权机制和民主参与机制，使基层治理真正达到共建共治共享要求。

（四）全球治理的协同框架

自20世纪90年代以来，国与国之间在政治、经济、贸易上的互相依存度越来越高，全球化进程逐渐把世界压缩为一个整体。而当今信息革命的到来，又出现了网络化、数字化和智能化对社会解构与重构所带来的叠加效应。于是，就呈现出数字化的"全球化"进程，这不仅导致社会亲近性与物理邻近性之间发生脱节，也导致社会相关性与空间邻近性发生脱节，因而对大多的社会过程来说，"空

---

① 〔美〕吴霁虹：《众创时代——互联网＋、物联网时代企业创新完整解决方案》，中信出版集团2015年版，第1页。
② 〔德〕克里斯多夫·库克里克：《微粒社会——数字化时代的社会模式》，黄昆等译，中信出版集团2018年版，"前言"第XII页。
③ 〔美〕霍华德·莱茵戈德：《网络素养——数字公民、集体智慧和联网的力量》，张子凌等译，电子工业出版社2013年版，第235页。
④ 〔美〕尼克·斯尔尼塞克：《平台资本主义》，程水英译，广东人民出版社2018年版，第110页。
⑤ 参见马长山：《智慧社会的基层网格治理法治化》，载《清华法学》2019年第3期。

间的位置或环境已经不再重要或不再是决定性的了"①。与此相对应,物理时空的边界在国际社会中越来越模糊,人们越来越多地通过互联网和数据信息即可实现远程临场和深度互动,这无疑"是一种极为寻常的经验,这也是全球化所指"②,其颠覆性、替代性的后果也随之在全球蔓延开。

面对人类生活的数字化、公式化以及模型化,"我们遇到的一些事情会显得杂乱无章,但我们徜徉在其中的方式却是一样的"③。美国、中国以及其他国家都会遭遇同一背景、同一数字化网络中相似的变革、风险与挑战,这无疑不是哪个国家能够单独处置的问题,而是需要全球范围内的携手应对。尽管欧盟出台了捍卫启蒙价值立场的GDPR,美国也不断推出"长臂管辖",但数据信息则是无形连接、无疆流动的,数字化变革也是没有任何阀门可以控制、没有任何围栏可以阻挡的。此时,"共同规制似乎成了跨越国境的互联网活动的主要治理结构",也"只有共同规制才是互联网活动治理的唯一途径,只有共同规制才有成功的合理希望"④。因此,全球治理的框架和机制就面临着深度的变革,需要从"主权优先"迈向"协同共治",这也是数字社会治理和包容共享型法治在全球范围内的逻辑展开,进而实现全球的数字善治和法治秩序。

三、探索数字时代的"中国式"法治道路

近代法治无疑是人类的共同文明成果,因而"法治不再是纯西方的理念,而是作为人类共同的价值观,为国际社会普遍接受的理念"。但同时,"每个国家都应当享有自由选择法治具体模式的权利,以实践其法治观念"⑤。晚清以来,中国就一直在既要追赶现代性又要保持自我性的张力境遇下,来探索中国法治发展道路的。

然而,由于多种错综复杂因素的影响,中国改革开放后才有效启动了民主法治进程,并在四十多年的建设中取得了明显的成效。随着中国经济的迅速崛起和国际舞台地位的攀升,如何在追赶现代法治的进程中走出适合自己的道路、构建自主性的中国法治模式,就成为一个重要的时代使命。人们逐渐认识到,"大

---

① 〔德〕哈特穆特·罗萨:《新异化的诞生——社会加速批判理论大纲》,郑作彧译,上海人民出版社2018年版,第118页。
② 〔英〕卢恰诺·弗洛里迪:《信息伦理学》,薛平译,上海译文出版社2018年版,第427页。
③ 〔美〕艾伯特-拉斯洛·巴拉巴西:《爆发:大数据时代预见未来的新思维》,马慧译,北京联合出版公司2017年版,第289页。
④ 〔英〕克里斯托弗·米勒德编著:《云计算法律》,陈媛媛译,法律出版社2019年版,第529页。
⑤ 〔瑞士〕胜雅律:《不同法治文明间的对话》,党生翠译,载夏勇等主编:《法治与21世纪》,社会科学文献出版社2004年版,第296页。

量照搬民主治理形式的表面元素通常并不能保证取得那种往往与民主制度相关联的社会进步"①,何况这些还是选择性地"照搬",也常常出现"水土不服"现象。为此,党的十五大开始就做出了建设社会主义法治国家的战略部署,法学界也开始反思"中国法学向何处去"和探讨自主性的中国法治道路问题,其中存在很多问题和挑战,但也面临着新的时代机遇。首先,包容共享型法治的全球性探索。由信息革命和数字社会治理逻辑所驱动的这场法治范式转型,是世界各国都面临的艰巨使命,无论是创造现代性法治的西方国家,还是追赶现代性法治的其他国家,都需要面对"超现代性"的挑战并进行变革转型,都没有可资借鉴的样本或者参照系,也没有优劣之分,正处于全球性的共同探索状态。其次,数字时代的"换道超车"。随着人类迈进数字社会,中国在追赶现代性的同时,也获得了"超现代性"的"换道超车"机会。《数字中国发展报告(2022年)》显示,2022年我国数字经济规模达50.2万亿元,总量稳居世界第二,占国内生产总值比重提升至41.5%。中国至少与西方发达国家处于数字社会的同一起跑线上,面临着很多"共时性"的问题,甚至由于自身的广土众民、后发现代化、儒法文化等因素,而具有超出西方的复杂性,从而在包容共享型法治的范式转型中具有自主探索的一片天地。再次,数字社会的治理诉求。中国在四十多年的改革开放中拥抱新兴科技,加速推进网络化、数字化、智能化发展,形成了庞大的数字经济体量和数字社会形态,包容共享已经成为一种客观的经济社会要求,是推动数字时代的法治范式转型的根本动力。最后,中国的本土国情。在探索包容共享型法治、走出自主性的法治道路上,中国确实有一些独特的国情基础和条件:比如,中国没有西方那种市民社会对抗国家的法治变革条件,因而采取政府推进、官民合作的包容共享型法治路径更具可行性;再如,人际和谐、团体本位的儒家传统和东方文化,具有合作共赢的文化基础,它与包容共享型法治文化具有吻合性;等等。由上可见,认真对待当今信息革命,遵循数字社会治理逻辑,积极推进包容共享型法治建设,是中国自主性法治道路的必然选择。

第四节　数字法治的变革重塑

数字法治并不是现代法治的数字化,也不是现代法治的自然延展,而是现代法治的代际转型和总体升级。如果说现代法治是法治1.0版的话,那么数字法

---

① 〔俄〕弗拉季斯拉夫·伊诺泽姆采夫:《民主与现代化:有关21世纪挑战的争论》,徐向梅等译,中央编译出版社2011年版,第2页。

治就是法治2.0版。这样看来,现代法治和数字法治乃是法治发展变革的不同阶段和类型,数字法治反映了数字时代的生产生活规律,是平衡公权力、私权力(权利)、私权利关系,保障数字社会权利,实现数字正义的治理方式、运行机制和秩序形态。因此,数字法治是在现代法治基础上的数字化改造、重塑与新生。

其一,法治原则的重塑。近代以来,法学家们分别从形式意义和实质意义上对现代法治进行了要素分析和原则提炼。比较有代表性是,戴雪提出了法治"三原则",富勒、拉兹、菲尼斯等都各自提出了法治"八原则"等。[①] 但他们高度认同的部分是:法律的目标在于控制公权力、保障私权利,"治者"与"被治者"同等地服从法律权威、依法办事,法律具有公开性、一致性、稳定性、连续性和不溯及既往性,确保司法独立、正当程序和执法司法公正,司法解释以及自由裁量权的行使符合法律原则和法治精神,法院对公权行为具有合法、合宪性审查权等。通过这些法治原则的概括和提炼,形成了形式法治和实质法治的不同版本。[②]

然而,不管是"三原则"还是"八原则",无疑都是对物理时空中法治运行机制与逻辑的抽象和升华。首先,现代法治的作用场域是地理主权背景下国家/社会的二元生活,其核心是公权力/私权利、权利/义务的互动关系,具有明显的地域化、中心化特征,司法机关也基此设定了地域、级别管辖制度;其次,现代法治的社会基础是实在可及、经验分析、所有权至上的工商生产生活关系,主体是自然人、法人和非法人组织,调整对象是物理环境下的人/财/物/事,因而人格权/物权/债权也就成了法权核心;最后,现代法治的价值源泉来自启蒙精神,包括生命、财产、自由、平等、人权等。它主要从工商业时代孕育发展而来,反映着现代性的生活方式、现实交往和价值观念的伦理尺度。就是说,那个时候还没有遇到过人的数字属性和虚拟时空,因此,在法学家们的视界内不可能有数据/信息上的应对和考量,其内涵和指向也难以对数字时代的法治变革提供有效的包容和解说,这就需要确立新型的数字法治理念、范畴、原则、机制和体系。比如,过去物理性的主/客体二元对立逻辑,需要转换成数字性的主/客体包容逻辑;政府/公民的传统二元构架,会转向数字政府/平台/数字公民的三元平衡体系;人身财产关系的构建与运行,会依托于算料、算力、算法的支撑调配;从物理时空生活中

[①] 参见〔英〕戴雪:《英宪精义》,雷宾南译,中国法制出版社2001年版,第232—239页;〔美〕富勒:《法律的道德性》,郑戈译,商务印书馆2005年版,第55—106页;〔英〕约瑟夫·拉兹:《法律的权威——法律与道德论文集》,朱峰译,法律出版社2005年版,第187—190页;沈宗灵:《现代西方法理学》,北京大学出版社1992年版,第79页。

[②] 参见〔美〕布雷恩·Z.塔马纳哈:《论法治——历史、政治和理论》,李桂林译,武汉大学出版社2010年版,第117—118页。

抽象出来的以自由、平等、权利为轴心的法律逻辑,会转化为物理/电子空间一体化基础上的以分享和控制为轴心的法律逻辑,等等。

其二,规制秩序的重塑。众所周知,现代法治是以国家和市民社会的分离为基础的,其核心是制约公权力、保障私权利、尊重正当程序、维护公平正义。为了实现这一目标,建立起了横纵交互的两大规制体系。纵向上,是以社会契约论为基础,通过以宪法为中轴的公法体系来划分和确定国家与社会、公权与私权的权益边界和法律关系;横向上,是以意思自治为基础,通过以民法为中轴的私法体系来划分和确定社会中个人与组织、个人与个人的权益边界和法律关系。横纵两条线,实际上就相当于是两个交互作用的"合同关系",共同框定了现代法治的规则秩序。上述这种横纵交互的规制体系,则展现着启蒙价值和精神。从古到今,法律精神经历了自然理性——神的理性——人的理性的巨大变迁,现代法治充分反映了启蒙时期的价值追求和人的理性精神,把生命、财产、自由、平等、人权等价值理念确立为"良法"的前提和基准,从而以"良法"来实现"善治"目标。这样,启蒙价值就成为贯穿横纵两大规制体系的一条主线,为现代法治提供道德基础和价值指引,促进社会公平正义。上述横纵交互的规制体系和主线贯穿的启蒙价值,还都是对现代法治的结构性的形式描述,反映着工商时代的规制方式和规律。

在当今数字时代,传统物理空间的生活方式依然存在,人的生物属性依然是立身之本。因此,现代法治的一些价值原则、重要规则体系、主要规制方式等依然有效,如物权、合同、婚姻、侵权等法律规范体系依然起着基本的支撑作用。因此,数字法治不可能是推倒重来、另起炉灶,而是一种重塑新生。具言之,数字法治是基于数字经济业态、数字社会生活方式和数字价值理念基础上的新型法治形态,需要高度关注虚实同构的生活空间和行为方式,以及人的生物/数字两种属性。因此,它在包容、吸纳现代法治的同时,必然要实现数字时代的方向性重塑。一是确立数字法治价值,对自由、平等、权利的内涵、属性与边界要进行重新厘定和限缩平衡,并秉持以人为本和人类中心主义的理念,防止数字技术对人性和人文精神的侵蚀。二是建构数字规则体系,即数字社会空间、数字社会行为、数字社会纠纷三大规则体系。其中,在数字政府与数字公民的关系上,应对自动决策与自主选择、算法公开与多元参与、自动执行与人本价值等进行制度界定;在数字司法上,需回应集约化、平台化、智能化的变革要求,对诉讼制度、组织构架、运行机制等进行改革或制度重置。三是构建自主互动的秩序机制,从以人力运作为中心的执法司法过程,演化为自动执行和代码规制。四是采取多方互动、协同推进的策略,包括党政智治、平台治理、智慧司法、社会组织参与、国际合作等,从而打造适应数字时代发展要求的规制体系和规制秩序。

其三,法治理论的重塑。如上所述,人类已经全面进入数字时代,现代法治转型升级为数字法治已是大势所趋。面对这场前所未有的重大法治变革,我们不应过多地回溯历史,力图用我们比较熟悉的既有理论来阐释它、审视它、框定它,看它是否符合既有的概念、范畴、规则和逻辑,进而决定认同它、支持它,还是否定它、拒斥它。我们知道这种做法是很省事的,也更有利于捍卫自己的研究领域和传统优势,但真正的问题并没有得到解决,而且会越来越尴尬。我们应该面向未来,对有效的理论传统固然应该予以积极传承,但对不适应数字时代发展变革的理论体系,则应予以客观的反思批判和重塑重建。虽然这样做比较辛苦,也会遭遇不懂信息技术、不了解新兴业态、跨专业难度大等诸多重大难题,但只有如此,才能不负我们在数字时代所应有的法学担当。无论是在民法、刑法、竞争法、市场法、行政法、诉讼法等法律制度体系上,还是在数字正义、数字人权、数字政府、数字公民、电子证据、智慧司法上,都理应如此。可见,积极回应数字时代的社会诉求和发展方向,反映数字法治的实践探索和转型升级规律,进而构建相应的数字法治理论,就成为法律共同体的一个重要使命。其中,包括数字法治基本范畴、数字法治核心价值、数字法治体系、数字法治运行、数字法治秩序等,都需要进行理论重塑或者重建。

总之,推进数字法治建设,无论在理论上还是在实践上,都应做出巨大的努力。在现代法治的生成发展进程中,中国是落伍的、一直在追赶和模仿的;但在当今数字时代,中国有与发达国家大致相当的条件和机会。只要我们共同参与、齐心协力,就能够探索出"中国式"的数字法治模式与法治道路,为全球的数字法治发展贡献中国智慧!

> 问题与思考

1. 工商时代与数字时代在治理逻辑上有何不同?
2. 为什么说现代法治会走向数字法治?
3. 数字法治的涵义和机制是什么?

> 扩展阅读

1. 张吉豫:《数字法理的基础概念与命题》,载《法制与社会发展》2022年第5期。
2. 张文显:《无数字 不人权》,载《网络信息法学研究》2020年第1期。
3. 解志勇:《数字法治政府构建的四个面向及其实现》,载《比较法研究》

2023 年第 1 期。

4. 贾宇:《论数字检察》,载《中国法学》2023 年第 1 期。

5. 周尚君、罗有成:《数字正义论:理论内涵与实践机制》,载《社会科学》2022 年第 6 期。

6. 陆宇峰:《中国网络公共领域:功能、异化与规制》,载《现代法学》2014 年第 4 期。

7. 姜伟、龙卫球主编:《数字法学原理》,人民法院出版社 2023 年版。

8. 韩旭至:《人工智能的法律回应》,法律出版社 2021 年版。

9. 马长山:《迈向数字社会的法律》,法律出版社 2021 年版。

10. 马长山主编:《数字法治概论》,法律出版社 2022 年版。

第二章 数字法治的理论脉络

【引读案例】

　　竹简秦律中的法律条文大多都与数字有关,反映了对数量关系的重视和对数学方法的需求。这主要是因为,定量方法可以使法律更加严密,避免法律条文的歧义性。秦律中很多经济条文都是采用数学定量方式说明的……在处罚方面也是定量性的。秦律中凡是与经济相关的处罚都是按钱折算,根据所犯错误造成的经济损失的数量定罚。①

　　以数学作为人类社会的治理方法,是人类政治、经济、法律思想史中源远流长的一项理论传统。至少从春秋时代开始,以管仲为代表的先秦诸子就开始强调数学在政治、经济、军事和法律领域的基础性作用,所谓"举事必成,不知计数不可"(《管子·七法》)。在公元前5世纪,古希腊毕达哥拉斯学派哲学家也提出"万物皆数",即世间万物都可用数字来理解和计算;只要治国者应用正确的数学方法,国家就能完美地实现公平和正义。近代德国哲学家莱布尼茨在1666年提交的博士论文《论组合术》中论证说,法学概念和几何元素一样具有高度形式性,法律论题可以被理解为数学组合术,法律案件也可以像数学题一样予以计算解决。

　　在没有计算机和互联网的前信息时代,人类社会即已存在数字法治的制度雏形以及数字法学的理论原型。在信息科技和信息产业迅猛发展的今天,数字法治已经在各个社会领域得到广泛应用和具体落实。与此同时,数字法学作为数字法治的理论形态,也呈现出跨学科、跨部门法、跨社会领域、理论范式多元化、理论与实践相结合等显著特征。

　　本章截取20世纪至今这一时间段,从"学科建设""政府治理"和"经济规制"这三个角度重点介绍数字法治的理论脉络。

---

① 参见吴文俊主编:《中国数学史大系》(第一卷),北京师范大学出版社1998年版,第361页。

第一节 数字法学的学科构建

数字法学是数字法治的理论形态。作为新生事物,它的内涵和范畴都存在诸多争议,而且还会随着信息科技和社会关系的发展而不断变化。目前与数字法学相关和相近的学科名称,包括但不限于"网络法学""互联网和计算机法学""网络和信息法学""数据法学""信息法学""计算法学""人工智能法学"。这一方面反映出数字法学领域思想活跃、百花齐放,确实处于法学研究的前沿地带,另一方面也折射出数字法学暂时缺乏统一理论范式,可能妨碍学术合作、消耗学术资源、降低学术产出质量。所以,数字法学研究者应当求同存异,兼顾理论概念的开放性和严谨性。

一、关于数字法学学科地位的主要观点

关于数字法学的学科地位和功能定位,我国学界主要有如下四种观点:

(一) 交叉学科说

该观点否认数字法学的独立学科地位,主张数字法学应当秉持"数字+法学"的交叉学科立场,其主要理由在于:首先,数字法学的研究对象过于广泛,几乎涵盖所有部门法领域,缺乏专属于它的法律规范;其次,数字法学没有独立的概念术语和理论体系;再次,目前已有的部门法规范体系和理论体系能够解决绝大部分数字法治遇到的问题,没有必要添置新的部门法规范体系和理论体系;最后,考虑到数字社会的高度技术性和复杂性,数字法学应当积极吸纳不同学科和不同部门法的理论资源。总体上看,交叉学科说强调诸部门法学之间以及诸学科之间的交流互动,认为数字法学没有必要为自己划定严格的学科边界。

(二) 方法论说

该观点亦不支持数字法学作为独立学科。持该观点者一般认为,数字法学的主要功能是为法学研究提供理论工具,使其能够有效回应因计算机、互联网、人工智能、大数据和区块链等信息技术带来的社会变迁和法律问题。所以,数字法学在当下的首要使命不是开疆辟土,成立新的学科建制,而是为既有法律制度和法学体系提供方法论支持。

(三) 独立学科说

该观点主张数字法学在法学学科体系中应当享有独立的一席之地。支持该观点的学者大都认为,数字法学已经具备相对固定的研究领域(信息科技和信息产业)、研究主题(信息、数据、算法、代码、架构、模型等)、法律法规(《网络安全法》《个人信息保护法》《数据安全法》等)、规制场景(平台治理、数据治理、算法规制、内容审核、无人驾驶规制等)。因此,数字法学至少可以像军事法学、体育法学、劳动法学、环境与资源法学一样具有相对独立的学科地位。

(四)法学转型说

该观点认为,数字法学既不是法学交叉学科的扩展,也不是法学方法论的延续,更不是法学学科的新型独立分支,而是法学学科的整体转型。这也就意味着,数字法学其实涵盖了整个法律体系,即理论法学(法理学、法史学、比较法学)、应用法学(宪法与行政法学、民法学、刑法学等)和交叉法学(法律社会学、法律经济学、认知法学等)。而数字法学的使命,在于确立一整套符合信息时代的法律概念、法律逻辑和法律价值,对法学学科进行系统性重构。

二、"马的法律":数字法学的学科独立性

"马法之争"是当代数字法学在发展初期经历的一次重大理论论战,它颇具代表性地呈现出关于数字法学独立地位的各方观点雏形。从实际效果看,这次论战不仅让数字法学更加引人瞩目,而且还为它开辟了学术论域,塑造了一些经久不衰的核心议题。所以,直至今日,我们依然有必要回溯和厘清"马法之争"的争议焦点,从而更好地理解数字法学在当前学科建设过程中遇到的理论困难,为数字法学的未来发展探索新的可能性路径。

这次论战的背景是 20 世纪 90 年代,随着家庭计算机和商业互联网的迅速兴起和普及,人们的社会关系和生活秩序开始急剧变迁,大量与信息科技和信息产业相关的新型法律问题涌现出来。身处信息革命的前沿地带,美国法学界立即注意到这些新问题对传统法律秩序和法学体系带来的威胁和挑战。基于当时的技术条件和应用场景,法律界关注的焦点主要是虚拟的"网络空间"(cyberspace)。许多法律专家开始主张,"网络法"(cyberlaw)已经成为一项新的法律领域,需要综合宪法、合同法、侵权法、财产法、知识产权法等传统法学学科资源进行研究。1996 年,芝加哥大学法学院举办了一次网络法研讨会,不少与会者试图为网络法作为独立的研究领域而正名。但是,著名法学家兼法官弗兰克·H. 伊斯特布鲁克则大唱反调,把网络法比作"马的法律"(law of the horse),坚决反对网络法作为独立研究领域的必要性。

(一)数字法学独立的否定性观点

伊斯特布鲁克主要提出了三重反驳理由:

首先,绝大多数法律专家都缺乏信息技术技能,因而无力从事网络法研究工作。在 20 世纪下半叶,美国法学界兴起过一轮又一轮的"法律+×"(Law and …)的法律交叉学科浪潮,例如法律经济学、法律社会学、法律与文学、法律与政治学等。伊斯特布鲁克认为,只有在两个学科领域都经受过严格的学科训练,具备扎实的知识结构,研究者才有能力真正做好法律交叉学科研究。譬如,任职于芝加哥大学法学院的罗纳德·科斯,同时也是诺贝尔经济学奖的获得者;从事"法律与文学"研究的理查德·A.波斯纳,以最优毕业生身份毕业于耶鲁大学英语系。在伊斯特布鲁克看来,绝大多数从事交叉学科研究的法律专家都不具备相应的专业能力,他们往往是追逐热点和盲目跟风,对其他学科一知半解,不过是在"玩票"。甚至许多法律专家之所以选择交叉学科研究,恰好是因为在本学科领域也缺乏足够的积累,没有能力对法学研究本身作出真正的贡献,所以才转战到交叉领域虚张声势。

其次,不能仅凭单一的法律规制对象来划分出独立的法学学科。譬如,马匹作为一种法律规制对象,就可以存在于合同法、财产法、侵权法和知识产权法等诸多法律部门。伊斯特布鲁克因而嘲讽道:难道仅仅因为存在共同的法律规制对象,就需要建立一个专门的法律领域,即"马的法律"吗?在他看来,所谓网络法,不过是围绕网络空间这一对象而积攒出来的法律大杂烩。在法律实践中,当然会遇到大量与网络空间相关的现实法律问题,但是要解决这些法律问题,最终还是需要一一回到具体的传统法律学科。所以,网络法的提法只是个噱头,多此一举,其本身不能解决任何具体问题。

最后,新型社会关系需要宽松的法律环境。伊斯特布鲁克认为,法律界对网络法过于热衷,反而有可能不利于尚处于幼年期的网络空间的发展。信息科技和信息产业皆是新兴事物,它们的发展趋势都尚未明朗,可能产生的社会效应也难以精准预测。因此,如果法律过早介入干预,很有可能会妨碍技术和经济的良性发展。他依然以"马的法律"为例进行论证:在19世纪初之前,受交通运输条件限制,马匹交易等同于不动产交易,普通法一般会默认由买方承担质量风险;但是随着运输条件的进步和交易空间范围的扩大,商事主体逐渐倾向于把马匹视为动产,由卖方承担质保义务。如果法律过于积极主动地介入马匹交易,就有可能越俎代庖,妨碍市场自发形成更符合经济规律的法律秩序。

(二)数字法学独立的肯定性观点

面对伊斯特布鲁克的"挑衅",网络法学者至少作出过如下反驳:

首先,不能对交叉学科设置过高的专业壁垒。其实在任何学科内部,像科斯和波斯纳这样的顶尖学者都是少数,不能因为他们的杰出贡献就否定其他所有学者的贡献和价值。同理,即便交叉学科研究存在跟风凑热闹的"玩票"现象,也不能因噎废食,限制甚至禁止学者从事网络法研究。实际上,学术研究也需要

"众人拾柴火焰高",只要积累到一定程度,自然会因量变而产生质变。

其次,学科独立性是由学界共识决定的。换言之,从来就不存在绝对客观且精确的学科认定标准。只要一定数量的学者对某一研究对象产生兴趣,愿意按照一定学术标准组织在一起,并且能够获得多数其他学者的承认,那么该学科就具备了独立条件。也就是,只要多数学者愿意承认,较之非网络环境下的物理空间,网络空间的法律规制对象、规制方法存在巨大差异,那么网络法成为一门独立学科就是完全可能的,且合情合理。

最后,网络法符合社会发展需求。信息科技和信息产业发展迅速,大量新生法律问题来不及等待社会和市场"自发"解决,急需法律介入。同时,网络法问题从一开始就呈现出跨专业和跨领域的多元化特征,需要构建网络法这样的研究平台来汇集各学科以及各部门法的资源,产生合力效应。所以,像伊斯特布鲁克这般,用前信息时代的"马的法律"为例抵制信息时代网络法的发展,无异于年代倒错式的刻舟求剑。

三、"可计算的法律":数字作为法学方法

数字法学的核心思想之一,就是用数学思维来理解、解释和处理法律事务。法律是否具有可计算性(computability),以及如何用数学方法计算法律事务,是数字法治实践中绕不开的关键性问题。该问题可以进一步分解为两个维度:

一是法律体系是否具有充分的可计算条件?根据法律社会学家马克斯·韦伯的观点,传统社会的法律往往具有非理性化特征,即法律缺乏确定性,难以实现"同案同判";现代社会的法律不仅趋于高度理性化,而且也趋于高度形式化,即实现法律体系内部的自主性和自洽性。因此,韦伯设想过,只要法律自身的理性化和形式化发展到一定程度,所有法律问题都能够通过"司法自动售货机"来找到唯一正确答案,人类法律专家也就可有可无了。所以,想解决法律的可计算性问题,首先应探讨什么样的法律才能进行计算。

二是数学工具在处理法律问题时是否具备足够的计算能力?与使用绳结、算筹和算盘的古代社会相比,现代人掌握的数学理论和计算工具已经不可同日而语。信息时代,"计算"已经不限于数值的算术运算,而更多是指通过计算机设备来执行程序指令,从而一步步解决问题的过程。用计算机解决问题的方法,被称为"计算思维"(computational thinking)。计算方法包括但不限于算术、算法、几何、编程和模型。根据计算设备不同,又可以区分出机械计算、电子计算、云计算、量子计算等类型。所以,在法律尚不具备较高的可计算程度时,强大的数学计算能力可以弥补这一缺憾。

法律计算有诸多实践路径和理论派系,它们彼此竞争又相互依存,关系极为复杂。总体上看,法律计算大致沿着三条不同的路径展开,即针对外在现象法律的计算、针对内在要素的法律计算,以及综合前二者的人工智能法律计算。

(一) 外在现象的法律计算

从20世纪60年代开始,赫伯特·A.西蒙等学者纷纷尝试把计算机技术应用于社会科学领域,计算社会学(computational social science)由此兴起。这门科学对社会现象进行信息化(或数据化)处理,然后通过计算机计算分析,进而提供政策分析。法律计算的第一种路径,可以视为计算社会学的分支。它站在法律规范的外部视角,对法律现象(人类个体或群体的行为)进行数字化处理,然后予以计算分析,从而解释法律现象的规律、预测法律现象的趋势。这种方法与传统的法律实证研究或者法律定量研究一脉相承,即都强调在实践中收集数据,对数据进行量化分析,从而揭示法律现象的相关性和因果性。只不过实证研究在采集和分析数据时主要依靠人工力量,而数字法学意义上的法律计算则主要使用计算机来完成相关工作。例如,研究者借助计算机编程,在海量的网络资源中挖掘裁判文书信息,然后通过对这些数据的计算机分析,发掘出法官从事司法裁判的决策模型和决策规律。又如,研究者通过数学建模,对法律规范体系予以全面分析,以可视化的图形来展现法律规范的层次结构、适用数量和效果、规范间联系、概念使用频率等内容。

对法律现象的计算,主要包括两个环节,即数据采集和数据分析。数据采集既可以采用传统实证研究的观察、问卷、统计等方法,也可以通过数据库、搜索引擎、数据爬取、图像识别等信息技术获得。在数据采集过程中,一方面需要对法律现象进行分类甄别,不能杂乱无章地盲目录入数据;另一方面需要在法律现象与法律数据之间建立合理的符号对应关系和量化关系。在数据分析过程中,则需要根据政策目标,选择合适的计算模型和计算工具。例如,美国学者乔恩·克莱因伯格应用法律决策树和随机森林等机器学习方法,对15万余份假释文书中的"再犯风险""逃避审判风险""保释金数额"等数据进行分析,发现人类法官可能会错误预判被假释罪犯的重犯风险。

(二) 内在要素的法律计算

法律计算的第二条路径,即站在法律规范内部视角,旨在以计算方法来解决法律自身的解释问题和适用问题。如前所述,自莱布尼茨和霍布斯以来,人类就一直在探索如何把法律转化为一个可计算的形式体系。进入20世纪以来,许多学者都试图借用逻辑学方法来实现这一理想。德国社会学家西奥多·盖戈提出,可以用逻辑公式来表达法律规范的效力。英国逻辑学家斯蒂芬·图尔敏超越了传统的形式逻辑思维,提出可撤销性(defeasibility)概念来构建法律论证的演算模型。美国法学家莱曼·艾伦设想过运用符号逻辑技术来起草和解释法律。法国法学家吕西安·梅尔也论证过,法律思维可以像机器一样精密运作。

对法律要素进行计算的第一个重要步骤,是把作为人类自然语言的"法言法语"转换为计算机可以"读懂"的机器代码。所谓"法言法语",不仅包括法律规范和法律文书,还包括对法律事实的陈述。第二个重要步骤,是通过编程形成法律知识图谱,使得计算机有能力自动处理这些机器代码,得出相应的法律判断和结论。第三个重要步骤,即人类通过关键词检索、输入参数、语音指令等方式进行人机互动,让人类的法律思维与机器的法律计算连接起来。只要法律要素能够实现上述计算过程,那么无论是法律解释还是法律适用,都能得出具有确定性和一致性的结论。

多年以来,各路专家设计过许多基于内部视角的法律计算方案。1981年,美国兰德公司开发过一款"法律决策系统"(Legal Decision-Making System),它只能进行有限的法律推理工作。1986年,英国学者塞科特等人对《英国国籍法》进行编程建模,但他们总结认为,现实社会中的法律运作总是存在开放性和不确定性,很难与封闭且静态的逻辑体系一一对应。几乎所有研究者都注意到:在把人类语言向机器语言转换的过程中,很难建立起二者恒定不变的对应关系;既有法律规范和法律概念总是会存在巨大的解释空间;不同法律规范之间的结构关系也错综复杂,难以形成统一且自洽的形式符号体系;社会事实以及道德价值也一直变动不居,难以用唯一的固定方式涵摄为法律事实。所以,直至今日,虽然这一路径的法律计算也取得过一些成绩,但仍未取得实质性突破。

(三)人工智能法律计算

从技术层面看,计算机、互联网与人工智能已经难以剥离。特别是自2010年以来,无论采取何种法律计算路径,几乎都是在人工智能技术背景下进行的。当代人工智能理论和应用兴起于1956年的达特茅斯会议。如果站在人工智能的学科视角,法律计算从一开始就属于它的研究范畴。人工智能本身具有极强的学科综合性和路径多元性,可以同时兼容外在现象和内在要素两种法律计算路径。

人工智能的技术路径主要有符号主义(symbolism)和联结主义(connectionism)两大流派。符号主义主张建立一个符合逻辑的形式化符号系统,从而让机器像人类一样进行推理和判断等思维活动。而符号主义的缺陷在于,它几乎不可能实现纯粹的完备性。正如哥德尔不完全性定理所论证的,任何形式系统都存在一些自身无法证成也无法证伪的命题。符号主义主要依靠建立专家知识库来实现机器自动思维,但这种知识库是封闭且静态的,只能处理有限问题,而且不能像人一样自主学习。前面提到的第二种法律计算路径,即针对内在要素的法律计算,实质上也是符号主义的一种体现。就实例而言,无论是基于法律规则的 TAXMAN 模型,还是基于案例文本的 HYPO 模型,都属于法律专家系统。虽然法律专家系统无法取代人类法律专家,但在实践中依然可以起到辅助作用,毕竟人类的法律离不开逻辑思维和形式化的概念理论体系。

联结主义则试图通过模拟人类大脑的神经元网络结构来实现机器思维。21世纪第二个十年,随着算法、算力和数据等技术资源的增强,以神经网络和深度学习为代表的联结主义成为最主流的人工智能路径。联结主义法律计算的基本工作原理,是先获取大量的法律数据(既包括法律内在要素,也包括法律外在现象),然后再把这些数据输入神经网络模型,对输入的法律数据进行反复训练,使得该模型输出的内容无限接近于人类的法律思维和法律表达。因此,联结主义法律计算并不是真的让机器获得与人类完全一致的法律思维模式,而是让机器在外观上"像法律人一样思考"(thinking like a lawyer)即可。目前,它能提供的法律服务包括但不限于法律检索、法律咨询、法律文档管理、法律写作、司法判决分析和预测等。联结主义的缺陷在于,它对法律数据的质量和数量要求较高,但在实践中往往难以获得充分有效的数据;它的计算原理对人类而言是个黑箱,因而不仅会产生社会公平问题,还存在难以预料的技术失控风险。

由于符号主义和联结主义各有利弊,因此人工智能设计者往往会综合适用两种路径。基于同样的理由,法律人工智能的设计者也不会在法律内在要素和法律外在现象这两条计算路径之间作出非此即彼的选择。例如,美国法学家凯文·阿什利就提出了兼顾形式逻辑和机器学习的法律人工智能系统卢依马(LUIMA);已经应用于实践的法律人工系统,如 LexMachina、Ross、LawGeex、COMPAS 等,都采用了综合化的技术路径。

第二节 数字社会的法律转型

数字社会的总体特征,就是信息科技渗入人类社会的各个领域,不断改变和重构所有类型的社会关系。国家、政府和法律制度在数字社会将会发生哪些转变、应当具备哪些功能,也就成为人们日益关心的问题。

数字社会兴起伊始,就有一种去政治化或者去政府化的技术观念与之相随。该观念信奉信息科技的自主性,即科学技术具有自身的运行和发展规律,因而必须弱化甚至排斥政府权力对技术领域的干预。该观念虽然偏激,具有浓厚的理想主义和乌托邦色彩,但在科技专家和科技爱好者群体中极具吸引力,许多在信息科技发展过程中作出重大贡献的技术精英都是其积极提倡者。即便是不完全赞同或者反对该观念的技术专家,也往往深受其影响。

然而,大多数信息技术专家和相关学者更倾向于现实主义立场。他们虽然承认信息技术应当具有一定程度的自主性,但也认为数字社会不是乌托邦,国家、政府和法律还将继续存在下去,至少在可预见的未来不会消亡。他们更关心的问题是,政府应当采取怎样的治理策略,来促进数字社会的健康发展。

本节将对以上两种数字社会的政府治理观念分别进行概括介绍。

一、"加州意识形态":信息科技的自主性

在20世纪90年代之前,计算机和互联网等数字技术主要应用于科研机构、政府部门和科技企业,尚未普及至广大民众,而有机会接触或从事数字技术的,大多是科技专家或科技爱好者。由于他们处于相近的社会阶层,秉持类似的科技立场,于是逐渐形塑出一套松散的价值体系和政治理念。1995年,理查德·巴布鲁克和安德鲁·卡梅隆提出"加州意识形态"(The California Ideology),用它来笼统地概括盛行于美国西海岸科技专家的这种精神气质。

"加州意识形态"是多种理论和价值观的大杂烩,内部存在若干分支和矛盾。其支持者大都接受技术决定论(technological determinism),即相信科学技术并不取决于人类的意志、道德、情感和价值。同时,他们还认为,科学技术对人类社会的政治、经济、文化等社会关系起到决定性作用。他们进而主张,信息科技必然会促进人类社会的自由和平等,数字社会将会最大程度实现个人价值。因此,"加州意识形态"支持者往往假借"科学"或者"客观"的名义,来宣扬反集体主义和去中心化的社会组织形态。他们对西方国家在近一两百年来形成的财产法、知识产权法和出版言论制度持批判态度,认为这些在工业革命时期形成的法律制度,正在阻碍信息革命和数字社会的向前发展。在他们看来,思想、知识和信息的自由流通,是信息科技和数字社会的内在需求,传统的产权思维和商业逻辑已经不合时宜了。

"加州意识形态"支持者虽然大都信奉科学技术的自主性,但他们的侧重点各不相同。例如,有人强调的是政治领域的技术自主,有人追求的是互联网架构的开放性和创新性,有人关注的是计算机软件的使用、传播和改编自由,还有人考虑的是更为广泛的文化创造自由和内容共享。

(一)网络无政府主义

从20世纪80年代开始,计算机和互联网等信息技术得到大规模商业化应

用。数字技术专家一方面得到前所未有的发展空间,另一方面也受到来自政府和资本越来越多的干涉。一些激进的网络无政府主义观念由此被激发出来。其中具有代表性的,是蒂莫西·梅1992年发表的《加密无政府主义宣言》和约翰·巴洛1996年发表的《网络空间独立宣言》。

网络无政府主义者大致认为,首先,数字技术将重构人类社会的政治、经济和文化关系,传统的国家和政府模式不仅不能适应这种变化,而且还会阻碍数字社会向前发展;其次,以互联网为代表的数字技术,将促进人类社会的自由、平等、开放等美好价值,特别是将促进思想、知识和信息的广泛传播和迅速流通,传统政治体制和法律制度已经不合时宜;最后,数字社会的人们将形成新的社会伦理,彼此尊重、包容和友爱,可以通过去中心化的方式组织起来,因而不再需要集中化的国家权力。

网络无政府主义也是多种思想渊源汇聚在一起的产物。这些思想渊源包括但不限于:西方传统政治思想中的无政府主义和自由主义、20世纪60年代的嬉皮士文化、传播学家麦克卢汉的媒介理论、科幻作家(艾萨克·阿西莫夫、罗伯特·海因莱因和威廉·吉布森等)的科技思想。在近年来兴起的区块链技术和"去中心化自治组织"(Decentralized Autonomous Organization,DAO)中,依然能够看到这种网络无政府主义理念的延续。

黑客文化亦是网络无政府主义的重要组成部分。史蒂芬·列维把黑客伦理总结为:坚信对计算机的访问自由;自由且免费获得一切信息;不信任权威且主张权力去中心化;评价黑客好坏的标准是技术,而非学位、年龄、种族和职位等;计算机将让生活更加美好。一切妨碍黑客实现上述理想的力量,无论是企业、政府、物理障碍还是法律,都是他们仇恨的对象。微软创始人比尔·盖茨、开源运动创始人埃里克·雷蒙德、UNIX操作系统创始人肯·汤姆森和丹尼斯·里奇、Linux操作系统创始人林纳斯·托瓦兹、苹果电脑设计者伯勒尔·史密斯、脸书创办人马克·扎克伯格等当代信息科技奠基人,身上都承载着自由创新的黑客精神。如果没有这种精神,数字社会将走向封闭和僵化。

(二)端对端原则

1981年,早期计算机网络设计者杰罗姆·萨尔茨、戴维·克拉克和戴维·里德提出了"端对端"(end-to-end)原则作为网络架构模式。所谓"端点",是指各种用来上网的终端计算机设备,这些设备被认为位于互联网"边缘"。在互联网的"内部",则是用来建立网络和维持网络的计算机。所谓端对端原则,是指网络内部的计算机只应提供最基本的数据传输功能,而具有智能意义的计算功能,则只能由网络边缘的终端计算机来运行。也就是说,网络存在的目的,仅仅是传输数据,网络的本质就是一组数据传输协议;至于在位于边缘的终端计算机上运行哪些内容,网络不应干涉。

关于端对端原则的技术价值,首先,终端计算机用户可以自由开发出各种应用软件,无须更改网络内部的计算机程序,就能与其他终端计算机用户进行沟通交流。其次,网络作为一种基础设施(infrastructure),只涉及数据传输,对计算机用户设计的各种应用软件都保持开放。最后,网络对所有终端计算机用户设计的应用都持中立态度,不会优先传输特定的某些应用软件的数据。

譬如说,万维网(World Wide Web)就是一组数据传输协议,其中最核心的是超文本传输协议(HTTP)和超文本标记语言(HTML)。而万维网的底层,则是由 TCP/IP 协议构成的因特网(internet)。万维网的设计者蒂姆·伯纳斯-李指出,所谓互联网的自由,也就体现为网络本身只是遵循数据传输协议,对终端计算机的各种程序和内容都保持开放。有了这一网络模式,之前不同技术规格的计算机之间的通信问题和兼容问题也就得以解决。

在法律层面上,端对端原则要求:首先,计算机网络本身作为基础设施,必须具有公共属性,即有义务为全社会提供公共产品(common goods)服务,接受政府监管和法律规制,而不能按照纯粹私有化或者财产化的逻辑建设和运行;其次,计算机网络提供者应当对所有终端计算机用户一视同仁,提供平等的数据传输服务,即不能对特定用户予以优待或者歧视;最后,计算机网络应当鼓励终端计算机用户积极创新,并且把创新内容置入公共领域,成为所有人共享的公共资源。

但进入 21 世纪后,端对端原则开始遭到破坏。无论计算机硬件商还是软件商,无论互联网提供者还是其他互联网服务者,都在加强对计算机设备、网络协议、应用程序和信息内容的控制。在以劳伦斯·莱斯格为代表的法学家看来,因为端对端原则是互联网自由和创新能力的基础框架,所以整个法律体系,特别是合同法、反垄断法、著作权法和专利法,都应当积极转型,落实和维护端对端原则。

(三)自由软件运动

不是所有"加州意识形态"支持者都会走向极端的无政府主义。他们当中的多数人只是认为,在新型的技术领域和技术应用场景中,传统的政府治理模式和法律规制手段也需要随之调整。在信息技术最为核心的计算机领域,理查德·斯托曼发起的自由软件(free software)运动,就试图构建一种与现代知识产权迥然相异的软件法律制度。

在 20 世纪 80 年代之前,计算机工程师享有广泛的编程自由,并且不同单位的工程师之间也习惯于分享代码、协同解决问题。但是,随着计算机硬件架构和商业模式的发展,越来越多的计算机企业开始动用知识产权来维护自己的软件专有权利,限制用户传播和修改软件的自由。这种受专有性知识产权保护的软件被称为商业软件(commercial software)或者专有软件(proprietary software)。斯托曼认为,专有软件不仅剥夺了用户使用和开发软件的自由,而且会妨碍信息科技的健康发展。在他看来,数字社会必然要求所有公民都能自由获得和分享信息,且有能力操作、学习和改编计算机软件。如果用户受制于专有软件,那么也就相当于公民在社会生活中受制于资本或者权力。因此,他主张数字社会的公民积极互助,共同分享和开发软件。

1983年,斯托曼推出GNU(Gnu's Not Unix)工程,即以GUN为操作系统,并在此基础上开发自由软件。斯托曼对自由软件的定义是:"它允许任何人使用、复制和/或再分发,不论是逐字再分发还是再分发带有更改的版本,也不论免费还是有偿。"所以,自由软件不是免费软件或者公有软件(public domain software),也不排斥商业运作和版权法保护,而是一种基于技术自主理念的软件版权制度。自由软件至少保证以下四项用户自由:首先是"运行自由",即用户可以运行该软件;其次是"改编自由",即用户可以修改该软件;再次是"复制自由",即用户可以向他人传播该软件的拷贝;最后是"复制改编自由",即用户可以把自己改进过的软件拷贝传播给他人。

自由软件可以有多种版权配置模式。其中最为著名的是copyleft,即用户有权修改自由软件,且修改后的软件版本必须继续作为自由软件,允许其他用户进行使用、复制和改编。由此也可以解释,copyleft的命名是刻意要与专有性版权(copyright)"相左"。但自由软件并没有极端到全盘否定知识产权这一步。它也允许在非copyleft模式下,用户在对自由软件进行改编后,可以把改编版软件实施商业化或者专有化。

1998年,开源软件(open-source software)从自由软件阵营中分裂出来。虽然开源软件和自由软件往往可以混同,但斯托曼认为二者的价值理念已经分道扬镳。开源软件运动的焦点是"开源",而非用户的"自由",所以开源软件会对用户施加许多使用、复制和改编上的限制。在斯托曼看来,"开源"其实只是一种手段,其目的主要在刺激用户参与软件开发,促使软件变得更为强大。换言之,开源软件越强大,用户反倒有可能丧失更多的自由。

(四)知识共享运动

实现资源共享,是加州意识形态支持者的普遍理想。在数字社会中,信息化的公共资源不限于计算机硬件、软件和网络协议,还包括以文字、图像、音频、视频等形式存在的文化内容。在前信息化时代的语境中,公共资源或者公用品(commons)一般是指有形的物理资源,具有稀缺性和竞争性。加勒特·哈丁提出了著名的"公地悲剧"理论,即如果公共产品任由社会公众占有,将引发人们无节制地抢夺资源,导致公共产品无法得到维护和再生产。但是,加州意识形态支持者则认为,信息化的公共资源并不具有稀缺性和竞争性,因为无论人们如何使用它们,都不会让其损耗或者消失;在数字时代,针对物理资源的财产法逻辑不能直接应用于信息化资源之上,政府和法律应该积极促成信息化公共资源的生产和流通。

这并不意味着,加州意识形态支持者必然要求废除财产权法律制度。劳伦斯·莱斯格就指出,要想在数字时代实现知识共享,依然离不开著作权法,但需要对它作出若干修正。例如,他建议增加著作权的登记费用,减少著作权保护期,禁止著作保护期可一再延长,拓宽合理使用和法定许可的范围,等等。

2001年,莱斯格和其他法律学者发起"知识共享"(creative commons)运动,倡导人们对其作品仅保留部分著作权,而不是传统意义上的全权保留。"知识共享"作为版权许可协议(即CC许可协议)可以有多种版本,根据不同国家的著作权法进行相应调整。一般来说,许可协议主要包括四个授权要素,即"署名"(attribution)、"非商业用途"(non-commercial)、"禁止派生作品"(no derivative works)和"相同方式分享"(share alike)。作者可以对这四种要素做出不同安排,从而提供多样化的许可协议。所以,知识共享协议并未对既有著作权法律作出根本性颠覆,依然是在其框架下展开的一项社会运动。

二、"代码即法律":基于技术的政府治理

虽然加州意识形态影响极为深远,信息技术的开发者和研究者也大都倾向技术自治理念,甚至同情网络无政府主义,但更多人还是更愿意从现实立场出发,承认国家和法律之于数字社会的必要性。

从思想源头上看,网络空间(cyberspace)的概念与诺伯特·维纳的控制论(cybernetics,其希腊文词源的意思是"掌舵人的技艺")密切相关。该理论关注如何在各种系统(无论机器系统还是社会系统)中有效地实现信息传递和信息控制。所以,网络空间并不必然是无政府主义者梦想的去政治化或去中心化模式,而可以像物理世界一样充斥着权力和法律,政府的控制力度甚至有过之而无不及。

从历史角度看,计算机和互联网等核心信息技术的研发和应用,也都是在国家机器积极推动下才得以实现的。譬如当代互联网的前身,正是美国军方在

1969年为了导弹防御而建设的计算机网络阿帕网(ARPANET)。美国20世纪80年代的大学科研网络和20世纪90年代的商业网络也都是在政府出台各种政策(例如"信息高速公路计划")刺激下兴起的。网络空间与政府在很大程度上如影随形,网络无政府主义在现实世界中从未真正实现过。

在务实的网络法学者看来,网络空间必然具有可规制性(regulability),真正的问题在于政府和法律以怎样的方式去规制它。学者们也注意到,信息技术不仅是政府的规制对象,还可以成为政府的规制手段。美国网络法学家约耳·芮登博格在20世纪90年代就提出了"代码即法律"的说法,即计算机代码将在网络空间或者数字社会中发挥法律功能。后来劳伦斯·莱斯格又在其经典著作《代码》和《代码2.0》中将这一说法予以理论化。但这一说法也引来许多争议和误解。譬如,戴维·波斯特和维克托·迈尔-舍恩伯格就曾批评道,"代码即法律"过分强调代码和信息科技的力量,否定了法律内在的自主性和人文价值,是一种偏颇的技术决定论。还有许多学者指出,所谓"代码即法律"只是一种比喻,代码不可能具备法律的形式和本质。

这里不主张把"代码即法律"简单等同为"代码取代法律",本节关注的重点是以代码为象征的信息科技如何促使政府治理模式转型以及法律制度转型。

(一)网络分层与网络主权

所谓网络主权,一般是指国家主权在网络空间的延伸。互联网发展早期,计算机和互联网技术并未普遍应用于社会生产生活,互联网秩序主要由技术专家负责建设和运行。20世纪60至70年代,美国工程师在建设阿帕网时虽然受到政府和军方资助,但他们设计的TCP/IP协议遵循了"端对端"的去中心化理念。20世纪80至90年代,工程师们先后创设了国际互联网工程任务组(IETF)和互联网协会(ISOC),试图超越传统的主权国家治理模式,让非政府组织掌握互联网控制权。进入21世纪后,美国政府与"互联网名称与数字地址公司"(ICANN)签订协议,由这家私营企业来经营互联网域名系统。但是,弥尔顿·穆勒、杰克·戈德史密斯和吴修铭等网络法学者纷纷指出,美国政府在实质上依然控制着全世界的域名系统。与此同时,其他主权国家也对美国垄断互联网控制权表达出担忧和不满。于是世界各国在联合国框架下成立了"互联网治理世界峰会"(WSIG),试图实现互联网的主权国家多边治理。

弥尔顿·穆勒认为,互联网可以有自上而下的网络化(networking)和自上而下的科层化(hierarchy)两种管理方式;在互联网与主权关系上,也可以有国家化(national)和跨国化(transnational)两种形态。由此他提出,存在四种互联网治理模式:(1)国家—科层化治理模式;(2)国家—网络化治理模式;(3)跨国—

科层化治理模式;(4)跨国—网络化治理模式。穆勒并不像无政府主义者那样主张排斥国家主权,但他依然认为,最理想的互联网治理模式应该是去中心化和去国家化的,即由全世界互联网用户和服务商凝聚为一个具有自主性的国际治理组织。

学者们普遍认为,互联网可以分为多重技术层次,国家主权应当针对不同层次采取不同治理策略。尤查·本克勒和劳伦斯·莱斯格提出的三层模型较为典型,即把互联网分为物理层、代码层和内容层。虽然也有其他学者提出不同的分层方法(例如在内容层内部再分离出一个软件应用层),或者对不同层次给予不同名称,但学者们提出的网络治理思路大体相似。

首先在物理层,国家对互联网的物理基础设施,如计算机、光纤、服务器和人员、机构等,享有传统国际公法意义上的主权。2013年,北约组织邀请国际法专家编写的《适用于网络战争的塔林国际法手册》就明确提出,任何国家都不可能享有整个网络空间的主权,但都能够以实际领土为依据来行使网络主权。因此,对各国而言,掌握对本国领土范围内的互联网基础设施的实际控制权至关重要。然而,现实情况是,除了美国、中国和欧洲部分国家,大多数国家都在互联网的物理层处于弱势地位,缺乏维护本国基础设施的必要技术能力。

其次在代码层,负责互联网数据传输的基础协议,例如 TCP/IP 协议、WWW 协议、HTTP 协议和 HTML 协议都是公开资源,不会被特定国家垄断。在此层次最受关注的主权问题,是域名系统(Domain Name System,DNS)的分配权。在美国国内法维度,以技术专家为主的技术自治主义者试图排斥美国政府的干预,但最终还是被迫接受了由 ICANN 这家私营企业来管理互联网域名。美国政府通过各种法律和协议,对 ICANN 享有高度控制权,实际上并没有失去对互联网域名的实际控制。而在国际法维度,许多国家都希望通过 WSIG 等形式来抵御美国在这方面的强权。受地缘政治影响,包括俄罗斯和我国在内的一些国家正在积极发展具有本国自主性的互联网基础设施,尽量避免可能出现的网络安全风险。

最后在内容层,各国一方面维持既有的关于表达自由、著作权、隐私权和名誉权等方面的法律规制,另一方面则积极在个人信息和数据领域确立新的法律规制模式。这些新措施包括要求数据本地化储存,以及对数据跨境严格审查。2017年出版的《塔林手册 2.0 版》就提出,数据是国家主权管辖的客体,可以根据属地管辖权由国家行使主权。由于数据已经成为数字经济最核心的生产要素,并且直接关联到国家网络安全,因此"数字主权"的概念也已得到广泛认可。

(二) 网络架构与多元规制

劳伦斯·莱斯格是"代码即法律"理论的主要论述者。在《代码》一书中，他指出网络空间的"架构"（architecture）可以对应现实世界的"宪制"（constitution）。与现实世界的国家、政府形式一样，网络空间也可以通过人为设计而呈现出不同样态。莱斯格以哈佛大学和芝加哥大学的校园网为例进行说明：在20世纪90年代的芝加哥大学校园，任何人通过任何有联网功能的机器都能匿名登入校园网，因为其设计理念就是充分保障言论自由；在同时期的哈佛大学校园，联网机器必须通过学校注册才能联入校园网，且用户在上网时必须保持实名，因为哈佛校园网的设计理念强调秩序和安全。所以，莱斯格不无悲观地指出，即便互联网在发展初期更多体现自由、平等和开放等价值，较少受资本和权力干预，但它依然有可能被改造转型，走向另一个极端。

莱斯格反复申明，虽然他极为强调代码（即信息技术）对数字社会的影响作用，但并不认为单凭代码本身就可以直接"决定"数字社会的社会关系和法律制度。严格来说，莱斯格的代码理论其实是一种"多元规制"理论。他认为，人们在社会生活中同时要受到法律、社会规范（social norms，即非国家颁布的实定法，但又被人们遵循的行为规范）、市场和技术架构（包括代码）四种力量的规制。换言之，以上四种力量中的任何一种力量要想对社会主体发挥规制作用，都必须得到其他三种力量的配合。

多元规制理论可以用来解释和解决许多与互联网相关的法律问题。譬如，网络言论往往会涉及隐私侵权和名誉侵权问题，但是相关法律本身往往不会提供清晰的判断标准。所以，在适用法律规范时，还需要具体分析网络言论导致的市场效果（是否影响言论人的经济收益）、言论所在语境的社会规范（网络社区成员的发言习惯和行为礼仪），以及网络言论所凭借的技术架构（是广播式的社交媒体，还是私密的即时通讯软件）。

(三) 信息技术作为"硬法律"

劳伦斯·莱斯格的"代码即法律"理论很容易被扣上技术决定论的标签。部分法学家坚决批判技术决定论，认为该理论错误地抹杀了法学学科的独立性，把法律当作纯粹的工具，否定法律内在蕴含的人文价值。但是，随着信息科技和数字社会的迅速发展，越来越多的法学家观察到，信息技术确实可以在某些社会场景中辅助法律制度实现其规制目的。英国法学家罗杰·布朗斯沃德在《法律3.0：规则、规制和技术》一书中，就探讨了信息技术如何补充、辅助甚至替代法律规范，以及由此引发的伦理风险和社会制度问题。

布朗斯沃德从历史角度出发，将人类社会的法律制度形态划分为三个阶段。

所谓法律1.0，是指法律实践的核心在于司法，即法官通过法律解释和法律推理，把法律规则、原则和标准应用于社会情境。在漫长的前工业时代，法律制度一直处于1.0阶段。但随着工业革命的到来，新型社会关系和社会矛盾层出不穷，1.0阶段的法律制度无法即时更新。因此，各国政府逐渐加大行政干预的力度，即更多通过行政执法和行政立法等手段直接干预社会生活。此时法律实践的重心，就从法院转移到了行政部门，而法律则成了行政规制的主要工具。由此，人类社会也就进入了法律2.0阶段。但在信息时代，各国政府发现，从智慧城市、智慧政府、互联网法院再到法律人工智能，信息科技已经越来越多地被直接应用于政府治理和法律实践过程。这也就意味着，信息技术可以直接作为政府的规制工具，直接作用于社会生活。换言之，传统的法律制度在一定程度上被信息技术给取代了。这就是布朗斯沃德所谓的法律3.0阶段。①

由于法律3.0是让信息科技直接干预社会生活，因此势必会在相应场景中压缩社会主体的自由选择空间，成为人们无法抗拒的"硬法律"。布朗斯沃德认为，法律3.0适用的信息技术必须满足诸多伦理条件，其中最重要的三重许可，即技术作为法律规范，不能违背"共同体生存基础""共同体基本价值取向"和"价值选择利益平衡"。而无论是政府还是社会主体，都必须坚守上述价值准则，不能滥用技术规范。不过学者们还是担心，法律3.0这种"硬法律"虽然暂时展现出高效、公平、精确和稳定等优点，但它的开发和应用往往会跳过公共辩论和民主决策，成为资本或者权力的隐秘控制工具。

第三节 数字经济的法律规制

根据我国《"十四五"数字经济发展规划》的定义，"数字经济"是指继农业经济、工业经济之后的主要经济形态，是以数据资源为关键要素，以现代信息网络为主要载体，以信息通信技术融合应用、全要素数字化转型为重要推动力，促进公平与效率更加统一的新经济形态。信息科技是数字经济发展的核心驱动力。与此同时，数字经济也为信息科技不断进步提供不可或缺的物质基础和创新激励。因此，针对数字经济的法律规制不能因循守旧，必须与信息科技和数字经济互相匹配、同步发展。

尤查·本科勒在《网富论》中把数字经济称为"网络信息经济"（networked information economy）。他认为，人类社会从传统经济过渡到数字经济，与以下

---

① 参见〔英〕罗杰·布朗斯沃德：《法律3.0：规则、规制和技术》，毛海栋译，北京大学出版社2023年版。

两项转变密不可分：(1)生产要素的变化，即生产活动的主要对象，从实体化的物质产品转向为符号化的信息产品（金融、软件、科学）和文化产品（电影、音乐、体育）；(2)基础设施的变化，即高性能的计算机遍布全球，且实现了互联互通。信息产品和文化产品的特殊性在于，它们可以具有非市场（nonmarket）和非专有（nonproprietary）属性，成为社会共享的公共资源。信息设备普及至人民群众，也使得大规模的自组织生产成为可能。因此，本科勒认为，在国家和市场这两种传统资源生产和配置模式之外，又出现了第三种模式即"公共同侪生产"（commons-based peer production）。

由此可见，符号化生产要素和信息基础设施是数字经济最重要的两个组成部分。关于数字经济的法律理论探索，也可以大致从这两个方面展开。

一、平台作为基础设施

平台是数字时代涌现出来的新型企业形态。英国学者尼克·斯尔尼塞克把平台定义为一种数字化基础设施，它能够把两个以上的群体（用户、服务商、厂家、广告商等）聚集在一起进行互动。平台是人们进行信息化活动的基础。加入平台的主体越多，平台提供的服务价值也就越高，这就是所谓的"网络效应"（network effect）。平台企业的服务类型，包括商品平台、劳务平台、信息搜索平台和社交网络平台等。平台企业已经进入到生产、交易、分配和消费诸多环节，而大量资本、算力和数据资源也开始向平台聚集。

平台企业一般都会遇到"开放"与"控制"的矛盾。一方面，平台需要吸纳更多用户、商家、信息、数据、内容和流量加入。因此，许多平台都会提供应用程序接口（API），方便第三方服务商、应用软件或者其他平台与之相连接。另一方面，为了获得更高利润，以及维护自身系统安全，平台也会对内部的用户行为、内容和数据严加管控。譬如，平台有可能强制用户或商家不能选择其他平台的服务。

网络法学者乔纳森·齐特林在《互联网的未来以及如何阻止它》一书中提出，互联网架构之所以具有创新力，也就在于其各个技术层次（与前述方法不同，他认为互联网包括物理层、协议层、应用层、内容层、社会层……）都具有"繁殖性"（generativity），即能够让多方主体共同参与沟通和工作，从而产生各种不可预期的变化。齐特林的繁殖性互联网理论与加州意识形态一脉相承，都追求实现技术自治、资源共享和去中心化的社会组织形态。但齐特林也清醒地意识到，平台企业为了获取垄断性利润和自身安全，正在加大对平台的控制力度，从而逐步限制甚至扼杀互联网的繁殖性。

综合以上意见,目前学界普遍认为法律在规制平台企业时,应当尽量促进平台的开放性与控制力之间的平衡。

(一)网络中立原则

基础设施是指关系到国计民生的重大公共服务系统,如交通(道路、桥梁、隧道)、能源(电力、水资源)和通信(邮件、电报、电信)等。建设和运营基础设施的主体,可以是国家和公共机构,也可以是私人和其他社会主体。当私人运营基础设施时,国家一般会对其权利和义务作出特殊规定,在保障其经济利益的同时,还要保证其不会损害社会公平和经济秩序。美国在1934年的《通讯法案》中将电信运营商定性为"公共承运人"(commoncarrier),要求其对所有社会主体都提供公平且非歧视的服务。由于基础设施服务具有自然垄断(natural monopoly)倾向,因此政府还会通过反垄断法对其施加若干限制。随着商业互联网的兴起,将网络服务商(ISP)定性为公共承运人的呼声也随之出现。

网络法学者吴修铭在2003年提出了著名的"网络中立"(net neutrality)原则,即要求网络服务商向所有用户提供无差别的网络接入服务。该原则具体包括:(1)内容中立,即服务商不能对用户传输的内容进行审查或阻碍;(2)价格中立,即服务商不能对用户进行额外收费,从而提供不同质量的网络服务;(3)发送者中立,即服务商不能根据用户身份予以歧视。根据该原则,网络服务商不能对特定用户或者程序(例如P2P下载软件)限定流量,也不能对特定用户或者商家(例如某视频网站)收取额外费用后提供高速连接服务。

在吴修铭看来,首先,网络中立的正当性在于,网络服务是一种公共服务,需要平等提供给所有用户。其次,网络中立原则可以促进创新,即让接入互联网的商家在自由公平的网络环境中竞争。最后,如果网络服务商控制了互联网的底层架构(物理层和代码层),那么就有可能继续向内容层延伸,让整个互联网走向垄断和封闭。

网络中立的批评者则认为:首先,网络连接服务可以差异化,即允许特殊用户基于特殊需求享有较高质量;其次,网络服务商如果肆意屏蔽和阻碍特定内容,将导致用户更换服务商,也即市场机制能够自发解决服务商的歧视行为;再次,某些应用程序和商家会占用有限的网络资源,降低全体用户的网络服务质量;又次,网络中立原则会降低网络服务商提升服务质量的动力,减少对网络联入服务的创新投入;最后,就算有网络服务商涉及垄断行为,也应当在个案中通过反垄断法来解决,不宜采取一刀切的做法,施加全面限制。

网络中立原则主要针对提供底层服务的网络服务商。但随着平台经济的发展,平台企业也有可能滥用他们的垄断性权力。譬如,搜索引擎作为平台企业,就有可能利用自己的支配性地位向商家收取额外费用,妨碍中小型企业的平等发展和技术创新;社交网络平台会通过过滤、限流、关闭账号等方式,限制用户生成内容的自由流通;电商平台会迫使入驻商家进行"二选一"式的选择,不允许它们同时入驻其他电商平台……因此,有学者主张,位于内容层的平台企业(例如美国的亚马逊、谷歌、脸书,中国的淘宝、百度、微信)也应当适用网络中立原则。或者说,网络中立原则也可以被表达为平台中立原则。

(二)平台责任规则

平台企业是新兴事物,往往会涉及多个部门法领域,各国法律关于平台责任的规定一直处于变动调整之中。

在诸多平台责任规则中,"安全港规则"(safe harbor rules,又被称为"避风港规则")被多国法律广泛采纳。它具体是指:当用户利用网络服务实施侵权时,网络服务提供者接到受害人通知后,应及时采取删除、屏蔽、断开链接等必要措施,否则需对损害的扩大部分承担连带责任。它的直接作用在于,让网络服务提供者满足一定条件时,可以不因用户侵权行为而承担共同侵权责任。在数字经济语境下,安全港规则的制度起点一般被追溯到美国1998年出台的《数字千禧年版权法》(Digital Millennium Copyright Act,DMCA)。我国2006年《信息网络传播权保护条例》和2009年《侵权责任法》中的"通知—删除规则"即被认为是对安全港规则的挪用。我国2020年通过的《民法典》第1195条把"通知—删除规则"改为"通知—必要措施"规则,但依然可以视为在安全港规则框架之下。各国法律之所以采纳安全港规则,大体上都是为了保障平台企业不会因为用户行为而陷入诉讼陷阱,从而促进数字经济的健康发展。

除此之外,"主体免责规则"也在数字经济崛起过程中扮演了重要角色。1996年,美国颁布了《通讯风化法》(Communication Decency Act,CDA),其第230条规定:"当信息内容由第三方提供时,不得将网络服务提供者视为该信息内容的出版者(publisher)或发言者(speaker)。"如果说安全港规则为平台企业提供了有条件的免责规定,那么CDA230条款则是一种基于网络服务商身份的免责制度。根据美国传统法律,言论主体包括发言者、出版者和传播者(distributor),他们因言论侵权而承担的责任(例如诽谤)依次递减。一般来说,言论传播者(书店、报刊亭、图书馆)仅在对侵权内容"明知且应知"时,才需要承担法律责任。因此,CDA230条款大大减轻了平台企业法律负担。而从"泽兰案"开始,美国的一系列判例法甚至把CDA230条款扩展为平台企业对第三方内容的"绝对豁免原则"。法官威尔金森为平台免责提出的理由主要是三条:(1)促进平台企业发展;(2)平台企业对侵权内容审查能力有限;(3)要求平台企业对用户言论承担侵权责任,会促使平台加大言论审查力度,从而损害全体用户的表达权利。

鉴于CDA230条款对平台企业的积极维护,网络法学者杰夫·克瑟夫甚至把它不无夸张地称为"创造互联网的二十六个单词"。但是,随着平台企业不断发展壮大,学界对安全港规则和主体免责规则的质疑和不满也与日俱增。有学者提出,1996年的互联网企业确实相对弱小,需要政策和法律扶持,但是到了21世纪,许多互联网企业都已成为在全球财富榜前列"霸榜"的垄断性巨头,再对它们给予制度扶持就不合时宜了。此外,目前平台企业拥有强大的算法和算力,已经具备对用户生成内容的强大审核能力。今天的平台企业甚至已经在实践中对用户生成内容实施了严格管控,反而需要法律对平台企业进行适当干预,以保障用户的表达自由。

二、信息/数据作为生产要素

信息(information)和数据(data)是数字经济最重要的生产要素。如何在法律上对它们进行定义和识别,以及按照何种权利对象(人格权还是财产权)或者何种法律逻辑(公法还是私法)对它们进行规制,成为近年来法学界热议的话题。一般来说,公民个体往往无法准确区分隐私与个人信息的差异和关联。企业则希望对其控制的信息和数据享有尽可能完整的财产权。政府一方面希望信息/数据作为生产要素能够顺畅流通,另一方面也担心信息/数据的流动和使用失去有效控制,从而引发社会失序以及国家安全风险。

由于欧盟、美国和我国对信息/数据的法律定义存在较大差异,且法律制度逻辑与社会语境各不相同,这里并不进行严格区分。接下来,本节将分别介绍近年来在信息/数据法律领域引起深远影响的两种理论学说。

(一)场景一致理论

未来学家尼葛洛庞帝在1996年预言的"数字化生存"已经成为现实。越来越多的人类日常社会活动都会留下"信息痕迹",被平台企业收集、分析和处理。社会公众普遍担忧自己的隐私权和个人信息利益受到侵犯,由此引发名誉权、就业平等、合同自由、人身安全等一系列次生损害。各国立法者以及法学家都在积极探索,平台企业应当就个人信息保护承担哪些法律义务和责任。

2012年,美国政府颁布的《消费者隐私权利法案》提出"尊重场景原则",即"公司收集、使用和披露个人信息应与消费者提供数据的场景相一致"。隐私法学者海伦·尼森鲍姆认为,场景可以是指"技术应用环境""行业领域""商业模式"和"社会领域"(social domain)。她的"场景一致"(contextual integrity)理论,选择用"社会领域"来解释场景这一概念。该理论指出,无论隐私、个人信息还是个人数据,其自由流动其实都是社会生活的常态;每个具体社会领域,都存在各自的信息规范(信息由谁控制,可以传播给谁,以及如何进行传播)。真正对人们造成损害的,是个人信息没有按照具体社会领域中的信息规范进行传播。

在尼森鲍姆的场景一致理论框架下,信息规范包括信息类型(information types)、参与主体(actors)、传输原则(transmission principles)三个要件。在不同社会领域也即隐私场景中,人们对隐私的合理期待是由这三个要件共同构成的。尼森鲍姆认为,法律对隐私(或者信息性隐私)的规制不能仅仅考虑其中某一个要件,法官不能仅仅根据隐私类型(敏感信息)或者传输原则(知情同意)就作出是否构成隐私侵权的判断。

在尼森鲍姆看来,场景一致理论不仅可以帮助法律制度较好地实现个人隐私安全和社会信息流动之间的平衡,而且破除了传统隐私法关于私密/公共的僵硬二元对立划分。法律可以根据不同的社会领域(包括网络空间中千变万化的应用场景)采取灵活多变且富有实效的隐私保护措施。

(二)信息资本主义

"信息资本主义"(informational capitalism)是与"工业资本主义"(industrial capitalism)相对应的概念。传播学家丹·席勒从历史角度指出,从19世纪开始,西方国家的政府就把邮政、电报、电话和信用评分等信息行业交由私人资本来运营;政府与私人资本相互配合,最终建构成全球化的信息资本主义网络。席勒这里所谓的信息资本主义,主要聚焦于信息和通信行业。但是随着20世纪下半叶计算机和互联网技术的兴起,社会学家曼纽尔·卡斯特尔转而用信息资本主义概念来描述整体意义上的资本主义经济形态转型,即信息科技已经成为资本主义的物质基础,而资本主义活动(投资、生产和消费)的重心已从工业品转向信息产品及其服务。网络法学者茱莉·科恩明确提出,随着政治经济形态发生转型,法律制度的转型也势在必行;法律制度不能因循守旧,阻碍信息科技和数字经济向前发展,但也不能放任信息科技和数字经济肆意扩张和野蛮生长。

通过对谷歌为代表的平台企业的研究,肖莎娜·祖博夫提出"监控资本主义"(surveillance capitalism)理论来描述信息资本主义的新近发展。在这种经济模式下,平台向用户提供非市场化和非契约化的服务(例如信息检索和内容推荐),在此过程中平台全面监控用户,获得大量用户行为数据,形成"行为剩余"(behavioral surplus)。行为剩余作为平台的核心资产和生产原材料,被用来预测用户的需求,开发出新的信息商品和信息服务。在新一轮服务过程中,平台再次获得用户的行为剩余,且不断地循环反复。祖博夫由此指出,监控资本主义是一种畸形的经济形态,将会剥夺人们获得自由和知识的权利,扼杀人与人之间的互惠关系，让人们生活在人情冷漠的集体主义社会之中。但令人遗憾的是，祖博夫并未提出具有可操作性的应对方案。

法学家艾米·卡普钦斯基对祖博夫的理论提出了若干批评意见。在她看来，祖博夫有些以偏概全，把监控资本主义泛化为数字经济的普遍特征。实际上，不是所有平台企业都采取了谷歌式的生产模式，也不是所有社会主体都会平等承受该生产模式造成的损害。此外，即便平台的算法和算力正在得到不断增强，目前对公众用户的影响依然有限，远未达到祖博夫所描述的控制程度。卡普钦斯基还指出，祖博夫过于强调个体的自由价值，忽略了平等价值；对平台企业普遍存在的垄断倾向也没有给予足够重视。或许更重要的是，祖博夫没有在法律制度层面上深入探究平台企业究竟如何获得和维护它们对用户的监控权力的。

茱莉·科恩也认为，祖博夫误把监控资本主义描述为无法律空间（lawless space），忽视了资本与法律之间的复杂关联。科恩在其专著《真相与权力之间：信息资本主义的法律构建》中指出，信息资本主义意味着三重发展趋势：(1) 无形资源的财产化或封闭化；(2) 工业生产基础要素的去物质化和数据化；(3) 信息平台内部易货和交易的内嵌（embedding）或再物质化（rematerialization）。与祖博夫只关注经济现象不同，科恩认为法律制度也一直在动态调整，与信息资本主义发展相适应。譬如，在传统法律秩序下，数据和算法都不能作为知识产权客体得到保护。但是，在平台技术协议和平台用户条款的共同作用下，平台企业可以在实质上享有对数据和算法的专有权利。科恩特别强调，平台企业会巧妙利用既有法律制度，来规避政府和社会干预，从而强化自身的控制权。例如，谷歌就曾经说服法院将其搜索引擎的算法定性为"言论"，从而以言论自由为借口规避相应法律责任。

科恩借用卡尔·波兰尼的"双重运动"理论指出，信息资本在发展初期会迅速扩张，生产要素和市场结构都要经历结构性转型；但由于信息资本会极度贪婪地搜刮数字资源、追逐垄断利润、限制对手竞争以及剥削弱势群体，因此又会激起社会上的反向运动（countermovement），促使国家运用新的法律手段（例如平台责任、数据保护、算法可问责性等）对信息资本予以遏制和纠偏。但科恩提醒我们，一劳永逸的法律反向运动是不存在的。因为信息科技总是在不断发展，信息资本终究会找到办法，从既有法律规制中"逃逸"出去，甚至还可能反客为主，利用既有法律规制来强化自己的经济权力。

问题与思考

1. 数字法学作为独立学科的判断标准应该是什么？
2. 今天的互联网还在遵循"端对端原则"吗？
3. 自由软件运动与知识共享运动有何异同？
4. "代码即法律"是技术决定论吗？
5. 网络中立与平台中立有何联系？

扩展阅读

1. 〔美〕劳伦斯·莱斯格：《代码2.0：网络空间中的法律》（修订版），李旭、沈伟伟译，清华大学出版社2018年版。
2. 〔美〕乔纳森·齐特林：《互联网的未来：光荣、毁灭与救赎的预言》，康国平等译，东方出版社2011年版。
3. 〔美〕弥尔顿·L.穆勒：《网络与国家：互联网治理的全球政治学》，周程等译，上海交通大学出版社2015年版。
4. 〔美〕吴修铭：《总开关：信息帝国的兴衰变迁》，顾佳译，中信出版集团2011年版。
5. 〔英〕罗杰·布朗斯沃德：《法律3.0：规则、规制和技术》，毛海栋译，北京大学出版社2023年版。
6. 马长山：《数字法学的理论表达》，载《中国法学》2022年第3期。
7. 季卫东：《计算法学的疆域》，载《社会科学辑刊》2021年第3期。
8. 刘晗：《域名系统、网络主权与互联网治理：历史反思及其当代启示》，载《中外法学》2016年第2期。
9. 丁晓东：《网络中立与平台中立——中立性视野下的网络架构与平台责任》，载《法制与社会发展》2021年第4期。
10. 梅夏英：《在分享和控制之间：数据保护的私法局限和公共秩序构建》，载《中外法学》2019年第4期。

第三章 数字正义的内涵与实践

【引读案例】

美国洛杉矶为无家可归者提供服务的机构将选取受助对象的工作外包。根据其设计者的说法,该市的协调入住系统旨在将最亟须帮助的群体与最合适的资源相匹配。大批无家可归者的个人信息被录入无家可归者管理信息系统,生成"弱势指数"。"次贷"危机中失去一切的加里·伯特莱特大叔流落街头,但因为"弱势指数"不够高,只能在无尽等待中消磨掉自己的希望。包括他在内的无数无家可归者的信息也成了执法部门可以随意获取的数据,被当成"天然的罪犯"。

美国阿勒格尼县的家庭筛查系统根据一个人以往的行为模式,来推测其将来可能采取的行动。在该预测方式下,个人不仅会受到自身行为的影响,还会受到恋人、室友、亲戚和邻居行为的影响。预测模型和算法将穷人标记为"风险"和"问题父母"。大量社会服务、执法活动和社区监督结合在一起,使他们的一举一动变得清晰可见,贫困成了"天然的风险指标"。①

第一节 数字正义概述

正义是法治的底色和永恒的价值追求,但其理论内涵和存在形态也因时而变。随着以智能互联网、大数据、算法、元宇宙和 ChatGPT 等为代表的新一代科技革命不断迈向纵深,数字技术正在以前所未有的方式重新构造社会行为、社会关系和社会结构,引发了正义理念的深刻变革。数字社会的这种改造,是价值、制度与技术的系统性重建。② 大数据和算法不只关乎思维和技术,而是已经成为一整套知识生产和建构体系,不仅塑造了全新的社会适应机制,还改变了法律的价值导向和人类的正义认知。数字正义成为现代性正义价值体系中的新

---

① 参见〔美〕弗吉尼亚·尤班克斯:《自动不平等:高科技如何锁定、管制和惩罚穷人》,李明倩译,商务印书馆2021年版,"译序"第Ⅱ页。
② 参见周尚君:《数字社会对权力机制的重新构造》,载《华东政法大学学报》2021年第5期。

形态。

数字化转型背景下法治建构的目标之一,是建设一个能对算法自动化决策进行有效规制的法律体系,通过"更新或构建新的正义原则",以数字正义的实现推动更高水平的社会正义的实现。数字社会条件下,数字正义是社会正义不可或缺的有机组成部分,直接关乎社会主体享有数字技术发展成果的机会、条件、能力和实效。围绕数字正义的现实命题,尤其是面对国家提出的"实现算法公平和算法向善"的治理目标,如何通过法律规制保障数字正义,是法学理论亟待解决的重大时代命题。

一、数字正义的概念

目前,学界对于"数字正义"的概念并没有统一的定义,综合来看,主要有以下几种代表性观点。

1. "纠纷解决的数字化"

一般认为,"数字正义"(Digital Justice)概念最早由美国学者伊森·凯什(Ethan Katsh)与以色列学者奥娜·拉比诺维奇·艾尼(Orna Rabinovich-Einy)在 2017 年出版的《数字正义:当纠纷解决遇见互联网科技》[①]一书中提出。不过,他们所提出的"数字正义"局限于将数字技术引入纠纷解决流程,建立多元在线纠纷解决平台。也就是说,"数字正义"是指依托一系列数字技术来提升司法的效率和公平,以数字化方式"接近"司法正义。我国部分诉讼法学者和法官也主要在这个意义上使用"数字正义"概念。

2. "数字科技的正义伦理"说

这种观点主张,数字正义是社会计算化的价值统摄和人机协作的伦理约束。大数据和算法并不是完美的,数据本身可能就包含了偏见与不平等,也可能在数据处理、算法应用过程中与社会上广泛存在的偏好、偏见重叠在一起。因此,需要数字正义原则对大数据和算法等数字技术进行正义伦理维度的检视。[②] 有学者进一步提出,数字正义是在算法应用所产生的正义空间与法律公共实践的价值空间碰撞的背景下,为了维护和促进共同善而建构的一系列价值原则。[③]

---

① 中译本参见〔美〕伊森·凯什、〔以色列〕奥娜·拉比诺维奇·艾尼:《数字正义:当纠纷解决遇见互联网科技》,赵蕾、赵精武、曹建峰译,法律出版社 2019 年版。
② 参见林曦、郭苏建:《算法不正义与大数据伦理》,载《社会科学》2020 年第 8 期。
③ 参见郑玉双:《计算正义:算法与法律之关系的法理建构》,载《政治与法律》2021 年第 11 期。

3. "新型正义"说

这种观点认为,数字正义不同于传统正义,是工商业时代正义理论的整体升级和代际转换。数字社会必然引发法律价值的深度变革,传统自由主义基于物理空间所推崇的正义理念将遭受致命的打击,出现新型的数据正义观、代码正义观和算法正义观。[1]科技向善的基准已不再是以物质分配为核心的"物理"正义,而是以信息分享/控制为核心的数字正义。这就需要基于数字生产生活方式和数字行为规律,探索并重建数字正义理念、原则与领域。[2]

4. "社会正义"说

这种观点主张,数字正义是社会正义原则在数字领域的体现。例如,有学者指出,"数字正义,即如何以正义原则引导新兴数字技术对社会、法律与伦理进行重塑,以及如何为算法自动化决策划定正当边界"[3]。也有学者提出,数字正义的本质内涵应该是社会正义,"谁编码、如何编码以及如何使用编码并不只是一个技术问题,而是一个实实在在的社会正义问题"[4]。数字正义问题和传统的社会正义问题本就是一个问题的两个侧面。数字正义成为问题,其根本原因在于社会本身存在着结构性的不正义,社会正义才是数字正义的本质与先决条件。[5]

数字正义的提出,正是基于大数据和算法嵌入社会生活过程中所诱发的诸多不正义。其中,表现最为突出的是算法"黑箱"和算法歧视。从形式上看,算法"黑箱"的形成是由于信息不对称,数据输入与数据输出之间存在"隐层",导致决策过程不可解释;算法不透明形成偏好,忽视甚至强化已有的不平等和不正义,加剧数据歧视。但从根源上看,问题不在于大数据和算法,而在于人的意志及其行为。算法自动化决策本质上仍是人为编制的解决问题的过程,人的设计意图和价值取向决定了它的运算法则。因此,数字正义的本质是社会正义而非"机器正义"。它表面上看是"机器与人类"的关系,但实质上仍是人与人之间的关系。也正因如此,杰克·巴尔金教授提出:"规制的核心问题不是算法,而是使用算法的人,以及允许自己被算法支配的人。我们需要的不是阿西莫夫定律,而是控制和指导人类创造、设计及使用机器人、人工智能体和算法的法则。"[6]这里的"法

---

[1] 参见马长山:《智能互联网时代的法律变革》,载《法学研究》2018年第4期。
[2] 参见马长山:《算法治理的正义尺度》,载《人民论坛·学术前沿》2022年第10期。
[3] 周尚君、罗有成:《数字正义论:理论内涵与实践机制》,载《社会科学》2022年第6期。
[4] 董青岭、朱玥:《人工智能时代的算法正义与秩序构建》,载《探索与争鸣》2021年第3期。
[5] 参见郑智航、雷海玲:《大数据时代数据正义的法律构建》,载《国家检察官学院学报》2022年第5期。
[6] 〔美〕杰克·巴尔金:《算法社会中的三大法则》,刘颖、陈瑶瑶译,载《法治现代化研究》2021年第2期。

则"指向的就是数字正义，即如何以正义原则引导新兴数字技术对社会、法律与伦理的重塑，以及如何为算法自动化决策划定正当边界。

总而言之，数字社会的根基在于数字正义。数字正义是数字社会这个特殊节点新出现的一种指导和约束人类开发、设计、应用数字技术的价值准则。数字正义的本质是社会正义而非"机器正义"，它是社会正义原则和正义实现机制在数字领域的体现。

二、数字正义的内涵

从数字正义的内涵看，主要包括以下几个方面：

首先，数据资源的合理分配是数字正义的根本依据。在数字社会，分配正义更多体现在大数据资源的合理分配上，因为其直接与资源、机会、财富、能力和权力等相联系。将大数据资源的合理分配置于数字正义的框架下，就要求政府建立一个公平公正的数据收集、使用和存储体系，消解不同数据主体之间数据占有、使用的不平等，确保每个数据主体从数据输入到数据输出过程的参与平等和结果正义。当然，数据资源的合理分配还内蕴了对个体数据权益、平台数据权益、数据市场秩序和数据行业发展等多种利益进行协调的要求，其中不仅包括数据权益的分配，还包括数据隐私保护、数据风险提示以及数据安全维护等义务的分配。

其次，数字权利的充分配置是数字正义的基本保障。数字正义问题是新兴数字技术与人类价值原则产生冲突的产物，也是算法权力扩张、异化及由此产生的危害后果。从权利视角来看，数字权利是以大数据和算法为依据的利益，而大数据和算法利益是数字正义的实质表达。权利可以有效对抗数据和算法掌握者对数据主体正当利益的剥夺，同时也将数据主体的正当利益转化为法律权利予以明确保护。新型的数字权利并不是一个扁平的权利单元，而是一个宽广丰厚的权利束，其中包括数据访问权、数据更正权、数据删除权（被遗忘权）、算法解释权、人工干预（接管）权、免受自动化决策权等一系列数据权利和算法权利。[①] 它一方面强化了数据主体的自主性和责任性，另一方面也通过倾斜性的权利配置保障了数字正义的实现。

再次，算法决策的公开透明是数字正义的外在表征。与AI自主学习相关的算法包含了大量的随机性和不确定性，它能够根据自主积累的数据自动学习并生成高级的决策结果。在此决策过程中存在着不可见的"隐层"，从而导致算法

---

① 参见罗有成：《数字权利论：理论阐释与体系建构》，载《电子政务》2023年第5期。

黑箱问题。按照现代正当程序的预设，"黑箱"之内可能隐藏着算法不公或算法操纵，应让那些对结果抱有怀疑的人打开"黑箱"看个究竟。但人工神经网络（ANN）的机器学习算法通过一个复杂的分层结构进行学习，它们的决策规则不是预先编程的，通常是人类无法理解的。即便算法完全透明化，用户或公众也未必能理解其运作逻辑。因此，算法决策流程的公开需要符合普通用户的常识判断和理解能力，必要时应用通俗易懂的方式向被决策对象解释，即用可理解的术语向人类表达。算法的可解释性是在算法透明基础上的自然延伸要求，二者共同构成了数字正义实现的外在表征。

最后，代码规制的规范有效是数字正义的内在要求。代码是架构在网络空间的基础表现形式，它与算法具有天然的紧密联系。算法运作取决于代码如何设计，因而代码也可以对算法进行逆向治理。机器学习模型所依赖的代码本身不具备规范性，也并不包含正义的元素。但它一旦确定并伴随算法广泛应用于社会权力运行系统中，就能够持续地引导、改变和塑造人们的网络空间行为，由此可见"代码即法律"①之论断所言不虚。尽管代码对传统法律及其产生的正义空间造成一定冲击，但不能因此否定代码，而是要在代码创造的新型技术空间中构建规范有效的代码治理方案，并通过法律的基本价值来抑制代码规制的偏好，这构成了数字正义实现的内在要求。

三、数字正义的形式

从表现形式看，数字正义主要表现为分配正义、程序正义、互动正义和信息正义四种形式。

分配正义涉及信息处理者与大数据生产者之间数据资源的合理分配，以及如何在数字技术应用中为个体提供平等参与的机会。一方面，分配正义是一种关于"应得"的正义。个人信息和数据直接相关的利益的合理分配，以及在此基础上产生的权利义务的合理配置，是数字社会实现分配正义的前提。同时，个人信息和数据指向的利益主体具有多元性。数据收集、数据存储、数据处理和数据应用等环节，涉及数据主体、数据控制者和数据监管者等多元主体，因此分配正义的实现程度取决于多元主体的利益需求的满足程度。② 另一方面，分配正义也是一种让每一个体享有公平机会的正义，比如获取和使用数字技术的机会公

---

① 参见〔美〕劳伦斯·莱斯格：《代码2.0：网络空间中的法律》（修订版），李旭、沈伟伟译，清华大学出版社2018年版，第6页。
② 参见郭春镇：《数字化时代个人信息的分配正义》，载《华东政法大学学报》2021年第3期。

平,训练数字技能的机会公平,以及有充分的机会在数据中获得代表性,并且可以获取和使用这些数据。

程序正义涉及数字技术应用背后的过程和逻辑,具体是指透明、准确、参与、可问责要素在大数据、算法、云计算、区块链等数字技术中的满足程度。例如,数据清洗、分类、处理和分析过程是否具有透明性,在多大程度上能够保障用户获得通知、听取意见和说明理由的权利;瞬时完成的算法自动化决策能否保证当事人的权利救济和事后问责;依托云服务传输、存储和处理的大规模数据是否得到有效的监管或控制;去中心化的区块链技术能否满足最大程度的参与,能否允许每个用户自行决定数据内容、目的和形式;等等。尽管传统程序正义理论应用于数字技术的方式发生了重大变化,技术正当程序、数据正当程序、算法正当程序等概念频频出现,但程序正义的核心价值理念并没有发生改变。用计算机科学的术语来讲,正当程序的价值理念具有"鲁棒性"(robustness),即在受到持续扰动时仍保持原有的性能,只不过其更加凸显对数字技术综合应用过程的深度技术介入。

互动正义涉及个体的尊严,旨在通过协商和对话,为公民多种权利、利益和负担的公正处理提供指引。"一种正义观的恰当特征是它应当公开地表示人们的相互尊重。"[1]在数据挖掘过程中,计算机系统基于差别对待的底层逻辑,会对不同人群实行分类,根据他们的特征进行编码和赋值,用以表明其优先等级、风险程度和商业价值。此外,自动控制系统建立起一套自我参照体系,完全不需要与外界的用户进行沟通和协商,而这种自我指涉的体系往往倾向于强化现实社会中的不平等。因此,互动正义要求在数字技术应用过程中为个人、技术团体、行业协会等构建商谈程序和机制,让用户或受决策者拥有提出异议和陈述理由的机会。个体应当既能够对计算机系统提出异议,也能够在专业审查人员的协助下开展审查并及时纠正错误,这被视为一种直觉性的个体尊严需求。

信息正义涉及向用户提供相应的信息与解释。在数据采集、分析和应用环节中,大数据公司、算法平台所使用的数据库和算法并不对用户开放,由此用户无法检视计算机系统的正当性和合理性。这可能会造成整个数据化过程缺乏"透明度"。如果这种"不透明"嵌入大数据运行的基础设施之中,就会使知情选择权、个人信息自决权、算法质疑权、免受自动决策权等一系列重要的数字权利变得毫无意义。因此,信息正义要求攻破"数据黑箱"和"算法黑箱",实现数据化

---

[1] 〔美〕约翰·罗尔斯:《正义论》,何怀宏、何包钢、廖申白译,中国社会科学出版社1988年版,第177页。

过程的可见性、可解释性。欧盟 2019 年发布的《人工智能伦理准则》(Ethics Guidelines for Trustworthy AI),对大数据系统的可见性和可解释性作出了明确要求,比如要求大数据公司和算法平台向用户提供数据处理及其自动化决策的程序、结果、相关信息与解释理由。在很大程度上,数据和算法控制者提供的信息与解释符合信息正义的程度,也影响用户评估程序正义的实现程度。

第二节　数字正义的形态变化

人类的脚步已不可避免地迈入"无处不计算"的数字社会,数字化构成了人们理解社会关系、分析社会问题的重要维度,也成为评价社会主体生存状况的关键依据。与此同时,数字化塑造正义空间,使正义的存在形态发生了从"比例正义"到"计算正义"、从"个体正义"到"群组正义"、从"契约正义"到"场景正义"、从"接近正义"到"可视正义"的深刻转型。

一、从"比例正义"到"计算正义"

自古希腊以来,如何通过一定过程实现对条件相等的人分配相等的利益,一直是正义理论的中心问题。毕达哥拉斯用数的平方来说明正义,把正义理解为事物之间的一种和谐稳定的比例关系。后来亚里士多德提出,在社会成员与其他成员的关系上,正义是某些事务的"均等"观念。① 霍布斯也认为,正义就是将个人的本分额按合理比例分配给每一个人。② 正义就是合比例,不正义就是破坏比例。这一正义理念延续至今,不仅构成了社会主体认同实践行动的标准,而且塑造了现代法治的内生状态。

但在数字社会,随着云计算、知识图谱技术和神经网络深度学习算法的进步,人类通过代码设置、数据运算与机器自动化判断可以呈现出更精确、更客观的"正义"。人工智能的本质在于"计算","计算"处理的基本元素是大数据。机器通过对全样本数据的清洗、分类和结构化处理,将"正义"的构成成分拆解为以计算元素为基本单元的微分形态,并用 0 和 1 的特殊语言组合系统来表达。例如,在智能司法裁判中,不再需要法官对每个个案都作出单独的正义判断,而是可以凭借机器对个案的不断测试,以及对已有案件的持续数据整合,将正义价值设定为 0 和 1 组合而成的代码程式,不断通过决策树实现正义价值的选择。算法冲击了人们的价值世界,同时也产生了新的正义空间和价值形态。尤其是人

---

① 参见〔古希腊〕亚里士多德:《政治学》,吴寿彭译,商务印书馆 1965 年版,第 148 页。
② 参见〔英〕霍布斯:《利维坦》,黎思复、黎廷弼译,商务印书馆 1985 年版,第 114—115 页。

的生存状态可以转换为数字化的在线生存状态,大数据集的完备性、算法模型的科学性和计算结果的正当性逐渐成为人类实践行动的评价标准。因此,数字时代的正义建立在数理逻辑的基础上,正义的数据化和计算化正逐步替代传统上对正义的比例衡量。

二、从"个体正义"到"群组正义"

现代社会结构建立在个体正义的基础之上,强调个人自由、平等权利的不可侵犯性,以及不同个人利益之间的不可替代性。个体的集合组成了社会,法律通过尽可能保障个体的正义来维护整个社会的正义。正是通过保护个人权利,人们才保护了共同的善,从而服务了大多数人的利益。

然而,大数据、云计算、无监督式机器学习等数字技术的发展突破了以个体正义为核心的正义观,而代之以一种效率优先的"群组正义观"。"群组正义观"是建立在相关关系分析基础上的正义观,其实质是从正义决定论跳跃到正义概率论。计算机并不是"思考",而是依据逻辑处理数据。算法通过数据模型或代码表达意见,在相关性的概率计算基础上认识现实世界的规律,并从适当的大概率事件出发来论证决策的正当性。它将群组而不是个人作为分析单位,在展开分布式运算时,机器会对贴上"标签"的不同群组作同质化处理,以相关性分析的均等性去逼近群组的正义性。例如,在风险自动化评估中,需要分别建立一个反映各类风险指标的属性集 A(由各类风险指标组成),一个类别集合 L(通常是提高、降低、维持风险评级等档次),属性和类别集合划分越细,算法模型的复杂程度越高。如果再加上海量数据的训练,算法就能够给决策者提供更加客观、确定性的指引。此外,在深度学习算法的加持下,机器学习模型的数据分析能力得到进一步提升,它可以根据多层次特征信息进行分组,并自行从输入信息中获得最合理的输出结果。因此,算法在海量大数据中高效筛选出最能体现正义维度的信息,并对其进行分组排序、逻辑嵌套与循环递归,以寻求建立全新群组正义的各种可能性。

三、从"契约正义"到"场景正义"

传统工商业社会强调主体平等、意思自治和忠诚允诺。正义所要求人的"规定地位"和"规定义务"并不是以固定身份的形式出现的,而是可以根据自己的意愿以契约的形式出现。自罗马法以后,对这种"契约正义"理念的认同,一直都是人类理解正义的主流方式。正如后来罗尔斯所总结的,"正义的原则是一种公平的协议或契约的结果"①。

进入数字社会,人工智能拥有了场景化的"思维方式",能够根据不同的场景和情形进行差异化数据分析、程序建模,最终实现精准画像。诸如量身定制的医疗方案、个性化的资讯推荐、一事一议的商业交易等场景化决策方案成为常态。算法在处理数据的同时,也时刻在具体场景中产生新数据,持续不断地更新和优化原始数据,以确定原始数据与输出结果的"最佳判断"。而确定这一"最佳判断"实质上是算法在更敏锐地洞悉具体情境中"人"的最佳决策机制。基于大数据和算法运作的场景化驱动逻辑,人们对公正的期待从传统的契约平等开始转换到新型的"场景正义"。数字时代正义的实现首先要区分场景和对象,算法模型的选择和可解释性要求要因场景与对象的不同而不同。比如,在相关福利分配或者刑事司法评估活动中,对算法模型的可解释性与稳定性通常较高,相关训练数据集的选择也较为谨慎;而在纯粹商业性活动中,可以适当利用机器学习模型追求更好的预测效果。总之,算法改变了人们对传统契约正义理论的理解,正义价值在满足了契约公平的条件下,也应在场景化的决策方案中得以展现和接受检验。虽然基本的契约正义原则仍然在数字社会发挥重要的引导作用,但很多具体的正义判断则需要基于算法的定制场景,以及算法模型的精度和可解释性之间的权衡来完成。

四、从"接近正义"到"可视正义"

"接近正义"也称"实现正义",主张司法应向更容易理解、更容易利用、更加亲民的方向发展,强调公民寻求司法救济的便捷。在进入数字社会之前,对于寻求司法救济的普通公民来说,供给正义的法律之门庄严而神秘。人们很难接近司法,不仅受到物理时空、技术设备和知识能力的制约,还面临司法决策机制、信息和流程不透明的物理障碍。

进入数字社会以来,大数据、算法和算力的深度融合为更加接近正义奠定了现实基础。数字技术可以有效化解实现传统社会正义的各种物理障碍,使物理空间上的"接近正义"迈向跨越物理—虚拟双重空间的"可视正义"。集约高效、线上线下交融、覆盖性整合的司法平台建设实现了信息的分享可视;网络庭审、ODR 模式、"移动微法院"等软件系统实现了超时空的场景可视;案件信息库、电子卷宗库、司法区块链实现了全要素的数据可视。在全新的"可视正义"样态之下,正义女神摘下了蒙眼布,而戴上了柏拉图所隐喻的"古各斯戒指",全方位窥

---

① 〔美〕约翰·罗尔斯:《正义论》,何怀宏、何包钢、廖申白译,中国社会科学出版社 1988 年版,第 12 页。

视着"法律之门"内的审理数据、司法业务和决策机制等信息。同时,"可视正义"能够实现效率和公平的结合,促进程序正义和实体正义的双重实现。算法在极短时间内自动处理海量的司法数据和文书,发掘出具有重要意义的隐藏规律,并通过简洁的语言予以呈现。然后,它在"生成式学习"的操作层面下根据给定条件进行客观的行为评估以及规范续造,可以为每个当事人量身定做"接近"正义的过程。

第三节 数字正义的实践逻辑

大数据和算法冲击了传统的价值世界,同时产生了新的正义形态,以"计算、群组、场景、可视"为核心特征的数字正义应运而生。无论是数字正义的理论内涵还是形态变化,都需要置于具体的制度实践中加以分析,也需要法律实践充实其内容。当前,在我国数字化战略实施过程中,复合型规范制度体系已初步建立,数据源头规制、算法赋权制衡和平台算法问责等制度,已成为我国法律规制保障数字正义的法律实践基点。

一、数字正义的基本规范框架

我国目前尚未针对大数据和算法制定系统性的法律,已有的相关规定和制度设计散见于不同层级的法律规范、政策性文件及技术标准中,它们共同构成了我国保障数字正义实现的规范依据。总体来看,涉及大数据和算法规制的规范体系可分为基础性规范、专门性规范和补充性规范三个层次。其中,基础性规范为数字正义的实现创造了外部环境,提供了基本的法律规制依据;专门性规范直接且明确指向算法自动化决策,重点解决算法歧视、算法归化、算法操纵等算法不正义问题;补充性规范则进一步细化了大数据和算法规制的基本原则和具体制度,构成了保障数字正义实现的有益补充。

(一)基础性规范

基础性规范主要包括《个人信息保护法》《数据安全法》《网络安全法》《电子商务法》《互联网信息服务管理办法》《互联网信息服务深度合成管理规定》等。这些法律规范针对大数据和算法应用的不正义情形进行了基础性规定。其中,《个人信息保护法》第24条专门引入自动化决策概念,不仅明确了算法决策透明和结果公正两项基本原则,还在部分借鉴欧盟《通用数据保护条例》(General Data Protection Regulation)的基础上,规定了算法解释权、算法拒绝权两项新型算法权利。《电子商务法》第18条和第40条则针对大数据杀熟现象,对平台的明示告知、为用户提供选择权、保障用户隐私等义务作出了基本规定。此外,《数据安全法》《网络安全法》立足于"安全"的治理目标,与《个人信息保护法》合理分工、相辅相成,通过建立安全管理制度、安全审查制度、安全问责制度和安全应急处理机制保障我国网络运行安全和数据安全。2023年3月,中共中央、国务院印发《党和国家机构改革方案》,正式决定组建国家数据局,全局性推进数据制度体系建设,致力于通过数据正义的实现推动更高水平社会正义的实现。

(二)专门性规范

2021年9月17日,国家互联网信息办公室、中央宣传部等九部门联合发布了《关于加强互联网信息服务算法综合治理的指导意见》(以下简称《算法治理指导意见》)。2021年12月31日,国家互联网信息办公室等四部门联合发布了《互联网信息服务算法推荐管理规定》(以下简称《算法管理规定》)。《算法治理指导意见》和《算法管理规定》的最大特点在于首次直接以"算法"命名,是针对算法出台的专门性规范。《算法治理指导意见》从宏观上明确了"逐步建立治理机制健全、监管体系完善、算法生态规范的算法安全综合治理格局"的目标,以及提出了"坚持权益保障,引导算法应用公平公正、透明可视,充分保障网民合法权益"的原则。《算法管理规定》一方面从"算法推荐服务"着手,针对算法黑箱、算法歧视、信息茧房、舆论操控、不正当竞争、用户权益保护等问题作出了明确规定;另一方面也充分体现出算法安全、算法公平和算法向善的内在规制价值。《关于加强数字政府建设的指导意见》首次提出"数字机关"的概念,要求以信息化平台固化行政权力事项运行流程。更重要的还在于,2023年4月,国家互联网信息办公室就《生成式人工智能服务管理办法(征求意见稿)》公开征求意见。2023年5月,国务院办公厅印发《国务院2023年度立法工作计划》,预备提请全国人大常委会审议"人工智能法"草案。

(三)补充性规范

我国保障数字正义的法律规制在其他规范、政策性文件和技术标准中也有较为清晰的呈现,比较具有代表性的是《App违法违规收集使用个人信息行为认定方法》《网络音视频信息服务管理规定》《网络信息内容生态治理规定》《信息安全技术 个人信息安全规范》。这些规范针对大数据和算法在不同领域应用过程中产生的算法侵害现象,具体规定了认定标准、监管路径、责任追究和处置措施等内容。例如,《网络信息内容生态治理规定》第12条对平台的算法推荐模型、建立建全人工干预机制和用户自主选择机制进行了规定;《信息安全技术 个人信息安全规范》第7、8部分分别对"用户画像"的使用限制和个人信息主体的权利作出了详细规定。另外,我国《新一代人工智能治理原则》还对人工智能明确提出了"增进人类福祉、公平公正和可控可信"的伦理要求。① 而在国家新一代人工智能治理专业委员会制定的《新一代人工智能伦理规范》中,第 12 条的内容就是"增强安全透明。在算法设计、实现、应用等环节,提升透明性、可解释性、可理解性、可靠性、可控性,增强人工智能系统的韧性、自适应性和抗干扰能力,逐步实现可验证、可审核、可监督、可追溯、可预测、可信赖"。

二、数字正义的法律实践基点

从上述大数据和算法规制的基本法律框架来看,我国保障数字正义的运行实践主要围绕源头数据规制、算法赋权制衡和平台算法问责三个维度及其联结关系来展开。

（一）源头数据规制

由于算法从源头上依赖数据"喂养",因此可通过规范数据的收集、使用来对算法施加影响,确保算法决策结果公正。为实现这一目标,我国通过多部法律规范架构起了"基本原则＋具体权利"的规制模式。首先,《网络安全法》第 41 条明确了网络运营者收集数据的合法正当、知情同意和公开收集原则,《数据安全法》第 32 条重申了数据收集的合法正当原则。其次,《个人信息保护法》设置多个条款全面规定了数据处理者的合法正当、合理、诚信、最小化、公开透明、保证质量等原则。最后,《个人信息保护法》第四章引入一套个人数据权利体系来保障数据正义的具体实现。它以个体对数据的自决权为核心,在《民法典》个人信息相关条文的基础上细化了知情权、查阅复制权、更正补充权、要求删除权等具体权利形态。同时,为了确保赋予数据主体的各项权利得以充分实现,《个人信息保护法》第 52、55、56 条通过个人信息保护负责人制度和个人信息保护影响评估制度的构建,给个人信息处理者施加了更多的义务。因此,我国通过数据收集、处理和使用原则的确立及其数据权利义务的设置,既形成了保障数字正义实现的基本框架,又从数据源头上初步构筑起了算法规制的规范起点。

（二）算法赋权制衡

《个人信息保护法》专门设置条款（第 24 条）规定了算法解释权和免受自动化决策权。算法解释权基于公开透明的正当程序要求,旨在消除算法黑箱下隐藏的信息不正义和程序不正义情形。但《个人信息保护法》对算法解释权的规定较为简单化和模糊化,并未进一步规定解释权对象、内容、启动时间点以及解释

---

① 我国《新一代人工智能治理原则》突出了发展"负责任的人工智能"这一主题,强调和谐友好、公平公正、包容共享、尊重隐私、安全可控、共担责任、开放协作、敏捷治理八项原则。

方式、程度等具体问题。对此,《算法治理指导意见》初步明确了解释的对象,将算法的"结果解释"作为算法解释的中心,其第 13 条提出"督促企业及时、合理、有效地公开算法基本原理、优化目标、决策标准等信息,做好算法结果解释"。"算法结果解释"具体是指提供决策结果理由的说明。因为算法解释权并不要求算法控制者提供决策树、预定义模型和底层代码的解释,而是提供一种有意义的理由说明,使得决策结果的依据能够为用户所理解。免受自动化决策权则充分体现了互动正义的要求,它能够在法律规制中发挥尊重用户个体自治和避免算法歧视扩散的优势。另外,免受自动化决策权的适用前提是算法决策对个人权益具有重大影响,但是否构成个人权益重大影响的客观判断标准,还有待后续法律或司法解释的进一步明确。

(三)平台算法问责

网络平台的崛起,一方面创造了新型的社会互动结构,另一方面带来了大数据杀熟、算法霸权、算法操纵等社会不正义问题。我国以平台规制为抓手,通过要求收集数据、构建系统和应用的平台承担相应法律责任,初步确立起了以平台算法问责为核心的制度框架。有学者将这种框架提炼为平台"穿透式监管"。①具体来看,《电子商务法》第 18、40 条规定了平台的明示义务和个性化推荐算法的消费者保护义务,第 38 条要求平台承担事前的资质审查义务与安全保障义务。《数据安全管理办法》第 23、24 条分别规定了平台的"定推"标识义务和算法"合成"信息标识义务。《网络信息内容生态治理规定》第 12 条对网络平台建立健全人工干预机制和用户自主选择机制的义务作出了规定。同时,《个人信息保护法》不仅明确了平台追责的直接指向是自动化决策,还在平台责任的追责机制中,将平台注意义务从简单的"明知应知"扩张至算法设计、应用、输出结果全流程。在此基础上,《个人信息保护法》第 66 条和《算法管理规定》第 31 条则进一步落实了平台的信息保护责任,具体包括警告、责令改正、强制执行、罚款甚至刑事处罚等责任。

第四节 数字正义的实现机制

随着数字技术的迭代更新以及算法权力的不断扩张,新技术新领域新问题迫使我们仍需不断思考"算法与法律的互动方式和正义空间"②,思考如何促进

---

① 参见张凌寒:《平台"穿透式监管"的理据及限度》,载《法律科学(西北政法大学学报)》2022 年第 1 期。
② 郑玉双:《计算正义:算法与法律之关系的法理建构》,载《政治与法律》2021 年第 11 期。

算法公平实践形态的实现和法律规制效能的提高。关于数字正义的实现机制，还需要围绕基础机制、实施机制和保障机制三方面展开。

一、基础机制：以数字权利的充分实现为中心

保障数字正义的基本前提是充分配置数字权利。每一个具体的数字正义问题能否解决的背后，都或多或少隐含着公众数字权利是否充分配置的事实。此外，法律规制的本质就在于保护权利和正当利益。由此，数字正义和法律规制因数字权利而联结，数字权利机制构成了法律规制保障数字正义的基础性机制。

（一）实现数字权利配置的充分性

数字正义通过权利机制来成就自身，在数字社会，正义同样集中体现在权利体系上。《个人信息保护法》虽然首次规定了算法解释权和免受自动化决策权，但并未明确其行使方式、程度、标准和时间点等具体内容。以算法解释权为例，其解释方式是人工解释还是机器解释，解释时间点是事前还是事后，解释程度是系统性解释还是个案性解释，都存在解释争议与适用困境。[1] 因此，这两项数字权利的具体内容亟待后续法律及司法解释作出具体规定。同时，算法解释权是数字权利的核心，需要法律的充分配置。算法解释权通过个体对自动化的知情与控制来保护公众的合法权益，但是它也会和个人隐私权、商业秘密权发生冲突，因而需要在立法中限定其解释对象、条件和范围，平衡算法解释权保护和社会的多元利益保护。在立法形式上，可由专门机构发布统一解释指南予以精细规定，在解释指南中充分明确解释权的具体内容和技术要求。此外，单凭算法解释权和免受自动决策权还不足以应对深度学习算法的复杂化趋势，有必要在以后出台的相关法律中增设人工干预权、算法质疑权与表达观点权，进一步丰富数字权利束。

（二）建构多元的权利救济方案

数字权益不同于一般的权益，它具有特殊性。传统单一救济方案可能无法应对数字权益侵害的复杂性，因此有必要引入平台救济、个人司法救济以及公益诉讼救济相结合的多元方案。在大数据和算法侵害公众合法权益的情形下，公众可先通过用户申诉渠道提出意见，要求平台公开算法的基本原理、优化目标和决策标准等信息，并对算法结果作出相应解释。平台则应规范处理用户申诉并及时反馈，切实保障用户的合法权益。如果平台救济无果，公众可通过司法程序

---

[1] 参见丁晓东：《基于信任的自动化决策：算法解释权的原理反思与制度重构》，载《中国法学》2022年第1期。

维护其数字权益。法律规制保障数字正义所依据的相关数据权利、数据资源公平分享权、算法解释权和免受自动化决策权等权利类型,其可诉性已在我国《个人信息保护法》中得到承认。公众可以上述权利为依据,请求法院为保障数字权益而作出特定的判决,对因大数据和算法应用造成的合法权益损害予以赔偿。此外,行政机关对算法负有监管的法定职责,同时行政机关也是算法的开发者、使用者,在公共治理领域中广泛应用算法决策,因此可通过行政公益诉讼制度的充分运用来实现数字正义。行政公益诉讼的范围应进一步拓展,将数字正义指向的公共利益也纳入保护范围。检察机关可根据自动化决策导致公共利益受损的事实,向负有监管职责的行政机关提出检察建议,或者向人民法院提起公益诉讼。

二、实施机制:以算法规制的系统实施为中心

我国保障数字正义的规范依据散落于法律、规章、政策性文件和技术标准中,这种立法状况必然导致对算法的法律规制系统性不足,规制主体、规制工具和规制对象之间的联系不够紧密。同时,鉴于算法的技术复杂性,要想达到数字正义所要求的规制效果,需要调整规制思路,形成整体意义上的规制效用。

(一)提升算法规制实施主体的协同性

算法规制问题是一个特殊且复杂的问题,其中不仅存在广泛的公共风险,而且事后追责的效果有限。如何建立多元化的风险控制体系,如何在算法系统的整个生命周期中落实不同主体的责任,如何平衡不同主体间的利益冲突,这些都需要借助规制主体的系统化安排来解决。《算法治理指导意见》明确提出建立"多元协同、多方参与的治理机制"。接下来应从这一基本要求出发,既强调政府政策倡导与科学监管,也重视公民、社会、企业、行业组织等主体的互动,通过不同规制主体法律地位的确认、权利义务机制的安排以及社会监督机制的构建,形成多元协同的算法规制主体系统。这不仅与数字正义的理论内涵相契合,也增强了数字正义实现中法律规制的实施效能。

(二)强化算法规制实施工具的系统性

算法规制工具的应用不单要考虑法律,还要考虑技术、伦理、自律等规制工具的组合适用,以此来完成算法规制的系统化实施。首先,在法律制度的顶层设计基础上,构建代码逆向治理机制,深入机器学习算法的核心内部展开动态化监管。例如,可根据社会需要的动态变化将算法诱发的风险划分为不同等级,并通过代码一一设定对应的动态因素阈值,从而以低成本方式实现对算法运行全过程的动态监管。其次,注重伦理规制,制定一套人工智能的道德规范。首份人工智能伦理问题全球性协议《人工智能伦理问题建议书》(Recommendation on the Ethics of Artificial Intelligence)和我国《新一代人工智能伦理规范》均强调了人工智能的伦理规制原则。算法设计者和开发者应对算法前置性地施加以人为本的整体伦理负载,在人机关系中注意凸显数字正义所要求的人的尊严和价值优先原则。[①] 最后,推进行业内部制定自治规范和技术标准。在算法应用相关规范和标准制定中,应强化算法安全可控、可解释、可问责和公平公正的价值指引。此外,企业自行制定的自治规范和技术标准经实践检验成熟时,可将其纳入法律标准或通用技术指南中,进一步推广应用。

三、保障机制:以算法评估的科学设计为中心

算法是否达到了上述数字正义所要求的分配合理、程序正当、尊严优先和可信可控,又是否会诱发安全、伦理、责任等多元风险,需要通过算法影响评估制度来判断。同时,通过算法影响评估制度来理解、研判算法究竟反映何种规则,又会产生何种经济社会效应,在保障数字正义目标达致中具有重要作用。

(一)算法评估理念

算法影响评估应坚持整体性、动态性的评估理念。一方面,不能仅限于算法的技术或政策评估,而应对算法应用的技术、意识形态、社会公平和道德伦理等风险展开全面评估,从整体性和全局性出发考察算法潜在的不正义情形,并设定多层次、多元价值观的评估指标。另一方面,算法影响评估应采取动态的评估理念,根据算法的具体应用场景设置动态的评估标准,并随算法技术的变化及时更新。另外,考虑到算法影响评估的道德伦理要求,在评估过程中要兼顾算法本身以及对应数据集的评估。尤其要对可能产生系统性歧视风险的"污染"数据集进行重点评估,仔细审查算法模型在输入与输出之间的非因果关系,并严格设定其伦理信任阈值。

(二)算法评估主体

算法影响评估需要专业技术人员的介入。数据源的挑选是否公平,分析和预测工具的选取是否恰当,算法模型和运算法则的设计是否合理,以及计算结果的解读是否正确等,需要通过专家知识来研判。实践中可借鉴美国《2019年算法问责法案》(Algorithmic Accountability Act 2019)的规定,设立专门的"算法

---

① 参见陆幸福:《人工智能时代的主体性之忧:法理学如何回应》,载《比较法研究》2022年第1期。

师",对算法的公平性、准确性、可控性和安全性进行评估。① 对于高风险或对公众权益有重大影响的自动化决策系统,则有必要在"算法师"的基础上,吸纳政府、科研机构、具有专业知识的社会公众、同行评审等多方力量展开组合性评估。

(三)算法评估方法

算法影响评估需重视评估工具的智能化赋能。数字正义是一个需要综合法律、技术、伦理和代码才能判断的事实,具有不同层面的社会正义要求,加之神经网络深度学习算法的日益复杂化,传统评估方法无法满足算法影响评估的需要。因此,应对评估工具进行智能化赋能,用"算法评估算法"。简单来说,可设计出一种算法影响评估模型,通过该模型就能够向算法监管机构和社会公众证明算法随机选择输入数据的公平性,以及自动化决策是根据一套统一规则做出的且不存在任何歧视性输出结果。实践中已经有新的探索。例如,加拿大《自动化决策指令》(Directive on Automated Decision-Making)规定,算法掌控者应当运用动态编程语言开发开源性算法影响评估模型,并依据该指令附录 C 的评估要求为其设置权重、配比风险系数和设定评分编码。

未来已来,但迈向数字正义之路道阻且长。当前和今后很长时期内,大数据和算法无疑将呈现出更大的现实力量,也必然给人类价值体系带来更大的冲击。它可能会从根本上改变我们与法律的关系,机器而非人类终将成为正义的仲裁者。无论如何,怎样接受和使用这种力量依然取决于人类自身,依然取决于人类在通往正义之路的进程中所做出的伦理判断。也就是说,人类所构建的关于大数据和算法的法律规制体系,包含着规制的价值沉淀、意义结晶化和客观化过程,无论哪种规制路径,都无法回避数字正义这一价值治理维度。只有在清晰明确的数字正义原则的指引下,才能在算法崛起诱发的一系列社会困境和挑战中厘清方向。

> 问题与思考

1. 为什么说数字正义的本质是社会正义而不是"机器正义"?
2. 如何理解数字正义的理论内涵?
3. 数字正义的形态发生了怎样的重大变化?
4. 我国保障数字正义实现的法律规范体系有何特点?
5. 数字正义的实现面临哪些关键障碍?这些关键障碍有哪些法律解决措施?

---

① 参见〔英〕维克托·迈尔-舍恩伯格、肯尼思·库克耶:《大数据时代:生活、工作与思维的大变革》,盛杨燕、周涛译,浙江人民出版社 2013 年版,第 226—230 页。

> **扩展阅读**

1. 〔美〕伊森·凯什、〔以色列〕奥娜·拉比诺维奇·艾尼:《数字正义:当纠纷解决预见互联网科技》,赵蕾、赵精武、曹建峰译,法律出版社2019年版。

2. 〔英〕杰米·萨斯坎德:《算法的力量:人类如何共同生存?》,李大白译,北京日报出版社2022年版。

3. 〔美〕弗吉尼亚·尤班克斯:《自动不平等:高科技如何锁定、管制和惩罚穷人》,李明倩译,商务印书馆2021年版。

4. 〔美〕约翰·切尼-利波尔德:《数据失控:算法时代的个体危机》,张昌宏译,电子工业出版社2019年版。

5. 〔英〕罗杰·布朗斯沃德:《法律3.0:规则、规制和技术》,毛海栋译,北京大学出版社2023年版。

6. 郑戈:《数字社会的法治构型》,上海人民出版社2023年版。

7. 周尚君、罗有成:《数字正义论:理论内涵与实践机制》,载《社会科学》2022年第6期。

8. 林曦、郭苏建:《算法不正义与大数据伦理》,载《社会科学》2020年第8期。

9. 马长山:《智能互联网时代的法律变革》,载《法学研究》2018年第4期。

10. 李晟:《略论人工智能语境下的法律转型》,载《法学评论》2018年第1期。

11. 郑玉双:《计算正义:算法与法律之关系的法理建构》,载《政治与法律》2021年第11期。

12. 郑智航、雷海玲:《大数据时代数据正义的法律构建》,载《国家检察官学院学报》2022年第5期。

第四章 数字人权的基本问题

【引读案例】

早在20世纪70年代,美国麦克唐纳道格拉斯公司即在雇佣算法中有意运用种族、肤色、宗教、性别或国籍等因素作为其雇佣雇员的参考性要件。在1973年"麦克唐纳道格拉斯公司诉格林案"①中,麦克唐纳道格拉斯公司发布了招聘合格人员的广告,并以非法行为为由拒绝格林的再就业申请,格林遂向平等就业机会委员会提出申诉。平等就业机会委员会调解未果,格林向法院提起诉讼。经审查,法院认定麦克唐纳道格拉斯公司在借助上述算法的雇佣行为中,存在歧视的主观意图或固有的刻板印象,最终判定其构成歧视行为。本案中,当事人无从知晓对其基本权利产生重大影响的录用决策是如何作出的。这可能侵犯公民基本权利和自由,加剧社会不公,固化社会歧视。可见,因算法决策应用引发的个人权利保护问题值得关注。为解决数字技术发展与个人权益保护之间的矛盾,实现数字技术飞速发展下个人财产权、人格权等权益的周延保护,数字人权基本问题的诠释与消解尤为重要。

第一节 数字人权的概念与特征

发轫于信息革命的数字人权,彰显出与传统人权迥然相异的内涵与特征,强调网络化、数字化、智能化时代的公民基本权利保护。为充分实现数字人权的法律保护,须明确界定数字人权的内涵与外延,厘清数字人权的特性与表征,以求实现数字经济发展与公民基本权利保护并驾齐驱。

一、数字人权的概念与相关学说

数字人权概念的界定应综合考量数字人权生成的复杂环境。鉴于数字人权概念的模糊性和不确定性,学界主要存在肯定与否定两种学说。前者以数字人权概念的创设为基础,后者则认为数字人权概念受既有人权体系的约束。

---

① McDonnell Douglas Corp. v. Green, 411U. S. 792 (1973).

（一）数字人权的概念

数字人权是指个人在数字化生存样态中作为人而应该享有的基本权利。作为第四代人权[①]，数字人权是以数字和信息为载体，以物理与虚拟双重空间的生产生活关系为社会基础，以个人的数字信息面向和相关权益为表达形式，以智慧社会中个人的全面发展为核心的基本权利。数字人权突破了前三代人权所受到的物理时空和生物属性的限制，实现了自由平等权利、经济社会文化权利、生存发展权利的转型升级。数字人权既包含前三代人权在智慧条件下的数字化呈现，也包括各种新兴数据信息权利，如数据信息自主权、数据信息知情权、数据信息表达权、数据信息公平利用权、数据信息隐私权、数据信息财产权等。

（二）数字人权的相关学说

数字人权是最重要的新兴权利，引领着新一代人权。学界对数字人权持肯定说与否定说两种观点。持肯定说的学者回应了数字时代公民对数字化权利的需求，并通过第四代人权、新兴权利标准证成数字人权是基本人权。[②]持否定说的学者则从人权代际划分标准、权利的正当性与合法性等视角出发，试图表明数字人权不是人权的下位概念，不构成第四代人权。[③]

1. 数字人权肯定说

数字人权肯定说包含数字信息权利集合说和新时代人权体系说。持数字信息权利集合说的学者研究外部条件对人权的影响和塑造，认为数字人权本质上是数字信息权利的集合，具体包括数据信息知情决定权、查阅复制权、可携带权、更正补充权、删除权、拒绝权、反自动化决策权、解释说明权等权利。此种界定虽明确了数字人权的基本权利属性和具体权利形态，但未诠释"人权"与"权利"的关系，而简单地视数字人权为与数字技术应用相关的一系列数据权利与信息权利的集合。

---

① 人权的产生与发展具有独特的历史背景。根据法国法学家卡雷尔·瓦萨克就"三代人权"理论所作的阐释，在不同的社会、历史背景下，人权的内涵、目标等处于不断的承转、流变过程之中。其中，作为第一代人权的公民权和政治权利，产生于18世纪欧洲发起的反专制、反封建的人权运动，旨在保障个人自由，使人们尽快摆脱封建制度的桎梏；作为第二代人权的经济、社会、文化权利，产生于19世纪末20世纪初反资本剥削、消除贫富分化的社会主义革命，着眼于保障平等权，意在反对资产阶级的压迫与剥削；第三代人权产生于二战后一些国家与国际组织为争取国家独立而发起的反殖民主义运动，强调民族自决权和生存发展权，致力于反殖民、反霸权，力争建立和平、公正的国际新秩序。

② 参见马长山：《智慧社会背景下的"第四代人权"及其保障》，载《中国法学》2019年第5期；马长山：《数字时代的人权保护境遇及其应对》，载《求是学刊》2020年第4期；龚向和：《人的"数字属性"及其法律保障》，载《华东政法大学学报》2021年第3期；郑智航：《数字人权的理论证成与自主性内涵》，载《华东政法大学学报》2023年第1期。

③ 参见刘志强：《论"数字人权"不构成第四代人权》，载《法学研究》2021年第1期；刘志强：《"数字人权"再反思——与马长山教授等商榷》，载《政法论坛》2022年第6期。

新时代人权体系说认为,数字人权是与互联网相关的人权。"既包括'通过数字科技实现人权''数字生活或数字空间中的人权',也包括'数字科技的人权标准''数字人权的法理依据'等。"①新时代人权体系说回归人权体系的传统架构:纵向上,涵盖一阶人权概念、二阶人权概念、三阶人权概念,甚至四阶人权概念,高阶人权概念向低阶人权概念的递进是抽象到具体、模糊到清晰的过程;横向上,同一位阶的人权又存在不同的价值基础,相互之间又展现出不同的价值冲突。此外,新时代人权体系说在价值层面强调,数字科技必须坚持以人为本,必须以人权作为数字技术进步的评价标准,把人的基本权利和利益作为最高价值追求。在制度层面,该说认为,数字企业与公权力部门应履行尊重、保障和实现公民数字人权的义务。新时代人权体系说对于创新人权理论、完善人权制度、丰富人权内容、回应公民数字化权利需求具有重要意义。

2. 数字人权否定说

相较于数字人权肯定说从数字人权生成的外部条件出发证成数字人权,数字人权否定说则以传统人权的构造范式驳斥数字人权之成立。该说认为,数字人权概念的生成并未摆脱第三代人权内容与体系的桎梏,仍受制于既有人权体系的理论框架与实践适用。数字人权不仅不是人权升级换代的新类型——第四代人权,甚至不宜作为人权的下位概念。

持数字人权否定说的学者反对数字人权成立的具体理由如下:一是"数字人权未突破现有人权体系的框架,不构成人权的代际革新",即现有的数字信息权利可以在既有的人权体系框架中得以解释;二是数字人权不具备人权的道德基础,作为缺乏"人性"价值内核和道德依据的数字人权,容易造成道德失范与伦理失序;三是数字人权既缺乏宪法规范理据,也难以满足人的尊严与最低限度基础性标准,不能通过宪法未列举基本权利得以证立。②

3. 作为价值系统的数字人权说

作为价值系统的数字人权说对数字人权否定说进行了批判性思考。面对数字人权面临的独立性内涵缺失与规范有效性存疑的拷问,作为价值系统的数字人权说主张,"数字人权既不是与现有人权并列的新类别,亦不可简单归类为某一人权价值之下的新内容,而是强调在适度区隔人权与权利的前提下,重申数字时代人之于科技应用的自主性价值,并将人权作为评价或指引数字科技应用的

---

① 张文显:《新时代的人权法理》,载《人权》2019年第3期。
② 参见刘志强:《论"数字人权"不构成第四代人权》,载《法学研究》2021年第1期。

价值准则"①。该说将数字人权定位为一个介于纯粹抽象人权价值与具体权利形态之间的中观概念,视数字人权为具有整合性的价值系统。数字人权的重点不在于创造新权利,而在于人权观念和人权原理的更新。数字人权旨在形成以人权为尺度的价值体系,建立体系严密的数字立法体系。数字人权并非对传统人权的否定,而是数字时代对人权价值的重申,并借助人权的价值机理,应对数字科技应用带来的诸多挑战。作为价值系统的数字人权具有价值导向性,能够为数字科技应用提供观念整合、价值指引、价值评价机制。本书对此持肯定观点。

二、数字人权的特征

数字人权既有传统人权的共性,如人权属性,又有其作为新型人权的个性,如数字属性、内涵的丰富性、参与主体的多样性等。

（一）数字人权的人权属性

作为人的权利,数字人权使人成其为具有人的权利的个人和使人成为有尊严的个人等多个层次。数字人权是否具有人权属性,取决于它是否具有人性基础。人权与人性相关。人性作为一切人生而固有的属性,是人权产生的正当性根源。人性包含人的自然属性、社会属性与精神属性,分别映射人的生理、社会和心理需求。数字人权是人在数字空间中的基本权利,是人的社会属性在数字社会中的延伸,是人权在数字空间中延伸出的一系列下位权利。② 此外,数字人权与人权的目的价值相一致,均致力于维护人的尊严、自由、平等和安全价值。

（二）数字人权的数字属性

数字化成为新时代人权发展的重要特征,数字技术使人在生物—社会属性之外获得数字属性。在数字化时代,万事万物均被数据化,数据和信息成为人的存在样态,人成为数据的总和。人的社会关系生成、人格尊严维护及个人价值实现都通过信息、数据与代码进行描绘、表达与建构。③ 数字人格是人的主体资格在虚拟网络空间的延伸,也是自然人身份在虚拟空间或数字空间中的重构与映射。

实践中,数字服务提供者往往通过"用户画像",基于"数字足迹"拼凑出完整

---

① 高一飞：《数字时代的人权何以重要：论作为价值系统的数字人权》,载《现代法学》2022 年第 3 期。
② 参见苏明、陈·巴特尔：《数字人权的挑战与治理》,载《电子政务》2022 年第 3 期。
③ 参见龚向和：《人的"数字属性"及其法律保障》,载《华东政法大学学报》2021 年第 3 期。

的"信息人"。在"朱烨与北京百度网讯科技公司隐私权纠纷案"①中,百度公司依据朱烨搜索的"减肥""丰胸"等关键词,在朱烨浏览相应网页时推送诸如"减肥""丰胸""人工流产"等广告。百度公司通过朱烨在网页留下的"数字足迹",拼凑出一位深受身材问题困扰,并亟须减肥、丰胸的用户形象,朱烨的人格被数据化,被物化便在所难免。

(三)数字人权内涵的丰富性

数字人权的内涵十分丰富,包括"人权的数字形态""通过数字科技实现人权""数字生活或数字空间中的人权"②"数字技术的人权标准"等。首先,"人权的数字形态"是人权客体(数字和信息)在特定数字情境下的扩展。数字人权以数字和信息为载体,以"人"的自主与尊严为内核。数据和信息呈现着人的自然本性、社会角色和个性特征,已成为每个人描绘、表达和建构自我的构成要素。其次,"通过数字科技实现人权"是指数字技术对于人权保障的工具性价值,指向与数字技术应用相关的人权议题,突出数字技术与人权间的关系,希冀利用数字科技保障人权。再次,"数字生活或数字空间中的人权"以物理与虚拟双重空间的生产生活关系为基础,回应人的数字化生存样态与数字化基本权利需求。最后,"数字技术的人权标准"从价值理念上重申数字技术必须以人为本,聚焦于如何人权作为根本评价标准和划分尺度,防止"主体客体化"。

(四)数字人权参与主体的多样性

"在数字技术的加持下,社会结构日益精细与复杂,近代以来的'市民社会—政治国家'二元格局不断瓦解,'市民社会—公共领域—政治国家'的三重结构日渐清晰。"③受此影响,数字人权的权利构造不再受制于传统政府—市场二元结构,转而演变出"政府—平台—商户(消费者)、公权力—社会权力—私权利的三元结构"④。数字人权独特的权利构造决定了数字人权包括个人、政府、数字企业平台等多方主体。其中,个人属于数字人权的权利主体,享有进行数字化生活、参与互联网活动的一系列权利;政府与数字企业则属于义务主体,负有不得干涉主体数字人权行使的消极不作为义务和保障主体数字人权实现的积极作为义务。

---

① 参见江苏省南京市中级人民法院(2014)宁民终字第5028号民事判决书。
② 张文显:《新时代的人权法理》,载《人权》2019年第3期。
③ 高一飞:《数字人权规范构造的体系化展开》,载《法学研究》2023年第2期。
④ 马长山:《智慧社会背景下的"第四代人权"及其保障》,载《中国法学》2019年第5期。

第二节 数字人权的内容与法律价值

相较于传统人权以物理意义上的人、财、物及行为作为主要依托,数字人权的内容突破了物理限制,向数字化与信息化的抽象领域拓展。其中,互联网接入权是数字人权的首要内容,数据信息自决权等其他权利的形成均以其存在为前提和基础。数据信息自决权又可细分为数据信息知情决定权、查阅复制权、可携带权等权利。前述权利塑造起完整、具体的数字人权。

一、数字人权的内容

数字技术催生个人数据信息自主决定权和个人获取与接收信息的互联网接入权两项衍生性人权。数字人权的内容包括作为核心内容的数据信息自决权和互联网接入权,以及由二者拓展的由特定权利所构成的数据信息权利束。

(一) 数字人权的核心内容

作为数字人权的核心内容,互联网接入权是数字人权的前置基础,着眼于公民能否参与数字活动;数据信息自决权是数字人权的具体展开,着眼于公民参与数字活动后如何行使权利。

1. 互联网接入权作为首要数字人权

互联网接入权是指公民有权要求国家为保障其获得互联网连接而提供基础设施等服务,对互联网进行自由访问的权利。2017年6月,联合国人权理事会通过的《互联网上人权的促进、保护与享有》决议申明,根据《世界人权宣言》第19条以及《公民权利和政治权利国际公约》第19条,公民在线下拥有的权利在线上同样必须受到保护,尤其是互联网接入权、线上表达自由权、受教育权等。

互联网接入权的基本内容包括:所有公民有权接入、访问、使用互联网及其运行所需的基础设施和通信技术;所有公民平等地参与数字化生活,平等地接受数字化服务;所有公民不受歧视地共享数字化应用带来的数字成果或数字福利。与此相应,政府应履行尊重、保障和实现公民互联网接入权的义务,保障数字技术成果惠及所有公民。政府不但负有不得任意干涉、限制公民接入、使用和访问互联网的消极义务,还负有向公民提供接入和使用互联网所需的基础设施及通信技术的积极义务。

作为首要的数字人权,互联网接入权与宪法规定的公民基本权利密切关联,许多国家和国际组织正在将互联网接入权纳入人权保护。互联网接入权强调每个人享有融入数字社会、享受数字生活、参与数字活动的权利,从而保障每个人平等享有参与数字化生活、享受数字化服务以及从数字技术应用中受益；要求数字包容原则应获得宪法确认，以使得公民有平等的机会和相应的能力，尤其关注"数字弱势群体"的生存权、发展权、劳动权和受教育权。

2. 数字公民的数据信息自决权

源于1983年德国人口普查案的数据信息自决权是公民自主决定对其个人信息或数据为或不为，以及自主决定是否允许他人处理其个人信息或数据的权利。它是公民基于内心自由地决定自身信息何时、何地、以何种方式被收集、储存、处理以及利用的权利。① 数据信息自决权重在事前预防，而非侧重事后救济。数据信息自决权也为公权力机关的信息处理行为划定了边界，使个人免受国家机关过度收集、存储、处理和传递公民数据信息的威胁。② 数据信息自决权支持关键领域的自主保留、个性服务的便捷拒绝以及断网断连、数字疏离的自我控制，为数字公民冲破"信息茧房""算法囚笼"，维护个人自主与尊严提供有力支撑。公民的数据信息自决权不是绝对的、排他性的权利。为调和公民权利与国家权力之间的紧张关系，在重大公共利益下，公民数据信息自决权需受比例原则限制。

数据信息自决权是公民自由权的延伸，关涉公民的人身自由和人格尊严，是一种重要的基本人权。同时，数据信息自决权是一项宪法未穷尽列举的基本权利，在我国《宪法》中予以明确十分必要。在大数据技术、人工智能、云计算等信息技术应用与普及下，传统隐私权并不能有效保护公民对个人信息的支配与控制。基于我国《宪法》第33条的人权保障条款和第38条的人格尊严条款的解释张力，数据信息自决权可作为一项基本权利而存在。基于维护人格尊严与个人自主性，保障公民个人信息不受他人控制和侵扰的现实需求，数据信息自决权乃公民享有的不可或缺的基本权利，是个人信息保护的宪法基础。

(二) 数字人权的具体内容

数字人权的具体内容主要源于互联网接入权和数据信息自决权，是二者的延伸和具体化，包括数据信息知情决定权、查阅复制权、可携带权、更正补充权、删除权、拒绝权、反自动化决策权、解释说明权等。

1. 数据信息知情决定权

数据信息知情决定权是个人对其个人数据信息处理享有的知情权、决定权。我国《个人信息保护法》第44条对此有明确规定。数据信息知情决定权可细分

---

① 参见姚岳绒：《论信息自决权作为一项基本权利在我国的证成》，载《政治与法律》2012年第4期。
② 参见赵宏：《信息自决权在我国的保护现状及其立法趋势前瞻》，载《中国法律评论》2017年第1期。

为数据信息知情权与数据信息决定权。数据信息知情权是个人享有从个人数据信息处理者处知悉其个人数据信息被处理的一切相关情况的权利,包括个人数据信息处理的目的、方式、种类、范围,个人数据信息处理者的名称、姓名、联系方式,是否向他人或境外传输,等等。数据信息决定权是个人对其个人数据信息享有的控制、支配并排除他人非法干涉的权利。个人有权控制、支配其个人数据信息是否被收集、处理,何时被收集、处理,以及通过何种方法被收集、处理。

2. 数据信息查阅复制权与可携带权

数据信息查阅复制权是数据信息知情权的延伸,指个人有权从个人信息处理者处查阅、复制其个人数据信息,主要规定于我国《个人信息保护法》第45条第1款和第2款。数据信息查阅复制权旨在加强个人对其数据信息的控制力,是知情权和决定权的保障,也是更正补充权和删除权的基础。

依据《个人信息保护法》第45条第3款,个人对其个人数据信息享有可携带权。数据信息可携带权是指个人有权请求个人数据信息处理者将其掌握的个人数据信息提供给自己或转移至自己指定的其他个人数据信息处理者,其行使范围限定于个人数据信息处理者处理的基于用户同意而收集的那部分数据信息。

3. 数据信息更正补充权、删除权与拒绝权

根据《个人信息保护法》第46条,数据信息更正补充权是个人发现其个人数据信息不准确或者不完整的,有权请求个人数据信息处理者更正、补充的权利。该权利行使的前提是个人发现其数据信息不准确或者不完整。针对数据信息主体因数据信息不准确或不完整而行使更正补充权的,个人数据信息处理者应当积极响应个人请求,及时对相关个人数据信息进行核实、更正、补充。

数据信息删除权是出现法定或约定情形时,个人有权请求个人数据信息控制者删除其个人数据信息的权利。删除权是基于个人数据信息权益而产生的权利。原则上,具备《个人信息保护法》第47条第1款所列五种情形的,个人数据信息处理者应当主动删除其处理的相关个人数据信息。部分学者认为,数据信息删除权是数据信息自决权的重要内容,"体现了个人数字人格的完整性"[①]。

欧盟《通用数据保护条例》(GDPR)第21条、我国《个人信息保护法》第24条第3款和第44条所规定的数据信息拒绝权是指,个人出于法定或约定事由,享有禁止或拒绝某些个人数据信息处理者处理其个人数据信息的权利。实践中,数据信息拒绝权具体包括两层涵义:第一层次的拒绝权可理解为同意权能的

---

① 汪庆华:《个人信息权的体系化解释——兼论〈个人信息保护法〉的公法属性》,载《环球法律评论》2022年第1期。

一种表现形式,即信息主体"不同意"对其个人信息收集、处理、使用的权利;第二层次的拒绝权则表现为数据信息主体叫停业已取得数据信息处理合法性基础的处理者的处理行为。①

4. 数据信息反自动化决策权与解释说明权

欧盟《通用数据保护条例》第 22 条规定,个人有权反对个人数据信息处理者仅根据自动化方式作出的对个人权益有重大影响的决定。我国《个人信息保护法》第 24 条第 3 款亦做出相似规定。反自动化决策权的产生是对数据信息处理者可能造成数据信息主体人格尊严受到侵害的有效回应,是数据信息主体数据人权的有力保障。

根据《个人信息保护法》第 24 条第 3 款和第 48 条,个人有权要求个人数据信息处理者对其个人数据信息处理规则进行解释说明,学界谓之数据信息解释说明权。相较于删除权等一旦符合法定或约定情形就将实际存在的请求权,解释说明权、反自动化决策权等权利的存在"以个人提出请求为前提条件"。② 以请求为权利行使前置性要件的解释说明权等权利,正是数据信息自决权的重要体现。

二、数字人权的法律价值

数字人权借助人权话语、人权概念、人权价值原理审视各类"数字行为"是否具有合法性与正当性。数字人权的法律价值表现为其在数字社会制约国家、互联网企业平台数字权力,维护人的尊严,捍卫公民平等权,保障公民生存发展权。

(一)维护人的尊严

数字人权在价值层面申明数字技术的发展应建立在维护人的基本权利与尊严之上。基于数字科技的发展,人权形态在智慧社会中发生数字化重塑,产生新兴人权——数字人权。面对数字技术引发的数字监控、算法歧视、数字鸿沟问题,有必要重新审视数字社会背景下宪法所保护的人之尊严价值。在"戴维森言论自由案"中,法院认为,被告在论坛的管理中参与观点歧视,违反了美国《宪法第一修正案》和弗吉尼亚州《宪法》第 1 条第 12 款,与人之尊严的保护相背离。

人的尊严价值在于强调人本身就是目的,构成宪法的最高价值。③ 人是目的意味着不允许任何人被当作客体、被物化。在数字时代,人的物化是数据化和算法化造成的。数据成为衡量人的生理特征、心理特征以及社会属性的尺度,人

---

① 参见杨钢:《个人信息权禁令的理论证成与构造》,载《法律适用》2023 年第 3 期。
② 参见阮神裕:《个人信息权益的二元构造论》,载《法制与社会发展》2023 年第 4 期。
③ 参见洪丹娜:《算法歧视的宪法价值调适:基于人的尊严》,载《政治与法律》2020 年第 8 期。

与人之间的关系转化为数据与数据间的关系。数据也在消解人类的认知模式,人终究会被自己创造的数据所统治。宪法尊重人的尊严与价值,凝结着对人的主体地位或身份的认可,保障公民受到平等对待与尊重。

在数字社会的发展过程中形成的数字人权理论,不仅仅在于革新传统人权,更在于以数字人权完善宪法基本权利体系。作为人类文明发展到一定阶段的产物,宪法在法律体系中居于最高地位,具有最高法律效力。宪法吸纳了先验的伦理价值,凝聚着社会共同体的价值共识,承担着对一般法律的规范评价功能,具有不可取代的作用。然而,随着社会的发展与进步,我国《宪法》第33条第3款关于人权保障的概括性条款,已难以适应数字经济时代下人权保障的特殊需求。可就我国《宪法》第33条、第38条所规定的"人权""人格尊严"等概念进行扩大解释,寻求宪法共识,进而消解宪法价值与科技价值的冲突。①

在公民与国家的关系中,宪法以人权制约国家公权力,防止和抵抗国家公权力走向恶政,保障公民在自由、平等的环境中有尊严地生活。在数字社会中,个人敏感信息、隐私与公民的人格尊严密切相关,将个人信息权益与隐私权视为普通权利,不足以保护公民的数字人格与尊严。面对人与数字技术间的张力而催生出新的人权诉求,为防止个人信息处理者利用数字技术非法处理与滥用公民个人信息,侵犯公民基本权利和自由,需要通过宪法确立全新的数字人权观,构建相应的人权保护机制,以彰显对人之数字人权的尊重与关怀,维护人的尊严。

(二)捍卫公民平等权

平等权是公民的一项基本人权,在《宪法》第33条第2款中被表述为"公民在法律面前一律平等"。这意味着在大致相同或相等的条件下,一切权利主体皆享有相同或相等的权利。反歧视是平等权的规范性表达,禁止任何主体因种族、肤色、性别、语言、宗教、社会出身、财产等因素被区别对待。

随着人工智能算法不断嵌入商业交易、公共服务、社会生活等诸多领域,个人活动已与算法密不可分。受制于算法决策过程不透明以及算法技术的高度复杂性、不确定性等因素,算法决策在应用中难以避免会输出具有歧视性的决策结果,学界谓之算法歧视②,严重侵害公民平等权。在商业领域,算法歧视往往表

---

① 参见龚向和:《数字人权的概念证立、本原考察及其宪法基础》,载《华东政法大学学报》2023年第3期。
② 算法歧视是个人信息处理者利用算法自动化程序,对其掌握的有关自然人的姓名、出生、身份证件号码、个人生物识别信息、住址、财产信息、征信信息、行踪轨迹等个人信息进行处理,自动分析、预测、评估个人的行为习惯、兴趣爱好或者经济、健康、信用状况等,进而区别对待目标群体,做出不公正的决策结果。

现为"大数据杀熟",指网络平台滥用大数据技术收集、处理用户数据,使得面对同样的商品或服务的老用户需支付的价款远高于新用户。在我国首例"大数据杀熟"案件中,法院即以携程公司存在虚假宣传、价格欺诈和欺骗等"大数据杀熟"行为为由,支持了原告退一赔三的诉讼请求。① 实践中,算法歧视已不限于传统的种族、性别、社会身份、经济状况等因素的歧视,还以隐蔽的方式改变人们对传统歧视的认知,对人类社会制度与经济制度产生深刻影响。

数字人权强调作为义务主体的国家和数字企业尊重、保障公民平等权,不得非法利用或滥用数字技术干涉、妨碍或侵犯公民基本权利和自由,同时应积极履行保障数字公民平等权实现的作为义务。当数字技术不当使用对公民平等权保护产生重大不利影响时,国家和数字企业有义务响应公民的请求,及时为公民提供救济。为避免国家和数字企业利用数字技术对公民平等权的侵害,"数字人权"应运而生,其以人权的力量强化对数字技术的伦理束缚和法律规制。数字人权既要消解算法歧视对公民平等权保护带来的威胁,还要确保数据信息的流通与共享。

(三)保障公民生存发展权

"在人的全面发展价值引领下,伴随着全体人民对美好生活新需求的不断增长,中国特色人权事业进入以生存发展权为主轴、全面保护各项人权的新时代。"② 其中,生存发展权是公民最重要的基本权利。生存是公民享有人权的基础,发展是解决中国所有问题的关键。但是,因数字鸿沟的存在,某些社会成员在经济、技术、社会地位、学习能力等方面存在差异,导致其在数据获取、数据掌握、数据利用以及享受数据红利时处于劣势地位,遭到社会排斥。数字鸿沟进一步放大"排斥"效应,大规模的数字弱势群体被彻底边缘化,逐渐沦落为"数字难民"。

这就亟待发挥数字人权保障公民生存发展权的法律价值。为保障数字弱势群体的生存发展权,数字人权理念不仅要求数字弱势群体提高数字素养,获得相关数字技能,以便运用层见叠出的应用程序,而且要求义务主体采取倾斜保护方式,通过对个人、数字企业、政府三者权利、义务和责任的再分配,缩小数字弱势群体与企业、政府间日渐扩大的数据鸿沟。鉴于数字科技塑造了新兴权利和全新法律关系,还需挖掘各类弱势表征,通过对隐私权、知情权、发展权、个人信息权益等新兴数据权利的保障,使人们充分享受数字社会发展带来的数字红利。

---

① 参见浙江省绍兴市中级人民法院(2021)浙 06 民终 3129 号。
② 汪习根:《习近平法治思想的人权价值》,载《东方法学》2021 年第 1 期。

在数字人权的保障下,数字弱势群体的人权价值得以彰显,人权诉求得以实现,人权损害得以救济。可见,数字人权不仅是公民在数字经济时代的生存发展权利的有力保障,而且丰富、拓宽了传统生存发展权的内涵与外延,进而兼顾了数据弱势群体与数据企业、政府等主体间的权益保护。

第三节 数字人权的法律保护

数字人权的实现需要法律的确认、宣示和保障。没有法律,公民享有的数字人权要么停留于应然状态,要么经常遭受侵害而无法获得有效救济。国务院于2021年9月发布《国家人权行动计划(2021—2025年)》,明确了国家尊重、保护和促进人权的阶段性目标,并提出"智慧推进,充分利用数字技术拓展所有人自由全面发展的空间"。如何有效衔接数字人权理论与数字法治实践,是数字人权研究亟待回应的重要议题。

一、数字人权的立法保护

立法保护是法律保障数字人权实现的有效方式和前提性条件。数字人权价值的实现需要国家立法机关或权力机关通过法定立法程序予以宣示、确认和保障。没有立法保护,数字人权只能处于道德层面的应有权利状态。以立法方式确认和保障公民的数字人权,约束和限制公权力(包括数字企业的准公共权力)是现代民主和法治的显著特征。数字人权的立法保护主要包括以下两个方面。

一是维护数字人权执法、审判秩序的程序保护。程序保护是指立法机关通过法定程序明确规定权利主体享有和实现数字人权的程序性规则,主要包括权利主体享有和实现人权的法律规定、执法机关对数字人权保护采取的措施以及司法机关对与数字人权保护相关案件进行审判的原则等程序性规定。程序保护作为立法保护的重要组成部分,为后续数字人权的执法保护、司法保护提供了重要程序指引和规则约束。程序保护可以有效防范公权力部门对数字人权的侵害,也能够为保障数字人权主体合法权利和正当利益提供切实可行的救济途径。例如,在程序性规则的约束下,执法部门在采取数字人权保护措施时方能有法可依、有法必依,从而避免因滥用职权侵害数字信息主体的知情权、决定权等权利。

二是提供数据人权执法、审判依据的实体保护。实体保护是指立法机关通过法定程序颁布以数字人权保护为主要内容的实体法。权利的享有和实现必须经由有权机关通过法定的正当程序,从应然状态转变为实然状态。数字人权由应有权利向实有权利转变,也是数字人权的制度化和法定化过程。当国家和数字企业利用数字技术侵犯公民数字人权时,公民有权根据制度化、法定化的数字人权规则,请求行政机关采取保护措施,也可以请求司法机关提供救济。制度化的数字人权规则是权利主体寻求执法保护和司法救济的权威性依据。在"王某、深圳市腾讯计算机系统有限公司个人信息保护纠纷案""麦某、北京法先生科技有限公司等网络侵权责任纠纷案"中[1],法院分别基于我国《个人信息保护法》第15条、第24条关于撤回同意权与反自动化决策权的规定,判决数据信息处理者侵害数据信息主体的自决权。若无实体法作为依据,权利主体的权利侵害将无法得到有效救济。

二、数字人权的执法保护

执法保护是数字人权行政保护体系的重要内容。确认和保护公民权利,建立有限政府是民主政治的基本要求。作为执法机关,政府成立的目的在于保护共同体成员的权利和正当利益,包括尊重和保护公民数字人权。

数字人权的执法保护表现在以下三个方面:一是合理划分公民权与公权力的界限。对于公权力而言,应坚持"法无授权即禁止"原则;对于公民权利,应秉持"法无禁止即自由"原则。执法机关应履行尊重和保护公民数字人权的义务,不得干涉、阻碍公民数字人权的实现。二是执法机关(政府)应依法执行宪法和法律中关于人权和公民权利规定的条款,尊重公民数字人权,将"纸面上的法"转变为"行动中的法"。三是在数字时代,政府应将尊重和保障公民数字人权条款作为行政决策的重要考量因素,数字人权理念应贯穿和落实于整个行政实践。数字人权的执法保护具有主动性、高效性。执法机关可以利用国家的强制力,及时高效地制止数字企业或其他义务主体侵犯公民数字人权的行为,把侵权造成的损害控制在最小范围,防止侵权风险外化。

数字人权的执法保护是公民数字人权享有和实现的重要环节。在曾引起社会广泛关注的"徐玉玉电信诈骗案"[2]中,因个人信息泄露,大学新生徐玉玉遭遇电信诈骗,其父母为其筹集的9900元被悉数骗尽。难以承受巨大打击的徐玉玉因心脏骤停去世。在后续对本案的侦破中,当地公安部门的缜密侦查与迅速缉捕发挥了重要作用,最终将犯罪分子绳之以法。执法保护既是数字人权侵权事前防范的有力保障,也是数字人权侵权事后救济的重要途径。在数字人权的保

---

[1] 参见广东省深圳市中级人民法院(2021)粤03民终9583号、广州互联网法院(2022)粤0192民初20966号。

[2] 参见山东省高级人民法院(2017)鲁刑终281号。

护上,执法保护与立法保护动静结合、互为表里,一同构筑起周密、细致的数字人权保障体系。

三、数字人权的司法保护

司法保护是数字人权法律保护的最后一道防线,是数字人权法律保障体系中的关键环节,主要体现在以下四个方面。

第一,在数字人权领域,司法为化解诉讼当事人之间的数字人权纠纷提供了公正、中立、可信的程序。司法是针对具体个案适用法律的专门活动,"是纠纷解决的正式方式,也是权威方式"[1]。公民数字人权遭受行政机关或数字企业侵害的,可以根据数字人权法律、法规向法院提起诉讼,获得公正裁判。

第二,司法是保障公民数字人权,制约和防范行政机关和数字企业侵权的有效机制。当前,数字人权保护面临的巨大挑战,不是来自地位平等的私主体之间,而是来自国家公权力机关以及掌握数字技术优势的数字企业。制约、防范公权力部门和数字企业利用数字技术侵犯公民数字人权的最有力机制就是行政诉讼和民事诉讼。公民数字人权受到侵害的,公民有权就行政机关或数字企业侵权行为向人民法院提起诉讼,并有权要求法院公正审理,惩治侵权行为。

第三,在实行司法审查的国家,法院可以通过司法审查程序审查立法机关、行政机关制定的法律、法规或行为是否与宪法人权条款相抵触,并做出相应的裁决。与宪法人权条款相抵触的,法院可以宣告立法行为、执法行为无效,进而排除与数字人权保护相抵触的法律、法规及制止相关行为,以保障数字人权保护体系的统一性与协调性。在著名的"帕金汉姆诉北卡罗来纳州案"[2]中,美国最高法院指出,"北卡罗来纳州颁布的一项法规——将登记在册的性犯罪者访问一些网站定为重罪,包括Facebook和Twitter等常见的社交媒体网站",侵害了美国宪法赋予民众的言论自由等基本权利。

第四,合乎正当程序原则的司法过程和司法程序本身就是对数字人权的保障。正当程序是宪法的基本原则,是法治国家共同的价值取向。正当程序价值包含程序中立、程序公开、程序公正、平等参与、自主决定、及时终结等原则。公民数字人权遭受侵害的,公民可以通过参与公正的司法程序来捍卫自己的数字人权。

---

[1] 谢晖:《论权利推定的类型和方法》,载《政法论坛》2023年第4期。
[2] Packingham v. North Carolina, 582 U. S. 98, 101, 137 S. Ct. 1730, 1733, 198 L. Ed. 2d 273 (2017).

小结

数字化变革重塑了人与人、人与社会以及人与国家之间的关系,加剧了数字鸿沟的社会排斥效应、数据权力对公民自由的全面威胁,并引发数字社会的人权危机。数字人权作为最重要的新兴权利,引领着新一代人权。在发展动因、价值内核、关系架构等方面,数字人权均体现出有别于传统人权的超前性、颠覆性。在此前提下,数字人权的内容展现出亘古未有的复杂性与多样性。数字人权是包含多种权利的复合体或权利束。数字人权的内容由互联网接入权和数字公民的数据信息自决权及其衍生出的相关特定权利组成。数字人权的法律价值体现在保障公民生存发展权、尊重人的尊严、捍卫公民平等权等方面。数字人权的实现需要法律的确认、宣示和保障。法对数字人权保护主要包括立法保护、执法保护和司法保护。

问题与思考

1. 简述数字人权肯定说。
2. 数字社会对传统人权保护带来哪些挑战?
3. 简述数字人权的基本权利属性及其核心内容。
4. 数字人权的法律价值是什么?

扩展阅读

1. 张文显:《新时代的人权法理》,载《人权》2019 年第 3 期。
2. 马长山:《智慧社会背景下的"第四代人权"及其保障》,载《中国法学》2019 年第 5 期。
3. 马长山:《数字时代的人权保护境遇及其应对》,载《求是学刊》2020 年第 4 期。
4. 龚向和:《数字人权的概念证立、本原考察及其宪法基础》,载《华东政法大学学报》2023 年第 3 期。
5. 龚向和:《人的"数字属性"及其法律保障》,载《华东政法大学学报》2021 年第 3 期。
6. 李步云:《论人权的本原》,载《政法论坛》2004 年第 2 期。
7. 高一飞:《智慧社会中的"数字弱势群体"权利保障》,载《江海学刊》2019 年第 5 期。
8. 陆宇峰:《系统论宪法学新思维的七个命题》,载《中国法学》2019 年第

1 期。

9. 高一飞:《〈民法典〉的人权之维:论数字人权的私法保障》,载《人权法学》2023 年第 1 期。

10. 郑玉双:《人格尊严的规范塑造:论人权的法理证成》,载《中国法律评论》2022 年第 5 期。

11. 姚岳绒:《论信息自决权作为一项基本权利在我国的证成》,载《政治与法律》2012 年第 4 期。

第五章 数字法治的制度发展

【引读案例】

2013年6月5日,英国《卫报》率先报道美国中央情报局(CIA)情报职员斯诺登爆料的NSA代号为"棱镜"(PRISM)秘密项目,曝光了包括微软、雅虎、谷歌、苹果等在内的9家国际网络巨头配合美国政府秘密监听通话记录、电子邮件、视频和照片等信息,甚至入侵包括德国、韩国在内的多个国家的网络设备。随着斯诺登泄露文件的逐步公开,全球网络安全厂商对于美国情报机构网络空间行动的相关工程体系、装备体系有了更多可以分析的文献资料,美国网络空间超级机器的全貌逐步显现。"斯诺登事件"是国际网络安全发展史上的一个重要里程碑,它拉开了网络空间情报化和军事化的大幕,在改变了网络安全发展进程的同时也引发了全球性的网络安全危机。此后,各国政府加强了在数字领域的安全和监管能力建设,纷纷以立法方式建立国家安全和数字安全的制度。

法学理论是所处时代的社会生活的客观反映与规则表达,相关法律制度则是法学理论研究成果的展现。数字法治领域亦是如此。一方面,理论研究离不开相应的制度实践。我国数字立法的实践经验为法学理论提供了丰富的研究对象。另一方面,制度的发展演进需要相关法学理论的支撑与阐释。我国每一部数字领域法律法规的制定都是在理论研究展开的基础上完成的。数字法治的理论学习和研究,离不开对我国相关领域的法律制度发展沿革的基本认识。

本章围绕数字法治的基本制度展开,主要分为两部分。一是对于我国数字法治领域相关制度的发展历程进行梳理;二是选取数字法治领域的一些基础性制度进行重点介绍。

第一节 我国数字法治制度的发展历程

"自1994年全功能接入国际互联网以来,中国坚持依法治网,持续推进网络空间法治化,推动互联网在法治轨道上健康运行。"

——国务院新闻办:《新时代的中国网络法治建设》

一、数字法治制度的基本内涵

法学理论研究与法律制度的发展离不开特定的历史社会背景。我们对于数字法治内涵与外延的认识并非一成不变,而是随着时代的发展逐步加深的。从世界各国数字治理的法治经验来看,人类的技术发展、认知能力、社会环境、经济模式、治理能力与法治水平等因素都会对数字法治研究的发展产生影响。因此,我国数字法治理论的研究名称、研究对象、研究范围等都呈现出极强的动态性与发展性。(相关内容可参见第二章)

1. 法律实践中的制度发展

相较理论界的观点纷繁,我国官方对于数字法治领域的表述较为统一与稳定。2023年3月16日,国务院新闻办公室发布《新时代的中国网络法治建设》白皮书。该文件系统总结了我国接入国际互联网以来,中国网络法治建设的理念与实践,并使用了"网络法治"表述。相关表述可以追溯至2014年召开的"网络安全与信息化工作会议"。"网络法治"与"网络与信息法(网信法)"一脉相承,是对于我国网络治理实践的总结。

一方面,数字时代法律制度的发展源于互联网治理的实践经验。从我国数字法治实践出发,相关立法、司法、执法等均是以互联网治理体系为基础发展起来的。在安全层面,"没有网络安全就没有国家安全"。网络安全制度不再局限于传统的硬件设施安全,也包含数据安全、信息安全和算法安全等。在发展层面,"没有信息化就没有现代化"。"网络强国"与"数字中国"是信息化发展的延伸与总结。由此,网络法治也成为"推进信息化进程,建设现代化国家"的必然要求。

另一方面,互联网是数字时代的基础技术与底层架构。网络化、信息化、数字化、智能化的基础在于互联网,以及以互联网为基础的信息技术。在2015年3月5日十二届全国人大三次会议上,我国首次提出"互联网+"行动计划,推动移动互联网、云计算、大数据、物联网等与现代制造业结合,促进电子商务、工业互联网和互联网金融健康发展,引导互联网企业拓展国际市场。可以说,"互联网+"与数字化转型是相辅相成的。广义的互联网技术包含了数字技术、智能技术与信息技术。人类社会的数字化、信息化、智能化进程离不开作为底层架构的互联网。互联网不仅是人类开启"虚拟世界"的入口,也是研究数字法律制度的基础媒介。

2. 理论与实践结合的制度内涵

结合相关理论与实践,本章所提及的数字法治法律制度主要以我国网络安全与信息化法律制度为核心,同时涵盖其他传统部门法中涉及互联网、数据、人工智能等内容构成的相关制度。从具体内容来看,包括关键信息基础设施安全、数据安全、个人信息保护、平台治理、数字经济、网络空间国际治理等。

全面认识理论与实践中的各种表述是数字法治制度研究的前提条件。首先,有助于正确识别研究对象。网络安全和信息化法律法规是数字法治的重要研究对象。只有理解政策文件中的表述内容,才能够有效梳理相关立法。其次,有助于正确把握实践动向。现代社会的治理是一个复杂体系,涉及众多主体。唯有对实践中的治理体系和监管架构的深入理解,才能够抓住重点问题。如"滴滴网络安全审查事件"中,国家网信办等7部门联合进驻开展审查工作,就涉及《网络安全法》的网络监管架构规定。最后,有助于正确判断研究趋势。学术研究离不开人,学术组织和研究机构是研究者开展研究和互相交流的重要平台。如中国法学会网络与信息法研究会是我国数字法治领域的重要研究组织。[①] 此外,虽然相关机构在名称表述上存在差异,但其研究问题与研究对象高度重合。[②]

二、我国数字法治制度的发展沿革

信息革命推动着人类社会从PC互联网—移动互联网—智能互联网飞跃发展,引发了包括生产方式、生活方式、社会关系、价值理念、社会秩序在内的全方位重大变革。本章在对我国的数字法治制度发展进行梳理时,主要从社会背景因素、治理策略考量和重要立法活动三个方面予以展开。

从1994年中国正式接入国际互联网开始,中国的网络法治伴随着互联网发展经历了从无到有、从少到多、由点到面、由面到体的发展过程。根据不同时期的发展特点可以大致将其分为三个阶段。

[①] 中国法学会网络与信息法学研究会是我国数字法治领域的重要研究组织。2002年9月,由国务院信息化工作办公室、公安部、工信部、国家安全部、国家保密局、中国社科院法学所共同发起,经中国法学会批准,成立了中国法学会信息法学研究会。2016年,为了适应新形势新任务的需要,进一步拓展研究领域、增强研究力量,根据中国法学会党组的决定,中国法学会信息法学研究会更名为中国法学会网络与信息法学研究会。

[②] 如上海市法学会网络治理与数据信息法学研究会、华东政法大学数字法治研究院、上海师范大学网络与信息法学研究所等。虽然名称不同,但研究领域和研究对象高度重合。

1. 接入互联网

第一阶段为 1994 年至 1999 年,属于我国的接入互联网阶段。1994 年 4 月 20 日,"中国国家计算机与网络设施工程"(NCFC)通过美国 Sprint 公司连入互联网的 64K 国际专线开通,实现了与国际互联网的全功能连接。自此,中国被国际上正式承认为第 77 个真正拥有全功能互联网的国家。① 这一阶段我国互联网的发展刚刚起步,网络治理也处于萌芽阶段。

从社会背景看,这一阶段我国互联网应用有限,商业化尚在萌芽。彼时的中国,为数不多的计算机都归属于科研机构或政府部门,且大部分未与互联网连接。普通人很少有机会能够接触到作为高精科研设备的计算机,更谈不上认知互联网。全国的网民数量极其有限,更不要说互联网的商业应用。直至 1997 年,第一批门户网站相继成立,互联网商业化才开始萌芽。

从治理策略看,这一阶段的国家的主要任务是推进信息化建设。上世纪 90 年代,以互联网为代表的信息通信技术的快速发展,引发了全球高度关注。1993 年 9 月,美国政府宣布实施"国家信息基础设施"(National Information Infrastructure)计划。如何在新一轮技术和产业革命中抓住机遇迎头赶上,成为摆在我国面前的重大课题。1997 年 9 月,"十五大报告"明确提出"推进国民经济信息化",以信息化带动工业化,发挥后发优势,实现社会生产力的跨越式发展。与此同时,网络安全也开始受到关注。1996 年我国成立了国务院信息化工作领导小组,负责组织协调国家计算机网络与信息安全管理方面的重大问题(1999 年该机构更名为"国家信息化工作领导小组")。邮电部、电子工业部、国家教委、中科院和公安部具体承担互联网接入和内容安全的监管工作。②

从立法方面看,这一阶段我国已开始就计算机信息系统(网络)管理制定法律规章,相关立法多以行政法规和部门规章的形式呈现。内容主要围绕互联网(计算机系统)接入和信息安全展开,包括国际联网专用通道管理、联网接入许可管理和计算机系统等级保护制度等。

---

① 早在 20 世纪 80 年代初期,中国就开始了建设互联网的努力。1987 年,中国已经成功设立国际在线信息检索终端,并发出了第一封电子邮件:"越过长城,走向世界。"但当时并未实现互联网的全功能接入。1989 年 8 月,中华人民共和国国家计划委员会(下称"国家计委")确定由中国科学院负责承担工程项目的建设任务。在国家计委和世界银行的支持下,中国科学院主持,联合北京大学、清华大学共同实施了中关村地区教育与科研示范网络项目——National Computing and Networking Facility of China(简称 NCFC)。参见《风云 28 年,从 0 到 10.32 亿,中国互联网从中科院起步!》,http://cnic.cas.cn/jdtw/202204/t20220420_6433715.html,2023 年 3 月 18 日访问。

② 1998 年邮电部与电子工业部合并为信息产业部,负责监管电信与互联网产业。2000 年,国务院新闻办公室成立网络新闻宣传管理局,协调全国互联网宣传工作。

表 5-1　互联网接入阶段我国相关立法情况

公布时间	法规名称	制定部门
1994年2月18日	《计算机信息系统安全保护条例》	国务院
1996年2月1日	《计算机信息网络国际联网管理暂行规定》	国务院
1997年12月16日	《计算机信息网络国际联网安全保护管理办法》	公安部
1998年2月13日	《计算机信息网络国际联网管理暂行规定实施办法》	国务院信息化工作领导小组

2. 个人计算机互联网

第二阶段约为 2000 年至 2011 年。该阶段以个人计算机的大规模普及为背景。经过多年的努力，我国建设了以宽带互联网为代表的较为完善的信息基础设施，极大促进了互联网和信息产业的发展。互联网业务也从信息被动接受的 web1.0 向信息交互的 web2.0 过渡，网络的社交和电商属性凸显。相应地，网络法治的一些基本制度也在摸索中逐渐成形。

从社会背景看，这一阶段我国个人电脑和互联网的普及率大规模提高，随之而来的是商业应用的全面铺开。相关数据显示，2010 年中国互联网上网人数已达 4.57 亿，互联网普及率达 34.3%，成为世界网民第一大国。① 伴随着用户数量的增加，网络的商业化全面展开。较为典型的有网络新闻、在线搜索、电子邮件、即时通信、电子商务、彩信彩铃、客户端和网页游戏等。由于法律的滞后，互联网产业"野蛮生长"。② 网络应用产生的负面效应也逐渐显现，除了传统的信息内容安全问题外，信息基础设施安全、垃圾邮件治理、网络版权保护等问题日趋突出。

从治理策略看，这一阶段处于政策调整平衡期。首先，在指导方针上辩证地看待发展与安全的关系。2001 年 7 月，我国首次提出网络治理的方针政策，"积极发展，加强管理，趋利避害，为我所用"，强调"要加强和完善信息网络立法、执法和司法。通过司法手段保护公民的合法权益，保障和促进信息网络健康有序发展"。③ 随后，在监管方面各部门开始进入。随着网络应用类型和数量的扩张，"线上活动"不再局限于虚拟空间，而是已经开始渗入"线下生活"。依据职权分工，信息产业部、公安部和内容主管部门为代表的监管主体地位日益明晰，形成了"齐抓共管、各负其责"的监管架构。但这种源于工业社会的科层制管理模

---

① 参见《统计局发布 2010 年国民经济和社会发展统计公报》，https://www.gov.cn/gzdt/2011-02/28/content_1812697.htm，2023 年 4 月 2 日访问。
② 参见胡凌：《"非法兴起"：理解中国互联网演进的一个视角》，载《文化纵横》2016 年第 5 期。
③ 江泽民：《论中国信息技术产业发展》，中央文献出版社、上海交大出版社 2009 年版，第 270 页。

式,以现实存在的物理空间为基础。面对已经显现出的人造虚拟特征,传统的监管架构在立体的网络空间遭遇了最初的"水土不服"。①

从相关立法看,这一阶段立法数量有所增加,规制范围也有所扩张,但立法层级不高,仍以行政法规和部门规章为主。一方面,法律规制内容由网络接入管理向网络应用延伸。2000年9月,国务院发布《互联网信息服务管理办法》,将互联网应用作为一种信息服务予以监管,为各主管部门的规章制定和监管实施提供了依据。另一方面,立法层级普遍不高,且以行政监管为主要立法目的。2001年中国加入世界贸易组织,各主管部门开始着力提升执法管理的规范化和法治化水平。网络治理作为新兴领域,成为行政立法的重要组成部分。但由于法律层面统一规范的缺失,互联网治理规范呈现较强的"碎片化"特征。

2010年的"3Q大战"是这一阶段互联网治理典型案件,也是中国互联网历史上最重要的司法案件之一。当年11月,奇虎推出的"扣扣保镖"软件提示用户QQ存在重大安全问题,并阻止QQ相关功能使用。腾讯公司随后发布声明,在装有360软件的电脑上停止运行QQ软件,要求用户在QQ与360之间选边站队。这起因"干扰"和"二选一"引发的反垄断和不正当竞争纠纷,对互联网企业之间有序竞争、促进市场资源优化配置具有里程碑意义。②

表 5-2　个人电脑互联网阶段我国立法情况

公布时间	法规名称	制定部门
2000年9月25日	《互联网信息服务管理办法》	国务院
2002年6月27日	《互联网出版管理暂行规定》	新闻出版总署、信息产业部
2004年7月6日	《互联网等信息网络传播视听节目管理办法》	国家广播电影电视总局
2004年7月8日（2017年11月修订）	《互联网药品信息服务管理办法》	国家食品药品监督管理局

---

① 2009年,文化部与新闻出版总署就网络游戏《魔兽世界》的监管职权划分产生争议。新闻出版总署宣布,由网之易科技公司运营的网络游戏《魔兽世界》违规收费运营,并决定终止其审批。随后,文化部召开发布会称新闻出版总署此举"越权"。参见《文化部：出版总署通报〈魔兽世界〉违规属越权》,https://www.chinanews.com.cn/cul/news/2009/11-04/1947134.shtml,2023年4月12日访问。

② 参见"北京奇虎科技有限公司、奇智软件(北京)有限公司与腾讯科技(深圳)有限公司、深圳市腾讯计算机系统有限公司不正当竞争纠纷案",最高人民法院(2013)民三终字第4号;"腾讯科技(深圳)有限公司、深圳市腾讯计算机系统有限公司与北京奇虎科技有限公司、奇智软件(北京)有限公司不正当竞争纠纷上诉案",最高人民法院(2013)民三终字第5号。

(续表)

公布时间	法规名称	制定部门
2010年6月3日	《网络游戏管理暂行办法》	文化部
2011年2月17日（2017年12月修订）	《互联网文化管理暂行规定》	文化部

3. 移动互联网阶段

第三阶段约为2011年至今，以移动互联网高速发展为底色。智能手机为代表的各类终端的普及，既加速了物理世界向网络空间的映射，又助力了网络服务落地线下。截至2021年，中国数字经济规模达到45.5万亿元，占国内生产总值比重为39.8%，数字经济规模稳居全球第二。[1] 在此基础上，"十四五"规划[2]提出"加快数字化发展，建设数字中国""以数字化转型整体驱动生产方式、生活方式和治理方式变革"。新模式新业态的广泛应用也引发了一系列全新问题，中国互联网的治理理念、治理方式与治理手段面临着变革升级。

从社会背景看，这一阶段的网络发展以数字经济为驱动，借助"互联网+"，形成了数字社会、数字政府、数字生态、数字司法等立体化体系。一是互联网应用对社会生活领域的全方位渗透。互联网的发展与大数据、云计算、物联网、工业互联网、人工智能、区块链等新一代信息技术无缝融合，并与各行各业技术结合，从面向消费应用扩展到面向产业与政务服务。二是数据成为基本生产要素。随着数字经济的发展，以大数据为代表的数据资源向生产要素的形态演进。数据不仅是新世纪的"石油"，更是数字化、网络化、智能化的基础，同其他要素一起融入经济价值创造过程，推动着生产力的发展。2022年3月30日，《中共中央、国务院关于构建更加完善的要素市场化配置体制机制的意见》首次将数据纳入"生产要素"，提出建立数据要素市场，进一步释放数据红利。三是互联网（商用）平台作为主体，在数字空间发挥越来越重要的作用。在这一阶段，主流互联网平台面临的交易活动规模远超出人们对线下场景中"交易场所"的想象。前者对保障交易秩序的制度及其实施的需求甚至可能超出对应的线下场景。"平台权力"的兴起引发了劳动关系领域的一些新现象（如网约车、外卖员、网络直播等），给传统的法律体系带来了新课题。

从治理策略上看，这一阶段坚持系统性谋划、体系化推进，兼顾国家安全、经

---

[1] 参见《携手构建网络空间命运共同体》，http://www.scio.gov.cn/zfbps/32832/Document/1732898/1732898.htm，2023年5月2日访问。

[2] 《中华人民共和国国民经济和社会发展第十四个五年规划和2035年远景目标纲要》。

济发展与社会稳定,形成了中国特色的治网之道。一是强调综合治理,重塑监管体系。2014年2月,中央网络安全和信息化领导小组成立。同年,国务院对重新组建的国家互联网信息办公室作出职能授权,标志着我国网络治理体系的升级重构。自此,形成了国家网信办(中央网信办)统筹协调,电信主管部门和公安部门各司其职的监管架构。《网络安全法》第8条第1款规定:"国家网信部门负责统筹协调网络安全工作和相关监督管理工作。国务院电信主管部门、公安部门和其他有关机关依照本法和有关法律、行政法规的规定,在各自职责范围内负责网络安全保护和监督管理工作。"二是重视风险规制,监管覆盖网络活动全过程。人类已然步入了风险社会,技术进步在改善生活的同时也成为新的风险源头。新技术新应用考验和冲击法律制度和整个网络信息社会。在此背景下,偏向于单一环节的传统监管模式在数字时代不再适应,网络空间的治理模式转向以风险评估为基础的事前预防、事中监管、事后救济的全过程监管。以算法的规制为例,算法应用的风险覆盖了算法运行的全部环节,算法应用型风险的治理也应当包含算法运行的全生命周期。三是引入多元主体共同治理。一方面,强调平台的主体责任。平台经济的新技术、新产业、新业态、新模式层出不穷,而法律规则时常滞后甚至缺位,法律条款难免存在漏洞,法律内容经常过于模糊,平台积极承担主体责任可以弥补数字时代法律治理的缺陷。如《个人信息保护法》就"提供重要互联网平台服务、用户数量巨大、业务类型复杂的"平台规定了较一般个人信息处理者更重的责任。另一方面,鼓励第三方机构和网民等主体参与到网络空间的生态治理中。复杂多变的数字世界中,单一的政府监管杯水车薪,势必要引入多元主体,共同维护网络空间的安宁稳定。如《网络信息内容生态治理规定》提出建立健全网络综合治理体系,突出"政府、企业、社会、网民"等多元主体参与网络生态治理的主观能动性。①

从相关立法看,这一阶段网络立法逐步趋向全面涵盖网络信息服务、信息化发展、网络安全保护等在内的网络综合治理。一是立法数量大幅增加,立法位阶不断提升。目前我国制定出台网络领域立法140余部,基本形成了以宪法为根本,以法律、行政法规、部门规章和地方性法规、地方政府规章为依托,以传统立法为基础,以网络内容建设与管理、网络安全和信息化等网络专门立法为主干的网络法律体系。尤其是《网络安全法》《数据安全法》《个人信息保护法》的制定,

---

① 《网络信息内容生态治理规定》第2条第2款规定:"本规定所称网络信息内容生态治理,是指政府、企业、社会、网民等主体,以培育和践行社会主义核心价值观为根本,以网络信息内容为主要治理对象,以建立健全网络综合治理体系、营造清朗的网络空间、建设良好的网络生态为目标,开展的弘扬正能量、处置违法和不良信息等相关活动。"

标志着我国网络法治基础性立法的完成。二是专门立法与传统部门法的升级相结合。这一阶段我国不仅针对网络产生的新问题展开了大规模专门立法活动，如《电子商务法》《网络安全法》《数据安全法》《个人信息保护法》《反电信网络诈骗法》等，而且在传统的部门法中加入数字时代的最新规制对象，如《刑法》增加"侵犯公民个人信息罪"，《民法典》增加"隐私权与个人信息保护"专章，《反垄断法》《反不正当竞争法》《未成年人保护法》的修订中亦增加了相应的内容。三是立法兼顾安全与发展。这期间，我国的立法主要围绕网络权益保障、网络安全维护、数字经济规则、网络生态治理四大板块展开。相关法律体系基本完成了建立网络权益保障法律制度，健全数字经济法治规则，划定网络安全法律红线，完善网络生态治理规范，为数字经济的发展提供了保障。除了国家层面的立法之外，在数据开发利用、数据要素市场建立和数字经济发展等领域也产生了大量地方立法。这些地方立法在国家立法的基础上，展开制度创新的"先行先试"，呈现出数字法治领域的百花齐放、相互争鸣。①

表 5-3　我国互联网领域法律体系

类型	示例
法律	《网络安全法》《数据安全法》《个人信息保护法》《电子商务法》《电子签名法》《反电信网络诈骗法》
行政法规	《计算机信息系统安全保护条例》《计算机软件保护条例》《互联网信息服务管理办法》《电信条例》《外商投资电信企业管理规定》《信息网络传播权保护条例》《关键信息基础设施安全保护条例》
部门规章	《儿童个人信息网络保护规定》《互联网域名管理办法》《网络交易监督管理办法》《互联网新闻信息服务管理规定》《网络信息内容生态治理规定》《互联网信息服务算法推荐管理规定》《生成式人工智能服务管理暂行办法》
地方性法规	《广东省数字经济促进条例》《浙江省数字经济促进条例》《河北省信息化条例》《贵州省政府数据共享开放条例》《上海市数据条例》
地方政府规章	《广东省公共数据管理办法》《安徽省政务数据资源管理办法》《江西省计算机信息系统安全保护办法》《杭州市网络交易管理暂行办法》
共 140 余部	

4. 网信法治的新挑战

经过多年的发展，我国网络立法、网络执法、网络司法、网络普法、网络法治

---

① 截至 2022 年 6 月，全国已经有 18 个省市公布了相关数据条例。其中，既有数据领域综合类立法，如《上海市数据条例》《深圳经济特区数据条例》等，也有数据分类立法，如《贵州省大数据发展应用促进条例》《贵州省大数据安全保障条例》《贵州省政府数据共享开放条例》等。

教育一体推进,国家、政府、企业、社会组织、网民等多主体参与,走出了一条既符合国际通行做法,又有中国特色的依法治网之路。目前,随着技术革命的再攀高峰,网信法治领域也面临着一些新挑战。

首先,人工智能等技术发展和普及引发新的规制难题。近年来,以智能化为代表的新一轮技术变革正快速到来,算法决策与代码规制成了塑造社会秩序的重要力量。随着无人驾驶、辅助审判、辅助医疗等技术日趋成熟,网络化、数字化、智能化呈现智慧发展的趋势。当人们还在惊叹于单一型人工智能的快速发展时,以 ChatGPT 为代表的类通用型人工智能技术已经崭露头角。算法成为未来经济系统演变的重要推动力量,人类正在进入一切皆可计算的时代。同以往的信息技术一样,人工智能技术在带来巨大生产力进步的同时,也存在着巨大的风险。更为突出的是,人工智能引发了前所未有的主体性挑战。这些都对数字法治制度的应变能力和包容能力提出了更高的要求。目前理论界围绕数字身份、社会生产、知识产权与刑法治理等问题展开了激烈讨论。在制度层面,国家网信办出台了《生成式人工智能服务管理办法》《互联网信息算法推荐服务管理规定》《互联网信息服务深度合成管理规定》。国务院 2023 年立法计划首次将人工智能法草案列入预备提请全国人大常委会审议法律案,我国的人工智能立法已经走在世界前列。

其次,网络基础架构和生产模式变化亟须新的基础制度支持。经过长期的治理实践,互联网基础架构已经完成"去中心化"向"再中心化"转变。① 一方面,网络安全与数据安全法律体系和监管机制逐渐成熟;另一方面,围绕数据新型生产要素的基础制度构建尚未完成。在安全与发展并重的原则下,如何加快构建数据基础制度成为我国数字法治面临的新课题。2022 年 12 月出台的《中共中央、国务院关于构建数据基础制度更好发挥数据要素作用的意见》("数据二十条")提出,建立包含数据产权制度、数据要素流通和交易制度、数据要素收益分配制度、数据要素治理制度在内的数据基础制度。相关制度不仅要最大程度地发挥数据相关性的社会价值、经济价值和管理价值,也应当兼顾围绕数据不同利益主体的正当利益。

最后,新形势下的国际竞争已经向法律制度领域延伸。当下,数字变革及其引发的社会变革成为全球关注的焦点,各国均试图在数字时代占据先机。一方

---

① 从互联网创始之初,网络空间能否被线下政府所监管就成为争论不休的议题。"网络自由主义者"认为,互联网的"去中心化"导致"监管"不应该也不可能。网络空间并非一成不变的。互联网的"性质"是由架构设计决定的,而这些架构是可以改变的。参见〔美〕劳伦斯·莱斯格:《代码 2.0:网络空间中的法律》(修订版),李旭、沈伟伟译,清华大学出版社 2018 年版,第 43 页。

面,各国推出"信息高速公路"和《欧洲数据战略》(A European Strategy for Data)等政策性文件,积极谋划布局,在技术、经济、发展模式上你追我赶。另一方面,法律制度也成为各国竞争的重点领域。数字世界的法律规则对于所有国家都是全新的挑战,与之相对的是国际规则的空白和国际社会共识缺乏。如欧盟率先推出 GDPR,既有保护境内市场的考量,也有影响他国立法、形塑国际规则的因素;美国推出《云法》(CLOUD Act),将"长臂管辖"运用于数字空间,继续推行其网络霸权。我国目前采取的策略是从立法上确定"网络空间主权",从行为上进行规制,展现了数字法治理念下的系统化逻辑。

第二节 数字法治领域重点制度

经过长期的发展,我国的网信法律体系已基本建立,形成了以《网络安全法》《数据安全法》《个人信息保护法》为基础架构,以《互联网信息服务管理办法》《关键信息基础设施安全保护条例》等行政法规和部门规章为抓手的多层级法律制度。本节重点选取关键信息基础设施保护、网络安全审查和数据安全制度加以介绍。

一、关键信息基础设施保护制度

国家关键信息基础设施已经被视为国家的重要战略资源,伴随着互联网在工业和商业领域的大规模应用,来自网络的攻击也成为国家安全新的挑战。2006 年美国和以色列的情报机构借助计算机病毒瘫痪了伊朗核设施,堪称网络安全领域的经典案例,"震网"病毒作为世界上首个针对工业控制系统的病毒受到极大关注。

以立法形式保护关键基础设施和关键信息基础设施的安全,是当今世界各国网络空间安全制度建设的核心内容和基本实践。2016 年 4 月 19 日,习近平总书记《在网络安全和信息化工作座谈会上的讲话》提出:"要加快构建关键信息基础设施安全保障体系,金融、能源、电力、通信、交通等领域的关键信息基础设施是经济社会运行的神经中枢,是网络安全的重中之重,也是可能遭到重点攻击的目标……不出问题则已,一出就可能导致交通中断、金融紊乱、电力瘫痪等问题,具有很大的破坏性和杀伤力。"①《网络安全法》将关键信息基础设施保护列为我国网络法治的基础制度。

1. 制度的内涵

关键信息基础设施是指一旦遭到破坏、丧失功能或者数据泄漏,可能严重危害国家安全、国计民生、公共利益等的基础设施,涉及公共通信和信息服务、能源、交通、水利、金融、公共服务、电子政务等重要行业和领域。2017年《网络安全法》正式实施,要求在网络安全等级保护制度的基础上对关键信息基础设施实行重点保护,并对关键信息基础设施的运行安全作出了相关规定。关键信息基础设施安全保护对于维护国家网络空间主权和国家安全、保障社会经济健康发展、维护正常公共秩序和公共利益以及公民基本权益具有重要意义。

作为事关国家安全和社会稳定的重要设施,各国将关键信息基础设施作为网络安全中的重要组成部分,并上升到国家安全的高度。从网络技术架构而言,通常将互联网区分为最底层的物理层、中间层的逻辑层或代码层以及顶层的内容层。关键信息基础设施安全就属于网络物理层安全。随着全球数字化进程的加速,各国的关键信息基础设施安全保护工作面临更加严峻的挑战。新型恶意软件或病毒的威胁加剧,勒索攻击、定向攻击成为攻击关键信息基础设施的新模式,在万物互联形势下,针对关键信息基础设施攻击的预防难度空前加大。从外部环境来看,我国关键信息基础设施面临严重的境外网络威胁,是多个黑客组织的重点攻击目标。国与国之间的网络攻击威胁日益加剧,通过攻击关键信息基础设施从而导致通信瘫痪、基础设施停摆等,已经成为网络战争的重要形式。

2. 制度的适用对象与范围

传统上一般将关键信息基础设施限定于信息和电信领域,包括电信、计算机/软件、互联网、卫星、光纤等成分。在某些场景,关键信息基础设施还被用来统称相互连接的计算机、网络以及在其上传送的关键信息流。然而,随着"互联网+"的发展,如今关键信息基础设施的范围不再限于信息和电信部门,部分学者提出将互联网平台也列为关键信息基础设施。

从立法方面来看,各国对关键信息基础设施范围的判定首先是基于危害后果与风险程度。相关设施遭到攻击导致破坏后带来的影响,只有达到一定的标准,方可认定为关键信息基础设施。2001年美国《爱国者法案》(Patriot Act)认为,关键基础设施是指关系到美国生死存亡的,无论是物理还是虚拟的系统和资

---

① 中共中央党史和文献研究院编:《习近平关于网络强国论述摘编》,中央文献出版社2021年版,第92页。

产。欧盟 2016 年 8 月出台的《关于欧盟共同的高水平网络与信息系统安全措施指令》(NIS)将其定义为"提供维系关键社会活动或经济活动基本服务的主体，该服务的提供依赖于网络和信息系统，网络安全事件会对该服务造成重大破坏性影响"。

我国《网络安全法》第 31 条确立了较为明确的关键信息基础设施的认定标准。2021 年 9 月，《关键信息基础设施安全保护条例》生效。该条例列明了关键信息基础设施判定应当考虑的三个因素：一是网络设施、信息系统等对于本行业、本领域关键核心业务的重要程度；二是网络设施、信息系统等一旦遭到破坏、丧失功能或者数据泄漏可能带来的危害程度；三是对其他行业和领域的关联性影响。

通常而言，关键信息基础设施包括三种类型：第一，网站类，如党政机关网站、企事业单位网站，以及新闻网站等；第二，平台类，如即时通信、网上购物、网上支付、搜索引擎、电子邮件、论坛、地图、音视频等网络服务平台；第三，生产业务类，如办公和业务系统、工业控制系统、大型数据中心、云计算平台、电视转播系统等。

总的来说，国家关键信息基础设施是指那些需要进行网络安全保障，使用信息技术支撑重点行业或领域重要业务正常运行，事关国家安全的设施。随着各行各业的信息化发展，关键信息基础设施的范围处于不断变动之中，需要定期更新。

3. 责任划分

关键信息基础设施本身的重要性决定了相关保护制度的特殊性，具体体现为规制对象具有特殊性和规制手段多样性。我国关键信息基础设施安全保护制度秉持"综合协调、分工负责、依法保护"的原则，充分发挥政府和社会各方面的作用，共同保护关键信息基础设施安全。《关键信息基础设施安全保护条例》最突出的特点，就是建立了以关键信息基础设施运营者(以下简称"运营者")、关键信息基础设施保护工作部门(以下简称"保护工作部门")以及国家网信部门、国务院公安部门为主体的三层架构的关键信息基础设施安全综合保护责任体系。另外，省级人民政府有关部门依据各自职责，对关键信息基础设施实施安全保护和监督管理。

首先，运营者的主体责任。按照"谁运营，谁负责"的原则，运营者履行保护的主体责任，是关键信息基础设施保护工作的基础和关键。运营者依照有关法律、行政法规的规定以及国家标准的强制性要求，在网络安全等级保护的基础上，采取技术保护措施和其他必要措施，应对网络安全事件，防范网络攻击和违法犯罪活动,保障关键信息基础设施安全稳定运行,维护数据的完整性、保密性和可用性。运营者怠于履行责任,将承担相应的法律责任。

其次,保护工作部门的职责。按照"谁主管,谁负责"的原则,关键信息基础设施的保护工作部门是指重要行业、重要领域的主管部门和监管部门。根据《网络安全法》的相关规定,保护部门负责本行业、本领域的关键信息基础设施安全保护工作的组织领导,根据国家法律法规和标准规范的要求,制定并实施本行业、本领域的关键信息基础设施总体规划和安全防护策略,落实本行业、本领域的网络安全指导监督责任。

最后,国家相关职能部门的责任。关键信息基础设施的安全保护事关国家安全和社会基本秩序,除行业特性外,还具有很强的数字时代烙印。因此,在立法和执法上,应当建立特殊规范予以支持。如前所述,网络法治领域我国的基本治理体系是国家网信部门负责统筹协调网络安全与相关监督管理工作,国务院电信主管部门、公安部门和其他有关机关依据法律和行政法规的规定,在各自职责范围内负责网络安全保护和监督管理工作。作为网络安全制度的重要一环,关键信息基础设施安全保护制度也以此为基础。《关键信息基础设施安全保护条例》规定,在国家网信部门统筹协调下,国务院公安部门负责指导监督关键信息基础设施安全保护工作,国务院电信主管部门和其他有关部门依照本条例和有关法律、行政法规的规定,在各自职责范围内负责安全保护和监督管理工作。从网络监管的发展经验来看,多部门监管容易产生职能交叉,或出现监管空白,或导致监管冲突。《关键信息基础设施安全保护条例》通过明确分工,有助于各监管部门之间的衔接,避免互相推诿。

4. 制度衔接

关键信息基础设施保护制度作为网络法治的核心组成部分,并非孤立运行、自成一脉。基于网络法治的体系性与综合性,关键信息基础设施保护制度在实践过程中同样应当关注与其他法律制度的衔接。

第一,与数据安全制度的衔接。这主要涉及《网络安全法》《数据安全法》与《个人信息保护法》中规定的数据跨境制度。关键信息基础设施的运营者在中华人民共和国境内运营中收集和产生的个人信息和重要数据应当在境内存储。因业务需要,确需向境外提供的,应当按照国家网信部门会同国务院有关部门制定的办法进行安全评估;法律、行政法规另有规定的,依照其规定。

第二,与密码法律制度的衔接。法律、行政法规和国家有关规定要求使用商用密码进行保护的关键信息基础设施,其运营者应当使用商用密码进行保护,自行或者委托商用密码检测机构开展商用密码应用安全性评估。商用密码应用安全性评估应当与关键信息基础设施安全检测评估、网络安全等级测评制度相衔接,避免重复评估、测评。关键信息基础设施的运营者采购涉及商用密码的网络产品和服务,可能影响国家安全的,应当按照《网络安全法》的规定,通过国家网信部门会同国家密码管理部门等有关部门组织的国家安全审查。

综上所述,关键信息基础设施的保护对象应为一个整体系统,而不是若干的离散系统。基于安全威胁主具有动态性与复杂性,相关制度更加强调安全韧性。应当注意到,关键信息基础设施的绝对安全是做不到的,目前各国出台的立法与政策多是侧重于受到威胁的韧性与可恢复性。

二、网络安全审查制度

【引读案例】

中国智度公司收购美国 Spigot 公司案

2015 年 9 月,中国 A 股企业智度集团宣布以 2.52 亿美元收购美国 Spigot 公司。后者是创建于硅谷的、连接全球广告客户和软件开发商的跨平台解决方案提供商,在全球范围拥有超 1.2 亿自有软件和第三方合作伙伴软件的年下载量,以及 6600 万插件的月活跃用户。Spigot 的广告客户包括搜索、电子商务及互联网安全产品的众多领先企业,以及领先的应用程序开发商。通过 Spigot,他们每月可以接触到超过 1000 万新用户,并进行精准营销。Spigot 灵活的变现模式使其成为行业内利润率最高、成长最快的公司之一。该收购也是中国 A 股上市公司第一笔大型的、通过跨境并购美国高科技企业实现互联网转型的案例。

然而,随着中美贸易摩擦加剧,美国政府开始关注这起已经完成的并购案。2018 年,美国贸易代表办公室《301 调查报告》专门点名 Spigot 所拥有的算法和数据能力。报告认为,Spigot 掌握千万级别的美国公民个人信息,被外国公司收购具有国家安全风险。2020 年,美国财政部就美国个人数据安全问题陆续展开对 Spigot 的国家安全审查。2021 年 10 月,智度公司与 CFIUS 签署美国《国家安全协议》,就美国国家安全问题达成全面协议,成功争取到公司对 SPE 的股权权益不受任何影响,且完全无须调整公司业务模式和规模,而是以遵守数据合规要求的方式解决了数据安全问题。

1. 制度的内涵

所谓网络安全审查,是指审查机构针对关键信息基础设施采购网络产品和服务过程中可能引入的国家安全风险,进行识别、控制、缓解和防范的活动,旨在解决网络产品和服务进入关键信息基础设施的安全问题。

网络安全审查制度始于国家安全审查制度,且是其重要组成部分。早在20世纪80年代,美国就出台了《信息设备政府采购法》,加强对相关设备的安全审查。"9·11"事件后,美国扩大了对于政府采购信息产品的审核监督程序,形成了一套严格的国家安全审查机制。美国外国投资委员会(Committee on Foreign Investment in the United States,CFIUS)是国家安全审查的主要负责部门。该机构拥有广泛的权力,以充分审查一项境外投资是否会危及美国国家安全。如果一笔交易存在造成美国国家安全的风险,CFIUS会建议总统阻止或取消这项投资。2018年,美国以Spigot公司具备的算法与数据能力为由,对中国智度公司的收购计划展开国家安全审查。在美方看来,Spigot掌握千万级别美国公民个人信息,被外国公司收购很可能导致国家安全风险。

步美国后尘,俄罗斯、澳大利亚、日本、加拿大、英国、印度等国纷纷效仿建立起多层次、多领域的国家安全审查制度。目前,多数国家重点审查涉及本国关键行业的外资活动,重点控制外资及信息技术产品进入金融、能源、交通等基础设施领域,避免因此带来安全隐患和漏洞,危及国家安全。

我国网络安全审查制度也是伴随着我国信息化的发展而发展的。2014年,中央网信办发布《关于加强党政部门云计算服务网络安全管理的意见》,明确中央网信办会同有关部门建立云计算服务安全审查机制,强调相关活动的"安全""可控"。2017年生效的《网络安全法》首次以法律形式提出了网信领域的国家安全审查制度:"关键信息基础设施的运营者采购网络产品和服务,可能影响国家安全的,应当通过国家网信部门会同国务院有关部门组织的国家安全审查。"同年5月,国家互联网信息办公室出台了《网络产品和服务安全审查办法(试行)》。2020年4月,国家互联网信息办公室联合国家发展和改革委员会、工业和信息化部、公安部、国家安全部、财政部、商务部、中国人民银行、国家市场监督管理总局、国家广播电视总局、国家保密局、国家密码管理局发布了《网络安全审查办法》(该办法已于2022年2月15日废止,以下简称"旧版《办法》")。旧版《办法》的关注重点仍然是以关键信息基础设施为代表的互联网硬件物理层的安全。

近年来,数据作为国家新型生产要素和基础战略资源的代表,数据安全已成为保障网络强国建设、护航数字经济发展的安全基石。一方面,数据安全面临的冲击和挑战日益严峻,实践要求网络安全审查应当包含数据安全内容。另一方面,《数据安全法》的实施为相关网络安全审查提供了上位法依据。2021年11月16日,国家网信办联合国家发展和改革委员会、工业和信息化部、公安部、国家安全部、财政部、商务部、中国人民银行、国家市场监督管理总局、国家广播电视总局、中国证券监督管理委员会、国家保密局、国家密码管理局联合发文,公布《网络安全审查办法》(以下简称"新版《办法》"),并于2022年2月15日起施行。

2. 制度的主要内容

新版《办法》针对数据处理活动,聚焦国家数据安全风险,明确运营者赴国外上市的网络安全审查要求,为构建完善国家网络安全审查机制,切实保障国家安全提供了有力抓手。主要内容如下:

一是明确网络安全审查的对象。新版《办法》将关键信息基础设施运营者和数据处理者作为审查对象。根据不同的审查条件,申报网络安全审查具体分为三种情形:第一,关键信息基础设施运营者采购网络产品和服务,影响或可能影响国家安全;第二,数据处理者开展数据处理活动,影响或可能影响国家安全;第三,掌握超过100万用户个人信息的网络平台运营者(包括关键信息基础设施运营者及数据处理者)赴国外上市。其中,第三种情形可能与前两种情形重合。判断影响或者可能影响国家安全的数据处理活动,可从数据处理活动是否存在或疑似存在危害国家安全行为,或者是否存在国家安全风险等方面进行判断。例如,掌握100万用户个人信息的运营者赴国外上市,掌握核心数据或重要数据的运营者赴国外上市,掌握我国禁止或限制出口技术的运营者赴国外上市,汇聚掌握大量关系国家安全、经济发展、公共利益的数据资源的互联网平台运营者实施合并、重组、分立等数据处理活动,一旦影响或者可能影响国家安全的,都可能成为网络安全审查的对象。

二是强调安全风险评估。根据新版《办法》规定,网络安全审查重点评估采购网络产品和服务,以及数据处理活动可能带来的国家安全风险,主要考虑以下因素:(1)产品和服务使用后带来的关键信息基础设施被非法控制、遭受干扰或者破坏的风险;(2)产品和服务供应中断对关键信息基础设施业务连续性的危害;(3)产品和服务的安全性、开放性、透明性、来源的多样性,供应渠道的可靠性以及因为政治、外交、贸易等因素导致供应中断的风险;(4)产品和服务提供者遵守中国法律、行政法规、部门规章情况;(5)核心数据、重要数据或者大量个人信息被窃取、泄露、毁损以及非法利用、非法出境的风险;(6)上市存在关键信息基础设施、核心数据、重要数据或者大量个人信息被外国政府影响、控制、恶意利用的风险,以及网络信息安全风险;(7)其他可能危害关键信息基础设施安全、网络安全和数据安全的因素。

三是建立安全审查机制。网络安全审查涉及各方面因素较多,在制度设计中须强调体系性和部门间的配合。我国的网络安全审查工作是在中央网络安全和信息化委员会领导下,国家网信办会同发改委、工信部、公安部、国家安全部、财政部、商务部、证监会、保密局等部门共同完成。网络安全审查办公室设在国家网信办,负责制定网络安全审查相关制度规范,组织网络安全审查。

四是明晰安全审查流程。网络安全审查事关国家安全,有两种启动的方式。第一,依申请展开。符合审查要求的关键信息基础设施运营者、数据处理者和网络平台运营者,应主动向网络安全审查办公室提交审查申请。网络安全审查办公室认为需要开展网络安全审查的,应形成审查结论建议和将审查结论建议发送网络安全审查工作机制成员单位、相关部门征求意见。倘若意见不一致的,网络安全审查办公室应当听取相关单位和部门意见,进行深入分析评估,再次形成审查结论建议,并征求网络安全审查工作机制成员单位和相关部门意见,按程序报中央网络安全和信息化委员会批准后,形成审查结论并书面通知当事人。第二,依职权主动开展。网络安全审查工作机制成员单位认为影响或者可能影响国家安全的网络产品和服务以及数据处理活动,由网络安全审查办公室按程序报中央网络安全和信息化委员会批准后,依照规定进行审查。

三、数据安全制度

随着各国信息化程度的提升与数据主权的意识不断增强,数据成为全球战略资源正受到越来越多的立法关注。数据安全贯穿于数据产权制度、数据要素流通和交易制度、数据要素收益分配制度以及数据要素治理制度当中,它对于保护自然人、法人和非法人组织等民事主体的合法权益,维护国家安全,促进数字经济的发展至关重要。我国的数据安全制度是在总体国家安全观的统领下,针对数据安全领域的特殊风险形成的相关法律法规制度的总称。

1. 制度的内涵

数据安全是指通过采取必要措施,确保数据处于有效保护和合法利用的状态,以及具备保障持续安全状态的能力。应保证数据处理的全过程安全,包括数据的收集、存储、使用、加工、传输、提供、公开等。

数据安全从属于网络安全,受总体国家安全观统领。全球范围内,数据安全立法以国家安全、商业利益、公民隐私保护等为抓手,不断走向精细化与纵深化。各国围绕数据本地化存储、数据安全官、大型平台的隐私保护义务等领域开展大量的数据安全制度创新。在此背景下,我国于2021年9月1日施行《数据安全法》。我国的数据安全政策是发展与安全并重,坚持以数据开发利用和产业发展促进数据安全,以数据安全保障数据开发利用和产业发展。

数据安全有两层意义。一是数据本身的安全,主要是指采用现代密码算法对数据进行主动保护,如数据保密、数据完整性、双向强身份认证等。二是数据防护的安全,主要是采用现代信息存储手段对数据进行主动防护,如通过磁盘阵列、数据备份、异地容灾等手段保证数据的安全。数据安全是一种主动的保护措施,数据本身的安全必须基于可靠的加密算法与安全体系,主要是有对称算法与公开密钥密码体系两种。

数据安全具有三个特点。首先,保密性。是指通过限制对受信任和经过验证者(如员工或客户)的访问来保护数据。加密和访问控制是帮助组织保持机密性的两种常用方法。其次,完整性。存储数据的完整性是指其有效性,即确保数据在任何时候都不会被篡改、降级或删除。即使在写入、发送、存储或检索时,也必须如此。数字签名、不可擦除的审计跟踪和定期备份,都是组织保护系统数据完整性的技术措施。最后,可用性。授权用户需要访问受保护的服务,并且应该能够修改其记录。此外,整个生态系统中的不同软件应用程序需要访问安全数据才能正确通信和交互。一流的数据安全性可将组织存储的数据保留在手边,而无须以牺牲完整性和机密性为代价。

2. 制度的主要内容

以《数据安全法》为核心的数据安全制度,包括数据分类分级管理,数据安全审查,数据安全风险评估、监测预警和应急处置等基本制度。

(1) 数据分级分类

根据《数据安全法》第 21 条规定,国家建立数据分类分级保护制度,对数据实行分类分级保护。作为《数据安全法》的核心制度之一,数据分类分级制度旨在对不同重要程度和风险等级的数据实施差异化管控,以实现保障数据安全、促进数据开发利用的目的。

从 web1.0 到 web3.0,互联网的架构与商业模式不断迭代,相应的网络安全与数据安全的保护形式也发生着转变。数据作为新型生产要素,在数字化社会中发挥着更为重要的作用,所面临的安全风险也更为复杂。《中共中央、国务院关于构建更加完善的要素市场化配置体制机制的意见》中明确提出,推动完善适用于大数据环境下的数据分类分级安全保护制度,加强政务数据、企业商业和个人数据的保护。可以说,数据安全面临的风险多样性是数据安全制度的发展的直接动力。第一,数据安全需要适当的标准。"安全"是一个外延相对模糊的法律概念,因此"一刀切"的数据安全模式难以适应数据的异质性特征。如果采取统一的宽松数据安全标准,不仅公民的隐私无法保障,还可能危及公共利益与国家安全。反之,若坚持严苛的数据安全保护策略,将会导致政府的监管成本与企业的合规成本高企,结果不仅法律规定无法落地,而且也会影响到数据流通,阻碍数据经济发展。因此,针对内容、形态、处理目的各不相同的数据,差异化的分类分级保护是理性的选择。第二,数据安全是动态的安全。在数字经济背景下,数据的流动是常态,数据的价值在于流动与使用。由于数据的可复制性,同一组数据可以为多个行业和业务板块的不同处理者掌握,并丝毫不会影响到他人的使用。但由此带来的数据安全风险也更加复杂。① 同时,数据处理包括数据的收集、存储、使用、加工、传输、提供、公开和分享等环节。数据安全风险存在于数据处理的全流程,且不同环节面临的风险程度与风险类型各异。以往的信息(数据)安全往往侧重内容,强调数据所包含信息的保密性和稳定性。而在大数据时代,借助于数据分析手段,一些本身不具有安全风险的数据聚合后能够产生远高于传统风险的信息安全风险。《信息安全技术重要数据识别指南(征求意见稿)》提出,基于海量个人信息形成的统计数据、衍生数据有可能属于重要数据。因此,传统强调静态安全和事后监管的信息安全保护模式已经不再适合新的数字时代。以数据分类分级为基础的新型数据安全制度得以建立。

数据分类分级制度主要包括两个方面的内容:一是数据分类。根据数据的属性及特征,将其按一定原则和方法进行区分和归类,并建立起一定的分类体系和排列顺序。数据分类是以各种各样的方式并存的,不存在唯一的分类方式,分类方法因管理主体、管理目的、分类属性或维度的不同而不同。二是数据分级。根据数据在经济社会发展中的重要程度,以及一旦遭到篡改、破坏、泄露或者非法获取、非法利用,对国家安全、公共利益或者个人、组织合法权益造成的危害程度对数据进行分级。《数据安全法》首次提出了国家核心数据、重要数据和一般数据的分级思路。其中,国家对重要数据进行重点保护,对核心数据实行严格保护。

在制度落实上,国家数据安全工作协调机制统筹有关部门制定重要数据目录,加强对重要数据的保护。由于不同行业、不同地区数据分类分级的具体规则和考虑因素差异巨大,《数据安全法》将重要数据具体目录和具体分类分级保护制度的制定权限下放到行业主管部门和各地区国家机关,充分平衡了法律规定的普适性和灵活性。②

---

① 参见《大数据安全白皮书(2018年)》,http://www.caict.ac.cn/kxyj/qwfb/bps/201807/P020180712523226672500.pdf,2023年3月21日访问。
② 《数据安全法》第21条第3款规定:"各地区、各部门应当按照数据分类分级保护制度确定本地区、本部门以及相关行业、领域的重要数据目录,对列入目录的数据进行重点保护。"除立法外,各地还开展重要数据目录的制定工作,如2022年7月至12月,上海市委网信办、市政府办公厅组织开展了数据分类分级、制定重要数据目录试点。

表 5-4 数据分类分级文件

文件层级	文件名称
国家标准	《政务信息资源目录体系第 4 部分:政务信息资源分类》(GB/T 21063.4-2007)、《信息技术大数据数据分类指南》(GB/T 38667-2020)、《网络安全标准实践指南——网络数据分类分级指引》(TC260-PG-20212A)
行业标准	《工业和信息化领域数据安全管理办法(试行)》、《基础电信企业数据分类分级方法》、《金融数据安全数据安全分级指南(JR/T 0197-2020)》、《证券期货业数据分类分级指引》、《石油和化工行业工业数据分类分级指南》
地方标准	浙江省《数字化改革公共数据分类分级指南》,贵州《政府数据数据分类分级指南》、《上海市公共数据开放分级分类指南(试行)》

(2) 数据安全风险防控机制

数据安全风险防控机制包括评估、报告、信息共享、监测预警等。《数据安全法》规定"由国家建立集中统一、高效权威的"数据安全风险机制。一般而言,数据安全风险包括但不限于数据泄露、数据篡改、数据滥用、违规传输、非法访问、流量异常等。其中,数据泄露,包括但不限于数据被恶意获取,或者转移、发布至不安全环境等相关风险;数据篡改,包括但不限于造成数据破坏的修改、增加、删除等相关风险;数据滥用,包括但不限于数据超范围、超用途、超时间使用等相关风险;违规传输,包括但不限于数据未按照有关规定擅自进行传输等相关风险;非法访问,包括但不限于数据遭未授权访问等相关风险;流量异常,包括但不限于数据流量规模异常、流量内容异常等相关风险。

数据安全风险评估是指对网络数据和数据处理活动安全进行风险识别、风险分析和风险评价的整个过程。精准识别数据自身风险是数据安全治理的前提条件。数据安全风险评估要求在信息调研基础上,围绕数据安全管理、数据处理活动安全、数据安全技术、个人信息保护等方面开展评估。数字时代呈现出与传统社会截然不同的景象,应对社会风险对人们生活的伤害,是现代社会政策的一项基本功能。对数据安全的监管也由事后救济向事前风险防控转移。针对数据处理者,《数据安全法》第 29 条规定,开展数据处理活动应当加强风险监测,发现数据安全缺陷、漏洞风险时,应当立即采取补救措施。其中,重要数据的处理者应当按照规定对其数据处理活动定期开展风险评估,并向有关主管部门报送风险评估报告。风险评估报告应当包括处理的重要数据种类、数量,开展数据处理活动的情况,面临的数据安全风险及其应对措施等。

基于网络互联互通的特性,数据安全风险并不是孤立存在的,数据处理者与监管部门间的信息共享是共同防范数据安全风险的必然要求。《网络安全法》第

51条规定:"国家建立网络安全监测预警和信息通报制度。国家网信部门应当统筹协调有关部门加强网络安全信息收集、分析和通报工作,按照规定统一发布网络安全监测预警信息。"《数据安全法》中也规定了相似的制度。数据处理者向主管部门报送数据安全风险信息后,经相关部门审核,应当向有关部门和其他数据处理者告知风险提示。风险信息报告与共享工作应当"及时、客观、准确、真实、完整",不得迟报、瞒报、谎报。

(3) 数据安全应急处置

数据安全应急处置机制是指当数据安全事件发生后,应当采取紧急措施以消除危险,防止损害进一步扩大。应急处置与风险防控息息相关,风险是对可能发生的危险进行预测,应急则是就预测的风险提前制定应对方案。因此,在做好风险防控工作的同时应当制定数据安全应急预案。

数据安全应急处置主要包括监管部门和数据处理者两方面内容。一是有关主管部门的责任。国家建立数据安全应急处置机制。发生数据安全事件,有关主管部门应当依法启动应急预案,采取相应的应急处置措施,防止危害扩大,消除安全隐患,并及时向社会发布与公众有关的警示信息。二是数据处理者的责任。发生数据安全事件时,数据处理者应当立即采取处置措施,按照规定及时告知用户并向有关主管部门报告。此外,数据处理者应当建立数据安全应急处置机制,发生数据安全事件时及时启动应急响应机制,采取措施防止危害扩大,消除安全隐患。安全事件对个人、组织造成危害的,数据处理者应当在三个工作日内将安全事件和风险情况、危害后果、已经采取的补救措施等以电话、短信、即时通信工具、电子邮件等方式通知利害关系人,无法通知的可采取公告方式告知,法律、行政法规规定可以不通知的从其规定。安全事件涉嫌犯罪的,数据处理者应当按规定向公安机关报案。

(4) 数据跨境流动

数据跨境流动是指在一国内生成电子化的信息记录被他国境内的私主体或公权力机关读取、存储、使用或加工、使用等。[①] 数据跨境主要包含数据出境与数据入境两个方面,公权力机关的数据调取行为也属于数据跨境范围。随着云计算、大数据、区块链等信息技术的发展,数据的跨境流动在全球蓬勃发展的数字经济中发挥着越来越重要的作用。然而,目前的数据跨境也引发了一系列问题,如出境数据的个人信息保护、重要数据出境涉及的国家安全风险、主权国家

---

① 参见〔美〕门罗·E. 普莱斯:《媒介与主权:全球信息革命及其对国家权力的挑战》,麻争旗等译,中国传媒大学出版社2008年版,第6—13页。

的法律适用范围扩张等。我国数据立法的主要指导原则是坚持安全与发展并重,在数据跨境机制的设计中也采取了谨慎与宽容的态度。

我国的数据跨境制度由《网络安全法》《数据安全法》《个人信息保护法》等网信基础立法,以及国家网信部门和国务院有关部门制定的各类法律文件共同组成。我国数据跨境主要包含以下几个方面的内容:

一是基于数据主权的数据跨境流动基本原则。主权国家是开展网络空间活动、维护网络空间秩序的关键行为体。数据主权是国家主权在数据治理领域的延伸,是一国基于国家主权对境内数据处理活动的对内最高权与对外独立权。《数据安全法》与《个人信息保护法》明确规定我国对在中国境外的数据处理活动拥有管辖权。基于此,我国提出了"依法有序自由流动"的数据跨境基本原则。[①]在此基础上,对境内产生的数据提出了数据本地化存储要求。

二是基于数据分类分级确定数据跨境具体规则。数据分类分级制度是我国数据安全领域的基础制度。"数据二十条"提出"统筹数据开发利用和数据安全保护,探索建立跨境数据分类分级管理机制"。数据跨境中的分类分级主要有以下几个方面:首先,数据出境安全评估。此类数据包括关键信息基础设施运营者持有的重要数据和个人信息(《网络安全法》第 37 条),其他运营者持有的重要数据(《数据安全法》第 31 条),以及达到网信部门规定数量的个人信息(《个人信息保护法》第 40 条)。其次,数据出境保护认证。对于非安全评估类个人信息,个人信息处理者因业务等需要,确需向中华人民共和国境外提供个人信息的,可以按照国家网信部门的规定经专业机构进行个人信息保护认证。再次,数据出境标准合同。对于非安全评估类个人信息,出境时应当按照国家网信部门制定的标准合同与境外接收方订立合同,约定双方的权利和义务;个人信息处理者不得采取数量拆分等手段,将依法应当通过出境安全评估的个人信息通过订立标准合同的方式向境外提供。最后,特殊规定。我国参加的国际条约、协定对数据/个人信息出境有规定的,可以按照其规定执行。

> **问题与思考**
>
> 1. 为什么说了解"网信法治"是学习数字法治相关制度的基础?
> 2. 如何理解传统监管模式在网络空间的"水土不服"?
> 3. 为什么说关键信息基础设施保护制度是网络安全的核心制度?

[①] 应当注意,我国的数据跨境遵循的基本原则与西方国家提出的"数据完全自由流动"原则并不相同。参见吴玄:《数据主权视野下个人信息跨境规则的建构》,载《清华法学》2021 年第 3 期。

4. 我国数据安全保护的法律规范体系有何特点?

5. 如何理解数据分级分类制度与数据跨境制度的衔接?

扩展阅读

1. 〔美〕劳伦斯·莱斯格:《代码2.0:网络空间中的法律》(修订版),李旭、沈伟伟译,清华大学出版社2018年版。

2. 程啸:《论数据安全保护义务》,载《比较法研究》2023年第2期。

3. 李长喜:《中国式现代化的网络法治保障》,载《中国网信》2023年第2期。

4. 龙卫球:《科技法迭代视角下的人工智能立法》,载《法商研究》2020年第1期。

5. 王锡锌:《数治与法治:数字行政的法治约束》,载《中国人民大学学报》2022年第6期。

6. 周汉华:《论互联网法》,载《中国法学》2015年第3期。

7. 胡凌:《从开放资源到基础服务:平台监管的新视角》,载《学术月刊》2019年第2期。

8. 王融:《中国互联网监管的历史发展、特征和历史趋势》,载《信息安全与通信保密》2017年第1期。

9. 黄道丽:《国家关键信息基础设施安全保护的法治进展》,载《中国信息安全》2022年第9期。

下编

数字法治的典型场景

第六章　数字经济的法律治理

【引读案例】

　　2020年12月,通过利用市场优势地位和商家对其的依赖,阿里巴巴集团控股有限公司(以下简称"阿里巴巴集团")采取不正当手段,禁止阿里巴巴旗下平台经营者在其他竞争平台经营或参加促销活动。针对这一行为,国家市场监督管理总局依据《反垄断法》对阿里巴巴集团立案调查。经查,阿里巴巴集团自2015年以来,对平台内商家提出上述"二选一"要求,以获取不正当竞争优势。该行为构成2007年发布的《反垄断法》第17条第1款第4项禁止的"没有正当理由,限定交易相对人只能与其进行交易"的滥用市场支配地位行为。2021年4月10日,市场监管总局依法作出行政处罚决定,责令阿里巴巴集团停止违法行为,并处以其2019年中国境内销售额4557.12亿元4%的罚款,计182.28亿元;同时向该集团发出行政指导书,要求其全面整改,并连续3年向国家市场监督管理总局提交自查合规报告。

第一节　数字经济治理的概念和内涵

一、数字经济的概念

　　随着互联网、云计算、大数据等数字技术的快速发展,数字经济的概念应运而生,成为一种与工业经济、农业经济并列的经济社会形态。数字经济是以数字化的知识和信息即数据资源作为关键生产要素,以数字技术为核心驱动力量,以现代信息网络为重要载体,通过数字技术与实体经济深度融合,不断提高经济社会的数字化、网络化、智能化水平,加速重构经济发展与治理模式的新型经济形态。数字经济的主要业态包括四大部分:数字产业化、产业数字化、数字化治理、数据价值化。其中,产业数字化①也称为数字经济融合部分,构成数字经济发展

---

①　产业数字化是指在新一代数字科技支撑和引领下,以数据为关键要素,以价值释放为核心,以数据赋能为主线,对产业链上下游的全要素数字化升级、转型和再造的过程。

的主引擎。但数字经济的发展也是一把双刃剑,会产生垄断、不正当竞争或侵害消费者权益等问题,需要法律的介入以调整上述市场失灵的问题。

二、数字经济的特征

1. 数据是数字经济关键的生产要素

如同农业经济时代以劳动力和土地、工业经济时代以资本和技术为新的生产要素一样,数字经济时代,数据成为新的关键生产要素。数据平均每年增长50%,每两年翻一番,迅猛增长的数据已成为社会基础性战略资源。随着数据存储和计算处理能力飞速进步,数据的价值创造潜能大幅提升。可复制、可共享、无限增长和供给的数据,以及由数据汇集所产生的信息和知识,已经成为企业经营决策、商品服务贸易、社会全面治理必不可少的要素。尤其是近些年来,大数据、物联网、移动互联网、云计算等数字技术的突破和融合发展,进一步推动了数字经济快速发展,为社会和经济发展带来了新的价值增值。

2. 平台化是数字经济产业组织的显著趋势

数字平台是一种存在于数字空间的虚拟交互场所,平台利用数字技术为平台各方之间的交互提供支持。在数字经济时代,一方面,各类互联网新平台快速涌现,商贸、生活、交通、工业等垂直细分领域平台企业发展迅猛。另一方面,传统企业加快平台转型,打造更为互联、更加智能的生态系统。在这两种交互模式下,数字经济的发展带动了平台经济的快速兴起。截至2023年,全球市值最高的10家企业中,有7家是平台型企业,且其经济规模仍在进一步快速增长,平台化成为数字经济产业组织最重要的现象。

3. 数字经济的发展与制度保障密切相关

习近平总书记强调:"要完善数字经济治理体系,健全法律法规和政策制度,完善体制机制,提高我国数字经济治理体系和治理能力现代化水平。"数字经济发展初期,新技术、新业态、新模式、新产品大量涌现。与此同时,网络自由主义观念盛行,不应对网络进行国家和政治干预的思想得到众多拥趸。但这种网络乌托邦情结并没能维持太久,就出现数据安全、隐私保护、数字鸿沟、平台垄断等各类负外部性问题甚至犯罪问题,不仅阻碍了数字经济的发展,更对隐私权、平等权等各类权利造成了冲击,引发诸多治理风险。上述问题的存在凸显了法律制度治理的必要性,各国尤其是数字经济比较发达的国家,大多加快了数字经济领域的立法步伐,根据数字经济的发展情况适时制定和调整相关政策的法律,力求在规范中发展、在发展中规范。可以看到,数字经济的发展离不开制度的保障。

三、数字经济治理存在的问题

1. 数字经济市场相关制度建设相对滞后

数字技术与实体经济的深度融合,导致线上线下问题聚合交错,市场运行更加复杂,线下不规范问题在线上被快速复制放大。监管者和经营者之间的信息不对称持续加剧,相对缓慢的立法过程,使得法律规则落后于市场实践的矛盾愈发突出。例如,垄断行为、不正当竞争行为、侵犯消费者隐私行为,甚至诈骗、非法集资等犯罪行为,依托互联网迅速蔓延,法律法规建设却相对滞后,这给数字经济的规范治理带来极大的不确定性。

2. 以政府为主体的监管模式遭遇巨大冲击

首先,数字经济相关产品和服务普遍具有跨域交易特征,经营者的经营范围不再局限于某一物理区域,消费者散布各地,数字跨境贸易活动也日益频繁,给各地乃至各国监管协同的配合度提出了新要求,对传统的属地管辖机制造成了冲击。其次,众多业态涉及多领域且相互交融,给政府部门的分业监管框架提出了挑战。各部门监管职能难免存在交叉,一个部门制定的权益保护制度,可能因涉及其他部门权限而较为保守;一项消费纠纷,可能因部门分工不明确而面临多头监管。最后,数字经济往往涉及海量参与者,依靠政府部门为主体的单边监管的传统治理模式,也难以适应巨大主体规模治理的需要,亟须探索构建多元化、立体化的治理模式新格局。

3. 数字经济国际合作治理有待深化

随着数字经济的高速发展,数字贸易、数字知识产权、数字税收、数据跨境流动等问题成为主要的治理议题。中国在数字经济的国际治理规则制定中发挥了巨大的作用,但充分尊重各主权与发展利益的数字经济国际规则体系还有待确立。未来需要进一步探索反映中国国家利益和诉求的国际规则体系,加强不同发展水平国家之间的协调,推动多边、区域等层面数字经济国际规则的协调,构建数字经济治理国际规则体系,进一步打造开放包容的网络空间命运共同体。[1]

四、数字经济治理的基本原则

1. 强调多元共治和技术赋能

数字经济的发展颠覆了工业革命以来的商业模式和经济业态。一方面,原有的管理体制难以有效应对数字经济海量交易带来的新挑战与难题,需要平台、

---

[1] 参见谢谦:《全球数字经济规则议题特征、差异与中国应对》,载《改革》2023年第6期。

行业协会等多元主体共同参与治理,并通过技术赋能强化公共权力部门的监管能力。例如,平台企业具有删除、限制下单、封号、下架直至关店等技术规制权,并以此实现平台企业内部自治。另一方面,数据鸿沟、算法黑箱、算法歧视、算法霸权、代码规制以及"再中心化"等严峻问题和挑战的出现,也需要政府部门以及网络公民、行业组织、新旧媒体等诸多社会力量的介入,形成共治的格局。同时,公共权力部门也应当通过智慧政务、智慧司法、智慧检务等行政目标,运用网络技术、数字技术、人工智能技术提升工作效能,以应对数字经济治理的需求。[①]

2. 促进科技创新和产业发展

科技创新是数字经济发展的关键因素,同时也是数字经济时代的主要特征。数字经济时代的商业模式变化使市场竞争从价格竞争转向质量竞争、创新竞争等非价格竞争,科技创新能力成为决定数字经济发展潜力的关键。法律制度有限制和规范的功能,可以在数字经济治理的过程中发挥调整市场失灵和政府失灵的作用,但同时也应警惕法律制度对数字经济的发展形成制约。面对技术创新,历史上曾经出现过"红旗法"的现象[②],当下完善数字经济治理的制度要注意避免相同的错误,不仅要防止法律对技术创新产生负面影响,还要充分发挥法律的促进和保障作用。数字经济的治理制度还要有利于中国数字经济产业做大做强,有利于中国数字经济产业自主创新,有利于中国数字经济产业在国际竞争中获得充分的竞争优势。[③]

3. 坚持包容审慎监管

数字经济治理的本质,是为数字经济健康有序发展提供保障。积极探索新型的包容审慎监管,对于优化数字经济营商环境至关重要。包容审慎监管是指针对新兴的科技创新或经济业态,在现行法律规范尚未明确的前提下,为适应新兴产业经济活动发展特点,监管部门应该给予新业态必要的发展时间与试错空间,并根据公共风险的大小进行适时适度干预。数字经济的包容审慎监管要求政府避免设定不必要的市场准入门槛,努力丰富事中事后监管措施,给予市场一定的宽松环境以实现更大的数字科技创新,并奉行谦抑性的原则。例如,在数据、算法驱动型的不法行为规制领域,反不正当竞争法应当主要承担"被动"规制

[①] 参见马长山:《数字社会的治理逻辑及其法治化展开》,载《法律科学(西北政法大学学报)》2020年第5期。

[②] 当机动车技术开始发展的时候,英国传统的运输业群体在1865年推动制定了《机动车法案》,规定机动车时速不能超过4英里,每一辆车必须有3个人驾驶,其中一个必须在车前50米外举着红旗作引导,为机动车开道。这部被戏称为"红旗法"的法律,典型地表明了立法如何被作为一种事实上的压制新技术应用和发展的工具。

[③] 参见江必新:《加快数字经济领域的立法步伐》,载《数字法治》2023年第1期。

损害市场公平竞争行为的功能,不应成为"主动"引导、塑造、重构经济政策与市场架构的制度性工具,亦不应"主动"介入新旧科学技术、组织业态、经营模式之争。①

第二节 数字经济的垄断治理制度

在数字经济领域,由于"网络效应""马太效应"等因素,巨头互联网企业在相关市场内占据绝大多数市场份额,即出现"赢者通吃"的现象,导致相较于传统行业,数字经济行业中小企业更易受到垄断和不正当竞争行为的挤压。而以传统的工业经济模式为基础的竞争法规则,不仅应对算法合谋、大数据杀熟、"二选一"等数字经济时代的新型不正当竞争行为力不从心,数字经济极快的产业迭代速度也使得程序繁复、耗时冗长的立法往往滞后于市场实践。因此,需要加快相关立法和理论研究的积极介入,为创造健康有序、公平公正的数字经济发展环境保驾护航。

一、数字经济垄断的特征

近年来,以平台经济为代表的数字经济飞速发展,但其所获取的垄断地位也引发了社会各界的担忧。数字平台的垄断行为主要具有以下特征:第一,平台使用大量的以免费服务为主的非价格竞争,使得同一相关市场中没有其他资源的小企业无法与之竞争,从而损害创新创业。第二,平台依靠其在一个市场的主导地位进入新市场,并在这一相关市场获得垄断地位,从而形成"双轮垄断"。第三,平台可以借助市场力量对有发展前景的初创企业进行"扼杀式并购",破坏公平的创新环境。第四,平台经济可能借助市场力量和技术力量,对个人信息保护、消费者知情权等造成损害,侵害消费者利益。然而,以工业经济为背景的传统反垄断法难以有效规制以平台经济为代表的数字经济,数字经济的垄断规制立法亟待创新。

二、数字经济垄断的立法现状

与数字经济垄断规制相关的法律法规主要包括《反垄断法》《国务院反垄断委员会关于平台经济领域的反垄断指南》《经营者反垄断合规指南》《禁止滥用市

---

① 参见翟巍:《数据、算法驱动型不正当竞争行为的规制路径——兼评〈禁止网络不正当竞争行为规定(公开征求意见稿)〉》,载《法治研究》2021年第6期。

场支配地位行为规定》,以及《江西省数字经济领域反垄断合规指引》《浙江省平台企业竞争合规指引》等地方性法规。此外,由于数字经济的数字化特点,数字经济反垄断问题也可能会涉及《数据安全法》《电子商务法》《个人信息保护法》《反不正当竞争法》等其他法律。

三、数字经济垄断的规制实践

根据我国现行反垄断法及相关立法,数字经济的垄断行为可以表现为垄断协议、滥用市场支配地位、经营者集中及行政垄断这四类垄断行为。

1. 禁止垄断协议制度

《反垄断法》第17条规定:"禁止具有竞争关系的经营者达成下列垄断协议:(一)固定或者变更商品价格;(二)限制商品的生产数量或者销售数量;(三)分割销售市场或者原材料采购市场;(四)限制购买新技术、新设备或者限制开发新技术、新产品;(五)联合抵制交易;(六)国务院反垄断执法机构认定的其他垄断协议。"《反垄断法》所称垄断协议,是指排除、限制竞争的协议、决定或者其他协同行为。《反垄断法》第18条规定:"禁止经营者与交易相对人达成下列垄断协议:(一)固定向第三人转售商品的价格;(二)限定向第三人转售商品的最低价格;(三)国务院反垄断执法机构认定的其他垄断协议。"

与此同时,《反垄断法》第9条规定:"经营者不得利用数据和算法、技术、资本以及平台规则等从事本法禁止的垄断行为。"该规定将数字经济的垄断协议行为纳入到了反垄断法的规制框架之中。《国务院反垄断委员会关于平台经济领域的反垄断指南》中也规定,禁止平台经济领域的企业通过数据、算法、平台规则等方式达成垄断协议。

在数字经济市场实践中,利用算法或人工智能达成"算法合谋"引起了较多的关注和讨论,具体表现形式包括:(1)利用检测型算法收集竞争对手的信息,并对竞争对手的行为进行监控以确保合谋协议的实施。(2)不同经营者间利用相同的动态定价算法或其他平行算法帮助企业就价格行为进行有主观故意的平行变动,以确保商品或服务的价格始终维持在竞争水平之上。(3)利用信号算法,释放关于价格变动的信号,以此作为隐蔽的沟通或要约,邀请或通过默示的方式与竞争企业间达成合谋。(4)利用人工智能、机器学习、深度学习等数字技术,通过算法本身对市场中的企业的行为进行学习和适应,在没有经营者直接干预的前提下自动达成合谋的结果。

2. 禁止滥用市场支配地位制度

《反垄断法》第22条规定:"禁止具有市场支配地位的经营者从事下列滥用

市场支配地位的行为：……（四）没有正当理由，限定交易相对人只能与其进行交易或者只能与其指定的经营者进行交易；（五）没有正当理由搭售商品，或者在交易时附加其他不合理的交易条件；（六）没有正当理由，对条件相同的交易相对人在交易价格等交易条件上实施差别待遇……"依照这一规定，当数字经济的经营者在其所参与的行业内具有支配地位，即有能力控制如价格、数量或其他交易条件，或能够阻碍、影响其他经营者进入相关市场时，如果这一经营者从事反垄断法所规定的滥用市场支配地位的行为，因这一行为对竞争秩序和消费者利益的直接损害，将被上述规定所禁止。在现实生活中，"二选一"行为是数字经济滥用市场支配地位的一种典型违法行为，即经营者通过某些技术措施、合同安排等手段，使其交易对象只能与自己进行交易，或者不与存在竞争关系的其他经营者进行交易，从而排除竞争对手的交易机会。《国务院反垄断委员会关于平台经济领域的反垄断指南》也明确规定，平台经营者通过屏蔽店铺、搜索降权、流量限制、技术障碍、扣取保证金等惩罚性措施实施的限制，对市场竞争和消费者利益产生直接损害，一般可以认定构成限定交易行为；平台经营者通过补贴、折扣、优惠、流量资源等激励性方式实施的限制，如果有证据证明对市场竞争产生明显的排除、限制影响，也可能被认定构成限定交易行为。除"二选一"行为外，强制收集非必要用户信息以及"大数据杀熟""自我优待"等行为，也是数字经济领域较为常见的滥用市场支配地位的行为。

3. 审查经营者集中制度

经营者集中指经营者通过合并、取得股权或者资产的方式取得对其他经营者的控制权，或通过合同等方式取得对其他经营者的控制权或者能够对其他经营者产生决定性影响的行为。经营者集中是一种事前反垄断审查的行为，目的在于避免发生一家经营者或少数经营者通过集中的方式垄断相关市场、排除或限制竞争的情况发生。《反垄断法》第 26 条第 1 款规定："经营者集中达到国务院规定的申报标准的，经营者应当事先向国务院反垄断执法机构申报，未申报的不得实施集中。"然而，数字经济特殊的营收方式、商业模式使得数字经济的营业额计算与传统的产品销售和服务提供存在差别，更可能出现因为部分数字经济企业因采取免费或低价模式导致营业额收入很低但市场份额较高的情况，达不到经营者集中申报的门槛。例如，2016 年第一季度滴滴出行和优步在我国网约车市场的市场份额高达 93.1%，但由于滴滴出行和优步在国内尚未实现盈利，且优步在上一会计年度营业额没有达到申报标准，因此按照当时《反垄断法》和《国务院关于经营者集中申报标准的规定》，并不需要向有关部门申报。但两者的合并对网约车市场的竞争产生了巨大影响，且引发了社会公众对于价格、数据垄断的巨大担忧。另外,由于数字经济领域竞争激烈,具有前瞻创新能力或业务的竞争者,可能面临被占据优势市场地位的竞争者以彻底关闭该竞争对手或停止相关服务或产品为目的的"扼杀式并购",以抵消来自初创中小企业的竞争威胁。扼杀式并购对科技创新、维护市场竞争都有严重的负面影响,但仍旧因面临前述难以达到经营者集中申报门槛的问题而逃脱了必要监管。因此,数字经济的经营者集中问题受到了广泛关注,美国和欧盟等经济体已分别通过《平台竞争和机会法案》《数字市场法案》等法律,对数字经济的经营者集中问题予以专门的规范。目前,我国除《国务院反垄断委员会关于平台经济领域的反垄断指南》第19条[①]外,暂未出台针对"扼杀式并购"或平台企业特殊申报义务的制度,未来有必要进一步强化相关领域的立法和执法。

4. 禁止行政垄断制度

我国《反垄断法》第39条规定:"行政机关和法律、法规授权的具有公共事务职能的组织不得滥用行政权力,限定或者变相限定单位或者个人经营、购买、使用其指定的经营者提供的商品。"该条对滥用行政权力排除、限制竞争作出了规定。在数字经济领域,在数据收集、存储、分析和使用等环节,均可能出现行政垄断的可能,例如行政主体滥用行政权力阻碍不同地区间的数据流通、通过设定歧视性要求限制或排斥外地经营者参与本地数字经济竞争等行为。[②]

第三节 数字经济不正当竞争行为的治理制度

数字经济时代,经营者利用数据、算法、平台规则等技术实施的新型不正当竞争行为层出不穷,给传统的反不正当竞争规则和司法、执法活动带来了诸多新的挑战。不正当竞争行为是指经营者在从事生产经营活动过程中,利用数字技术手段,通过影响用户选择或其他方式,妨碍或破坏其他经营者合法提供产品或服务正常运行的行为。相关不正当竞争行为可以分两类:一种是传统的不正当竞争行为延伸到数字经济领域的行为,另一种是利用数据、算法等数字技术手段

---

① 《国务院反垄断委员会关于平台经济领域的反垄断指南》第19条规定:"根据《国务院关于经营者集中申报标准的规定》第四条,经营者集中未达到申报标准,但按照规定程序收集的事实和证据表明该经营者集中具有或者可能具有排除、限制竞争效果的,国务院反垄断执法机构应当依法进行调查。经营者可以就未达到申报标准的经营者集中主动向国务院反垄断执法机构申报。国务院反垄断执法机构高度关注参与集中的一方经营者为初创企业或者新兴平台、参与集中的经营者因采取免费或者低价模式导致营业额较低、相关市场集中度较高、参与竞争者数量较少等类型的平台经济领域的经营者集中中,对未达到申报标准但具有或者可能具有排除、限制竞争效果的,国务院反垄断执法机构将依法进行调查处理。"

② 参见何渊主编:《数据法学》,北京大学出版社2020年版,第145页。

驱动的难以归类到传统不正当竞争类型的行为。随着数字技术的不断深化,数字经济的相关不正当竞争行为,也从强制跳转行为、恶意干扰用户或恶意不兼容等涉及链接、主页、软件等不正当竞争行为,演变为利用算法、数据等技术的更为难以界定的涉数据不正当竞争行为。①

一、数字经济不正当竞争的特征

数字经济所具有的开放性、虚拟性、外部性等特点,决定了数字经济的不正当竞争行为区别于传统的不正当竞争行为,具有自己的新特征。

1. 数字经济的不正当竞争以数据和流量争夺为目的

数字经济时代,用户及流量成为数字经济企业的竞争核心。数字经济的产品或服务往往采用免费模式,数字经济"赢者通吃"的特性使得数字经济时代的不正当竞争往往以最大程度争取用户的注意力为目的。因此,在数据和流量争夺过程中,滋生了许多新型的竞争行为,如何认定合法竞争的边界成为理论和实践所面临的重要问题。

2. 数字经济的不正当竞争行为和垄断行为存在竞合

在数据、算法驱动型的不正当竞争行为规制领域,我国《反不正当竞争法》与《反垄断法》存在叠加适用与竞合适用的情形。譬如,无论平台经营者是否具有市场支配地位,其实施的没有正当理由对竞争对手截取流量、不予直链的行为均可构成违反《反不正当竞争法》第 12 条第 2 款第 3 项规定的恶意不兼容形态的不正当竞争行为。如果具有市场支配地位的超大型平台经营者实施这类截取流量、不予直链行为,那么该企业亦同时构成违反我国《反垄断法》第 17 条的滥用市场支配地位行为。

3. 数字经济的不正当竞争行为往往存在跨界竞争

数字经济所具有的边际效应递减、虚拟性、开放性等特征,为经营者进行跨界竞争提供了可能。为了培育和争夺潜在的用户,一个经营者可能通过提供免费的服务,如邮件、即时通信等,来获取诸如广告等其他行业的利润。因此,与传统的不正当竞争行为不同,数字经济领域的竞争关系的理解不应仅局限于特定细分领域的同业竞争关系或直接竞争关系,应当将是否具有间接竞争关系也纳入考量。

---

① 参见孙晋:《数字经济时代反不正当竞争规则的守正与创新——以〈反不正当竞争法〉第三次修订为中心》,载《中国法律评论》2023 年第 3 期。

4. 数字经济的不正当竞争行为具有高度隐蔽性

与数字经济密切相关的数据、算法驱动型不正当竞争行为的类型复杂多样，且由于强技术性、虚拟性等原因，数字经济的不正当竞争行为更加隐蔽且难以认定。同时，数字经济不正当竞争也更少受到时间或空间的限制，导致监管部门对该类行为的识别与监管难度较大，调查与取证的成本更高，更加需要平台经营者、行业协会等多元主体共同参与治理。

二、数字经济不正当竞争的类型

1. 强制跳转、恶意干扰用户、恶意不兼容等涉软件、网页的不正当竞争行为

这一类不正当竞争行为指经营者利用网络从事生产经营活动时，利用技术手段影响用户选择或通过其他方式，实施各种妨碍、破坏其他经营者合法提供的网络产品或服务正常运行的行为。其中，强制跳转行为指经营者通过利用恶意软件修改其他经营者合法提供的网络产品或者服务，强制用户访问某链接，从而造成其他经营者用户流量损失的情形。典型案例如"流量劫持第一案"——百度公司诉奇虎不正当竞争案。[①] 恶意干扰用户行为是指影响互联网用户选择的不正当竞争行为，不过用户的行为是在网络服务提供者误导、诱骗、强迫等情况下作出的，而非基于网络服务提供者的技术手段，其目的是阻碍竞争，故意误导、欺骗、强迫用户修改、关闭、卸载其他竞争对手合法提供的网络产品和服务。典型案例如金山公司诉奇虎公司诱导用户卸载软件不正当竞争案。[②] 恶意不兼容行为指计算机系统中，后安装软件无法与先安装软件共存，且这种冲突是由于后安装软件改变了先安装软件的识别，导致用户无法拥有自主选择继续使用先安装软件的权利。

2. 涉商业数据类不正当竞争行为

随着大数据技术的不断发展，数据成为关键的生产要素和核心竞争要素，数字经济企业的竞争逐渐演变成数据的竞争，通过互联网不正当获取或者使用商业数据成为数字经济时代的典型不正当竞争行为之一。具体类型涉及完全公开数据的不正当竞争行为，如利用网络爬虫进行数据抓取并明显超过合理限度进行使用，以及涉及相对公开数据的不正当竞争行为，如未经授权或者超出授权范围抓取用户数据等，还有涉及不公开数据的不正当竞争行为，典型的行为如使用黑客技术非法获取他人保密数据等。在被称为"中国大数据产品不正当竞争第

---

① 参见北京市高级人民法院(2013)高民终字第 2352 号民事判决书。
② 参见北京市西城区人民法院(2014)西民初字第 00146 号民事判决书。

一案"的淘宝公司诉美景公司案中,淘宝对于"生意参谋"数据产品享有竞争性财产权益。法院认为,美景公司以营利为目的,将"生意参谋"数据产品直接作为自己获取商业利益的工具,提供同质化的网络服务,从而获取商业利益与竞争优势的行为,明显有悖公认的商业道德,属于不劳而获"搭便车"的不正当竞争行为。①

3. 利用算法实施的不正当竞争行为

数字经济时代利用算法实施的典型不正当竞争行为,指通过算法分析相对交易方的特征,并以此实施价格歧视、个性化定价等在交易价格或其他交易条件上不合理的差别待遇的行为。具体来说,指的是经营者利用数据、算法等技术手段,通过收集、分析交易相对方的交易信息、浏览内容及次数、交易时使用的终端设备的品牌及价值等方式,对交易条件相同的交易相对方不合理地提供不同的交易信息,侵害交易相对方的知情权、选择权、公平交易权等,扰乱市场公平交易秩序。交易信息包括交易历史、支付意愿、消费习惯、个体偏好、支付能力、依赖程度、信用状况等。利用算法实施差别待遇、价格歧视等行为,除可能违反《反不正当竞争法》以外,还可能违反《消费者权益保护法》《电子商务法》《互联网信息服务算法推荐管理规定》等法律法规。

三、数字经济不正当竞争的立法现状

随着数字经济不断融入市场经济活动,产生了一系列新的不正当竞争方式和手段,给传统的反不正当竞争规则和执法、司法活动带来了诸多挑战。近年来,反不正当竞争立法进行了多次修订以回应上述问题。目前我国的反不正当竞争立法对数字经济的不正当竞争行为,通过采取列举性立法和概括性立法相结合的方式,进行了以下规定:

1. 总则性规定

经营者不得利用数据和算法、技术、资本优势以及平台规则等从事不正当竞争行为。

2. 互联网专条

经营者不得利用技术手段,通过影响用户选择或者其他方式,实施下列妨碍、破坏其他经营者合法提供的网络产品或者服务正常运行的行为:(1) 未经其他经营者同意,在其合法提供的网络产品或者服务中,插入链接、强制进行目标

---

① 参见杭州铁路运输法院(2017)浙 8601 民初 4034 号民事判决书、浙江省杭州市中级人民法院(2018)浙 01 民终 7312 号民事判决书。

跳转;(2)误导、欺骗、强迫用户修改、关闭、卸载其他经营者合法提供的网络产品或者服务;(3)恶意对其他经营者合法提供的网络产品或者服务实施不兼容;(4)其他妨碍、破坏其他经营者合法提供的网络产品或者服务正常运行的行为。

3. 数字经济不正当竞争行为条款

列举性地规定了恶意交易行为、拒绝接入行为、商业数据不正当竞争行为、差别待遇行为等新型与数字经济相关的不正当竞争行为模式。恶意交易行为主要包括以下情形:(1)经营者为了牟取不正当利益,故意通过短期内与其他经营者进行大规模、高频次交易、给予好评等方式,引发平台对其他经营者的惩戒,使其受到搜索降权、降低信用等级、商品下架、断开链接、停止服务等处置;(2)恶意在短期内拍下大量商品不付款,或恶意批量购买后退货或者拒绝收货等,使其他经营者遭受损失。拒绝接入行为指经营者利用技术手段、平台规则等,违反行业惯例或者技术规范,不当排斥、妨碍其他经营者合法提供的产品或者服务的接入和交易等扰乱市场公平竞争秩序的行为。商业数据不正当竞争行为指经营者以入侵、非法抓取等违反诚实信用和商业道德的不正当手段获取或者使用其他经营者的商业数据,损害其他经营者和消费者的合法权益,扰乱市场公平竞争秩序的行为。差别待遇行为指经营者利用算法,通过分析用户偏好、交易习惯等特征,在交易条件上对交易相对方实施不合理的差别待遇或者进行不合理限制,损害消费者、其他经营者的合法权益和社会公共利益,扰乱市场公平竞争秩序的行为。

4. 兜底条款

经营者不得实施其他网络不正当竞争行为,扰乱市场竞争秩序,影响市场公平交易,损害其他经营者或者消费者合法权益和社会公共利益。判断是否构成不正当竞争行为,可以综合考虑以下因素:(1)对消费者、其他经营者合法权益以及社会公共利益的影响;(2)是否采取强制、胁迫、欺诈等手段;(3)是否违背行业惯例、商业伦理、商业道德;(4)是否违背公平、合理、无歧视的原则;(5)对技术创新、行业发展、网络生态的影响等。

第四节 数字经济的消费者权益保障制度

数字经济的发展,在资源配置、便利服务等方面大显身手,孕育了平台经济、共享经济、数据交易、直播带货、数字藏品等诸多新兴市场和新商业模式,并成为引领消费的主要增长点。与此同时,数字经济的消费者权益保护问题也愈发严峻,消费者在交易信息获取方面的不对称地位更加显著,诸如平台企业的消费者欺诈、消费者个人信息侵害等问题引发了社会的广泛讨论。

一、数字经济时代消费者权益面临的挑战

1. 新技术导致权益损害的新风险

数字技术的应用改变了传统商业模式。"前端免费、后端获利"是众多数字经济业态的盈利模式。在一这过程中,消费行为链条越来越长,消费关系更加复杂,消费者权益面临新的受损方式和风险。

2. 数字经济消费过程中个人信息易受侵犯

数据已经成为当今世界最有价值的资源,因而在数字经济时代,数据成为企业竞争的关键生产要素。数字消费过程中将会产生丰富的用户数据信息,为抓住消费者个人信息这一核心价值源,部分经营者以诱导、欺骗或强制等方式违法违规收集或使用个人信息,或是超范围、超频率收集使用及违规向第三方提供个人信息,甚至存在非法买卖个人信息的黑灰产业。同时,利用爬虫等技术非法爬取用户数据信息,滥用大数据分析等技术实施"杀熟"的歧视行为,基于消费者消费记录或消费偏好等数据设置不公平交易条件,侵害消费者公平交易权的情形也屡见不鲜。消费者个人信息的保护是维护消费者权益,实现数字经济有序发展必须重视的问题。

3. 虚假宣传手段多样,对消费者知情权侵害更大。

数字经济时代,数字消费的虚拟性、服务用户的分散性和非面对面交付特征,进一步扩大了商家和消费者的信息不对称。同时,基于网络渠道的宣传营销发布途径更多、扩散速度更快、影响范围更广,若存在虚假信息,将对消费者形成广泛误导。不透明算法的"暗箱操作"、混淆竞价排名与自然排名、利用技术手段进行流量造假、流量劫持或虚假注册账号、滥用线上评价机制进行恶意刷单炒信等行为,进一步严重影响了消费者的知情权。

4. 数字消费维权存在新挑战

首先,数字服务涉及环节繁多,多元的服务主体导致消费者维权时难以直接追踪具体的追责对象。同时,对电商平台的消费者保护制度较为完善,而针对新近涌现的视频直播平台、朋友圈、自媒体等新型销售渠道的侵权行为,仍缺少便捷、有效的维权渠道。另外,相较于实体经济,数字经济的消费者单独请求的利益相对较小,证据获取难度更大,且侵权方所在地与服务行为发生地更容易分属多地甚至位于海外,加大了消费者获取救济的难度。数字经济海量小型经营者的存在,也使得以政府为主体的监管难以实施。①

二、数字经济消费者权益的保护制度

1. 立法保护层面

在立法保护层面,我国保护消费者权益的制度主要包括三类法律法规:第一类是《民法典》合同编、侵权责任编等一般法律。此类法律主要规范消费者、经营者和第三方平台间的法律关系,提供基本性规定。第二类是专门的消费者权益保护法律,如《消费者权益保护法》《产品质量法》等涉及经营者、制造商和销售商的义务及责任的专门性法律。这些法律除了对消费者的一般权利和经营者的一般义务进行规定以外,近些年还增加了针对网络经济消费者权益保护的条款,并特别规定了网络经济的消费者反悔权、网络平台责任等制度。同时,《电子签名法》《电子商务法》《反电信网络诈骗法》等对电子商务进行规范的法律,也针对电子签名、电子认证服务、电商等与网络经济消费者权益保护做了相关的规定。第三类即法规、规章及其他规范性文件。例如,《网络交易管理办法》是为网络交易有关事宜而推出的法规,主要规范运营商和相关服务提供者的义务,以及与第三方交易平台相关的规则。同时,各地还制定了一定数量的地方法规,尤其在直播带货、跨境电商零售进口等数字经济背景下的新型消费领域,结合地区内的实际情况作出了创新性的规定,加强了对消费者的保护。

2. 行政保护层面

消费者权益的行政保护是指行政机关通过行政执法和监督活动对消费者进行的保护,一类是各级人民政府对消费者的综合保护,另一类是各级人民政府行政管理部门对消费者权益的专项保护。在大多数情况下,消费者权益保护的具体工作是由具有保护消费者职能的国家行政部门负责进行,如国家市场监督管理、行政监察、技术监测、卫生行政、物价管理等部门。针对网络直播和网络购物领域,中央网信办会同相关部门曾开展"清朗·整治网络直播、短视频领域乱象"专项行动,从严整治功能失范、"网红乱象"、打赏失度、违规营利、恶意营销等突出问题。另外,针对App以强制、诱导、欺诈等恶意方式违法违规处理个人信息的行为,工业和信息化部也曾开展App侵害用户权益专项整治行动,依法查处违法违规App,持续强化个人信息保护领域的日常监管。

---

① 参见马淑萍、吕富生:《健全我国数字经济下的消费者权益保护制度》,载《重庆理工大学学报(社会科学)》2022年第7期。

3. 司法保护层面

人民法院是国家审判机关,通过审判权的形式来保护消费者的合法权益。在消费者权益保护方面,人民法院通过对刑事案件的审理,打击严重侵犯消费者利益的违法行为;通过对民事案件的审理,追究经营者的民事责任,使受到侵害的消费者获得及时、充分的补偿;通过对行政案件的审理,维护消费者的合法权利,督促国家行政机关严格履行保护消费者的职责;通过司法解释等活动,阐释法律的含义,使消费者权益保护法得以正确实施。例如,最高人民法院发布《关于审理网络消费纠纷案件适用法律若干问题的规定(一)》,对网络消费合同权利义务、责任主体认定、直播营销民事责任、外卖餐饮民事责任等方面作出规定。人民检察院是专门行使法律监督的国家机关,在消费者保护方面,可以通过立案侦查活动,揭露严重侵害消费者的违法行为;通过提起公诉、支持公诉使严重侵害消费者利益的行为受到刑事制裁;通过对审判活动的监督,维护法律的权威,保护消费者权益;通过法律监督活动,保证消费者保护法的全面、正确实施。[①]

三、数字经济侵害消费者权益的典型类型和救济

1. 利用大数据、消费者个人信息侵害消费者知情权

在数字经济时代,消费者较之经营者在交易信息获取方面的不对称地位更加显著。因此,更需要相关平台方尽到告知义务以保证消费者知情权,从而平衡消费者在交易信息获取上的天然弱势地位。平台经营者是否构成欺诈从而侵害消费者知情权,应从平台经营者是否是合同相对方、消费者是否有值得保护的信赖利益、平台经营者是否尽到告知义务、平台经营者是否怠于履行平台主体责任等方面衡量。例如,消费者胡某长期使用携程 App 来预订机票、酒店等,因此其成为携程 App 的钻石贵宾客户。据携程公司宣传,钻石贵宾客户享有酒店会员价 8.5 折起等特权。胡某通过携程 App 代理渠道订购房间并支付价款 2889元,但退房时,酒店发票显示房价仅为 1377.63 元。胡某发现其不仅没有享受到钻石贵宾客户应享优惠,反而以高于酒店挂牌价的价格支付了房费。胡某由此认为携程利用其个人信息,根据其"高净值客户"的标签向其报出高价,构成欺诈,遂对携程提起诉讼,要求携程对欺诈所涉的房费差价进行退一赔三的赔付。法院认定,由于携程公司未依法告知关系订单交易的真实信息,怠于对平台内经营者进行有效监管,使胡某基于对携程公司的充分信赖,陷入了对交易对象和交易价格优惠的认知错误,最终做出了不真实意思表示,携程公司的行为构成欺

[①] 参见李昌麒主编:《经济法学》(第三版),法律出版社 2016 年版,第 275 页。

诈,侵害了胡某作为消费者的知情权。①

2. 经营者违规收集、使用、公开消费者个人信息,侵害消费者隐私权

在数字经济之下,平台经营者可轻易以消费者选择"同意其《隐私政策》"为由而取得处理其个人信息的资格,但平台经营者的处理行为应当恪守合法、正当、必要的原则,采取对个人信息影响最小的方式。同时,经营者对其因提供商品或服务而获取的消费者个人信息负有保护义务,不得超出必要限度使用消费者的个人信息,更不得擅自披露甚至出售消费者的个人信息。例如,原告张某等人因不满被告某商家的"剧本杀"游戏服务而上网发布"差评",该商家遂在微信公众号发布与张某等人的微信群聊记录、游戏包厢监控视频录像片段、微信个人账号信息,还称"可向公众提供全程监控录像"。张某等人认为,商家上述行为侵害其隐私权和个人信息权益,起诉要求商家停止侵权、赔礼道歉及赔偿精神损失等。审理法院认为,消费者在经营者提供的包间内的活动具有私密性,商家为了澄清"差评"通过微信公众号公开消费者包间内监控录像,构成对消费者隐私权的侵害;商家未经张某等人同意公布其微信个人账号信息,侵害了张某等人的个人信息权益。因此,审理法院判令商家立即停止公开监控录像,删除公众号文章中"可向公众提供全程监控录像"表述及张某等人的微信个人账号信息,在微信公众号发布致歉声明,并向张某等人赔偿精神损害抚慰金。②

> **问题与思考**

1. 数字经济面临哪些治理难题?

2. 数字经济的垄断行为与传统经济的垄断行为相比,具有哪些特征?应当如何规制这些反竞争的行为?

3. 数字经济不正当竞争行为具有哪些特点?不正当竞争法律制度应当从哪些方面加以完善,以充分应对新型数字经济不正当竞争行为?

4. 在日常生活中,是否遇到过数字经济经营者侵害消费权益的行为?消费者权益保护法律制度应当如何完善,以便更有效地保护消费者的权益?

> **扩展阅读**

1. 黄奇帆等:《数字经济:内涵与路径》,中信出版集团 2022 年版。

---

① 参见浙江省绍兴市中级人民法院(2021)浙 06 民终 3129 号民事判决书。
② 参见《最高法发布消费者权益保护典型案例》,https://www.court.gov.cn/zixun/xiangqing/350961.html,2023 年 8 月 15 日访问。

2. 马长山:《数字社会的治理逻辑及其法治化展开》,载《法律科学(西北政法大学学报)》2020年第5期。

3. 喻玲:《算法消费者价格歧视反垄断法属性的误读及辨明》,载《法学》2020年第9期。

4. 丁晓东:《论数据垄断:大数据视野下反垄断的法理思考》,载《东方法学》2021年第3期。

5. 殷继国:《互联网平台封禁行为的反垄断法规制》,载《现代法学》2021年第4期。

6. 戚凯、周祉含:《全球数字治理:发展、困境与中国角色》,载《国际问题研究》2022年第6期。

7. 孟雁北:《我国〈反不正当竞争法〉修订的重点与难点》,载《中国市场监管研究》2022年第12期。

8. 张守文:《数字经济发展的经济法理论因应》,载《政法论坛》2023年第2期。

9. 宋亚辉:《论反不正当竞争法的一般分析框架》,载《中外法学》2023年第4期。

10. 韩旭至:《认真对待数字社会的个人拒绝权》,载《华东政法大学学报》2023年第1期。

第七章 数字税收的法律因应

【引读案例】

　　谷歌是一家跨国科技企业,其业务主要涉及互联网搜索技术服务、云计算、广告技术提供等。谷歌利用庞大的用户基数,在其网站和网络会员网站获取了巨额的利润,自 2006 年至 2011 年,谷歌仅凭其广告业务便在英国获得了 180 亿美元的收入。但是在此期间,其于英国当地的纳税总额却仅为 160 万美元。同样地,2012 年意大利谷歌分公司对其约 120 亿美元的网络广告收入仅缴纳了 180 万欧元的所得税。谷歌的收入与其纳税数额的巨大悬殊,源于谷歌通过将收入转往其位于百慕大的子公司的避税行为。据统计,谷歌已通过这一方式在全球范围内节税高达 20 亿美元。

　　如同谷歌这类的互联网企业仅通过数字化网页、实体服务器经营创收,通常可以避免在市场国设立常设机构,由于在利润创造地未设常设机构而无须向市场国交税。在当前数字经济蓬勃发展的背景下,"价值创造与税收规则的错配"等税收难题也开始逐步显露,并深刻影响着相关国家之间的税收利益分配。因此,如何构建适应数字经济的国内与国际税收制度,成为各国都十分关注的重点问题。

第一节　数字经济背景下的税法问题概述

一、我国税收制度概述

（一）我国的税收与税法

　　我国税法体系包括税收体制法和税收征纳法,其中税收征纳法又包括税收征纳实体法和税收征纳程序法。

　　税收体制法是有关税收权力分配的法律规范的总称,为税收征纳活动提供了重要的制度基础和前提,其调整内容包括税收立法体制和税收征管体制。税收征管体制体现的则是国家机关之间税收征管权的分配,我国对税收实行分级征管、分级管理。

税收征纳法是调整税收征纳关系所形成的法律规范。其中,税收征纳实体法居于核心地位,其依据涉及的税种不同,可以进一步分为商品税法、所得税法、财产税法。具体而言,我国实体税种共18种,税收征纳实体法是规范各类税种的纳税主体、征税客体、税目、计税依据、税率以及税收优惠措施等实体要素的法律规范。税收征纳程序法则居于保障地位,规定相关主体的程序权力(利)、义务与责任,规范税收征收管理活动。

(二)与数字经济密切关联的税种概述

1. 所得税

所得税是以所得为征税对象,由获得所得的主体缴纳的一类税的总称。[①]我国所得税包括企业所得税和个人所得税。

所得税的征税对象是所得,即纳税人在一定时期内的纯收益额,其计税依据是应税所得额,即从总所得额中减去各种法定扣除项目后的余额,计算相对较复杂。所得税是典型的直接税,税负直接由纳税人承担,通常不易转嫁,是我国财政收入的重要来源。

(1)企业所得税

我国企业所得税的纳税人是我国境内企业和其他取得收入的组织,即我国纳税人包括两类:一类是企业,包括国有企业、集体企业和私营企业等,不包括独资企业和合伙企业;另一类是其他取得收入的组织,如事业单位和社会团体。根据《企业所得税法》,我国将纳税主体分为居民企业和非居民企业。居民企业是指依法在中国境内成立,或者依照外国(地区)法律成立但实际管理机构在中国境内的企业,实际管理机构则是指对企业的生产经营、人员、账务、财产等实施实质性全面管理和控制的机构;非居民企业是指依照外国(地区)法律成立且实际管理机构不在中国境内,但在中国境内设立机构、场所,或者在中国境内未设立机构、场所,但有来源于中国境内所得的企业。

(2)个人所得税

个人所得税的纳税主体包括居民纳税人和非居民纳税人。居民纳税人是指在中国境内有住所,或者无住所而一个纳税年度内在中国境内居住累计满一百八十三天的个人;非居民纳税人是指在中国境内无住所又不居住,或者无住所而一个纳税年度内在中国境内居住累计不满一百八十三天的个人。我国个人所得税的征税范围为纳税人从中国境内和境外获得的各项个人所得,实行分类与综合所得税制,即对不同性质的所得适用不同税率,又对各类所得实行综合计税,

---

① 参见张守文:《税法原理》(第九版),北京大学出版社2019年版,第205页。

既有利于防止避税,又更符合量能课税的要求。一般按纳税年度合并计算个人所得税,非居民纳税人按月或按次分项计算个人所得税。

2. 增值税

增值税是以商品在流转过程中产生的增值额为计税依据而征收的一种商品税。所谓增值额,是指生产者或经营者在一定期间的生产经营过程中新创造的价值额。①

1984 年,增值税作为一个法定独立的税种在我国正式确立。自 1994 年以来,增值税制一直未停止改革的步伐,改革围绕着"转型"与"扩围"展开。2009 至 2011 年,国家成功进行了由生产型向消费型增值税的转型改革,这在一定程度上降低了企业设备投资的税收负担,促进企业技术进步、产业结构调整和转变经济增长方式。2012 年我国开展"营改增"试点,并于 2016 年全面完成"营改增",从根本上改变了对商品(附部分劳务)征收增值税、对劳务(附部分商品)征收营业税的格局,实现了对商品与劳务的税制统一。② 这项改革有效减少了重复征税,极大地完善了我国商品税制。2017 年至今,增值税制主要围绕着减税进一步改革完善。

我国增值税实行凭专用发票抵扣税款的制度,要求纳税人会计核算健全,并能够准确核算销项税额、进项税额和应纳税额。为了严格增值税的征收管理,现行《增值税暂行条例》将纳税人按其经营规模大小及会计核算健全与否划分为一般纳税人和小规模纳税人。一般纳税人是指年应税销售额超过财政部、国家税务总局规定的小规模纳税人标准的企业和企业性单位,其应纳税额为当期销项税额减去进项税额;小规模纳税人是指年应税销售额在规定标准以下,且会计核算不健全,不能按规定报送有关税务资料的增值税纳税人,其计算应纳税额按照销售额和征收率计算。

二、数字经济的涉税特点与税法因应脉络

根据《数字经济及其核心产业统计分类(2021)》,数字经济是指以数据资源作为关键生产要素、以现代信息网络作为重要载体、以信息通信技术的有效使用作为效率提升和经济结构优化的重要推动力的一系列经济活动,是继农业经济与工业经济后一种全新的经济形态。根据中国信息通信研究院发布的以中国、美国、爱尔兰等 47 个国家为测算对象的研究报告显示,2018 年至 2021 年,作为

---

① 参见张守文:《税法原理》(第九版),北京大学出版社 2019 年版,第 155 页。
② 参见刘剑文、熊伟:《财政税收法》(第八版),法律出版社 2019 年版,第 233 页。

测算样本的 47 个国家的数字经济总规模和占全球 GDP 总量的比例逐年增高。可见,伴随着科技与时代的进步发展,数字经济已成为网络时代下全球经济运转的重要驱动,且仍呈现稳步增长态势。

数字经济依托云计算、物联网、大数据等现代化数字信息技术,通过数据资源快速配置优化与再生,实现经济高质量发展,突破了传统经济模式的实体限制,使得数字交易更加方便且隐蔽,极大改变了当前的经济活动方式。从税法角度来看,数字经济交易活动呈现出新的特点,并引发新的难题。

(一)征收客体更为多面

数字经济背景下,数据是产生收益的关键要素,其可以优化生产资源高效配置、创造数字经济生产力和新的需求,从而产生相应的商业价值。数字经济对数据的依赖性表现为对数据的依赖,数字企业高度依赖于参与经济流通,嵌入各类劳动者创造价值的实现过程,从而参与价值的分配。例如,通过追踪客户群体的有效数据,以大数据计算推送符合客户群体消费习惯和偏好的服务和产品,从而获取经营利润。因此,企业为了获取更多利润不断扩展数据摄入范围,提高大数据计算与推广力度,增强用户黏性和活跃度,用户的数量越多,其潜在商业价值也就越高。传统税收制度的课税对象聚焦于无形资产的价值,却忽视了数字企业通过平台媒介利用其用户数据资料所创造的经济价值,从而损害了税制的公平性。

(二)应税交易更为隐匿

在数字经济带来的新商业模式下,交易主体变得广泛而隐蔽,交易场所逐渐无形化,交易过程呈现出虚拟化特征。一方面,在数字经济时代,交易双方都可以利用互联网的共享和连接能力进行跨区域即时交易,用户角色更加多元化。虽然数字化税务能够极大提高捕捉涉税信息的效率,但数字技术进步也便于纳税人隐藏真实身份,进而模糊纳税主体性质,引致税务机关难以监测和跟踪交易活动。另一方面,数字经济发展使数字企业能够从"物理存在"的约束中解放出来。数字企业只需在商业网站上设立虚拟交易空间,利用数字媒体和虚拟实体,就可以在任何目标市场上完成数字产品和服务的交易和让渡,并实现跨境盈利。在以常设机构作为课税前提的现行国际税法体系下,因为相关税收管辖区失去课税的实质性连结点,市场国往往无权对数字企业的盈利主张行使税收管辖权。此外,由于互联网带来的便利条件,买卖双方达成的交易凭证也逐渐实现无纸化,但电子交易凭证易于修改且不留痕迹,不利于税务稽查。

(三)应税形态更具有弹性

随着信息技术发展愈发迅猛,愈多的公司企业研发与推广开发和销售作为无形资产的数字产品,如数字软件和在线课程,大量无形化的数字产品及服务成为交易标的。无形资产天然的高度流动性使得其应税形态呈现出弹性变化趋势。比如电子书,其既拥有传统的纸质有形形态,又拥有数字化的电子书形态。不同的存在形式造成了税务机关确定适用税收政策时的不确定性。确定电子书的应税形态是商品还是服务的税务处理方法因国家而异:欧洲国家大多将其视为一种服务,而在中国,它被视为电子出版物,即作为一种商品应税。甚至当前书籍还演变出了有声书的语音形态,使得商品与服务之间的界分更加模糊不清。可见,应税形态的灵活多变与税收政策的滞后犹疑之间的矛盾日益凸显。另外,应税形态的弹性也会导致税法实施的选择性。以跨境征收关税为例,数字产品在跨国贸易中略过通关环节,缺乏实体交货和送货过程,电子书只需要经过网络传送就实现交换,这一交易行为通常不易被税务机关所捕获,税务机关的"应征尽征"任务在数字经济背景中显得尤为困难。

(四) 价值流转更为多样

数字经济是通过多种形式的价值链和平台来创造价值,这一过程包含多个市场主体的参与,而多个参与者之间相互联系将进一步导致商业价值流动多样化。对于客户端而言,全球所有用户都可以在平台上进行交易,数字经济交易平台打破地域限制,为数字企业促进价值流转多样化提供发展契机。对于在数字经济基础上经营的企业来说,其可以利用数字技术在互联网上减少信息与资源整合的障碍,重塑经济地理格局,并促进有关公司之间的无形资产的转移。基于这种跨境经济规模成长的价值链管理模式,数字企业通过分离职能,转移无形资产所有权,在全球范围内重组价值链,并将利润分配到具有不同税收负担的国家(地区),从而加剧了税基侵蚀和利润转移。

总之,伴随着数字经济蓬勃发展的浪潮,其正以一种相较于其他经济形态更为高级、现代化的姿态悄然推动着传统生产方式的变革。数字经济突破时空限制的特点对以传统工业经济形态为基础的经济规制提出了多方位的挑战,当前国际税收规则与秩序亦于此间开始显露出不适配的问题。一方面,经济数字化使大型跨国企业得以利用各国间税收制度的差别、漏洞与征管合作困难的问题进行极端化避税,对主权国家的税基造成严重侵蚀;另一方面,经济数字化浪潮中,巨大的增量经济资源和社会财富处于税收治理的"公共领域",传统国际税收秩序中对跨境经营利润征税的"联结度规则"失效,来源国对跨境所得无法征税,加大了税源管理难度和跨境交易监管难度。因此,部分国家率先开始对在本国提供数字服务的外国企业征税,如法国、英国等国开征数字服务税(Digital Service Tax, DST)、印度开征"衡平税"(Equalization Levy)等;经济合作与发展组织

（OECD）、欧盟等国际组织也开始提出方案，尝试有效解决数字企业的税基侵蚀等问题，以应对数字经济发展对现行税收规则与秩序的挑战。自此，数字经济下各类新型税种（以下统称"数字税"）与传统税法理论的碰撞，引发了学界的激烈讨论。

三、数字经济背景下的税法价值引领

制度的更新与演进始终是在基本价值和原则的引领之下进行的。就数字税收带来的制度革新而言，首要的是应明晰税收基本原则与价值的引领，充分兼顾"公平与效率""自由与秩序"和"安全与发展"三对税法追求的基本价值。

（一）提高经济效率，维护社会公平正义

公平与效率，是税法永恒的价值追求，也是数字经济发展中尤为需要权衡好的关键价值。在数字经济迅猛发展的背景之下，交易行为突破区域和时间限制，不受传统生产要素的流动限制，凭借极低的搜寻、复制成本与交易的效率，显著带动地区经济发展，因而税收法律对数字经济的效率价值应当予以肯定和支持。然而，因为数字经济的数据依赖性与交易隐匿性，以及作为传统税收管辖的连结点的企业实体机构不再受物理空间约束等因素，数字经济活动与既有税收制度不协调或不兼容，所以各国税务机关对于数字经济交易产生的税收利益进行公平分配的决策"失灵"，以致现行税收制度的公平性遭到明显的破坏。因此，数字税收不仅要关注数字经济发展所带来的效率提升，还要考虑到由此带来的对税收利益公平分配的影响，有效平衡效率与公平的价值，以维护社会公平。

（二）维护自由竞争，确保数字经济有序发展

经济自由和经济秩序对于数字经济的发展都至关重要。市场自由是数字经济蓬勃发展的物质基础，但维持市场自由竞争并不意味着对其放任不管。比如，税收作为一种成本，在数字经济兴起的阶段，我们国家对电子商务发展采取较为宽松的态度，给予较多的税收优惠和征管便利，对"线上经济"的扶持和宽容客观上会造成税负不公；又如，在数字经济环境下，企业的避税手段更为多样、隐蔽和便捷。这些情况都必然会对经济社会的健康发展产生不利影响。因此，为了建立公平竞争和分配的经济秩序，保护数字经济活动的自由，确保数字经济的"有序"发展，就税法而言，应通过完善规则和加强执法来保障市场主体的经济自由，以更完备的制度和规范监管各类市场行为，贯彻落实公平和中立的税法原则。为此，数字经济的税收立法与执法应以维护自由竞争和经济秩序的原则为基础，既要保证市场主体的经济自由，推动形成高效规范、公平竞争的国内统一大市场，拉动数字经济蓬勃发展，又要强化税法的规制功能，维护好市场秩序。

（三）加强风险防控，保障数字经济安全发展

防控风险和保障安全，是构建数字税收体系的重要价值引领。尽管数字化极大地促进了经济效率的提高，但数字经济发展的过程中也出现了隐私保护、数据安全、算法监管及数字伦理等一系列风险和问题。法律与生俱来的滞后性难以应对数字技术不断迭代带来的新模式、新变革、新问题，眼下的数字经济安全问题已不再只是单纯的经济问题，而是触及政治、社会、伦理等各层面，事关国家的整体安全与发展。因此，在税收领域亟须把握数字经济发展态势，审慎设计课税要素，强化数字经济安全风险防控的法治保障，致力于在税法框架下明确相关税收规则以消解和防控其带来的种种风险。

第二节 数字经济背景下的税法挑战

数字经济作为一种新的经济形态，其技术应用、要素禀赋及商业模式的更迭，给工业经济所形成的传统税制造成了巨大冲击，带来了一系列税基侵蚀和税收利益分配不均的问题。一定时期内的税法制度总是与当时的经济社会形态及其特征相适应的，应对数字经济背景下的税法挑战要立足于数字经济本身特点，全面梳理数字经济在税法领域，包括国内税法与国际税法所面临的困境。

一、数字经济带来的国际税法挑战

（一）所得税领域

就数字经济带来的国际税收公平问题的本质而言，是起源于市场国不满足于当前税法制度下数字经济的税收利益分配，要求确立市场国税收管辖权，因此理解数字经济对实体税法的挑战就必须明确当前以所得税规范逻辑为基础的国际税收管辖权分配规则和其背后的理论基础。

当前的所得税体系背后包含了一个公认的所得税法律规范逻辑：以货币价值作为经济价值的客观标准和将生产经营者而非消费者视为经济价值创造主体，并将生产经营者以实体占有货币价值的地点作为经济价值的创造地。[①] 所得税法律规范根据对经济价值创造主体的认识，将纳税人规定为本国的居民个人和居民经营者，以及从本国境内取得所得的外国居民个人和居民经营者，这也是国际税法领域税收管辖权分配的主要理论依据。

在此基础上衍生出了当前具有世界性影响的国际税收协定中通行的判断居

---

① 参见张牧君：《用户价值与数字税立法的逻辑》，载《法学研究》2022年第4期。

民身份和收入来源的经济关联原则,以及更进一步的具体认定标准——常设机构规则,即经营者要有可以进行营业的分支机构等固定营业场所,而不能是辅助性和准备性的营业活动,以此来确定各国税收利益的管辖权。这里举一个例子以便理解该规则,Right Florist Private Limited 是位于印度的一家花商,主要从事花卉销售业务,其在谷歌等搜索引擎搭建的数字平台发布广告并向其支付对价。但印度花商作为印度税收居民企业,向谷歌爱尔兰公司支付的广告费却未在印度缴纳预提所得税。根据印度《1961 年所得税法案》中的相关规定,印度税务机关认为任何人向非居民或外国公司支付利益,应根据现行税率扣除所得税。而印度花商认为,非居民的所得收入只有在合理程度上可归属于在印度的经营行为时才能够被征税,作为收款方的外国公司在印度并不存在常设机构,其收入自然不能视作在印度的经营收入。可见,花商与税务机关的主要争议点在于印度政府是否有权对非居民企业在印度境内取得的经营所得征税。印度加尔各答所得税上诉法庭认定该广告费属于营业利润,并适用于税收协定中的常设机构认定标准。因谷歌爱尔兰并未在印度境内构成常设机构,印度对该项营业利润不具有征税权,而印度花商也不负有代扣代缴义务。

  常设机构规则主要是为规避重复纳税风险明确税收管辖权,这也解释了为什么当前国际税收协定下的税收规则通常认为跨境收入中经营利润来源于营业所在地的国家。但在数字经济背景下,商业模式具有不依赖于实体存在的特征,很多跨国经营者往往通过税收筹划避免在来源国形成物理存在的经营实体而不向来源国交税,这使得常设机构规则对于数字经济存在明显的滞后性,也造成了价值创造地实际上只是价值取得地。如作为数字经营者主要业务的数字服务和数字产品往往不依赖于物理场所,而依赖于存储数据的服务器,因为服务器本身并未固定不可移动的场所,在当前国际税收规则的标准之下难以被直接认定为常设机构。正如前述例子,因为互联网公司搭建的网页等无法被认定为传统定义下的常设机构,传统常设机构标准对此类新交易模式会判定"失灵"。此外,数字经济背景下从事辅助性和准备性营业活动的场所对于吸引和维护数字经营者用户发挥了重要的功能,根据用户价值的相关理论,这种活动实际上已经成为价值创造的重要组成部分。在此种情况下,数字经营者无须在市场国设立任何实体就可以实现跨境经营并获取收入,这使得市场国无法对经营者所得进行征税,无法获得与其利润创造相应的税收回报,严重限制了国际税收利益的公平分配。客观上更利于数字经济强国发展的传统所得税法律规范,在未来可能会进一步损害发展中国家甚至是发达国家中非数字强国的税收利益。

(二) 增值税领域

数字经济对国际税法的另一大挑战体现在增值税领域,数字经济背景下的数字产品的跨境交易产生的增值税税收问题,其一是应税项目的确定问题。根据世界贸易组织(WTO)2021年发布的《电子商务工作计划》(Work Programme on Electronic Commerce),数字产品是通过电子传输并交付的内容产品,其典型特征是"以电子方式传输",具体包括附着于光盘、磁带等固定介质的传统数字产品,以及电子书籍、计算机程序等新兴数字产品。部分传统数字产品具有一定的永久性、独立性,具有货物的特征。但随着数字技术的发展,各种类型的新式数字产品涌现,其无须依赖物理介质存在,而认定其为货物、劳务或者无形资产便产生了困难。由于不同国家对于不同交易属性征收的增值税税率之差异,且在现有的WTO框架下将适用不同的贸易协定和不同的税收优惠政策,这进一步造成了各个国家对数字产品认定的分歧和模糊。

就数字经济背景下的数字产品跨境交易产生的另一增值问题,即其引起的跨境增值税管辖权原则的争议。跨境增值税管辖权的确定一般适用属地主义,即消费地原则和原产地原则。消费地原则是指应当对货物和服务的销售行为在其消费地或使用地进行征税,在跨境销售时由进口国征税,出口国采取零税率;原产地原则是指货物和服务的销售行为应当由其生产地或提供地进行征税,跨境销售时应当由出口国征税而进口国免税。当前跨境增值税征收原则主流观点为采取消费地征税,究其原因在于:其一,采取消费地征税确保了跨境服务的增值税在最终消费地缴税,符合增值税的设计特点;其二,采取消费地征税可以有效避免企业通过利用各国不同的增值税税率,改变其产品提供地进行的避税行为,减少恶性税收竞争。但是,在数字经济背景下,就新兴数字产品的跨境交易,无须依靠物理介质以及物理层面上的跨境运输,边境将无法控制跨境无形交易,这使得实际消费地难以确定,这种情况下无法确保跨境增值税在消费地得到有效征收,导致了技术层面上的征管问题。对个人而言,对其实际消费地的确认和监管比较困难,若要求其自我评估并对其进行税收监管,也大大提高了纳税遵从成本。因此,这较大程度地影响了B2C(Business To Customer)和C2C(Customer to Customer)电子商务交易模式中的跨境征管,由此产生了是否要根据不同交易模式确立不同税收管辖原则的问题。

二、数字经济带来的国内税法挑战

(一) 所得税领域

数字经济带来的新产业,使通过根据数字经济收入性质对收入进行分类,以确定不同征管方式和适用税率的传统税收征管模式变得难以为继,尤其是对收入类型的区分愈发困难。如在当前普遍的云服务中,经营的收入应定性为特许权使用费还是服务费又或者是商业利润存在诸多争议,这不仅对企业税负造成了影响,同时也会侵害国家财政利益和税收征管秩序。在个人所得税领域同样存在收入难以定性的问题,个人提供各种数字服务取得的收入在现行所得分类下难以确定其性质。

（二）增值税领域

增值税征税客体涉及生活生产的诸多对象,如服务、货物、无形资产等,其中"无形资产"是指不具实物形态但能带来经济利益的资产,包括技术、商标、著作权、商誉、自然资源使用权和其他权益性无形资产。① 对于增值税而言,进行征收工作的前提之一即明确相关商品的定性及分类,针对不同的征税客体,具体征管方式和税率均存在差异。数字经济中交易对象多为数字商品或数字化服务,其法律性质尚不明晰,我国现行的增值税相关法律法规中也并未对数字商品或相关类似概念进行准确定义,更不存在相应的应税项目区分。虽然当前我国的增值税法规中有电子出版物、软件产品等相关概念②,但面对数字经济快速发展背景下的新数字商品仍难以为继,存在诸多税制盲点。

此外,我国跨境服务贸易的增值税制度有待完善。增值税税收管辖权在不同国家之间分配的方式通常遵循消费地或原产地原则,而不依据所得税中的来源地和居住地概念。对于跨境增值税管辖权划分问题,我国同国际主流做法保持一致,也采取了消费地原则,但仍缺少对数字产品消费地的认定标准。而数字经济背景下跨境贸易中消费行为的隐蔽性和虚拟性,更是使得在实际操作中对于数字产品的消费行为是否发生在境内难以确认。同时,现行跨境增值税制度中未针对B2B及B2C交易模式的区别制定不同的征管规则,而是统一采用代扣代缴的方式,由购买方作为纳税义务人,在实践中存在诸多操作困难。

（三）税收征管领域

数字技术在税收征管方面的应用,给税务部门的信息收集与对经济活动的监管带来了极大便利。但税收征管技术的进步难以赶上数字经济的快速发展,也使法律滞后性在技术型规定方面体现得尤为明显。

---

① 参见《营业税改征增值税试点实施办法》附件《销售服务、无形资产、不动产注释》。
② 参见《财政部、国家税务总局关于部分货物适用增值税低税率和简易办法征收增值税政策的通知》（财税〔2009〕9号）、《财政部、国家税务总局关于软件产品增值税政策的通知》（财税〔2011〕100号）。

1. 对税务登记制度的挑战

税收征管流程始于税务登记,它能够帮助税务征管部门全面掌握纳税主体的基本信息,并进行税源的监控,方便税收征管工作的顺利进行。通常情况下,税务部门为了及时监督和督促纳税主体,会要求经营主体进行税务登记后领取发票并使用,税务部门由此管理纳税主体。任何在市场中从事经营行为的经营主体和负有扣缴税款义务的扣缴义务人,均应办理税务注册登记。根据我国《电子商务法》的规定,不需要进行市场主体登记的电子商务经营者负有"首次纳税义务",但针对线上经营者而言,既有的税务登记规则无法对其进行有效约束。虽然大型网络交易平台已日益重视网络店铺主体准入制度,但在实际的操作中,行业尚未形成权威统一的准入标准,多依靠平台自行规定。但平台本身具有市场主体和监督管理主体的双重属性,这使得其在进行监督管理时存在诸多局限性,如实践中存在规模较小的平台为争夺商家而放宽甚至忽视税务登记要求的情况。

2. 对纳税申报制度的挑战

我国有代收代缴、代扣代缴和自行申报三种模式。在传统经济模式中,企业为经济运行的核心。因此,我国长期以来对自然人采用个人所得税代扣代缴模式,针对企业设置征管流程能够更好地对税源进行监控,虽然也可以由纳税人自行进行申报,但是,在税源监控方面发挥主要作用的依然是单位代扣代缴的模式,即委托代征的征管模式。但是,随着电子商务、共享经济和零工经济等数字经济热点快速发展,数字经济的发展为灵活就业提供了更多可能的同时也造成了纳税主体分散严重、自然人税源明显增加的情况,委托代征的征管模式难以适应这些特点,税务机关也难以对纳税义务人进行有效的监管。

以零工经济为例,临时性工作逐渐成为人们重要的收入来源,同时也丰富了自然人的收入类型。随着零工经济规模的不断扩大,如何对来源于临时性工作的收入有效征收个人所得税,对税源进行有效监管,从而保护国家税收利益,这成为当前学界与实务界关注的问题。

例如,滴滴公司提供网络平台,滴滴司机自己提供车辆并进行运营,平台并不会对司机进行管理,滴滴平台和司机之间往往被认为是非劳动关系。滴滴司机只需进行注册登记即可接单,并不必然进行税务登记。根据人社部印发的《关于维护新就业形态劳动者劳动保障权益的指导意见》相关规定,对于"不完全符合确立劳动关系情形"的就业形态,要求指导企业与劳动者订立书面协议,合理确定企业与劳动者的权利义务,但并未明确对于企业是否要为劳动者收入代扣代缴个税。此外,滴滴司机虽然从滴滴平台取得服务收入,但收入直接来源于其服务对象,滴滴平台只是代为收取并扣取一部分服务费用,这一收入性质难以定性为工资薪金收入。根据《机动出租车驾驶员个人所得税征收管理暂行办法》第6条规定,如果对于滴滴司机的收入比照生产经营所得征税,支付方没有代扣代缴的义务,平台也不能简单地对其代扣代缴相关税费。原则上应当由纳税人自行申报,但灵活用工平台相关从业者往往并不了解自己的纳税义务且纳税申报意识较淡薄,因而在实际操作中,往往是滴滴公司取得了委托代征资格,并统一代扣代缴司机的个人所得税。

第三节 数字经济背景下的域外税法变革

一、G20/OECD 应对所得税挑战的方案

自 2008 年国际金融危机以来,全球许多国家面临严重的财政困难,各国政府逐渐意识到,传统税收规则的漏洞和跨国企业利用各国税制差异实现转移利润的行为,严重影响了各国财政筹资能力。伴随数字经济发展,数字化交易成为很多大型数字企业的交易模式,这在很大程度上提升了跨国公司的税收筹划能力。国际社会也意识到了跨国企业税基侵蚀和利润转移(Base Erosion and Profit Shifting,BEPS)行为给国际税收规则和各国税收收入带来的挑战,应当实现各国之间的税制协调,提高税收透明度和确定性,提升国际税收管理的有效性,建立起国际统一税收共识。总之,实现多边合作才是长远之计。

《实施税收协定相关措施以防止税基侵蚀和利润转移的多边公约》(以下简称《BEPS 多边公约》)是在二十国集团(G20)/经济合作与发展组织(OECD)防止税基侵蚀和利润转移行动计划(以下简称"BEPS 项目")中被创制出来的一项多边法律工具。BEPS 行动计划的核心是"利润应在经济活动发生地和价值创造地被征收",这使得在数字经济背景下国际税收规则中的税收管辖权和利润归属原则被重塑。其中,BEPS 第 1 项行动计划——应对数字经济的税收挑战,于 2014 年 9 月完成。2015 年 10 月,OECD 发布了针对 BEPS 第 1 项行动计划的最终报告——《第 1 项行动计划:关于数字经济面临的税收挑战的报告》,提出了直接税和间接税方面可能产生的问题。在直接税方面,企业可以通过规避纳税实体(存在)的产生,或者申请本国国内税收优惠,使用混合错配安排或者利用低税率或零税率国家的关联公司,以消除或降低税负。此外,该报告提出了关于联结度以及数据问题的备选方案,包括改变常设机构的定义、引入基于市场"显著存在"这一概念的新的联结度判定原则、对销售数字商品及服务征收预提所得税

等。2018年3月，OECD发布《数字化带来的税收挑战：2018中期报告》(Tax Challenges Arising from Digitalisation: Interim Report 2018,以下简称《中期报告》),表明为进一步应对经济数字化带来的税收挑战,各国应努力在联结度和利润分配规则方面努力达成一致。事实上,《中期报告》虽然认识到了各包容性框架成员对用户参与和价值创造理论尚未达成共识,但依旧认可包容性框架,寻求形成有全球共识的方案。

2019年5月,OECD通过推出《应对数字经济税收挑战共识方案的工作计划》,发布了应对经济数字化的"共识性"整合方案,即"双支柱"方案,其包括涉及利润分配与联结度规则的"支柱一"和全球反税基侵蚀的"支柱二"。截至2021年,130多个包容性框架成员签署共同声明,同意推行"双支柱"国际税改方案,这开启了BEPS行动计划的2.0时代。

"支柱一"是针对各个税收管辖区征税权的重新划分,其主要包括金额A、金额B以及关于税收确定性的争议预防和解决机制。金额A规则制定了新的全球利润分配机制,规定全球销售收入200亿欧元以上且利润率10%以上的跨国公司需要将"剩余利润"(超过10%的利润部分)的25%分配给市场国;金额B是针对低征管能力国家制定,简化独立交易原则的运用,规定就发生在市场国的基础性分销和营销功能给予固定回报且直接确定固定回报,不允许事后就该固定回报予以调整。此外,"支柱一"方案还规定了税收确定性机制和强化争议预防程序、完善相互协商程序的相关争议解决机制,避免对金额A双重征税。"支柱二"的主要内容是防止税基侵蚀,以应对企业将利润转移至无税或低税率实体所产生的持续性风险。

二、数字服务税方案

(一)欧盟的数字服务税方案

2018年3月,欧盟委员会提出对数字经济征税的两项提案。提案一是针对中长期方案实施前的临时解决方案,拟对"用户在价值创造中扮演主要角色的经济活动"征收总收入3%的数字服务税(该方案在后期审议过程中税率提升至5%)。提案二是旨在建立中长期的数字税的征收方案,对在欧盟辖区内没有"物理存在"但以其在线业务在欧盟辖区内实现的利润,应按传统实体企业的同等水平在欧盟征收公司税。纳税主体应在该欧盟成员国的年收入超过700万欧元,一个纳税年度内在该成员国的用户超过10万个以及与用户签署的数字服务合同超过3000项。

欧盟表明,其原则上支持G20/OECD在BEPS包容性框架内形成应对数字经济征税的全球性方案,但是由于具有全球共识的方案达成需要时间,在未达成一致情况下,期望在欧盟范围内开征统一的数字服务税。2018年,欧盟公布了《数字服务税指令》,表明如果国际上未达成具有共识性的解决方案,则其将于2021年1月1日起开征数字服务税。但是由于其成员国对数字服务税具体开征事项的分歧以及先行尝试采取单边税收措施,加之美国对欧盟成员国的不断施压,欧盟层面的数字税立法遭遇阻碍。一方面,奥地利、比利时、法国、波兰、西班牙、匈牙利等国家相继推出单边措施,这引发了美国对相关成员国的施压。美国通过双边协定对法国、西班牙和奥地利等国家征收报复性关税,直至上述国家与其约定将于"双支柱"实施时完全撤销单边税收措施,美国才有了短暂妥协,承诺取消针对产品征收的惩罚性关税。另一方面,欧盟成员国之间的税权之争也难以有效解决,如波兰、爱尔兰和匈牙利等国家一向以低税率吸引外资,而税收制度的改革意味着欧盟成员国之间税权关系的重新配置。

"双支柱"国际税改方案若能够得以有效落实,能够在一定程度上解决美国与欧盟国家的税收利益分歧和欧盟成员国遭遇的税基侵蚀和利润转移问题。但是,在欧盟成员国内部尚对"双支柱"方案中最低税率等规则存在质疑,且美国对该方案的认可和推进亦不容乐观的情况下,多边税收协定的达成存在困难,"双支柱共识"也难以解决美欧的利益博弈困境。尽管在全球税制改革、欧盟成员国单边措施推行以及美国各种反制措施的影响下,欧盟数字服务税实施进程暂时搁置,但其也没有放弃在相关领域立法。2022年,欧盟通过了《数字市场法》(Digital Markets Act)和《数字服务法》(Digital Service Act)。其中,《数字市场法》主要赋予了欧盟理事会对大型数字企业的监管权,其将谷歌、亚马逊、Facebook、苹果公司等数字巨头定义为"守门人",并制定了"守门人"的量化指标,确保这些企业不会利用其优势地位形成垄断;《数字服务法》则对欧盟内部提供不同类型在线服务的网络平台的内容审查和用户数据保护提出了更高的要求,并完善了数字内容治理的监督和执法机制。

(二)国别数字服务税制度

1. 法国数字服务税

法国Invest in France官方网站称法国受益于新数字经济创造的突出机遇,2019年4000万法国电子消费者在线消费1034亿欧元,在电子商务领域法国已成为欧洲的第二大市场和世界上的第五大市场。作为世界数字经济的重要参与者,法国已成为收获巨额跨国利润的大型数字企业的市场国。在欧盟关于数字服务税提案遭遇阻力的情况下,为防止本国利益继续受损,法国开始推行数字服务税政策,并表示在经济合作与发展组织(OECD)就国际数字服务税达成协议之前,这项税收只是作为一项临时措施。

2019 年 7 月,法国发布了《开征数字服务税暨修改公司所得税降税路径法》。该法案明确了数字服务税的纳税主体、征税对象、税基和税率,并规定,从 2019 年 1 月 1 日起,向全球年收入超过 7.5 亿欧元,在法国提供的应税服务的年销售收入超过 2500 万欧元的公司,就其依据互联网用户数据提供的定向广告服务、数字接口服务和出于广告目的而出售用户数据产生的总收入,按照 3% 的比例税率征收数字服务税。值得一提的是,美国首次根据"301 条款"[①]对数字服务税进行调查,正是针对法国的《数字服务税法案》。美国认为,法国的数字服务税在设置目标、征税范围以及征税门槛等方面设置上都指向美国公司,且不公平地指向少数数字公司——事实上,法国财政部长和议会议员多次将数字服务税称作"GAFA Tax",即针对四大跨国互联网巨头"GAFA"(谷歌、亚马逊、Facebook、苹果公司)课征的税,存在明显的不合理和歧视。

2. 英国数字服务税

英国政府表明,其依旧致力于改革全球税收体系,并且一直在推动该国际目标的实现。2018 年,英国政府提出开征数字服务税的计划,并在 2019 年 7 月的预算中将数字服务税正式列入立法计划。英国于 2020 年通过《2020 年财政法案》,决定自 2020 年 4 月起引入数字服务税(DST)。DST 将在四年内筹集 15 亿英镑,确保数字企业在英国纳税,以反映它们从英国用户中获得的价值。英国政府宣称,将继续领导与欧盟、G20 和经合组织的合作伙伴就国际企业税框架的未来改革达成国际协议,并在适当的国际解决方案到位时取消使用 DST。

该财政法案规定,对给英国用户提供社交媒体平台、搜索引擎或在线市场的企业的数字服务活动征税,对全球年收入超过 5 亿英镑,在英国的年收入超过 2500 万英镑的大型企业的数字服务收入征收 2% 的数字服务税。该财政法案强调,DST 适用于与英国用户挂钩的收入,即这些企业应当就从英国用户参与中获取价值的特定数字服务纳税。而是否为英国用户,应当根据用户的位置进行判断。

3. 印度均衡税

2016 年印度审议通过的《2016 年财政法案》规定,印度将于 2016 年 6 月起开征均衡税。该法案规定将对向两类付款方(印度居民企业和在印度境内设立常设机构的非居民企业)提供特定数字服务的非居民企业,就其提供的在线广告

---

① "301 条款"指的是美国 1974 年《贸易法》(Trade Act)第 301 条,即针对他国贸易政策,为国内产业发展和开拓海外市场、应对国外贸易壁垒的一项保护措施,也称"301 调查"。

服务以及用于在线广告的其他配套服务产生的收入征收6％的均衡税,其征收门槛为单笔应税交易的交易额超过10万卢比(约1万元人民币),或在一年内一个付款方向同一收款方支付的应税交易总额超过100万卢比。

2020年印度发布《2020年金融法案》,其有关均衡税的新规定自2020年4月1日起生效。该法案进一步扩大了均衡税的征税范围,其规定纳税主体为向三类付款方提供特定数字活动的非居民电子商务运营商,包括印度居民、在特定情况下的非居民以及使用印度IP地址购买商品或服务的付款方。就征税范围来说,除了在线广告及其他配套服务外,还包括在线销售电子商务运营商拥有的商品、在线提供电子商务运营商提供的服务以及电子商务运营商促进的在线销售商品或提供的服务。印度将对一年合计超过2000万卢比的纳税主体应税收入征收2％的均衡税。相较于《2016年财政法案》,《2020年金融法案》在征税范围、征税门槛以及税率等方面都更为合理。初期较低的征收门槛和较高的税率意味着大部分数字企业都要承受较高税率,而针对不同业务设置不同税率,适当降低税率,提升征收门槛,不仅更有利于解决跨国巨头垄断和利润转移问题,降低中小型企业的税收负担,而且不至于对数字经济进一步发展造成过大的影响。

三、国际组织应对跨境增值税征收挑战的方案

就数字产品应税项目的界定,1998年OECD在渥太华召开的部长会议上通过了《电子商务税收框架公约》,建议将数字化产品视为一种服务,而非产品。欧盟发布的《2006/112/EC增值税指令》提出了"以电子方式提供的服务"这一概念和其涵盖的具体类型,包括网站供应与维护,提供软件及其更新,提供图像、文本、信息或数据库访问服务等。2011年,欧盟进一步明确了"以电子方式提供的服务"是指以电子网络或互联网方式提供的服务,其本质上是高度自动、人力干预程度极小且必须依赖信息技术。

就数字经济背景下跨境增值税管辖权和征收问题,1998年OECD部长会议对电子商务跨国交易的增值税确立了实行实际消费发生地征收的原则,建议企业自境外非居民销售方取得服务或无形资产可以适用逆向课税、自我评估或其他类似的机制。采取纯粹的消费地标准来界定消费地可能会给劳务和无形财产的提供方和税务部门造成征管困难,例如数字经济背景下跨境销售数字化产品或服务可能难以判断实际消费发生地,且海关代征这种消费税征收机制也难以实现。欧盟于2002年通过的《2002/38/EC增值税指令》和《792/2002号实施条例》规定,对非成员国企业向成员国个人提供数字产品征收增值税,并且按消费地原则征税,而成员国企业与个人之间的数字产品交易按照原产地原则征税。

OECD税务委员会发布的一系列消费税指南相关文件,进一步明确了不同交易情形下实际消费地的判断和可操作性强的征收方式。对于B2B交易,应当将接收方拥有商业存在的所在地视为跨国交易的消费地,适用逆向课税方法或自我评估方法,货物或服务的接收方直接向税务机构交付消费税税款,有利于实际消费地税务机构稽查;对于B2C交易,货物或服务接收方拥有惯常居所的国家为实际消费地,且在这种交易情形下,根据接收方经常居所地进行税收征管存在困难,应当适用税务登记制的课税方法,由货物或服务的销售方负责向税务机关解缴税款。2017年,欧盟对于跨境增值税管辖权出台了更为详细和更具实践价值的规定,规定自2019年元旦起,成员国企业对其他成员国个人的数字产品交易销售金额若低于10000欧元,则适用原产地原则。

第四节 应对数字经济背景下税法变革的中国思路

2021年,国务院印发了《"十四五"数字经济发展规划》,对数字经济的发展现状和形势进行研判,明确我国数字经济发展的指导思想、基本原则和发展目标,强调要规范数字经济发展,建立健全触发式监管机制,在税收方面要加强税收监管以及税务稽查。我国现行税法制度应直面数字经济带来的各种冲击、挑战,并适时推进深化改革。

一、国内税法制度改革

面对数字经济形式与传统经济形式的并存发展,发挥数字经济对经济高质量发展的重要推动作用,当务之急是对传统税制中不适应数字经济交易模式发展的内容进行调整、改革和重塑,回应数字经济时代产生的税收问题。应当坚持效率与公平并重、完善税收实体制度与强化税收征管并重,提高现行税制对经济数字化的适应、包容程度。主要内容体现为增值税和所得税两大实体税种的规则优化,以及税收征管方式手段的革新。

(一)所得税改革

数据作为数字经济的关键生产要素,对于数字企业的生存发展具有决定性意义。但是,数据资产目前无法明确对应我国《企业所得税法》规定的九类应税企业所得收入中某一收入类型,由此也导致在所得税的扣除层面,无法扣除数据资产创造时所产生的各种成本支出和费用支出。随着数据资产化的进程加快,数据资产纳入所得课税成为必然,我国所得税制改革应将数据资产纳入企业所得税范畴,缩小行业间税负差距。

我国企业所得税的纳税人包括居民企业和非居民企业。对于居民企业,应当调整纳税地的规定,将"数字存在"增加为新的联结度标准,除了企业登记注册地和实际管理机构所在地外,存在显著经济活动的用户市场所在地也拥有征税权;对于非居民企业,需要调整常设机构确定规则,增加虚拟常设机构,明确虚拟常设机构的判断标准,包括用户价值贡献。除此之外,为坚持税收中性原则,应当设立数字征税企业的门槛,借鉴支柱一方案,只有满足特定收入门槛条件的从事特定服务或者业务的大型企业才适用新的税收联结规则。

企业所得税的税收管辖权在数字经济的虚拟性、跨区域性、可移动性影响下需要进一步明确,包括政府间横向税收划分和纵向税收划分。一方面,应当完善总分机构地区间税收分配规则,解决法人所得税制度下数字企业税源跨省市转移问题。考虑到数字企业线上生产经营和用户价值创造的特征和理念,在对大型数字平台企业所得税款进行总分机构之间分配时,在传统营业收入、职工薪酬以及资产总额三大因素之外,引入数字经济因素,例如用户数量、网络交易规模等。另一方面,作为中央与地方共享税,企业所得税在中央和地方之间有着固定的划分比例,但同时应考虑到数字经济的区域发展不平衡,使得本来区域经济发展水平持续拉大,因此可以适当增加数字经济欠发达地区的企业所得税划分比例,缩小区域税收差距。

个人所得税方面的问题在于个人提供数字服务的所得难以根据现行所得分类认定性质,例如频繁出现的网络主播偷税、漏税现象,部分主播利用现行规则未严格明晰劳务报酬所得与生产经营所得之间区别的漏洞,逃避纳税义务。由于生产经营所得与劳务报酬所得均属于劳动性质所得,因此未来改革方向应是扩大综合所得的范围,把个人生产经营所得囊括进来。

(二)增值税改革

目前《增值税暂行条例》《增值税暂行条例实施细则》以及相关文件对增值税征税对象进行了明确的列举,数字产品、数字服务无疑属于增值税征税对象,但由于目前的法律规定并不完备,因此增值税征税范围需要扩大以容纳出现的新业态数字产品和服务,弥补税收漏洞。一方面,要明确增值税纳税人定义,其应当包括进出口数字服务、产品的国内单位和向我国境内居民消费者提供数字化产品、服务的国外供应商。另一方面,要对"劳务"和"无形资产"的内容进行扩充。数字产品应当包括网址、信息库、应用程序、软件、图像、文档、电子出版物等,数字服务应当考虑大量出现的远程教学、网上论坛、健康饮食定制程序等。

经济数字化促进了跨境服务贸易的进一步发展,同时也带来增值税制方面的挑战。OECD针对这些挑战进行了积极探索,其发布、更新的《国际增值税/货物和劳务税指南》明确了保证税收中性、实行消费地征税的增值税核心原则,确定了跨境贸易中服务和无形资产的征税地。对于跨境服务和无形资产交易,该指南区分 B2B、B2C 不同模式,实行不同的税收规则。对此,我国增值税改革应当主动吸收借鉴相应国际准则,区分不同跨境服务模式,并进一步优化消费地原则,例如可以选取资金流、支付方式等特定交易要素界定消费地。

（三）税收征管方式与手段的革新

首先,进一步健全税务登记制度,明确纳税主体范围,为税务机关提供纳税信息。根据数字经济的虚拟性、流动性等特征,应当在现有税务登记制度中专门规定网络交易主体登记规则。在传统的税务登记证、组织机构代码证以及营业执照"三证合一"的基础上,经营者还应当登记其服务器地址、网络域名、账户数据等信息,减少网络经营者为偷税而变更服务器地址等不法行为。税务机关应当审核经营者登记信息的真实性、完整性,对符合登记条件的经营者发放电子税务登记证。应进一步明确网络交易平台对税务部门的协助义务,落实其向税务部门报送平台经营者身份信息和相关纳税信息的责任。同时,必须明确网络交易平台对平台内经营者是否符合市场主体登记豁免条件进行审核的责任,形成对合格纳税主体的完整监控。

其次,针对前文提到的 C2C 交易中委托代征带来的税源监管困难问题,应当完善网络交易代扣代缴制度。C2C 交易中,自然人经营者的交易行为以网络平台为载体,但是出于自身利益考量,通常具有逃避纳税义务倾向,要求其自行申报纳税的制度设计存在不现实性。因此,在征管实践中,税务部门可以考虑网络平台为自然人经营者实行代扣代缴,打破单一的政府主导规制,"发展以政府为主导的共享规制",加强网络平台与税务部门的税务征管合作,提高税源监管完整性。

税务机关应借助数字技术打造互联互通的税收信息共享数据库,促进税务部门和相关部门、企业的涉税信息交流,明确数字平台代扣代缴义务和税务信息报送等税收征管责任,为税收治理提供丰富优质的税收数据,助力税收协同共治。即使数据技术有望将涉税行为完整地置于税收征管机关"监控"之下,提高纳税人遵从度也应当依靠纳税信用体系的完善,并通过动态纳税信用分级、纳税信用评价体系,建立、完善诚信激励机制和失信惩戒机制,提高纳税积极性。

二、国际税制改革与征管合作的中国担当

2022 年我国数字经济规模总量位居世界第二,数字经济已然成为稳定经济增长、促进经济转型的重要动力引擎。作为数字经济大国,我国的长远目标是建设数字经济强国。因此,我国必须正视数字经济带来的各方面挑战,在国际层面应当积极组织开展国际数字经济治理会议,推动数字经济税收的政策沟通,提高国际税收规则制定的话语权。

在数字经济的浪潮中,每个国家都在追逐数字经济治理的标准制定权,都想取得先行者优势,先行采取行动从"公共区域"获取产权尚未明晰的税收利益。世界发达经济体将数字经济及变革视为助力实体经济、提升国际市场核心竞争力的重要抓手。虽然美国因数字经济"输出国"的地位而对数字经济税收持矛盾态度,对印度、意大利、英国、巴西等已经开征数字服务税或者制定征税方案的国家进行调查,提出质疑和批评,但这正表明了美国对于数字经济税收的掌控意图。数字经济具有跨区域性、高移动性,如果任由各个国家采取税收单边措施,就会造成国际税收秩序的混乱,难以实现数字经济的全球发展和治理。

在国际税收舞台,我国一贯支持并努力促成多边共识方案的达成,应当进一步加强全球税收合作,展现大国税务担当。为应对 OECD 开展的 BEPS 工作,2015 年我国国家税务总局组织成立了 G20 税制改革工作领导小组,积极促进 G20 税改工作的落实和相关成果的转化,推动国内的税收改革,多次参加 BEPS 项目会议并向 OECD 提交我国立场声明以及实质性建议。2017 年,我国签署了《实施税收协定相关措施以防止税基侵蚀和利润转移的多边公约》(以下简称《公约》),其作为 G20 国际税改的重大成果,对防止纳税人跨境逃避税、促进国际税收协调具有重要意义。2019 年,"一带一路"税收征管合作机制建立,这是第一个由我国发起的多边税收合作长效机制,旨在提升共建"一带一路"国家税收领域的协调性和互惠性,共同建立增长友好型税收营商环境。目前,合作机制理事会成员已扩大至 36 个国家,并增加了 30 个观察员国家,拥有广泛的"朋友圈",影响力不断扩大。合作机制理事会还设立了"一带一路"税收征管能力促进联盟,这是一个专门负责开展培训、研究和技术援助等能力建设工作的多边机构,致力于提高成员国的税收征管能力,促进技术和经验的共享,以共同应对建设"一带一路"国家税收管理面临的挑战。

2022 年 8 月,国家税务总局发布了《公约》对我国生效并对部分税收协定开始适用的公告。我国积极推动 BEPS 项目成果在我国的转化落实,出台《一般反避税管理办法(试行)》,修订《特别纳税调整实施办法(试行)》,发布关于特别纳税调整、同期资料和国别报告、预约定价安排等专门性公告,构建与国际接轨的反避税法律框架。我国积极主导建立了"一带一路"税收征管合作机制,推动"一带一路"国家、地区的税收合作,表明我国参与全球税收治理的主动性、积极性。

"双支柱"方案共识达成,标志新的国际税收规则确立,这对于公平合理的国际经济秩序的建立具有极其重要的意义。我国在共识的形成过程中,主张应对经济数字化的税收挑战,应当避免数字服务税等各种单边措施,而应以多边共识性的方案解决国际税收。"双支柱"共识方案要求所有的缔约方撤销数字服务税以及其他相关的类似单边措施,美国就为维护本国数字企业利益而与欧洲各国就开征数字服务税进行谈判。国家利益决定国家行为,每个国家对数字服务税的开征各有考量,在未来"双支柱"方案进一步明确、细化、调整的情况下,数字服务税问题有望达成一致。

三、我国数字服务税的开征问题

数字经济发展方兴未艾,近年来各国都基于具体国情、本国利益对数字服务税的开征问题开展讨论研究,并各持立场。法国、西班牙等国家为增加财政收入、保护本土数字企业发展而支持开征数字税或者已经初步开征数字服务税,瑞典、爱尔兰、卢森堡等国家则反对开征数字服务税,也有部分国家采取观望态度。作为数字服务的生产大国以及消费大国,中国是否征收数字服务税可能会影响国际税收改革方向,并对国内宏观经济产生深远影响。

我国需要全面、深入分析数字服务税开征的合理性及合法性、正负两方面的影响,并立足国内数字经济发展现状,审慎决策、长远布局。部分国家专门立法开征的"数字服务税"有临时因应的色彩,且因未达成国际统一征税共识而属于单边税收举措,加之开征数字服务税存在增加数字企业成本、损害消费者利益、加大贸易摩擦等风险,由此看来数字服务税的开征理由似乎并不牢靠,国际上也并未达成广泛共识。但从长远而言,随着数字经济的迅猛发展,数字税收将成为财政收入的重要来源,数字企业和传统实体企业的税收待遇差别会进一步凸显,数字服务税的开征恐怕是大势所趋。随着数字经济的纵深发展,当传统税制即使进行适应性调整也无法解决数据和算法等复杂的课税问题时,那么就不应排斥求诸传统税制之外新税种的设立了。

总之,数字服务税对于我国而言是利弊并存的,税收利益、税负承担、税收确定性等问题的存在,使得数字服务税开征与否的利益衡量显得十分复杂。而将来我国为了维护国家的税收利益或许不得不开征数字服务税,那么关键问题在于如何制定我国数字税收规则,尽早对数字服务税开展研究和顶层设计,在分析国内现行税制的基础上,探索、建构未来容纳数字服务税的合理税制,尽量减少这把"双刃剑"带来的消极影响与负面作用。

> 问题与思考

1. 数字经济发展对国际和国内税法分别产生了哪些影响？
2. 我国是否应考虑开征数字服务税？
3. 谈谈在数字经济背景下的税收公平问题。

> 扩展阅读

1. 陈昌盛、冯俏彬等：《数字税：系统性挑战与中国方案研究》，人民出版社2021年版。
2. 曹明星：《数字经济国际税收治理变革》，社会科学文献出版社2022年版。
3. 张守文：《数字税立法：原理依循与价值引领》，载《税务研究》2021年第1期。
4. 张守文：《数字经济发展的经济法理论因应》，载《政法论坛》2023年第2期。
5. 杜莉、李钧帆：《用户参与、企业利润率与跨境数字服务所得征税权的划分》，载《国际税收》2022年第3期。
6. 李金艳、陈新：《关于双支柱方案的全球税收共识：真相探究和法律现实》，载《国际税收》2022年第3期。
7. 郭昌盛：《应对数字经济直接税挑战的国际实践与中国进路》，载《法律科学（西北政法大学学报）》2022年第4期。
8. 张牧君：《用户价值与数字税立法的逻辑》，载《法学研究》2022年第4期。
9. 张牧君：《数字服务税的争议与法理辨释》，载《法律科学（西北政法大学学报）》2022年第4期。
10. 熊伟、毛彦、许恋天：《网络主播个人所得税法律适用问题辨析》，载《国际税收》2022年第5期。

第八章　数字金融的法律监管

【引读案例】

2016年,德国公司 Slock.it 在以太坊平台上发起 The DAO 项目,通过区块链智能合约设立去中心化自治组织(Decentralized Autonomous Organization, DAO)。该项目在以太坊上发行 DAO 代币,投资者通过支付以太币(ETH)获取 DAO 代币。该项目的目的是让持有 DAO 代币的投资者通过投票的方式共同决定被投资项目,整个社区完全自治,通过代码编写的智能合约来自动实现。2017年7月,美国证券交易委员会(Securities and Exchange Commission, SEC)对 The DAO 公开发行代币一案作出了裁决,认定该案中发起人发行的代币属于美国1933年《证券法》和1934年《证券交易法》上的"证券"。此案裁决中,SEC 适用了著名的豪威测试(Howey Test),并认为 DAO 代币符合所有的要件,即符合金钱投资、共同事业、合理利润预期、收益来自他人努力这几个要件,因此发起人在发行此类代币时应履行证券法下的法定注册手续和相应的信息披露义务。[①]

第一节　数字金融概述

数字金融的概念可能随着科学技术发展而不断变化。本节将对与数字金融相关的概念进行澄清与解释,并阐述有关数字金融监管的基本原则与特点。

一、数字金融及相关概念辨析

(一)数字金融

"数字金融"的概念并没有统一的定义。从字面意义上看,凡涉及用"数字"方法处理"金融"业务,都可以被归入数字金融的范畴。近年来出现的互联网金

[①] See *Report of Investigation Pursuant to Section 21(a) of the Securities Exchange Act of 1934: The DAO (Release No. 81207 / July 25, 2017)*, https://www.sec.gov/litigation/investreport/34-81207.pdf, accessed December 10, 2020.

融、科技金融、区块链金融、去中心化金融等概念，都与数字金融相关。随着信息技术不断发展，经济模式不断创新，数字金融的内涵与外延始终处于发展变化的过程中。早期数字金融，主要涉及对金融信息的数字化处理，这一阶段的数字金融在经济模式上与传统金融并无实质差异，更多是传统金融的数字化表现形式，"互联网金融"为其典型代表。而自区块链技术兴起之后，以加密数字货币为代表，技术革命直接导致了经济模式的创新，是数字金融在新阶段下的表现形式。随着科技的不断进步，可以预见数字金融所包含的内容在未来会继续更新迭代。

（二）金融科技

经常与"数字金融"交替出现甚至相互替代的一个概念是"金融科技"（Fintech），这一概念更为强调高新技术在金融行业中的应用。由 G20 发起的金融稳定委员会（Financial Stability Board, FSB）将金融科技定义为："金融服务领域的技术创新，可能产生新的商业模式、应用程序、流程或产品，对金融市场和机构以及金融服务的提供产生相关的重大影响。金融科技创新正在影响金融服务的许多不同领域。"FSB 还表示，其将从金融稳定的角度审视金融科技创新，而当前的主要工作则集中在分析"金融科技信贷、数字货币、分布式账本技术、人工智能和机器学习"等领域。[①] 由此可见，金融科技的视角更多关注于新兴技术对传统金融的创新甚至是"破坏"，且其内容也是跟随技术发展而不断扩展。

（三）互联网金融

互联网金融原本是在"互联网＋"的语境下产生的概念，是指传统金融机构与互联网企业利用互联网技术和信息通信技术实现资金融通、支付、投资和信息中介服务的金融业务模式。它的特征是互联网技术和金融功能的深度融合，依托大数据和云计算在开放的互联网平台上形成的功能化金融业态及其服务体系。互联网金融是传统金融行业与互联网技术相结合的新兴领域，对促进小微企业发展和扩大就业发挥了现有金融机构难以替代的积极作用，同时也对金融产品、业务、组织和服务等方面产生了深刻影响。监管视角下的互联网金融主要指当时的 P2P、众筹等金融形态，也包括始终存在的通过互联网方式吸收存款、发放贷款等金融行为。

（四）区块链金融

所谓区块链金融，是指基于区块链基础的金融创新模式。区块链技术的特

[①] See *FinTech*, https://www.fsb.org/work-of-the-fsb/financial-innovation-and-structural-change/fintech/, accessed March 16, 2023.

点是分布式记账,本质其实就是一个去中心化的信任机制。区块链金融具有安全、高效的特点,利用区块链账本的安全透明、不可篡改、易于跟踪等特点,通过在分布式节点共享来集体维护一个可持续生长的数据库,对证券登记、股权管理、证券发行进行数字化管理,以此来实现信息的安全性和准确性。传统的金融服务产业是全球经济发展的动力,也是中心化程度最高的产业之一。区块链则为去中心化的信任机制提供了可能,具备改变金融基础架构的潜力,各类金融资产如股权、债券、票据、仓单、基金份额等均可以被整合进区块链账本中,成为链上的数字资产。区块链金融在金融领域呈现出极高的应用价值和市场前景,但也给传统的金融监管带来理念和方式上的颠覆式冲击。

二、数字金融发展中需要考虑的监管原则

与传统金融模式的经营方式不同,数字金融更加侧重于科技手段的应用。作为一种数字技术与金融业态相融合的新型产业模式,数字金融正逐步推进传统金融市场的结构转型,从而使传统金融行业的竞争力和金融服务效率大幅提升。但也正因如此,数字金融改变了以往金融业务模块相对独立的状态,随着金融行为与技术底层加深互动,金融风险也更容易在系统内大范围和高速传播,基于这一现实情况产生了特殊的监管要求,以及需要考虑的特殊问题与原则。

(一)协调科技创新与金融监管

正如科技发展在其他领域对社会治理与法律架构提出的挑战,在数字金融领域也会遇到如何平衡创新与监管的问题。数字金融业务的快速发展和不断更新的技术手段,使得监管部门需要不断学习和掌握新技术,以保证其对数字金融业务的监管能够跟上时代步伐。监管部门需要在科技创新和金融监管之间协调平衡,既要保障金融市场的健康发展,又要支持数字金融业务的创新和发展。监管部门需要考虑制定相应的科技创新监管标准,以规范数字金融业务的发展和运营。这些标准和监管手段既要保障金融市场的安全和稳定,也要允许数字金融业务在合理的范围内进行创新和发展。

(二)协调金融创新与金融稳定

鉴于数字金融的创新模式给传统金融业务带来的系统性风险,站在金融监管角度,还需要特别考虑如何平衡金融创新与金融稳定。金融稳定是金融行业的基本要求,是市场经济稳定运行的重要保障。金融稳定不仅关乎金融市场的安全和健康,也关乎国家和人民的根本利益。因此,在金融创新和发展的过程中,要始终将金融稳定作为重要目标和核心价值,尽量避免金融创新带来的不稳定因素。例如,上面提及的FSB即表示,将长期关注金融科技对金融稳定可能

带来的冲击,并呼吁各国监管机构需要加强合作,分享信息和经验,加强对数字金融机构的监管和规范,以保障金融稳定和市场安全。

(三)协调平台利益与消费者保护

数字金融的发展尤其是互联网金融,处处体现着传统金融机构与现代互联网平台之间的合作与竞争,而不论二者以哪一方为主,都需要考虑如何协调平台利益与消费者保护的问题。数字金融的消费者保护在各个方面都体现出与传统金融所不同的特点与难点。由于数字金融机构与平台掌握了大量消费者的个人信息与金融数据,一方面导致数字金融消费者的个人信息与个人隐私容易遭受侵害,另一方面导致数字金融消费者容易遭受算法歧视,损害消费者公平获得金融服务的权利。如何在金融数据的流动共享与金融消费者个人信息保护之间取得平衡,是数字金融发展中的核心问题。此外,由于数字金融的出现大大降低了金融投资的门槛,导致参与数字金融活动的消费者本身金融素质较低、盲从性较强,如果没有适当监管,很容易使得消费者的财产权遭受损害。

三、数字金融监管方式的创新与探索

数字金融是一种新兴的金融业务形态,传统的金融监管方式与手段在应对数字金融的监管时表现出很大的局限性,需要新的监管方式和手段来保障市场稳定和风险控制。为了对数字金融进行监管,监管部门一直在探索新的监管方式和创新路径。

(一)监管科技

数字金融的产生来源于信息技术的发展,而对数字金融进行监管同样可以采用科技手段。因此,监管科技(Regtech)的概念应运而生。监管科技的概念于2015年3月首次出现在英国政府科学办公室对金融科技发表的研究报告中,指的是使用创新的科技实现对监管标准有效率地监控、转化、遵守,也包括数据分析、监管报告、反洗钱或反欺诈、风险管理领域内的自动化解决方案等。[①] 监管科技的应用可以提高监管机构的监管效率,企业也可以用其降低自身的监管成本,同时也可以使得消费者在接受金融服务的效率和合规方面获得益处。

(二)监管沙盒

为减少监管不确定性对数字金融发展带来的限制,许多发达国家或地区的监管部门都转变了传统的监管思维,尝试监管沙盒的评估方法。监管沙盒最早是用于分离正在运行的程序的安全机制,通常用于执行未经测试或不受信任的

---

① 参见杨东:《监管科技:金融科技的监管挑战与维度建构》,载《中国社会科学》2018年第5期。

程序或代码,而不会对主机或操作系统造成损害。2015年11月,英国金融监管局率先提出监管沙盒的创新监管理念。监管沙盒作为一个受监督的安全测试区,通过设立限制性条件和制定风险管理措施,允许企业在真实的市场环境中,以真实的个人用户与企业用户为对象测试创新产品、服务和商业模式,有助于减少创新理念进入市场的时间与潜在成本,并降低监管的不确定性。

(三)跨境协作

数字金融是一种全球性的金融服务形态,它具有跨境特征和全球性影响,因此在监管方式上也必然催生跨境协作的需求。跨境协作可能在两个层面上展开,其一是各国监管机构之间进行协调与合作,例如欧盟推行的"数字单一市场"计划就旨在加强各国监管机构之间的协作,其中也包括对数字金融的监管;其二是协调与合作未必发生在各国监管机构之间,而可能发生在更为平等的市场参与主体的自治行为层面。由于对区块链等的监管与传统金融监管存在较大差异,因此在一定程度上可能需要借助更多市场力量的参与以实现"分布式治理"的目的。

第二节 互联网金融的法律监管

2013年以来,互联网金融在中国取得了蓬勃发展,成为一个现象级的事件,2013年也因此被称为中国"互联网金融元年"。以第三方支付、P2P借贷、众筹、网络理财等网络业务为典型代表,互联网金融在我国引发了一系列的监管风险,有关的经验教训值得总结和借鉴。本节将对互联网金融范畴内的几大典型业务模式进行分析。

一、网络支付的发展现状与法律监管

(一)网络支付的兴起与发展

在无线通信终端和移动互联网的普及渗透下,人们更多地通过手机 App 获得金融服务,网络支付也成为数字金融最常见的应用场景之一。时至今日,除了传统银行的手机 App 服务之外,用户最常使用的网络支付产品包括微信、支付宝和银联云闪付等。总体而言,网络支付平台呈现出稳定的发展趋势,具体表现为[①]:第一,交易额平稳递增,交易规模不断扩大;第二,业务领域持续拓展,实现了由消费支付向生活缴费、信用卡还款、教育医疗、基金保险等方面的延伸,网络

---

① 参见杨文杰:《中国现代化支付系统发展》,载《中国金融》2017年第14期。

支付方式已渗透到生活的方方面面;第三,保持盈利态势,虽然手续费随着各企业的竞争而有所下降,但交易额的快速增长整体上弥补了手续费下滑,行业盈利规模整体上呈现不断增长的态势。

(二)网络支付的优势与特征

网络支付深度融合普惠金融,数字红利普惠大众,该种金融服务方式呈现出以下优势与特征:首先,网络支付方式便捷,不受时间地域限制,用户可以有选择地挑选合适的支付方式,总体上可以促进居民消费;其次,网络支付大大降低交易的金融服务成本,弥补传统金融对不发达地区、小微企业支持的不足;再次,网络支付采用电子记账与多重安全验证等,在安全性与准确性上比传统支付系统更为可靠;最后,在利用网络支付的同时,商家还可以获得大量消费数据,可以进行有效的二次开发与利用。

(三)网络支付的风险与监管

网络支付的兴起对传统金融监管从若干角度提出了挑战,具体可能包括以下几个方面:

第一,网络技术安全性风险。网络支付平台可能会遭受各类技术故障或黑客攻击,导致网络服务中断,无法完成支付,也即存在各种支付安全风险。对此基础性问题,监管机构需要加强对支付平台和支付服务提供商的监管,制定相应的监管规则和技术标准。

第二,数据安全与个人信息保护。网络支付涉及大量个人敏感信息,如何保障个人信息和个人隐私安全是一个亟待解决的问题。监管机构需要确保支付服务提供商采取足够的安全措施来保护这些数据,防止数据泄露和其他安全事件,避免用户数据被滥用和泄露。

第三,市场秩序和公平竞争。网络支付涉及多方参与,如何避免垄断、欺诈、不正当竞争等问题也需要监管机构的关注和干预。就现状而言,我国的网络支付业务主要集中于几大巨头,已经形成巨大的规模效应,一旦发生风险事故,可能造成系统性风险。

第四,引发金融犯罪的风险。网络支付的普及为金融犯罪提供了更多机会,如洗钱、恐怖主义融资、网络欺诈等。金融监管机构需要加强合作,以防止这些犯罪活动。支付平台若未能落实实名认证等要求,很容易带来洗钱风险,也可能成为信用卡恶意套现的工具。[1]

---

[1] 参见姚博:《数字金融产业创新发展、传导效应与风险监管研究》,经济管理出版社2019年版,第35页。

第五,跨境支付的监管问题。网络支付的特点是不受地域限制,因而在涉及跨境支付时,监管机构难以跟踪和管理。因此,对于如何协调跨境支付的监管,防止洗钱、非法资金流入等问题的发生,国际协作日益重要。

二、网络借贷的发展现状与法律监管

(一) 小额信贷与普惠金融

网络借贷作为传统银行借贷的补充形式,其主要业务以面向个人的消费金融和面向企业的小微金融为主,突出"小额"与"普惠"的特征。传统商业银行和监管体系以抵押担保作为风险管理的基本方式,因此将无力提供抵押担保的个人和微型企业排斥于服务的大门之外,限制了其发展机会。而小额信贷则通过金融科技方面的创新,构建全新信用分析模型,为缺乏传统征信数据的小微客户提供客观信用评估,解决了在无须抵押担保的条件下为个人和微型企业可持续地提供金融服务的制度与方法。

普惠金融的概念早于互联网金融,但在互联网金融兴起后,两者又自然融合为"数字普惠金融"的样态。普惠金融的概念最早出自美国,经济学家在研究经济地理时发现某些地区没有人愿意开展银行业务,也没有人放出贷款,这被称为"金融排斥"。与此相对的"金融包容"则早在 20 世纪 70 年代就被提出,而其真正发挥作用是在 2005 年全球小额信贷年会时提出的"包容性金融系统"概念。因此,普惠金融与小额信贷密切相关,而金融科技又在其中发挥广泛和重要的作用。

(二) P2P 网络借贷的兴起与严控

P2P 即点对点对等网络,P2P 网络借贷指的是个人与个人之间的小额信用借贷交易,通常需要借助专门的网络平台来实现。P2P 网络借贷从分类上也可以归属于小额信贷的网络形式,对传统金融体系的空白进行补充。P2P 网络借贷与传统金融模式不同,理论上由借款人和贷款人通过 P2P 网络借贷平台直接接触,借款人将自己的借款需求在 P2P 网络借贷平台公布,贷款人根据自己的风险承受能力对借款需求进行选择,其最大的特点便是脱离了类似于银行这样的传统资金媒介。

P2P 借贷平台曾经在我国飞速增长,主要服务于低收入者和小微企业,有效推动普惠金融的发展。但在经历野蛮生长之后,P2P 平台因金融管理部门监管滞后或不到位而频频出现各种问题,P2P 平台产生的各种风险造成了金融市场的混乱,甚至引发区域性风险和系统性风险。2016 年至 2017 年间,监管部门密集出台了《网络借贷信息中介机构业务活动管理暂行办法》《网络借贷信息中介机构业务活动信息披露指引》《网络借贷信息中介机构备案登记管理指引》《网络借贷资金存管业务指引》等监管性文件,并自2018年起严格管控P2P平台的资金池以及非法集资等问题,集中处理了一批跑路平台的实控人,使得该行业暂时停止了野蛮生长的状态,而进入长期规范化发展的轨道。

(三)网络借贷的风险与监管

对以P2P平台为代表的网络借贷行业而言,在缺乏有效监管的环境下,对消费者可能造成的最大风险即平台跑路,直接造成消费者本金损失。例如,著名的"优易网集资诈骗案"是国内首个以集资诈骗的罪名公开审理网贷平台的案例。优易网于2012年成立,系香港亿丰国际集团投资发展有限公司(以下称"亿丰")旗下的P2P平台。2012年12月21日,亿丰突然宣布优易网"停止运转",网站无法正常交易,三位负责人当日便失去了联系。在被公安机关抓捕之后,犯罪嫌疑人对犯罪行为供认不讳,并且交代称该网贷平台是请专业公司制作的网站,当时只花费了几千元,网贷平台上的借款标的均是假的,而集资所得主要投向了期货、股市,因资本市场投资失败导致无法偿还给网贷平台出借人。由此可见,网络平台的信息不透明与非法资金池问题是此类业务监管中的最大问题。除了出台相应政策规范外,如何将监管措施落实到位也是难点问题。

一方面,P2P平台的频繁爆雷严重打击了广大消费者的信心;另一方面,也不乏借款人利用信用体系的不健全,从各个渠道频繁开展借贷活动,造成平台的经济损失。最典型的一个案例是,天津一个网名"坦克"的借款人,在多家P2P平台借款,总金额高达500多万元。此笔借款最后由于借款人身份是虚拟的,成为各个平台的坏账,给各家平台带来了巨大损失。由此可见,对网络借贷行业的法律监管应从两个方面入手:对平台的监管自不用多说,严格的信息披露与规范的资金存管是网贷平台必须遵守的基本监管要求;而对借款人的身份认证体系、信用评价体系建设则同样需要加强,防止因系统漏洞给犯罪分子造成可乘之机,这同样会打击行业的长远和健康发展。

三、网络众筹的发展现状与法律监管

(一)网络众筹的概念与特征

网络众筹指的是项目发起者利用网络众筹的平台,为自己需要融资的项目、创意进行广泛融资的一种全新的互联网金融商业模式。网络众筹的投资者可以随意挑选自己感兴趣的项目或者创意进行小额投资,并且在融资项目成功后,项目的发起者会给予投资者一定的(实物或者非实物)回报或者无回报。"众筹"(Crowd Funding)的概念最初起源于美国,2009年成立的众筹网站Kickstarter

首次使用了网络众筹这一创新的商业模式,为众多艺术类、设计类项目成功融资。随后在 2012 年,奥巴马政府签署了《促进创业企业融资法案》也即"JOBS 法案",对网络众筹进行了法律上的认可。

网络众筹是一种创新的互联网融资方式。与传统的融资方式相比,其具有如下特点:(1)基于网络的高传播度。网络众筹依附于互联网信息传播的形式,创业者可以把自己的构想直接通过网络向全世界的人进行展示。(2)融资的低成本与低门槛。创业者只要有自己觉得不错的想法,就可以很快获得志同道合的人的支持,而投资人也可以用很小的成本支持自己喜欢的项目,对双方来说融资与投资的门槛都大大降低。(3)短周期与高效率。网络众筹的融资方式直接,没有中间环节,使得融资的效率得到提高,且从整体而言其项目短小轻便,在众多参与人的支持下很容易就能够获得相应资金。

(二)网络众筹的分类

根据众筹项目投资对象的不同,网络众筹主要有如下几种分类:一是奖励类众筹。主要指以互联网平台为筹资平台,以单纯实物产品作为回报的模式。这种模式类似于"团购加预售"的形式,以艺术类与创意类的项目为主。二是股权类众筹。主要指通过互联网平台筹集资金,然后将相当于公司股权的利益作为投资回报分配给投资人,投资人将来可以享有类似于股东分红或股权回购的权利。[①] 除此以外,常见的还有公益目的的公益型众筹,例如"轻松筹""水滴筹"等,即投资人并不要求任何直接的回报,项目方将募集到的资金使用于短期或长期的慈善项目,是公益募捐的一种新模式。

(三)网络众筹的风险与监管

网络众筹有利于初创企业降低融资门槛,对创新创业具有极大的促进作用。但同时,正是由于该种方式融资效率过高,在缺乏监管和信息披露不足的情况下,很容易给广大投资者造成经济损失。根据网络众筹的不同分类,首先,奖励类众筹的风险相对较小,投资人的投资款对应的是较为确定的实物回报,项目的金融属性不甚明显,不太可能造成大范围的金融风险。其次,公益类众筹可能存在募捐平台自身"敛财""骗捐"等问题,以及由于相关的法律法规与监管措施不到位而造成的其他漏洞,需要进一步完善《慈善法》以及相关的管理规定以促进规范运作。[②] 最后,对网络股权众筹而言,由于其涉及面较广、筹措资金额较大,且对现行监管规定存在一定程度上的突破,对金融稳定极有可能造成风险,是最

---

① 参见徐韶华等:《众筹网络融资风险与监管研究》,载《浙江金融》2014 年第 10 期。
② 参见薛三丽等:《公益众筹平台法律责任探析》,载《法制与经济》2020 年第 1 期。

需要法律监管的重点领域。

此外,网络股权众筹有可能存在构成非法吸收公众存款和非法发行证券的风险。为了整治股权众筹领域的乱象,我国监管机构和行业协会在2014—2016年间发布了一系列的监管文件。例如,2014年12月,证券业协会发布《私募股权众筹融资管理办法(试行)(征求意见稿)》,尝试对股权众筹平台的准入条件、融资者的义务以及投资人的准入门槛等进行规范。其后,2015年8月,证监会又发布《关于对通过互联网开展股权融资活动的机构进行专项检查的通知》,要求检查"平台上的融资者是否进行公开宣传,是否向不特定对象发行证券,股东人数是否累计超过200人,是否以股权众筹名义募集私募股权投资基金"等现象。2016年4月,证监会、中央宣传部等15部门联合发布《股权众筹风险专项整治工作实施方案》,对网络股权众筹进行严格整治。整体上而言,在我国当前运营面向不特定社会大众的股权众筹平台存在很大的合规风险。

四、网络理财的发展现状与法律监管

(一)网络理财的表现形式

随着互联网金融产业的整体发展,在产品带动和业务深度渗透下,大众的理财意识和金融需求也大大提高。网络理财是一种"互联网+金融"的新模式,一方面通过移动App可以实现随时在线理财,占据灵活、方便、安全的理财优势;另一方面一些理财产品起步门槛低且期限选择多,更广泛地覆盖了各阶层的投资者。尤其是类似于2020年疫情给传统理财的售前、售后等带来的不同影响,金融理财服务进一步强化了线上"无接触"的服务趋势,多样化的网络理财产品发挥各自优势,实现资源高效配置,使投资者收益实现最大化。

"理财"本身是一个较为宽泛的概念,实践中也确实包含多样化的形式。从储蓄、基金、股票到黄金、保险、外汇,日常线下的理财种类都可以找到其线上的对应产品。网络理财具有便捷高效的特点,并且可以在日益丰富的投资品类中进行自由组合,根据自己的风险偏好和财务目标选择最合适的投资产品。随着互联网金融的发展,最典型以及覆盖面最广的网络理财产品莫过于"余额宝",其能够利用长尾理论抓住大规模的小微客户,同时将网络理财与网络支付相结合,从而促进整个互联网金融的协同发展。

(二)智能投顾的出现与特征

正是由于网络理财产品的日益丰富,导致投资者尤其是非专业的投资者在选择投资产品时往往无从下手。此时,一种具备鲜明金融科技特色的业务应运而生,即所谓的"智能投顾"业务。智能投顾是利用人工智能、机器学习和大数据技术,通过对投资者的风险偏好、财务目标和市场情况等信息的分析,为投资者提供个性化的投资建议和组合,以达到最优的投资收益和风险控制的目的。从世界范围内看,最早的智能投顾出现在美国,2010年便开始结合大数据与金融科技的发展催生出这一新型业务模式。我国则是从2012年左右开始出现所谓"荐股软件",而从2015年左右才逐渐发展出内容更为丰富的智能投顾业务。

相较于其他单一的网络理财业务,智能投顾是一种更为综合性和定制化的理财咨询服务,其具有如下的特征与优势:首先,智能投顾能够为投资者提供个性化的投资建议;其次,智能投顾能够实现自动化的投资组合管理,不但可以提供多样化的投资选择,还可以自动实施;最后,智能投顾进一步降低了投资门槛,尤其是降低了对掌握专业性投资知识的要求。但同时,智能投顾在优势之外也存在相应风险:一方面,其极大依赖于平台的算法设计,而对算法能力如何进行客观评判与监督,现阶段还没有成熟标准;另一方面,其要为客户进行定制化设计,必然要全面了解客户资料,而这就可能对客户的个人信息造成潜在风险。

(三)网络理财的风险与监管

随着网络理财的日益普及,其所伴随的潜在风险也逐步显现,与互联网金融的其他领域一样,迫切需要立法和执法上的应对。2015年7月,中国人民银行、工业和信息化部等十部门联合发布《关于促进互联网金融健康发展的指导意见》,其中就网络理财部分提及了互联网基金销售、互联网保险与互联网信托,并明确该三个领域分别由当时的证监会、保监会与银监会负责监管。根据上述文件,我国当时对互联网金融的监管思路是"依法监管、适度监管、分类监管、协同监管、创新监管",要求科学合理界定各业态的业务边界及准入条件,落实监管责任,坚决打击违法和违规行为。

在网络理财领域,尤其是面对智能投顾等越来越综合的理财服务,以上分类监管、多头执法的局面并不利于形成统一有效的监管规则,反而有可能造成监管上的混乱;相反,对互联网金融的其他监管难题,如对算法有效性的监管和投资者权益综合保护则又存在明显的监管不足。时至今日,随着监管技术和理念的进步,一方面对消费者的个人信息保护与企业算法合规都有了更为严格的标准;另一方面则通过多次机构改革,先是2018年的银监会与保监会合并,之后又是2023年国家金融监督管理总局的设立,对金融消费者保护的职责实现了统一监管。这一监管模式的转变对长期以来互联网金融所造成的监管冲击进行了有力回应,对金融消费者的保护能力在将来有望得到进一步提升。

第三节　区块链金融的法律监管

轰动世界的区块链技术被誉为是创造出了"第二代互联网",也即价值流转互联网。区块链的本质可以概括为各参与方基于共识机制,集体维护的一套分布式共享账本。由于区块链技术具有浓厚的去中心化特征,因此其应用于金融领域所体现出的规模化与自信任特征,对传统的金融模式尤其是媒介机构提出了革命性的挑战,同时也对法律监管提出了难题。

一、加密数字货币(Cryptocurrency)

(一)加密数字货币的内涵与外延

数字货币本身不是一个新的概念。从是否为国家信用支持的角度,可以分为法定数字货币与加密数字货币两大类型。其中,具有法定定位、有国家主权背书、有发行责任主体的数字货币构成法定数字货币;而基于区块链加密技术的无国别、无主权背书、无合格发行主体的数字货币为加密数字货币。[①] 与加密数字货币相关还存在另外一些类似概念,如数字通证(token)、虚拟货币等,在实践中也经常被人们替换使用,对此并无学理上的统一定义。而出于分类讨论的目的,在此倾向于暂且将"数字通证"作为内涵与外延最为广泛的概念,而仅在相对狭义的范围内使用"加密数字货币"与"虚拟货币"的概念。

根据以太坊官网对数字通证的描述,其几乎可以代表以太坊中的任何东西,包括平台声誉积分、游戏角色技能、彩票、公司股权、货币、黄金等。本部分所要集中讨论的加密数字货币将以比特币(BTC)、以太币(ETH)为典型代表,即直接拥有自己对应区块链主链的虚拟货币,同时也是能够广泛流通而真正具有类似于"货币"功能的网络原生币。其他需要通过智能合约来编码创设以及需要底层资产或应用场景来支撑其价值的数字通证,如下面要讨论的稳定币以及ICO场景,则暂时不在本部分加密数字货币的讨论范围内。此外,数字通证的概念理论上还包括非同质化通证(即NFT),而这与本部分所要讨论的区块链金融监管则存在更大差异,将在另外的章节中进行分析。

(二)加密数字货币引发的风险

以比特币为典型代表,加密数字货币的诞生引发了市场热潮,同时其所伴生

[①] 参见李礼辉:《数字金融——新机遇 新挑战》,载徐远、陈靖编著:《数字金融的底层逻辑》,中国人民大学出版社2019年版,第20—22页。

的巨大风险及负面影响也已经体现在各个方面。第一,波动风险。加密数字货币的价格可能会剧烈波动,会受到市场需求、政府监管、社交媒体和新闻报道等各类因素的影响,这种价格波动有可能导致投资者在短时间内损失大量资金。加密数字货币作为"货币"却无法具有稳定的价值,这一问题是致命性的。第二,技术风险。区块链网络完全依赖于去中心化的共识账本技术,可能存在代码安全漏洞、51%算力攻击等潜在风险。同时,加密数字货币的交易和存储都需要使用数字钱包,而数字钱包也容易遭受黑客攻击或钓鱼攻击,导致用户数字资产被盗窃或损失。第三,法律风险。一方面,利用加密数字货币进行非法资金的跨境转移成为常态,使得加密数字货币对国际反洗钱、反恐怖主义融资的犯罪打击工作提出挑战。另一方面,加密数字货币的出现还存在挑战主权货币的风险。随着比特币的全球影响力提升,已经有一些国家宣布认可比特币在本国的法定货币地位,从而可能导致主权货币边缘化并进而影响全球的金融稳定。

(三)加密数字货币的法律定性与监管路径

加密数字货币的监管已经成为全球性的共同话题与难题,各个国家对加密数字货币的法律定性与监管路径存在较大差异。第一种以美国、新加坡为代表,对比特币等虚拟货币采取的方式是受监管的流通模式,即原则上不禁止加密数字货币的交易与流通,但需要符合牌照登记、信息披露以及需要缴纳相应税负等。第二种以中国为典型代表,即对加密数字货币的发行与交易采取严格禁止的态度,并全面禁止与比特币交易相关的一切账户开设和挖矿行为。与此同时,中国香港地区则对该产业持开放性态度,其监管路径更接近于美国和新加坡的政策。第三种则以萨尔瓦多、中非共和国为代表,政府直接将比特币认可为本国的法定货币之一进行流通,以弥补本国金融基础设施的缺陷,并吸引新兴金融资源。① 虽然当前各国对待加密数字货币的态度有很大差异,但毫无疑问的是,由于加密数字货币的无国别特征使得其在跨境流转中带来全球性和系统性的金融风险,对其进行规制的路径从国家监管转向全球治理是必然的趋势。

二、稳定币(Stablecoin)

(一)稳定币的概念与法律属性

稳定币是一类特殊意义上的数字通证,其价值与一种或多种资产挂钩以保持稳定的市场价值。它既不像比特币那般完全由加密算法支撑其价值,也不像法定货币那般直接由国家主权背书。从以太坊发行的数字通证交易量来看,稳

---

① 参见陈伟光、明元鹏:《数字货币:从国家监管到全球治理》,载《社会科学》2021年第9期。

定币毫无疑问是应用最广的数字通证。稳定币的出现主要是由于以下两方面的原因：第一，以比特币为代表的加密数字货币价格波动大，不具备货币的稳定性职能，不便于流通；第二，随着各国对加密数字货币监管的限制，导致部分国家投资者无法使用法定货币直接与虚拟货币进行交易，催生了作为法币与虚拟货币交易中发挥桥梁作用的稳定币。

最典型的稳定币是以法定货币或实物资产为储备的稳定币，又称"资产支持型稳定币"。其中，最典型和最广泛使用的是 USDT，该稳定币由 Tether 公司发行，该公司委托银行作为托管人管理美元资产，公司每收到一笔美元后，就会将资产托管给托管人进行保管，同时发行等值的 USDT。除此以外，也存在以其他虚拟货币作为支持资产的稳定币，但这种稳定币的稳定性在通过法定货币进行衡量时依然可能较弱。稳定币的价值来源于其底层资产的价值支撑，故其体现出一定"权利凭证"的法律属性。

（二）稳定币引发的金融风险

稳定币在加密经济中发挥了重要作用，但在最典型、最稳定的法定货币支持型稳定币中，就数字通证与其底层资产之间的关系依然存在非常大的不确定性。以 USDT 为例，Tether 公司是一家私人公司，其对外宣称拥有 100% 的储备金，但从未公开账户审计结果。被司法调查后该公司承认稳定币的发行储备不足额，实际只有 74% 的储备金。究其原因，在从法定货币到稳定币的价值锚定过程中，不是通过智能合约来进行透明化管理，而是完全依靠该公司也即中心化金融媒介的自觉履行，在缺乏外部监管的环境下，很有可能导致该数字通证与其底层资产之间的脱钩。

相对而言，在虚拟货币支持型稳定币的场合（例如 DAI 项目，按照一定的抵押率通过抵押 ETH 即可获得 DAI 稳定币），为其提供价值支撑的底层资产虚拟货币也全部通过智能合约进行托管，并且任何人均可以随时查看系统的健康状态。两者相比，尽管由于虚拟货币的价格波动较大，导致此类稳定币的币值稳定性可能不如 USDT 更有保障，但从避免人为因素影响、降低道德风险的角度来看，其价值支撑结构体系使得数字通证与其底层资产之间的关系更为紧密而有保障，也更多体现了去中心化的特征。

（三）对稳定币的规制与监管

鉴于稳定币在加密经济中所发挥的重要作用，以及其与现实世界的密切联系，各国均将对稳定币的监管作为对区块链金融进行监管的重要抓手。首先，一些国家和地区已经要求稳定币发行商和交易平台进行注册登记，并落实反洗钱和反恐怖主义融资政策。其次，针对稳定币背后的价值支撑，也要求发行商定期公布关于准备金的详细信息,以证明其准备金充足,确保稳定币的价值稳定性得到充分支持。总之,由于稳定币的发行尤其是法币支持型稳定币离不开中心化的运作,通过对发行商和交易所的监管,可以有利于建立市场信任并加强消费者保护,这将构成整个区块链金融健康发展的重要基础。

三、首次代币发行(ICO)

(一) ICO 的概念与表现形式

上面已对数字通证的概念进行介绍,而以太坊上发行的通证最常见用途就是被用于"首次代币发行"(Initial Coin Offering)即 ICO 的场合。数字通证根据其功能的区别以及监管的需要,可以大体分为三个种类,分别为支付型通证、功能型通证以及证券型通证。其中,支付型通证即各类可用于作为一般等价物进行价值交换的加密数字货币,如比特币、以太币等;功能型通证即在某些平台或网络生态内部具有特定的使用价值,但在平台或生态外部并不具有广泛交换与支付功能的通证;证券型通证则是符合证券法下证券的定义,作为一种金融工具而存在并需要进行特定监管的通证。从大类上看,通过区块链智能合约在 ICO 中主要发行的数字通证以证券型和效用型为主。

通常而言,ICO 是初创企业的一种灵活融资方式,具有类似于网络众筹的性质,但其并不必然代表投资者对项目一定具有类似于股权的权利。根据 ICO 发起人对通证权益结构的设计,某一通证可能赋予投资者分红回报,可能代表某种会员资格,可能在一定程度上作为支付工具,还可能同时包含多种类型的权益。在这个意义上,通过 ICO 发行的数字通证与其底层资产之间的关系,根据通证权益结构的设计而呈现出多样化的特征。

(二) 证券发行视角下的 ICO 行为

正如本章开篇提及的 The DAO 项目那般,对 ICO 的法律观察主要集中于证券法的视角。就 The DAO 的架构而言,其本质上是一个股权众筹项目,DAO 通证的价值和其他能够公开流通的股权一样,一方面与该组织实际控制的资产价值相关,另一方面也和市场对该项目的评价即市场估值相关。该种情况下,数字通证与底层资产之间的关联和传统公司股票相类似,持有人通过投入虚拟货币获得 DAO 通证的过程均由智能合约予以记录,投资金额也在该组织的智能合约账户中进行保管和使用,通证化的逻辑是比较清晰的。

根据美国司法判例上多年来使用的豪威测试(Howey Test)的原则,只要符合金钱投资、共同事业、对利润的合理预期、利润来自他人的努力这几个条件,ICO 中发行的通证即可被认定为是证券型通证,需要接受与其他证券发行同等的监管。而由于证券型通证要履行注册登记、信息披露等程序,因此在实践中项目方多倾向于将自己的项目通证描述为效用型通证而非证券型通证。但实际上,如前所述,所谓证券型通证和效用型通证,原本就是监管机构根据分类监管的需求进行的划分,实践中大量数字通证兼具上述两种特征,并催生了从证券型通证向效用型通证的"监管逃逸"现象,这在监管与司法实践中都引发争议。

（三）对 ICO 的规制与监管

如果所有的 ICO 项目都能够严格遵守证券发行的程序,履行注册与信披义务,那自然不会引起重大市场风险。但现实是,大量的 ICO 项目在完全脱离监管的情况下发行,给市场造成巨大的泡沫,严重危害投资人的权益。理论上,只要简单引用现有的以太坊智能合约标准,任何人都可以立即创设出一套数字通证,并可以对外展开流通和交易。很显然,这些单纯以代码形式创设出来的数字通证并不具有任何真实的价值支撑。曾经在 ICO 热潮中涌现出各种各样的"空气币"和"传销币"等,之所以被称为"空气币",就是因为这些数字通证除了圈钱和"割韭菜"以外完全没有真实价值,很多只是通过智能合约进行了通证创设,其余就只剩下项目方的虚假宣传。"空气币"和"传销币"是造成 ICO 乱象的主要原因,因此才遭到各国监管机构的重点监管,在我国 ICO 更是被直接叫停。

总体而言,我国对资本市场的监管态度一贯趋向于严格管制,监管对金融领域的技术创新较为保守,这在网络股权众筹和 ICO 先后被叫停上可见端倪。而在 ICO 最初发端的美国、新加坡等国家,监管部门对通证发行的监管也呈现日益严格的态势。例如,美国 SEC 自 2022 年以来陆续对多个项目发起监管调查,并将传统上不认为构成证券的通证(甚至包括部分 NFT),越来越多地划入到证券型通证的范畴,这对整个加密经济引发了重大冲击。

四、去中心化金融(DeFi)

（一）去中心化金融的概念与发展

去中心化金融(Decentralized Finance,DeFi)本身也是一个较为宽泛的概念。该概念最初诞生于 2018 年,是指利用开源软件和分布式网络,将传统金融产品转化为在没有中介的环境下运行的服务。DeFi 主要包括四个核心要素,即在区块链上、在金融业内、编码开源和平台开放。① 去中心化金融的底层技术架构依然是区块链,但本部分讨论的区块链金融的概念则更为广泛,因为利用区块链技术的金融服务也可以是中心化的,例如前面讨论的法定货币支持型稳定币

---

① 参见赵经涛:《去中心化金融的未来趋势与前瞻应对》,载《西部金融》2022 年第 7 期。

与 ICO 等场景。而去中心化金融要求在服务模式上真正做到去中介化,是更为革命性的金融挑战。

(二)去中心化金融的商业模式

去中心化金融已经成功探索出一些基础的运行模式,例如支付、借贷、资产管理、交易所、衍生品等。其中,支付方面的去中心化稳定币已经在前面有所介绍,本部分将主要针对去中心化借贷与去中心化交易所这两大场景进行介绍。

去中心化借贷的典型案例是名为 Compound 的借贷平台。用户首先需要将其拥有的数字通证锁定在智能合约中,既可以选择将数字通证借出以赚取利息,也可以将其作为抵押品来借入其他数字通证。用户在借入和借出时可以选择期望的利率,平台将通过算法予以匹配。这一借贷原理与网络 P2P 借贷存在一些相似之处,即不需要中心化的金融媒介就可完成整个借贷过程。与网络 P2P 借贷所不同的是,整个抵押、借贷、还贷等过程全部通过区块链智能合约予以执行,完全公开透明且可溯源追踪,因此不可能存在类似于 P2P 平台诈骗跑路等的风险。

所谓加密交易,所指的是各类数字通证进行兑换交易的场所,中心化交易所的典型代表有 Binance、Coinbase 等,去中心化交易所的典型代表有 Uniswap、SushiSwap 等。在中心化交易所的模式下,所有交易活动都需要通过运营方的撮合、结算和管理,交易所同时也掌握所有用户的账户和资金情况。而在去中心化交易所的模式下,所有交易都通过区块链智能合约予以实现,Uniswap 在其所支持的币种之间可以实现自由兑换,其利率通过由算法拟制的"自动做市商"机制直接得出,而无须依赖于传统中心化的做市商。只要由智能合约控制的资金池中具有足够的流动性,用户就可以实现即时兑换。

(三)去中心化金融的安全与监管

前面在介绍去中心化金融的商业模式时,已经将其与即使利用区块链技术但仍采用中心化运营的商业模式进行了比较。与中心化模式相比,去中心化金融开源开放、公开透明,降低了参与门槛,提高了交易效率,并在很大程度上解决了传统金融媒介的腐败与垄断问题。但同时,去中心化金融也存在其自身的安全隐患[①]:首先,由于去中心化金融极度依赖技术手段,而作为新技术而言,系统漏洞与代码漏洞难以避免,因此可能造成严重的网络攻击与入侵行为。其次,由于缺乏中心化主体的管理与把控,去中心化金融的流动性风险更高,各大平台为了提高流动性纷纷提出"流动性挖矿"的概念,对能够为平台提供数字通证以进

---

① 参见郑磊:《去中心化金融和数字金融的创新与监管》,载《财经问题研究》2022 年第 4 期。

行流动性补充的用户进行额外奖励。再次,由于区块链智能合约具有自动执行的特点,导致一旦产生错误操作,也无法撤销或撤回,只能按照错误指令进行执行,这使得去中心化金融的用户会比传统用户承担更多的自身风险。最后,由于整体上加密数字货币与其他数字通证的价值波动极大,使得整个去中心化金融本身存在系统性动荡的风险,如数字通证的价值在短时间内快速下跌,很有可能导致来不及清算而产生市场崩溃。

面对 DeFi 这一新事物,显然传统的金融监管手段与思路都无法完全与之进行匹配。首先,监管机构需要寻找能够有效进行监管的介入方式和抓手,例如可以尝试在面向用户的 App 端等进行介入。其次,需要重点考虑代码的安全审计问题,要求 DeFi 项目在上线前以及运营中持续接受安全审计。最后,需要研究有哪些监管手段是可以从传统金融监管中进行借鉴与结合的,例如对 DeFi 项目中仍然可能存在的中心化因素进行中心化的管控,要求项目方进行消费者保护及税务合规等。

> 问题与思考

1. 对数字金融的法律监管与传统金融相比,有哪些不同之处?
2. 从 P2P 网络借贷引发的重大市场风险中,应该吸取哪些教训?
3. 从监管的视角来看,中心化的数字金融服务与去中心化的数字金融服务有哪些异同?各自应当重点监管哪些环节?

> 扩展阅读

1. 徐远、陈靖编著:《数字金融的底层逻辑》,中国人民大学出版社 2019 年版。
2. 方亚南、齐佳音:《数字金融安全与监管》,经济管理出版社 2021 年版。
3. 姚博:《数字金融产业创新发展、传导效应与风险监管研究》,经济管理出版社 2019 年版。
4. 黄益平、陶坤玉:《中国的数字金融革命:发展、影响与监管启示》,载《国际经济评论》2019 年第 6 期。
5. 杨东:《监管科技:金融科技的监管挑战与维度建构》,载《中国社会科学》2018 年第 5 期。
6. 吴云、朱玮:《数字货币和金融监管意义上的虚拟货币:法律、金融与技术的跨学科考察》,载《上海政法学院学报(法治论丛)》2021 年第 6 期。
7. 柯达:《区块链数字货币的证券法律属性研究——兼论我国〈证券法〉证

券定义的完善》,载《金融监管研究》2020年第6期。

8. 陈伟光、明元鹏:《数字货币:从国家监管到全球治理》,载《社会科学》2021年第9期。

9. 许多奇:《论数字金融规制的法律框架体系》,载《荆楚法学》2021年第1期。

10. 郑磊:《去中心化金融和数字金融的创新与监管》,载《财经问题研究》2022年第4期。

第九章　数字保险的法律规范

【引读案例】

某财险公司对车险线上理赔进行服务升级，车险理赔服务方式"理赔一线通"上线。通过梳理当前国内线上理赔流程中存在的痛点，整合设计各触点业务流，"理赔一线通"打通车险"接报案、查勘、定损、理算、支付、结案回访"等9个理赔主流程，整合各岗位人员职能，运用前沿保险科技，实现客户"一次进线、一通视频，三个步骤，十分钟赔款到账"的极速理赔流程。

第一节　数字保险概述

一、数字保险的概念

数字保险是指利用互联网、移动数字、人工智能、大数据等新技术，将保险产品、保险销售、保险理赔等传统保险业务数字化、可视化、智能化，实现保险服务的全流程在线化、自动化、个性化的保险服务模式。数字保险是保险业数字化转型的产物，它通过数字新技术手段，实现保险产品、销售、理赔等环节的全流程数字化。数字保险是以数据为基础，以现代信息通信技术为驱动，通过流程的优化和再造，实现以客户为中心的商业模式。保险是以数据为核心要素，来判断投保人、被保险人的风险并做出是否投保的决定。

其中，大数据技术可以为数字保险提供更加精准的客户画像和风险评估，提高保险产品的定制化水平和风险控制能力。人工智能技术可以为数字保险提供更加智能化的保险产品、销售、理赔等服务，提高服务效率和客户体验。区块链技术可以为数字保险提供更加安全、可信的保险数据存储和传输，保障保险服务的安全性和可靠性。随着数字保险的发展，越来越多的保险科技公司涌现，这些公司通过创新保险产品、销售渠道等方式，推动数字保险的发展。

数字技术介入保险产品后，将实现保险产品的营销从线下到线上的转移。传统的保险营销是通过线下的人员营销，但是数字技术介入保险之后，一方面将扩大保险营销人员的发展空间，提高保险的营销效率；另一方面也将提高保险营销的广度和渗透度。同时，数字技术介入传统保险后，也将提高对营销环境的管理。从保险信息化的角度看，保险营销的本质是信息管理。首先是对保险营销员的行为规范管理，在数字技术支撑下，保险人员的身份信息、行为信息以及营销过程都将被记录。其次是对保险合同信息的管理，数字技术介入保险合同后，将实现对保险合同的实时监管，特别是对保单的批注以及更改等都进行实时管理。最后是对业务信息的管理，数字保险的业务管理将会成为保险产品、营销以及理赔等各个业务环节的考核和评价基础。

二、数字保险的技术优势

数字保险是技术深度介入保险行业的结果，在保险欺诈、碎片化需求、多元化商业模式、实时监管等方面都有明显的技术优势。

首先，保险欺诈在技术的推动下将得到有效的规制。数字技术，特别是区块链技术，有效地规避了投保人的欺诈风险。传统保险理论所提倡的"最大诚实信用原则"在技术上得以实现，信用作为保险经营的前提和基础将被重新定义。区块链作为"去中心化"的机制表达，为算法提供了刚性信任，为保险信任模型提供了技术支撑。区块链技术介入后形成的数据不可篡改性，将实现保险信任从"前信任"到"后信任"的模式转变，并且这些数据将实现保险信任的可验证。

其次，保险在数字场景下将满足碎片化的场景需求。传统保险无法满足的碎片化需求，在数字技术支撑下将得以实现。例如，数字保险出现的手机"碎屏险"，正是因为其低保费、碎片化以及风险化，而传统保险模式又无法满足投保手机"碎屏险"的需求。数字技术介入"碎屏险"产品之后，将对产品的定价、承保、理赔等环节实现到前置场景中。数字技术可以检验手机屏幕是否完整，最终自动化判断是否对投保人的投保需求进行承保。

再次，保险产品在数字技术加持下将出现更为多元的保险商业模式。保险产品在社会治理中将承担更多风险分散的功能。数字技术介入传统保险领域后，特别是对保险数据的深度采集，将推动保险更加深入地参与到医疗、养老、汽车等相关产业链中，从而提供更多的消费信贷、农村金融、投融资等相关金融服务。

最后，保险在数字技术支撑下可以实现对产品的实时监管。传统保险产品是在"大数据模型"基础上，通过大量保费汇聚形成保险综合能力，是保险公司经营的前提和基础。在数字、区块链以及智能合约技术支持下，保险公司可以对保险偿付能力进行实时监控，为保险偿付能力的动态监管提供可能，提高保险资金的经营效率。

三、数字技术推动保险转型升级

数字技术介入传统保险行业后,将对客户营销、承保与核保、理赔等环节进行有效的优化,推动传统保险行业转型升级。

1. 客户营销新模式

一方面,保险公司利用大数据技术实现对客户的差异化服务。保险公司在对投保人展业过程中,不仅要了解保险产品,更要了解保险客户。保险人与投保人之间存在巨大的信息不对称。传统保险理论为消弭保险人与投保人之间的信息不对称,在保险法中设计了如实告知义务,但无法避免投保人虚假陈述的风险。大数据技术介入保险产品后,保险人通过大数据技术可以更好地了解投保人,也将使得保险销售和服务更加具有针对性,更好地实现保险产品与投保人保险需求的匹配。

另一方面,保险公司将实现对投保人客户管理。区块链技术基于依赖可靠、不可篡改的数据库,实现对客户身份的有效识别。区块链技术将改变投保人信息的登记和验证方式,实现投保人"数字身份"的有效验证。保险人可以基于全网多方数字技术有效验证,实现对客户专属身份以及交易信息的安全管理,投保人提供的数字信息真实性和准确性将得到全面提升,从而实现更加多元、高效的管理。

2. 承保与核保环节

保险产品在人工智能技术支持下,改变了传统保险的承保模式。保险公司根据不同保险产品的需求和特点,对保险产品的承保条件分别设置了对应的承保规则。例如,在人身保险中,保险公司对被保险人的身体健康状况进行核实,根据投保人的选择设置不同的选项,实现对保险信息的综合汇集,实现对投保人投保行为的智能审核。在汽车保险的承保过程中,人工智能系统对车辆识别码、行驶证、车牌号、发动机号以及行驶里程数的多种信息识别,实现自动验车和承保,过程简单、自动、高效,为客户带来较好体验。数字保险下的承保,是对基础数据库如风险分类、分组和量化的分析,也是对不同标的风险的相关性比对分析,最后自动实现是否承保。大数据、人工智能以及区块链技术介入之后,数字保险产品在参与、训练以及深度学习的基础上,构建智能核保系统的审核,实现保险的自动、专业、高效的投保,有效降低和防止逆选择和道德风险发生。

3. 理赔环节

保险理赔的本质是损失的确定和保险合同条款的适用。保险损失的确定是对损失原因和损失程度的认定。在传统人工时代,保险理赔需要大量的专业知识,而且存在理赔人员大量的人为因素介入,存在寻租的可能性。数字技术介入之后,物联网、图像识别、人工智能、区块链等数字技术的发展和应用,推动了数字保险的定损和理赔技术的迭代进步。

首先是智能化定损。保险公司将改变传统保险定损员到场定损的模式,通过对保险标的照片、图片定损、用户确认等环节,就可以完成对保险标的的产品定损。数字保险的定损系统将通过云端算法识别,快速确定保险标的的定损结果。数字技术介入定损后,减少了人为介入定损的人为因素干扰。

其次是自动化理赔。自动化理赔是建立在智能化定损的基础上。数字保险技术通过对前期的自动化定损之后,将对保险事故做出理赔。数字保险对保险理赔案件,特别是小额、高频、碎片化的保险案件,进行智能审核、校验和处理。如运费险,保险公司会对退货的保险产品进行自动校对,实现核赔、理赔。数字保险对传统保险的优势就在于,实现了对核赔、理赔程序的高效化、准确化,实现保险理赔的质量。

最后是智能化分担。自动化理赔后将保险理赔金依据"大数据模型"在不同的投保人之间进行智能化分担。区块链技术所特有的分布式损失分摊的智能化执行,能够实现对保险合同主体身份等相关信息的真实和有效验证,实现保险在自动交易、分摊、执行与管理各个环节的自动分单,由此实现保险产品的智能化分担。

综上所述,数字技术推动传统保险转型升级的技术优势在于,不仅实现了保险服务的在线化、自动化,提高了服务效率,为客户提供了更为便捷、灵活、个性化的保险服务,而且也降低了传统保险营销等中间成本,为保险公司提供了更多商业发展机会。

第二节 数字保险的说明义务

保险合同是格式合同,且保险合同双方当事人信息存在高度不对称。为规制保险人信息优势,说明义务强制保险人对于保险合同条款的信息进行事先披露,特别是对于免责条款的信息披露还需要以书面或者口头的方式进行明确说明,并规定保险人若不以合适的方式履行说明义务,将承担不利的法律后果。至于数字保险产品,保险人也需要对投保人履行说明义务。

一、传统保险合同的说明义务

《保险法》第 17 条对于保险合同条款的说明进行了区分性规定,即对一般条款和免责条款做出了不同的说明履行方式。对一般条款,只需提示说明即可;而免除保险人责任的条款,则要明确说明。① 从逻辑上看,免责条款的说明义务履行方式明显要强于一般条款,并且还规定了不利的法律后果。

早在 2000 年,最高人民法院就对《保险法》"说明义务"的问题做出答复②,该答复就明确说明义务履行进行了两个层次的要求。一方面,从外在形式上看,保险人应该在保险单据上提示投保人注意。在实务操作中,保险人一般在保险合同中对合同文本的字体进行加粗或者以不同的字体予以突出显示,以符合司法裁判中的提示投保人注意的义务。另一方面,最高人民法院要求应该以书面或者口头形式对于免除条款进行明确说明。尽管最高人民法院关于《保险法》中明确说明义务的答复在《保险法》修订之前,但是该答复也代表了最高人民法院对于保险人说明义务的态度。从逻辑分析的结果看,无论保险人如何对保险合同进行说明,其最终的目的在于使得投保人真实地了解保险合同含义和法律后果,以保证投保人做出真实意思表示。为进一步明确保险人说明义务的履行,最高人民法院《关于适用〈中华人民共和国保险法〉若干问题的解释(二)》(以下简称《司法解释二》),进一步明确和规范了保险人的说明义务。③

最高人民法院的答复以及《司法解释二》对于明确说明义务的履行,都要求以足以引起投保人注意的方式进行提示,并通过字体加粗、打黑以及斜体等方式予以履行。信息流动是为了减少投保人在信息甄别上的成本,使得投保人能够快速识别其所需要的信息,以减少信息流动的成本。④ 其中,《保险法》特别要求对于保险合同中的责任免除条款的说明需要以足以引起投保人注意的方式进行说明。《司法解释二》进一步细化了保险人说明的范畴,包括免责条款的概念、内容以及法律后果等。概言之,《保险法》及其司法解释对于说明义务的规定,是为了减少保险人与投保人之间的信息交换成本,通过自我的信息披露以达到矫正保险人与投保人之间信息不对称的目的,从而为投保人是否投保提供信息决策支撑,以矫正保险人的利益优势。

---

① 参见潘红艳:《论保险人的免责条款明确说明义务——以对保险行业的实践考察为基础》,载《当代法学》2013 年第 2 期。
② 《最高人民法院研究室〈关于对《保险法》第十七条规定的'明确说明'应如何理解的问题的答复〉》规定:"这里所规定的'明确说明',是指保险人在与投保人签订保险合同之前或者签订保险合同之时,对于保险合同中所约定的免责条款,除了在保险单上提示投保人注意之外,还应当对有关免责条款的概念、内容及其法律后果等,以书面或者口头形式向投保人或者其代理人作出解释,以使投保人明了该条款的真实含义和法律后果。"
③ 参见于永宁:《保险人说明义务的司法审查——以〈保险法司法解释二〉为中心》,载《法学论坛》2015 年第 6 期。
④ 参见应飞虎:《从信息视角看经济法的基本功能》,载《现代法学》2001 年第 6 期。

《保险法》根据条款对于投保人利益影响或者重要程度不同,而做出区别性的说明规范。免除保险人责任的条款,无疑将对投保人或者被保险人的利益产生更为重要的影响和作用,因而会对其设定更为严格的说明义务和法律后果。① 因此,对于免除保险人责任的条款的具体认定就显得十分的重要。

对于免除保险人责任条款的认定,在理论上有广义说和狭义说两种不同的界定标准。广义说认为,免责条款是一切能够导致减轻保险人责任的条款。② 狭义说认为,责任免除条款仅指除外责任条款。③ 无论是狭义说还是广义说,都只是学者所站的立场和出发点不同,而得出的不同的法律解释的后果。按照《司法解释二》的规定,"免除或者减轻保险人责任的条款"属于免责条款。

在保险合同中常见的能够免除保险人责任的具体条款包括保证条款、程序性条款以及免赔率(额)条款。(1)保证条款。保证条款是投保人或者被保险人对保险标的或者被保险人的情况进行陈述。保证条款的意义在于保证投保人与保险人之间的信息处于真实的状态,以合理地为保险人评估和控制风险提供依据。④ 当投保人所阐述的事实与其真实的状态出现偏差时,保险人将根据保险条款的约定免除或者减轻其保险责任,甚至保险人可以依此条款解除合同。保证条款的基础在于投保人对于保证条款能够有效地充分理解。投保人基于其错误的理解做出的保证将不是保险人所需要的信息。如在人身保险合同中,保险人会要求投保人保证之前无"重大疾病"。(2)程序性条款。投保人错误理解程序性条款也将减轻保险人的赔偿责任。在实务操作中,程序性条款一般是指引投保人缴纳保费、保险合同复效以及危险增加。⑤ 如保费缴纳条款,保险合同属于诺成性合同。⑥ (3)免赔率(额)条款。免赔率条款是保险合同中载明能够免除或者减轻赔付保险金义务的条款,在实务中表现为免赔率条款和免赔额条款。免赔率(额)条款设置的意义在于将保险赔偿限制在一定的范围内,且能够有效地防止投保人的道德风险。⑦ 在保险市场上,道德风险的产生是由于保险人无法监督被保险人或者投保人的行为,而投保人采取的措施可能会导致保险标的

---

① 参见王海波:《论保险人说明义务"分别机制"的重构》,载《云南大学学报(法学版)》2010年第6期。
② 参见何丽新、谢潇:《保险人明确说明义务对象扩张解释之检讨——评〈保险法司法解释(二)〉第11条第2款》,载《保险研究》2014年第1期。
③ 参见曹兴权:《保险缔约信息义务制度研究》,中国检察出版社2004年版,第46页。
④ 参见马宁:《保险法中保证制度构造及其现代化转型——以英国为视角》,载《环球法律评论》2011年第1期。
⑤ 参见杨茂:《完善我国保险人明确说明义务的法律思考》,载《现代法学》2012年第3期。
⑥ 参见饶世权:《论人身保险合同的订立和生效》,载《政法论丛》2001年第2期。
⑦ 参见杨建明:《保险合同中无责免赔条款的效力》,载《人民司法》2010年第14期。

之风险增加。当投保人因保险事故而获得较为小额的赔偿时,其可能诱发的道德风险就大,反之亦然。综上所述,凡是能够对责任免除产生重要影响的条款,都应该予以事先的信息披露,此类条款对于投保人订立保险合同有着至关重要的影响。

按照说明义务履行的程度不同,可以有不同的四个程度说明。第一层次:保险人仅仅在保险合同中提醒投保人对相关条款注意,典型的方式就是对条文进行加粗或者用不同的字体予以标出;第二层次:保险人将保险合同条款予以提示的同时,也根据投保人的询问而做出说明;第三层次:保险人不仅对保险合同进行说明,而且还主动对保险合同的内容进行说明;第四层次:保险人的解释使得投保人能够真正地理解保险合同的意思。① 上述四种不同说明义务的履行程度,是按照说明方式和履行程度加以区分的。

二、数字保险说明义务的扩张

数字保险合同是属于保险合同的一种具体形态,应受到《保险法》及其司法解释的约束。数字保险合同中的保险人对于保险合同条款的说明义务也包括一般的说明义务和明确说明义务。对于责任免除条款应该履行明确的说明义务,说明的方式应该以"足以引起投保人注意"为标准。② 然而,数字保险的说明义务该如何履行,值得研究。

数字保险的说明义务并没有专门的法律规范。数字保险多是通过数字工具完成保险产品的营销、承保、理赔等环节的。数字保险除了遵循基本《个人信息保护法》《网络安全法》《数据安全法》等之外,还需要遵循《互联网保险业务监管办法》。数字保险合同中,保险人除了对责任免除条款进行说明外,还需要对一些特殊规定的项目以适当方式突出提示。③ 保险人之所以对上述内容进行重点提示,其主要原因是上述内容虽然不属于责任免除条款范围,但是其对于投保人切身利益将产生重大影响。

数字保险合同中保险人的说明义务范畴相较于传统保险人有所扩张,并且说明义务的方式也有所变化。数字保险合同中的保险人说明义务有三个不同层次的构成,除了传统线下保险人的一般说明义务、明确说明义务外,还有数字保险中特有的提示义务。从保险人对此类型的信息披露的方式看,保险人以"适当

---

① 参见马宁:《保险人明确说明义务的批判》,载《法学研究》2015 年第 3 期。
② 参见尚连杰:《缔约过程中说明义务的动态体系论》,载《法学研究》2016 年第 3 期。
③ 参见王家骏:《互联网保险明确说明义务问题研究——基于司法判例争议的分析》,载《保险研究》2017 年第 8 期。

方式突出提示"的程度似乎要比"足以引起投保人注意的提示"进行说明的程度要轻。从数字保险"适当方式突出提示"的内容上看,其与明确说明义务还是存在比较明显的区别。从内容上看,明确说明义务的内容应该是"能够减轻保险人责任"的条款,保险人都应该予以说明;①而特别提示的内容仅仅是理赔要求、犹豫期、费用扣除等程序性内容,并不能直接引起保险人责任减轻。从法律结果上看,保险人违反明确说明义务的结果是该条款不发生法律效力;而特别提示内容的履行不当将无法引起不利的法律后果。从提示的方式上看,特别提示义务要求以"适当的方式突出提示",而明确说明义务是以"足以引起投保人注意"的方式进行提示,显然特别提示义务要弱于明确说明义务,但要强于一般说明义务。概言之,数字保险合同中一般说明义务、特别提示义务以及明确说明义务的履行是三个不同层次的有机整体,共同构成了信息披露义务。

此外,保险人以"适当的方式突出提示"对数字保险合同中的一些特殊条款说明,并没有规定否定性的法律效果。若保险人未按照上述规定对条款进行说明,保险人也不承担不利的法律后果。因此,保险人是否规范地以"适当的方式突出提示"对保险条款进行说明,则需要依照保险人自觉,并没有足够的约束或者内生动力予以规范。数字保险合同中监管部门对保险人履行说明义务的要求程度要更高。与传统线下保险合同缔约的保险人说明义务相比较,一般说明义务不仅仅限制在保险人所提供的格式条款中,而是进一步扩张到保险人提供的对投保人有其他影响的条款中。在数字保险合同中,保险人对于保险合同条款也不再是简单的提供义务,而是需要以符合监管部门规定的方式提供保险合同。

综上所述,关于数字保险合同中保险人的说明义务,保监会除通过部门规章规定了保险人一般条款说明义务和明确说明义务外,还要求保险人对特定类型的条款履行特殊提示说明义务。特殊提示说明义务从履行的程度上看应该是介于一般条款说明和明确说明义务之间,特别提示义务说明的条款对于投保人的意思表示有一定影响,但是重要程度也远不及责任免除条款。然而,由于保监会的部门规章对特殊提示义务的履行并没有规定否定性的法律评价,因此数字保险合同中保险人履行特殊提示义务并不到位。

三、数字保险人说明义务的特征

数字保险合同作为保险合同一种类型,并没有脱离《保险法》对于保险合同的一般规制。保险合同依然保留着传统线下保险合同的特征,诸如保险合同的

---

① 参见粂文仲:《保险合同免责条款的理解与法律适用》,载《保险研究》2010年第11期。

射幸性、格式性、高度专业性以及信息的不对称性。但是,由于数字介入,数字保险合同说明义务的履行的特点出现新的转变,主要表现为说明义务履行的程序性、脱媒性以及单向性。

1. 数字保险人说明义务的程序性

数字保险合同订立,保险人与投保人之间并没有办法通过面对面的方式进行缔约。保险人借助数字平台通过文字加粗、图片、语音、视频等方式向投保人履行说明义务[①],其都是按照设定好的程序履行,并没有办法有针对性地对投保人进行非程序性的说明。

数字保险合同说明义务履行的程序性体现在保险合同的缔约过程中。保险合同缔约过程中保险人的说明义务履行是按照事先设定的程序进行说明。首先,保险人会通过数字页面说明保险产品的基本信息,如保险类型、适用人群、保费金额等。其次,当投保人浏览该页面后选择投保,其将按照保险人所设置的页面进行选择投保,此时投保人将按照保险人事先设定好的程序如实告知相关内容,保险人也会对相关内容进行引导说明。最后,保险人会通过保险合同,将免责条款进行加黑加粗,明确说明免责条款,以符合《保险法》的相关要求。总之,数字保险合同的保险人说明义务履行是通过数字页面程序性的履行。

数字保险合同按照《保险法》的要求和基本法理,对其中需要说明的条款进行设定。首先,保险人应该根据具体的保险产品,事先判定哪些条款需要进行说明。凡是能够对投保人订立保险合同产生重要影响的条款,保险人应该通过数字保险平台进行明确说明。[②] 通过保险人对事先设定的条款进行说明,数字保险合同可以达到平衡投保人与保险人之间信息利益的目的。其次,保险人应该事先决定说明义务履行的方式及标准。保险人对保险合同条款进行说明的相对人应该是投保人,而不是普通的理性人。相较于普通的理性人,投保人应该对保险产品的了解更为深入,至少其保险意识更强。[③] 再次,数字保险合同的说明义务履行均是被动的。由于具体程序的设置,保险人在履行说明义务时,需要投保人进行主动点击或者下载相关文件进行阅读或收听。最后,数字保险合同说明义务的程序性,导致保险人并不关注投保人是否能够完全理解保险合同的真实含义。[④] 保险人在程序性的说明义务履行结束后,并没有办法通过投保人的反

---

① 参见唐金成、韦红鲜:《中国互联网保险发展研究》,载《南方金融》2014年第5期。
② 参见罗艳君:《互联网保险的发展与监管》,载《中国金融》2013年第24期。
③ 参见洪玲:《基于经济理论的理性人假设和利益场》,载《同济大学学报(自然科学版)》2008年第11期。
④ 参见于海纯、吴民许:《日本法上保险人说明义务制度及其启示》,载《保险研究》2009年第8期。

馈而判定投保人是否真正地理解保险合同的真实含义,而仅仅是得到投保人是否投保的结果反馈。

总之,数字保险合同说明义务存在很强的程序依赖,并无法通过投保人的反馈而有针对性地对保险合同的条款进行说明。保险人对保险合同条款说明的程序性,在一定程度上要求投保人主动了解保险合同条款的含义,从而做出符合自己内心真实含义的意思表示。

2. 数字保险人说明义务的脱媒性

数字保险人说明义务的脱媒性是指保险人借助数字页面就可以完成《保险法》所规定的说明义务,而不需要通过保险代理人或者营销人员等"传统媒介"履行义务,具有典型的脱媒性。[1] 传统线下保险业务中,保险合同签订需要保险人进行推介,以达到撮合保险合同订立的目的。[2] 在保险人展业过程中,一般是通过保险代理人对保险产品进行销售。

传统线下保险行业所依赖的保险代理人对保险合同履行说明义务,并无法保证保险合同说明义务履行的质量。一方面,保险营销人员自身素质良莠不齐,还没理解保险合同的真实含义,就将其所理解的错误的保险合同条款的含义说明给投保人;另一方面,保险人员基于对业绩考核及赚取佣金的需要,往往会故意误导投保人投保。保险人通过媒介向投保人履行说明义务所传递的信息往往是经过投保人自身加工后的信息,它与保险人所期望向投保人传递的信息之间存在缺漏和偏差。[3] 信息在传递的过程中,存在偏差或者传递错误是普遍现象,并不是专属于保险人说明义务的履行。

数字保险合同说明义务的履行对主体和内容产生深刻影响。数字保险合同的缔约过程是在数字平台上完成的,从而实现保险人说明义务信息的脱媒[4],保障了保险人能够将其所表达的保险合同信息直接传递给投保人,减少了保险合同信息传递的缺失。数字保险的说明义务是通过数字技术完成的,无论是对于何种投保人,其说明义务的内容都是一致的。在传统的保险合同缔约过程中,由于保险代理人水平的参差不齐,在信息传递的过程中容易造成损失,无法将保险合同中所蕴含的意思完整地传递给投保人。[5] 数字技术的进步性,使得保险人

---

[1] 参见王达:《美国互联网金融的发展及中美互联网金融的比较——基于网络经济学视角的研究与思考》,载《国际金融研究》2014年第12期。

[2] 参见韩长印、韩永强编著:《保险法新论》,中国政法大学出版社2010年版,第89页。

[3] 参见边文霞:《保险欺诈博弈研究》,首都经济贸易大学出版社2006年版,第28页。

[4] 参见李瑞雪:《金融脱媒背景下互联网金融监管制度构建》,载《现代经济探讨》2015年第2期。

[5] 参见何绍华、方清华:《信息传递中的信息损失认知与技术分析》,载《情报理论与实践》2006年第6期。

对于保险合同条款的说明内容不会因为投保人的不同而有所差异,表现出一致性的表达。

数字保险合同信息传递的脱媒性是信息技术发展的必然产物。数字技术快速发展,保险人能够基于技术的发展实现对数字保险合同履行说明义务的脱媒,从而实现了保险说明义务的更新。这不仅减少了保险产品信息传递的缺失,而且降低了保险人展业的成本。

3. 数字保险人说明义务的单向性

数字保险人说明义务的单向性,是保险人说明义务履行的信息传递具有单向输出性,无法实现传统保险合同下保险人与投保人之间的信息双向流通。数字保险的说明义务是借助数字技术完成的,且保险合同说明的程序性以及脱媒性,造成了数字保险合同的信息传递的单向性。

传统线下保险行业的缔约过程是在保险营销人员与投保人之间通过双向的信息沟通,以完成保险合同的订立过程。投保人可以根据其说明义务的履行情况对保险人进行询问;保险人也可以基于投保人的反应进一步判断其是否已经正确理解保险合同的信息,特别是保险合同中的责任免除条款的含义。在最大诚实信用原则的约束下,保险人与投保人双向的信息沟通,将使得投保人能够准确地理解保险人所传达的信息,从而能够保障投保人做出正确意思表示。[①]

数字保险合同条款信息的传递则为单向性。数字技术介入保险之后,将改变保险人与投保人之间的信息交互,保险人是通过数字平台,按照事先所设定的程序对保险合同的条款进行说明。保险人单向的信息传输,其所得到的投保人的信息反馈也是单向的,其只能得到投保人投保或者拒绝投保的结果。

数字保险合同可以保障投保人重复地对其所传递的信息进行理解。尽管数字保险合同的信息传递具有单向性,但数字技术所承载的信息可以重复循环地为投保人所阅读或者研究,从一定程度上可以保障投保人对于保险合同信息的更深理解。数字技术介入保险合同后,将改变原来的信息传递方式。由传统的面对面的双向信息交互,转化为了单向的信息输出。相较于传统保险合同的说明义务的履行,数字保险的信息传递方式使得投保人能够重复地阅读保险合同条款,并且有充分时间予以消化理解。然而,投保人往往会忽视对数字保险合同的阅读。

[①] 参见任自力:《保险法最大诚信原则之审思》,载《法学家》2010年第3期。

第三节 数字保险的如实告知义务

在保险合同缔约阶段,保险人需要对保险合同条款进行说明,而投保人需要对保险合同标的情况进行如实告知,以平衡保险人与投保人之间的信息状态。从性质上讲,如实告知义务是投保人事前披露保险标的信息的工具。①《保险法》第 16 条第 1 款规定:"订立保险合同,保险人就保险标的或者被保险人的有关情况提出询问的,投保人应当如实告知。"数字保险的投保人需要在保险合同订立前进行风险信息披露。

一、传统保险的如实告知义务

投保人是如实告知义务履行的主体。尽管人身保险合同可能涉及被保险人的利益,但是在现有的法律体系内,如实告知义务的主体仅限定于投保人,并没有扩张的需要。虽然被保险人可以不承担如实告知的义务,但是其应该根据最大诚实信用原则提供保险合同所需要的信息,以降低信息交换流动的成本。作为保险合同重要的关系人,在签订保险合同缔约阶段,被保险人应该是确定的。此时,保险人为更好地知悉被保险人的风险状况,就会提出需要被保险人配合保险人的询问告知要求。从实务角度看,被保险人配合提供相关信息,可以有效地规避法律风险,避免诱发不必要的道德风险。②

履行如实告知义务有两种方式,即询问告知和主动告知,前者意味着相关义务人就保险人询问而对保险标的的情况进行如实告知即可,而后者要求相关义务人应该就其所知道的与保险合同订立相关的一切保险事项,均需主动地告知保险人。我国《保险法》第 16 条所确立的方式是询问告知。在询问告知的体系下,相关义务人只需对于保险人询问的内容才进行告知,保险人没有询问的内容也就不需要进行如实告知。实务中,若不对投保人或者被保险人进行询问,投保人可能会告知诸多无关信息,反而会对保险人造成影响和误判,从而影响保险人决策,造成信息成本浪费。我国保险法对于投保人如实告知义务的履行是采被动询问式告知,投保人并不需要主动地无限告知保险标的或者被保险人的风险信息。保险人对于保险标的或者被保险人风险信息的询问,是投保人履行如实告知义务的前提。保险法所采取的询问告知义务并没有过分地要求投保人履行

---

① 参见金自宁:《风险规制中的信息沟通及其制度建构》,载《北京行政学院学报》2012 年第 5 期。
② 参见孙积禄:《投保人告知义务研究》,载《政法论坛》2003 年第 3 期。

信息披露义务,可以有效地矫正保险合同的信息利益失衡。

投保人并不需要对保险人明知的事实进行告知,在不足以影响保险人承保或者费率确定的信息且不在保险人询问的范围内,投保人也不需要主动告知。主要理由如下:首先,我国所采取的方式是询问告知,投保人只需要按照保险人的询问进行告知即可;其次,保险人已经知道或者应当知道的事实,相关义务人也无须对该信息进行披露,这也就节约了不必要的信息沟通成本;[1]最后,对于承保或者费率并不产生实质影响的信息,相关义务人也可以不进行披露。

如实告知义务应该限定于缔约时的意思表示。首先,投保人无法知悉合同成立时保险标的的风险变化。投保人是基于最大诚实信用原则作出意思表示,并没有办法知悉缔约后的风险变化。其次,投保人缔约时所提供的信息是保险人风险判断的基础。在保险合同中,投保人将根据保险人询问而告知其保险标的的信息,而保险人是根据投保人所提供的信息判断保险标的之风险。[2] 最后,在询问时应答的如实告知义务模式下,在意思表示结束之后,如果保险人没有新的书面询问,投保人或者被保险人也就没有对保险标的信息进行主动告知的义务。

二、数字保险合同如实告知义务的信息提供

由于数字技术的跨越时空性,保险人无法通过面对面方式验证投保人所提供信息的真实性,这极可能引诱投保人提供虚假信息以达到欺诈骗保的目的。[3]从规制角度看,数字保险合同中投保人履行如实告知义务,其内心更加遵循最大诚实信用原则。从技术手段上看,保险人需要借助数字技术对投保人所提供的信息进行辅助验证,以保证数字保险的正常运行。

首先,保险人需要确定数字保险合同中投保人的身份问题。一方面,数字保险合同中投保人需要提供其身份信息。数字保险需要投保人提供姓名、出生年月、身份证号码等基础信息,这些信息的提供有助于其对投保人身份的唯一性进行确定。在需要以年龄为限制的数字保险信息中,保险人可以通过投保人所提供的身份信息确定其是否具有投保人资格。另一方面,数字保险合同中需要确定身份的唯一性。所谓身份的唯一性解决的就是投保人是"此人而非彼人"的问题。数字保险人一般可以通过数字技术,如人脸识别、手机短信验证、银行卡绑

---

[1] 参见叶启洲:《德国保险契约法之百年改革:保人告知义务新制及其检讨》,载《台大法学论丛》2012年第1期。

[2] 参见姜淑明:《先合同义务及违反先合同义务之责任形态研究》,载《法商研究》2000年第2期。

[3] 参见陈志国、刘轶:《法经济学视角下的保险欺诈行为研究》,载《河北大学学报(哲学社会科学版)》2017年第2期。

定以及淘宝账户的验证等方式,确定投保人的身份的唯一性。① 当投保人通过上述技术手段实现信息验证,将确认投保人身份。

其次,保险人需要确定投保人的保险利益问题。保险利益就是投保人对于保险标的具有法律上承认的经济利益。在财产保险中,投保人需要确定保险标的的产权、抵押权以及其他合法的经济关系,诸如租赁关系、占有关系等;而在人身保险中,更多需要确定被保险人与投保人之间具有法律所规定的具有近亲属、雇主以及经被保险人同意的亲密关系。投保人对于保险标的具有保险利益的信息是确定投保人身份的适格性。对于该信息的审查,保险人可以通过事先、事后的方式综合确定投保人与保险标的之间的关系。从事前信息规制看,保险人则根据投保人如实告知义务的信息披露,确定保险标的的具体情况。② 数字保险合同中,保险人并没有办法通过"面对面"的方式确定保险利益。因此,数字保险合同中,保险人将不审查投保人所提供的信息的真实性。当保险事故发生后,保险人可以通过事后的信息验证完成对投保人适格性的审查确定。

最后,保险人需要根据投保人所提供的信息确定保险标的之风险。保险标的之风险直接决定保险人是否接受投保人的投保。数字保险标的之风险判断将通过简单的信息进行确定。保险标的风险的大小直接体现在其所交纳的保险费用上。在财产保险中,保险人将通过收集保险标的之年限确定,从而确定保费金额。例如,在车险中,其将通过保险的车型、车龄来确定其所收取的保费;也将通过行为的风险性,判断保险人所需要承担的风险大小。再如,在签证保险中,投保人去不同的国家签证所收取的保费明显不一样,这就是和其拒签所发生的保险费用有直接的关系。在人身保险中,被保险人年龄以及所从事职业对风险产生直接影响,也直接影响投保人保费缴纳额度。因此,保险人需要根据投保人所提供的信息,确定其是否接受其投保和保费额度。

数字保险合同阻断了保险人与投保人"面对面"的信息双向沟通,投保人只能单向地向保险人如实告知信息。投保人对于保险人所要求的相关信息如实告知,对保险合同的订立具有非常重要影响,并且也直接影响数字保险业的发展。

三、数字保险合同如实告知义务的特征

在传统保险合同下,由于技术的滞后以及保险人与投保人的信任机制的缺

---

① 参见张越今:《我国互联网电子身份证体系机制研究》,载《中国人民公安大学学报》2013年第1期。
② 参见刘竹梅、林海权:《保险合同纠纷审判实务疑难问题探讨》,载《法律适用》2013年第2期。

失,保险人无法了解投保人所描述的信息是否真实。[1] 数字技术介入保险合同后,保险人可以通过技术手段对保险标的或者被保险人利益的相关信息进行搜集。因此,投保人如实告知义务在数字保险合同下信息提供功能有所弱化,且呈现出被动性、弥补性以及简单性。

1. 数字保险合同中投保人如实告知义务的被动性

投保人如实告知义务的履行是采取询问告知的模式,即投保人如实告知义务的履行需要以保险人的询问为前提,若保险人对保险标的或者被保险人的信息没有询问,投保人则没有义务回答。在数字保险合同中,投保人如实告知义务的履行则更显被动。首先,投保人只能根据保险人的询问进行告知。在数字保险合同中,保险人对于投保人的询问也是借助数字平台进行。投保人对于保险人的询问只能在数字平台上完成回答。投保人对于保险人如实告知的前提就是其正确理解了保险人的询问,但是在数字保险合同中恰恰就缺乏保险人对于询问的解释,导致投保人非常有可能按照自己的理解对数字保险人的询问做出应答。其次,投保人只能按照保险人所设定的程序进行告知。数字保险合同中保险人与投保人之间的告知方式只能够通过数字平台完成。[2] 最后,数字保险合同中通过问题的集中提问,要求投保人做"全是"或者"全否"的回答。在保险人的页面设置中,保险人所列明的内容字体都非常小且并无特别提示,极易造成投保人直接点击"是"或"否",进而提交保单。

2. 数字保险合同如实告知义务履行的弥补性

保险人知道或者应当知道的信息,保险人无须进行询问。由于数字技术的介入,保险人可以运用数字相关技术对投保人的相关信息进行辅助搜集、分析,这就在一定程度上免除了保险人对于投保人如实告知义务的依赖。数字保险合同中,保险人可以通过对投保人的消费行为、浏览行为以及网购习惯等所产生的信息进行搜集、分析,最后形成数据沉淀,以免除投保人的相关信息告知。[3] 从技术手段分析,保险人通过后台信息验证系统的设置,将迅速地对投保人所提供信息真伪进行判断。此外,保险人也可以通过数字技术迅速搜集投保人的相关信息,以弥补投保人提供信息不足的问题。

---

[1] 参见林源:《美国医疗保险反欺诈法律制度及其借鉴》,载《法商研究》2013年第3期。
[2] 参见贾林青:《互联网金融与保险监管制度规则的博弈——以保险监管制度的制度创设为视角》,载《社会科学辑刊》2014年第4期。
[3] 参见〔美〕特伦斯·克雷格、玛丽·F.卢德洛芙:《大数据与隐私:利益博弈者、监管者和利益相关者》,赵青、武青译,东北大学出版社2016年版,第12页。

3. 数字保险合同中投保人如实告知义务履行的简单性

数字保险合同中,由于缺乏保险人与投保人之间"面对面"的信息双向交流,且承载的信息也非常有限,以及由于数字保险产品本身所满足的仅仅是投保人碎片化、小额化的保险需求,并不涉及投保人长期的财务规划需求,因此数字保险合同中投保人如实告知义务履行的内容趋于简单化。在数字财产保险合同中,保险人所承保的保险标的都为标准化的财产,如车辆、手机、银行卡等。在数字财产保险中,其询问投保人告知的内容基本上仅仅是投保人信息、保险标的信息以及投保人与保险标的之间的权属关系。这些信息都能够通过简单的信息提供即可以予以佐证。如在手机屏碎险中,其所承保的是保险标的手机屏碎的风险。保险人通过手机设备识别号确定手机的唯一性,通过手机号码与身份证号码的绑定确定手机的权属关系。在数字人身保险中,其主要承保的是被保险人因相关意外所产生的风险,其主要提供的信息包括投保人、被保险人以及投保人与被保险人之间的关系。如在老年人意外保险中,其就要求提供投保人、被保险人的身份证信息,以确定投保人与被保险人的身份信息。在投保人选择中,会要求投保人选择与被保险人的关系,其选项只有本人、配偶、父母、子女等法律上认可的具有人身保险利益的法律关系。无论是财产保险还是人身保险,保险人要求投保人所提供的信息都是趋于简单化,其中财产保险中所承保的保险标的限于标准化产品,而人身保险所承保的被保险人限于本人、配偶、父母、子女等近亲属关系,而排除"被保险人同意"这一容易诱发投保人道德风险的情形。

综上所述,数字保险合同中投保人对于如实告知义务的履行,仅仅是能够依据保险人事先所设定的内容,并且还需要作出"全是"或者"全否"的回答,投保人也只能在数字平台中按照保险人事先设定的程序进行告知。数字保险合同中,数字技术可以协助保险人弥补投保人履行如实告知义务可能的不足,通过程序的设定以及后台系统的验证保障投保人所提供信息的真实性。数字保险合同由于缺乏保险人与投保人面对面的沟通机制,因此数字保险合同要求保险人所提供的信息也就趋于简单。

第四节 数字保险的应用场景

数字技术的发展,特别是人工智能、大数据和区块链技术的出现,对保险的社会理论和商业模型产生一定冲击,并重新定义了保险理论和产业结构。数字保险需要通过大量的应用场景予以展开。数字保险在财产保险领域最典型的例子是数字车联网保险,人身保险最典型的应用是数字健康保险。

一、数字车联网保险

车联网保险本质上是将物联网技术应用于车辆保险经营中，打造全新的车辆保险的商业模式，是一种"按照使用付费的保险"定价模式。车联网保险在一定程度上能够有效地实现保费的个性化定价需求，解决投保人之间的公平和效率，有效提升保险服务，改善驾驶行为和交通环境。目前，我国车联网保险还处于探索阶段，外部数据采集设备以及保险公司的经营理念均无法有效地满足车联网保险的商业需求。

车联网在技术上就是要汇集不同保险所需求的数据，并以此为基础实现按照需求的个性化保费定价。保险发达的国家已经开始探索车联网定价模式，有的保险公司应用程度相对较深，不仅将里程数作为收取保费的定价因素，而且还将驾驶行为、驾驶时段、刹车次数、加速次数等作为动态因素进行考量。相比传统的统一定价模式，这种模式能够更好地正向激励驾驶员的安全驾驶行为。车联网定价模型建立在大量数据的基础上，并可以根据累积数据确定保费。

车联网技术在法律监管上应该注意其驾驶人的个人信息保护问题。《个人信息保护法》已经将行程信息作为敏感信息予以特殊保护，而车联网就是采集驾驶人的行程信息作为定价标准。在现有的规则体系之下，就要征得驾驶人的单一同意并授权。根据《汽车数据安全管理若干规定(试行)》的规定，对于汽车数据的处理区分了车内与车外不同的处理原则，即车内数据非必要不向车外提供，车外数据则应该进行匿名化处理。从现有的法律规制路径上看，对于车联网数据的采集不仅要经过驾驶人的单独同意，而且还需要进行匿名化处理。

车联网数据不仅需要从法律路径进行保护，而且还需要技术方式予以配合。特别是隐私技术不断开发以及可信任机制的建立，为车联网保险定价提供了有效的技术支撑。可以说，车联网保险的定价模式是基于数据获取、计算和合成的结果。法律在建立隐私保护制度的同时，更应该运用技术路径对隐私进行保护，如对算法运用的程度以及算法获得的计算结果的综合运用。此外，生物识别技术在车联网保险应用场景中也将是关键技术，一方面能够通过身份识别机制，确定驾驶人身份的唯一性；另一方面能够对驾驶人过往驾驶数据进行分析，有效预警驾驶员的不安全行为。

汽车保险的另一个应用场景就是二手车保险问题。二手车交易过程中最大的问题就是信息共享问题，即对汽车过往的使用、维修以及出险情况进行数据采集、保存和共享。但问题是，二手车真实的身份信息、事故和维修信息在现有的模式中无法得到有效的保存和共享。不过，区块链"去中心化"的技术特点在一定程度上保证了数据真实性以及公信力,也为信息交换与价值转移提供可能。因此,二手车保险问题可以运用区块链技术来处理。

二、数字健康保险

健康保险是以被保险人的健康为保险标的,当出现保单约定的保险责任时,保险人需要承担保险责任。随着生物技术、医学影像学以及可穿戴装备的介入,传统健康保险也面临数字信息技术的冲击。

通过生物技术,可以从基因检测的角度分析出现疾病的概率。现代医学已经表明,除了造成外伤之外,大多数疾病与基因有关,是由于基于突变、缺陷或者与环境的交互所造成的。基因检测既可以诊断疾病,也可以对疾病发生的情况进行预测。医学影像学也将把人体结构看得更为清楚,不仅能为医疗提供强大技术支持,而且能进一步判断被保险人出现疾病的概率。从某种意义上说,保险公司可以通过生物基因检测技术以及医学影像技术来决定是否承保被保险人的健康保险。由于保险人可以对被保险人健康状况提前进行判断,这将导致逆向选择的道德风险,进而造成保险市场低效率,甚至造成保险市场最终消亡。[1]

数字技术介入健康保险后,还将对传统医疗健康保险产生巨大冲击。譬如,数字技术附着在可穿戴设备上,通过某种方式与人体直接联系。可穿戴设备将通过各种传感技术获得生命体征的实时信息,并且通过传递设备将信息存储,并根据保险人设定的算法模型,对是否投保做出自动判断。从目前较为流行的小米手环的发展趋势看,未来会被"植入式设备"取代。"植入式设备"所取得的健康数据和信息,将更有利于医疗健康领域的发展,也将改变医疗健康保险领域的发展模式。

从上述分析中我们发现,数字医疗保险借助大量的数据采集完成对健康保险的设计,从而满足投保人的需求。在医疗大数据应用场景中,不仅有来自穿戴设备、基因检测以及医学影像所形成的数据,还有大量医生所记载的数据。医疗大数据包括电子病例和个人健康档案等信息,如病程记录、检查检测结果、手术记录、护理记录等,在外观形式上则可以是文字、图表、影像等信息。医疗大数据记录了被保险人从出生到死亡的所有生命体征变化,包括投保人的生活习惯、病史等,并通过数据予以记录。这些数据记录将对数字健康保险产生积极影响。

医疗大数据对保险产品的开发、定价、营销、服务等都将产生影响。《国务院办公厅关于促进和规范健康医疗大数据应用发展的指导意见》就明确提出,健康

---

[1] 参见应飞虎:《从信息视角看经济法的基本功能》,载《现代法学》2001年第6期。

医疗大数据是国家重要的基础数据,并且要求根据保险的基本原理对国家医疗健康大数据进行有序的开发利用。但是,医疗健康大数据在开发利用的过程中也要高度重视隐私保护和数据安全问题。《个人信息保护法》已经将生物识别信息等纳入敏感信息的保护范围,医疗健康大数据的不当使用无疑会对被保险人的隐私保护产生重要影响。因此,保险产品在开发过程中应该将保险产品的医疗数据使用与医疗健康数据的合理使用进行有机协调,合理使用医疗大数据。

在医疗健康保险方面,人工智能需要予以特别的关注。人工智能技术在医疗健康保险中,经过基础数据层采集,并通过技术架构层以及应用层的进一步开发利用,将改变传统医疗环境和风险因素,成为保险产品的开发和风险管控的重点,为保险客户提供更为专业和个性化的服务。

> 问题与思考

1. 数字保险与传统保险相比,有哪些不同之处?
2. 数字保险的说明义务呈现什么样的特点?
3. 数字保险的如实告知义务应如何履行?
4. 思考数字保险未来的发展方向和创新。

> 扩展阅读

1. 王和:《保险的未来》,中信出版集团 2019 年版。
2. 李开复、王永刚:《人工智能》,文化发展出版社 2017 年版。
3. 吴军:《智能时代:大数据与智能革命重新定义未来》,中信出版集团 2016 年版。
4. 魏华林、林宝清主编:《保险学》(第三版),高等教育出版社 2011 年版。
5. 王和:《大数据时代的保险变革研究》,中国金融出版社 2014 年版。
6. 刘锋:《互联网进化论》,清华大学出版社 2012 年版。
7. 〔美〕布莱恩·阿瑟:《技术的本质:技术是什么,它是如何进化的》,曹东溟、王健译,浙江人民出版社 2014 年版。
8. 〔美〕阿莱克斯·彭特兰:《智慧社会:大数据与社会物理学》,汪小帆、汪容译,浙江人民出版社 2015 年版。
9. 〔法〕雅克·阿塔利:《未来简史》,王一平译,上海社会科学院出版社 2010 年版。
10. 杨东:《监管科技:金融科技的监管挑战与维度建构》,载《中国社会科学》2018 年第 5 期。

第十章 数字信用的法律规制

【引读案例】

原告徐某通过支付宝客户端开通"芝麻信用"服务,同时签订《芝麻信用服务协议》,原告授权芝麻信用管理有限公司可以向合法提供其用户信息的主体采集信息。后原告收到芝麻信用平台发出的执行案件信息,原告认为被告(即芝麻信用管理有限公司)侵犯其隐私权,要求被告删除该信息,并赔偿其个人征信损失50000元。被告辩称,其采集的被执行人信息来源为某高院,属于可公开内容,且被告提供的被执行人信息仅原告本人可以查阅,未侵犯原告隐私权。法院认为,被告向原告提供"芝麻信用"服务是基于双方协议,收集使用原告主体信息取得原告同意,采集原告系被执行人的信息来自其他已合法公开的个人信息,并仅向原告本人提供了有关信息,属于对个人征信数据的合理商业使用,不构成侵犯个人隐私权。

第一节 数字信用概述

信用是人类社会生产实践活动的产物,其内涵随着社会经济活动发展而逐渐演变。在原始社会,信任关系以部落、血缘、社群等为基础。在商品经济时代,信用关系以物物交换为基础。厂商以赊销形式提供的商业信用和银行以货币形态提供的银行信用逐步建立起来,信用逐渐成为整个经济活动的基础。在数字经济时代,随着互联网、大数据、云计算、人工智能等技术的发展,信用关系逐渐以数据、算法为基础。移动支付普及使得我们在日常生活中的支付更加便利,实现了"一个手机走天下"的数字便捷生活。但在使用移动支付过程中,用户提供了大量的数据,数据处理者通过算法对海量数据进行分析,从而为人们提供全新的信用风险评价和风险预警方式。但数字信用也带来了侵犯隐私、算法风险、平台权力扩张、数字正义等法律困境,因而如何通过法律规制保障数字信用发展,是亟待解决的理论与实践问题。

第十章 数字信用的法律规制

一、数字信用的概念

目前,学界对于"数字信用"还没有统一的定义。数字信用与数字技术的发展息息相关。麦肯锡全球研究所指出:大数据是一种规模大到在获取、存储、管理、分析方面大大超出了传统数据库软件工具能力范围的数据集合,它具有海量的数据规模、快速的数据流转、多样的数据类型、较低的价值密度四大特征。对于数字信用而言,大数据技术为其发展提供了基础。为了阐明数字信用的概念,需要厘清"征信""数字信用""数字信用制度""社会信用体系"等概念。

(一)征信

征信在内涵上是指为防范信用风险而由第三方提供的信用信息服务;在外延上表现为第三方通过采集、整理、保存有关法人和自然人的信用信息即身份信息以及全面的负债历史信息,利用信用等级报告、信用调查报告、信用评分报告、信用评级报告、信用管理咨询报告等方式,向放贷机构和其他有关各方提供信息服务。

(二)数字信用

经济学中的信用指的是一种建立在授信人对受信人偿付承诺的基础上,使后者无须支付现金就可以获取商品、服务和资金的能力。随着人工智能、大数据、区块链、云计算等技术发展,这些数字技术推动了数字信用发展。数字信用是数字经济时代的产物,是利用大数据技术和机器学习方法等数字技术识别信用的一种创新性手段。数字技术本身并不创造信用,它只是帮助识别、发现使用传统手段无法辨识的数字信用。

(三)数字信用制度

制度经济学认为数字信用制度依附于数字经济的发展,是经济关系在数字时代的产物。产业经济学认为,数字信用制度是以数字货币和网络金融等形式存在,通过对新技术的应用,形成一套金融普惠的信用基础设施。从法学角度看,在数字技术助力下形成的、以数字知识的拥有者为主要参与对象、利用数字工具作用于数字化经济要素的数字化经济关系,即为数字信用制度。

(四)社会信用体系

2014年6月14日,国务院印发了《社会信用体系建设规划纲要(2014—2020年)》,在规划纲要中指出社会信用体系是社会主义市场经济体制和社会治理体制的重要组成部分。它以法律、法规、标准和契约为依据,以健全覆盖社会成员的信用记录和信用基础设施网络为基础,以信用信息合规应用和信用服务体系为支撑,以树立诚信文化理念、弘扬诚信传统美德为内在要求,以守信激励和失信约束为激励机制,目的是提高全社会的诚信意识和信用水平。

2022年11月14日,国家发展改革委向社会公布了《社会信用体系建设法(征求意见稿)》。该法是社会信用体系建设的综合性、基础性法律,其在第2条中对社会信用体系进行了界定:"本法所称社会信用体系建设,是指国家动员和引导政府、市场和社会各方面力量,推动政务诚信、商务诚信、社会诚信和司法公信建设,完善征信体系,规范信用信息处理,加强信用监管,健全褒扬诚信、惩戒失信的制度机制,推进诚信文化建设。"

二、数字信用的特征

随着人工智能法律技术的发展,工业社会走向了信息社会,单一的物理空间向物理/电子(现实/虚拟)的双重空间转换。电子空间、虚拟空间已经成为人们日常生活不可或缺的一部分。数字时代拓宽了我们的生存空间,人与人之间的联系变得更加简单和频繁,数字信用亦变得愈加重要。我们学习、工作、生活等都离不开数字信用。例如,学生毕业后需要有学信网的学位证明,个人向平台申请信用贷款的主要依据就是个人的数字信用。在大数据推动下,个人和企业的信用可以数字化、度量化,传统信用走向了数字信用。数字信用是数字时代的产物,具有以下几个方面的特征。

(一)建立在数字经济基础之上

随着人工智能、大数据、算法的发展,数字经济发生了质的变化,主要体现在以下两个方面:第一是传统的生产要素在数字社会的生产生活中拥有了数字化特征;第二是信息技术发展促发了全新的第五大生产要素——数据。数据成为继土地、资本、劳动力及技术这四种传统生产要素之外的第五大基本市场要素,也是数字时代全新的生产要素。传统信用建立在人、财、物及行为的基础上,工商经济是传统信用的前提和基础,数字经济发展以及全新的数据生产要素冲击着传统信用理论。信用是以一定的社会经济条件为基础的,数字信用与数字经济和数字社会发展息息相关。

(二)从物理空间跨越到双重空间

自社会关系存在以来,信用就无处不在。在传统农耕社会,生活和工作场景相对单一,人们依赖不成文的口耳信息传递系统确保信任。在工商业时代,人们的交往频繁、交流方式多元,现代信用体现出抽象性的特点,可以依赖特定信用系统超越具体场景建立相对稳定的抽象信任关系。与此同时,产生了越来越多的信用产品,如信用卡、房贷、车贷等。农耕社会、工商业时代的信用都存在于物理空间之中。随着互联网技术发展,人们在网络上留下了海量数据,人们的生活已经从物理时空跨越到双重空间之中。网络空间中记录着完整的个人信息链,经过算法分析,可变为被政府或行业组织认可的个人"信用"。区别于传统金融领域的信用,这种数字化的信用被称作"数字信用"。"数字信用"具备更加广泛性和个性化的认可机制。双重空间中的"数字信用"不仅是一个征信结果,而是完整的个人信息体系。

(三)信用标准内化为平台分配规则

随着互联网技术和数据发展,催生了很多新型的互联网平台。互联网平台不同于传统的交易市场,它不再只是交易的场所,同时还是经营的主体。数据发展使得互联网平台企业突破了传统企业的地域边界和行业边界,不受物理时空限制。互联网平台带来技术驱动的大规模社会化协作,它是连接者、匹配者与市场设计者。在数字时代,平台企业使用多种统计学方法、非参数方法、人工智能方法组合生成决策模型,运用大数据训练、验证和测试模型。数据样本规模越大,可利用的特征变量越多,对个人信用的刻画越精细。平台利用对个人信用的画像进行信用评分,根据评分确定个人征信的高低,从而成为平台分配权益的标准。例如,芝麻信用得分较高的用户可以享有免押金、信用购物、申请签证等特权。

三、数字信用的领域

2021年《中华人民共和国国民经济和社会发展第十四个五年规划和二〇三五年远景目标纲要》提出,要建立健全信用法律法规和标准体系,建立公共信用信息和金融信息的共享整合机制,培育具有国际竞争力的企业征信机构和信用评级机构,加强征信监管,推动信用服务市场健康发展。2022年《"十四五"数字经济发展规划》提出,鼓励和督促企业诚信经营,强化以信用为基础的数字经济市场监管,建立完善信用档案,推进政企联动、行业联动的信用共享共治;同时,加强征信建设,提升征信服务供给能力。随着互联网和大数据发展,我国对数字信用建设高度重视。数字信用领域也从经济领域扩展到了社会领域。

(一)经济领域

2008年发布的《信用基本术语》(GB/T22117-2008)中,对于信用的定义为"建立在信任基础上,不用立即付款或担保就可获得资金、物资或服务的能力"。在这一阶段,"信用"的内涵还限定在经济领域。我们所熟知的数字信用多运用于经济领域,例如蚂蚁金服旗下的第三方征信机构芝麻信用。芝麻信用通过大数据分析对用户进行信用评价,获得较高信用评分的用户可以免押金骑车、享受花呗借呗服务、优先享受金融信贷服务等特权。在万物互联的时代,芝麻信用的数据与信用卡、网上购物、转账支付、金融理财、融资租赁、生活费用缴费等金融服务都息息相关。

（二）社会领域

2018年发布的新《信用基本术语》(GB/T22117-2018)中，将信用的定义扩大到"个人或组织履行承诺的意愿和能力"，并将其划分为经济领域的信用和社会领域的信用。在这一阶段，"信用"的内涵不仅限定在经济领域，还扩充到了社会领域。例如，2020年苏州市推出"文明码"，其是给市民制作的记录"文明分"的二维码。"文明码"目前包括"文明交通指数"和"文明志愿指数"两个板块，前者通过读取个人交通违法行为处罚记录进行评分，后者通过读取志愿者的志愿服务记录进行评分。文明积分高的市民将会获得工作、生活、就业、学习、娱乐上的优先和便利。由此可见，数字时代基于大数据利用算法进行数字信用的评估，不仅会影响经济领域提供的金融服务，还与社会道德、社会信用、社会文明等广泛领域息息相关。

第二节　数字信用中的法律困境

随着大数据、云计算、区块链等技术的发展，我们进入了数字经济时代。数字经济的快速发展促使了社会信用的转型，数字信用成为数字经济时代全新的信用模式。数字信用具有便捷、高效、智能的优点，例如微粒贷、度小满、京东金融等网络信贷平台，使得无担保个人信贷更加便捷。网络信贷平台的快速发展，让平台掌握了人们的大量数据，数字信用使人们生活便利的同时也产生了侵犯隐私、算法风险、平台权力扩张、数字正义等法律困境。

一、数字信用中的隐私权保护问题

数字信用中我们所熟知的各种信用评分，是基于我们在互联网上每时每刻留下的海量信息进行分析从而得到的评价结果。只要我们连上网，不论是浏览网站、进行网上购物、信用卡还款还是使用支付宝，都会留下我们在数字空间中的信用足迹。根据我们的数字足迹预测消费者信守承诺的能力是金融机构关注的重点，网络信贷平台利用大数据处理数字足迹的能力，全面地分析、预测消费者的违约情况，使得金融企业的个人信贷更安全、更有保障。但网络信贷平台在收集信用足迹过程中，会对隐私权保护形成挑战。

隐私权是自然人所享有的私人生活安宁与私人信息秘密依法受到保护，不被他人非法侵扰、知悉、搜集、利用和公开的一种人格权。在数字时代，到底何为隐私？隐私既可以视为物理的私人空间不被打扰的权利，也可以包括数字、虚拟世界中不受干扰的权利。1967年，威斯汀（Alan F. Westin）在《隐私与自由》一书中提出了"信息性隐私权"。所谓隐私权，指自然人所享有的决定何时、何种方式以及何种程度将其个人信息向别人公开的权利。从威斯汀对"信息性隐私权"的界定中可以看出，在信息时代，隐私权更多体现的是一种决定权，决定何时、以何种方式及何种程度进行信息公开的权利。信息隐私理论的核心是"控制权"，信息隐私权指自然人所享有的对其个人信息以及能够被识别的个人信息获取、披露和使用予以"控制"的权利。网络信贷平台在收集、分析我们的数字信用足迹时，我们无法"控制"我们的数据，用户更多只是被动地被评价、被控制。

二、数字信用中的算法问题

随着大数据、ChatGPT、生成式人工智能技术的发展，我们步入了"算法为王"的时代，算法不再只是数学和计算机科学中的计算指令，还是数字社会秩序的建构者。国务院《"十四五"数字经济发展规划》指出，推进云网协同和算网融合发展，加快构建算力、算法、数据、应用资源协同的全国一体化大数据中心体系。算法解决了数字信用中很多问题，但也带来了算法风险，主要体现在以下三个方面：

其一，算法黑箱问题。"算法黑箱"是一种隐喻，指在算法机制中人们不能看到和控制的部分，常指"不透明"。由于不透明，我们只能看到输入的数据和输出的结果，但并不知道也不理解输入和输出之间具体发生了什么。"算法黑箱"会侵犯人们的合法权益。例如，有些网络信贷平台利用不透明的算法为平台用户进行信用评分，向评分较高的用户提高信贷额度、推送理财产品等，从而获得更多的利润或收益。

其二，算法霸权问题。生活在数字时代的我们，已经习惯甚至说享受算法给我们生活带来的便利。正如人们已经习惯提前消费，不仅依赖花呗，甚至还喜欢和别人比较芝麻信用分高低，并公开发布在自己微信朋友圈中。但人们比较少关心自己芝麻信用分数是如何得来的，甚至更多时候对这样的评分依据和结果无能为力。目前，芝麻信用分由信用历史、行为偏好、履约能力、身份特质以及人脉关系这五个维度构成。芝麻信用分一共划分为五个等级，其中最低是350分，最高是950分。算法霸权体现为平台利用改变其所掌握的参数就能对我们看似客观的评分产生重大影响，而用户并不能理解其中的程序设置。这种不透明且具有垄断性的霸权力量损害着用户的自主决定权。

其三，算法错误问题。数字信用依靠算法进行决策和判断，但算法不应该被

"神化"。算法会出现错误,而这样的错误会呈现出"客观化"的特征。2022年,广州互联网法院审理了一起网络侵权责任纠纷案件。由于叮叮咚咚平台将与张某无关的大量信息错误关联至其名下,上述错误关联信息包括失信被执行人信息、限制高消费信息以及终本案件信息等。由于这些错误信息的关联,张某竟然"变成"了失信人。张某认为涉案平台的行为侵害了其名誉权、个人信息权益,故提起诉讼。叮叮咚咚公司辩称,涉案关联行为是由于平台算法对与本案原告张某同名同姓但不同身份证号的另一主体识别错误造成,并非人为导致,要求驳回原告的全部诉讼请求。法院支持了张某的主张,认为叮叮咚咚公司作为有资质的企业征信机构,其运用算法进行大数据利用,应对利用结果承担相应责任。从此案例可以看出,法院并没有支持平台"技术中立"的抗辩。

三、数字信用中的平台权力问题

数字信用与互联网平台密切相关,数字信用发展离不开平台。但关于平台的概念,目前并没有明确界定。目前,关于互联网平台角色的理论主要包括特殊垄断主体理论、看门人理论、新公用事业理论。特殊垄断主体理论认为互联网平台是特殊的垄断主体,主张变通执行反垄断法的方式来规制平台的负面影响。看门人理论强调增强平台自身的自我规制能力,虽然看门人理论能够更加灵活地规制平台,但无法平衡互联网平台的双重角色。新公用事业理论主张互联网平台应该被视为公共事业。虽然互联网平台具有准立法权、准司法权、准执法权,它的"准公共"属性得到认可,但它目前并不是公共事业。

随着数字经济发展,平台力量崛起。平台打破了传统的"私权利"与"公权力"的二元结构,形成了"私权利""私权力""公权力"的三元结构。平台信用评分机制既催生了包裹在技术中的平台私权力,又拓宽了公权力的治理领域。在信用数据从商业化到治理工具化的过程中,政府期待通过吸纳平台信用来施行更为有效的算法行政。目前网络信贷平台与用户之间的数字信用行为多是依据双方签订的服务协议和合同,呈现出双方是平等的契约关系。正如本章的引读案例:徐某诉芝麻信用管理有限公司名誉权纠纷案中,法院认为支付宝向原告徐某提供"芝麻信用"服务是基于双方协议。但是,由于平台运用算法对海量数据进行分析判断,平台的"准公共"属性使得用户并没有真正的自由选择权。在数字时代,互联网平台不再是普通企业,平台与用户之间也不是平等的合同关系。如果从传统私法规制的角度出发,并不能保护用户的平等权。

四、数字信用中的正义问题

正义是人们一直追求的法律价值。关于正义是什么,苏格拉底、柏拉图、亚里士多德、斯宾塞、罗尔斯都给出了自己的答案。但正义有着一张普洛透斯似的脸,变幻无常,随时可呈不同形状并具有极不相同的面貌。亚里士多德将正义分为两种:一是分配的正义,强调的是不平均;二是纠正的正义,关注的是利益纠纷的调解。传统的分配正义是建立在物理时空中,涉及对机会、财产、地位等进行分配。在数字经济时代,平台力量的崛起打破了国家/社会的二元结构,形成了国家/平台/社会的三元结构。数据成为新的生产要素,数据的价值在于使用而不是占有,数据的意义在于流动而不是静止。数据打破了物理时空的边界,数字时代通过数据、信息来分配资源。"信息是权力的中心。"作为掌握数据、信息优势的互联网平台,会运用算法发挥数据的最大价值,并利用自己的私权力进行技术扩张和滥用。

目前数字信用对利益的分配不再只是依靠传统的资源分配方式,而是依据信用评分的数字分配方式。这样的分配方式会使得平等、正义等重要的法律价值被"数字化"的客观形式所掩盖。例如,京东商城的"京享值"、淘宝网的"芝麻分"、微信的"微信支付分",都是平台推出的信用评分产品。"京享值"的信用评分依据是根据用户最近 12 个月的消费金额、活跃互动、信用分数、账号变动等数据进行评分,分数高的用户可以享受日优惠、双免运单、京东方福利券等优惠;"芝麻分"根据用户信用历史、行为偏好、履约能力、身份特质、人脉关系这五个维度的数据进行综合评估,根据用户所呈现的信用状况在信用卡、酒店、租房、出行、婚恋、学生服务、公共事业服务等上百个场景中为用户提供信用服务;"微信支付分"是根据用户的身份特质、支付行为、使用历史等情况进行综合评分,分数高的用户可以享受免费租借、免押速住、先享后付、智慧零售等服务。这些信用评分产品主要是依据平台掌握的数据进行资源分配。由于平台力量的日趋强大,信用评分被运用到越来越多的场景之中,与我们的日常生活息息相关。平台依据自己掌握的"自治"权力为我们的日常生活进行资源分配。

第三节 数字信用中的法治化治理

互联网技术的发展实现了世界的万物互联,催生了数字信用发展,数字信用逐步成为了数字经济时代的重要组成部分。数字信用作为一种新的金融模式,在为人们的金融活动提供便利的同时,也产生了各种风险和问题,如侵犯隐私权问题,算法黑箱、算法霸权、算法错误等问题,平台权力的"准公共属性"问题,数字正义的"资源分配"问题,等等。面对这些问题和风险,我们要进行法治化的治理,以确保数字信用在数字时代更好地发展。

一、增强数字信用中的隐私权保护

在"凯兹诉美国案"之前,对隐私权进行保护的前提是有形财产受到损害。直到在该案中,哈伦法官主张隐私权保护的是"人"所享有的隐私权,而不是"公共场所",为此提出了"合理隐私期待"原则。这个原则强调两个要件:主观要件指个人对隐私保护有主观的期待,客观要件指这种主观期待被社会大众认为是合理的。

在数字时代,数字信用离不开平台,平台为人们带来了便捷的智慧生活。平台推出的信用分服务不仅为人们的金融生活带来便捷,信用分还影响着人们生活的各方各面。大数据技术发展正在改变着公共空间与私人空间的社会构型,使原有的公域与私域之分难以为继。为了融入数字生活,人们不得不将一些数据信息公开在平台上,但这并不意味着主观上人们希望被"监视"、被"评价",人们对于暴露在互联网平台上的数据依然有合理的隐私保护期待;客观上这种期待也是被大众所认可的。在数字信用中,数据信息隐私权是需要保护的一项重要人权。

二、加强数字信用中的算法治理

算法治理是数字时代备受关注的重要理论问题和实践难题,中国的算法治理进入了 2.0 阶段。2022 年 3 月 1 日施行的《互联网信息服务算法推荐管理规定》对算法推荐技术进行了界定,这是我国第一部聚焦于算法治理的部门规章。在算法治理中,平台企业的算法问题尤其重要,因为其并不单纯是自动化服务的升级,还应考虑到其对数字市场的塑造影响,以及对市场中其他参加者产生的外部性等问题。在数字信用中,平台企业根据用户在互联网上产生的痕迹,运用算法对用户信用进行评分,从而为客户提供服务。这样"智能化"的升级使得算法成为唯一的"评判者"。但数字信用中算法黑箱、算法霸权、算法错误的出现,也使得算法治理更加紧迫。

首先,确保平台算法的正当合理。互联网平台的运转离不开各式各样的算法。在数字时代,"算法"被认为是"理智""中立"的代名词。但事实上,从数据清洗标注、绘制知识图谱、到算法建模、代码编写,都不可避免地嵌入了设计者、操作者的价值理念。因此,算法的正当合理使用就变得尤为重要。不论是算法的主流价值导向还是算法使用的目的,都需要正当合理。

其次,进行平台算法的利益衡量。当下关于利益衡量方法主要有两种:一是由德国利益法学所倡导的作为方法的利益衡量;二是由日本民法学界所创立的作为法学方法论的利益衡量论。利益衡量是一种常见的法律方法,主要有以下几个特征:一是强调在个案裁判中进行价值判断的方法;二是一种以结果为取向的方法;三是具有明显的妥协性;四是判决合法、合理、合情是利益衡量追求的目标。由于技术的局限,平台的算法错误有时候会造成系统的误判。在这种情况下,当公共利益和个人利益产生冲突时,法官需要对各方的利益主张和利益冲突进行具体的分析,通过实质判断进行权衡和取舍,进而确定出需要保护的利益。

最后,避免平台算法的误用滥用。算法在数字时代改变了我们的生活,带来了很多的便利,比如个性化推荐的高效、金融信贷额度发放的准确等。但算法的运用也有其局限性,比如算法黑箱导致的歧视、算法霸权损害用户的自主决定权、算法错误引发的严重社会后果。我们应避免平台算法的误用滥用,进行全方位的系统审查,维护数字时代的公平合理原则。

三、确保数字信用的系统治理

互联网平台不同于传统的平台,传统平台主要承担的是交易市场的角色。互联网平台不仅提供交易场所,同时还是经营的主体。互联网平台既当"运动员"又当"裁判员",为自己的权力滥用提供了机会和便利。例如,信用评分机制的评价标准、流程规则等都由平台制定。但评分结果不仅对用户的金融信誉产生影响,还会影响用户的各个方面,只有对数字信用进行系统治理才能保护用户权益。

其一,平台自治与社会共治的治理模式。由于互联网平台带有天然的社会公共属性,数字信用治理不仅关乎平台和用户,还与社会发展密切相关。数字信用的治理不仅需要依靠平台自治,也要与社会共治相结合。首先,互联网平台需要积极主动承担自治的责任。欧盟通过的《数字市场法》以及我国发布的《互联网平台落实主体责任指南》(征求意见稿)都对大型平台的自治进行了相关规定。其次,政府规制是社会共治中的重要环节。政府可以通过完善相关的法律法规对平台进行规制。最后,发挥行业协会的自律能力。鉴于行业协会具有的中介性、自律性和社会性特征,它在市场、政府和社会组织三元主体构成的现代市场经济框架中的功能越来越受到重视。例如,2015年,中国国家禁毒委员会等9部门和中国互联网协会联合发布《中国互联网禁毒公约》,加强打击互联网毒品犯罪行为;2016年,上海等10省市联合发布"行业自律公约32条",加强互联网金融平台的信息披露;2018年,《个人大病求助互联网服务平台自律公约》发布,加强个人大病网络平台的健康有序发展;2021年,在中国互联网大会上,33家互联网平台签署了《互联网平台经营者反垄断自律公约》,强调维护市场公平竞争秩序、加强自主创新精神、创造良好的竞争环境;2022年,滴滴出行等18家互联网平台签订了《中山市网约车行业诚信公约》,加强网约车平台从业人员的服务质量,建立多平台实时联动机制。

其二,软法之治与软硬协同的治理方式。由于互联网平台不同于传统的平台,既是经营者也是组织者,仅用传统"硬法"很难对互联网平台行为及时回应和进行有效规制。"软法"之治应运而生,在数字经济新业态中的民间交易规则、自律规范和交易习惯等更多地体现了互联网的开放、平等、协作和分享精神。由于"软法"没有国家强制力保证实施,只有软硬协同才能更好地治理互联网平台的行为。例如,建立规制互联网平台行为的法律法规体系,然后以"硬法"引导"软法",推进互联网平台行业的自律。

其三,加强公民数字能力的治理机制。随着互联网技术的发展,公民具有了新的身份——网民,手机不仅只是一个简单的通信工具,更是人们日常工作生活中不可或缺的组成部分。公民在数字时代不仅需要具备行为能力、权利能力,还需要具备数字能力。在数字时代,每个公民都应该意识到提升数字能力的重要性,提高全民数字素养与技能,从而弥合数据鸿沟,共享数字时代带来的数字红利。

四、坚持数字信用中的数字正义理念

随着数字信用发展,人们对于数字正义需求更加多元化,数字时代的正义理念发生了新的变化。所谓数字正义,即指如何以正义原则引导新兴数字技术对社会、法律与伦理进行重塑,以及如何为算法自动化决策划定正当边界。"数字正义"是社会正义原则和正义实现机制在数字领域的体现,是正义体系的重要组成部分与中枢,其目标仍是最根本的社会正义。为了坚持数字信用中的数字正义理念的实现,要从两个方面出发:一方面是确保数据正义价值的实现;另一方面是保证代码正义价值的实现。

（一）数据正义价值

数据不仅是数字时代重要的生产资料,还具有很高的经济价值,因而成为各大互联网平台竞相争夺的重要资源。在数字信用中,我们需要坚持数据正义,主要体现在两个方面:一方面,确保数据的公平占有与合理使用。由于技术、经济等相关原因,出现了数据鸿沟、数据阶层分化等问题。在日常生活中,很多企业

平台利用技术、资金、数据池等优势对大数据进行挖掘。譬如，一些金融信贷平台掌握着用户的海量数据并对这些数据进行挖掘，对此，要确保这些平台对于数据的使用符合最小比例原则。另一方面，指引数据阐释中的价值判断。众所周知，人类决策难以避免地具有主观性，在司法实践中也是如此。人们认为数据的出现在很大程度上可以弥补主观性偏见等一些问题，但对于数据的使用多是利用数据挖掘技术对原始数据进行分类、整理、阐释。数据阐释不仅是一个技术问题，还内含一定的价值判断，潜藏着不同的利益诉求和权利主张，需要构建相应的数据正义观予以指引。

（二）代码正义价值

随着人类进入了智能化、数字化的数字时代，人类的行为和活动越来越无法离开网络。代码世界（网络世界）正在显著改变我们的时空，也正在改变国家、社会和个人，改变着生存、活动、利益、安全的概念和方式，技术革命正在不断冲击和影响人类现有的思维习惯和法律规制的方案。一方面，需要规制和管控代码，网络空间并不是不可以规制和管控的地带。编写代码、制定标准就是规制和管控的方式之一。对于代码世界的管理不仅仅需要依靠技术管理，而且需要与法律治理相配合。另一方面，需要抑制代码编写的主观性。由于代码编写是一种创造性的活动，因此不可避免地将带有程序员的主观价值偏好。代码作者越来越多地是立法者，他们决定互联网缺省设置应当是什么，隐私是否被保护，以及所允许的匿名程度、所保证的连接范围。代码编写的背后代表着不同的利益设定和完成目标，而客户却常常处于不能理解与不能选择的弱势地位。因此，实现代码正义的前提和基础是抑制代码编写中程序员的主观价值偏好。

问题与思考

1. 如何理解数字信用的内涵和特征？
2. 数字信用面临哪些法律风险？法律应该如何规制？
3. 数字信用中的算法问题体现在哪几个方面？
4. 为什么说数字信用并不仅限于经济领域？
5. 如何实现数字信用中的数字正义？

扩展阅读

1. 〔美〕林·C.托马斯等：《信用评分及其应用》，王晓蕾等译，中国金融出版社2006年版。

2. 马长山：《迈向数字社会的法律》，法律出版社2021年版。

3. 刘晗、叶开儒：《平台视角中的社会信用治理及其法律规制》，载《法学论坛》2020年第2期。

4. 胡凌：《数字社会权力的来源：评分、算法与规范的再生产》，载《交大法学》2019年第1期。

5. 戴昕：《理解社会信用体系建设的整体视角——法治分散、德治集中与规制强化》，载《中外法学》2019年第6期。

6. 张凌寒：《算法权力的兴起、异化及法律规制》，载《法商研究》2019年第4期。

7. 罗培新：《善治须用良法：社会信用立法论略》，载《法学》2016年第12期。

8. 沈岿：《社会信用体系建设的法治之道》，载《中国法学》2019年第5期。

9. 虞青松：《算法行政：社会信用体系治理范式及其法治化》，载《法学论坛》2020年第2期。

10. 杨帆：《个人信用治理的法理反思及其制度安排——基于平台企业共治共享视角》，载《公共行政评论》2023年第3期。

第十一章　数字安全的法律机制

【引读案例】

　　滴滴天价罚单事件引人瞩目。2021年6月10日,《数据安全法》刚刚公布,2021年6月30日,滴滴就在美国纽约证券交易所悄然上市。接下来,国家监管部门重拳出击,对滴滴实施了一系列的快速审查举措。2021年7月2日,网络安全审查办公室依据《国家安全法》和《网络安全法》对滴滴实施网络安全审查,为防范风险扩大,暂停新用户注册;7月4日,网信办再发通报:审查结果为,"滴滴出行"App存在严重违法违规收集使用个人信息问题,要求下架"滴滴出行"App。2022年7月21日,国家互联网信息办公室公布对滴滴公司依法作出网络安全审查相关行政处罚的决定。经查实,滴滴公司违反《网络安全法》《数据安全法》《个人信息保护法》的违法违规行为事实清楚、证据确凿、情节严重、性质恶劣。网信办正式宣布,对滴滴公司处以80.26亿元人民币罚款,同时对滴滴董事长程维、总裁柳青各罚100万元人民币。

第一节　数字安全概述

　　随着信息技术的发展和应用,人们的生产生活与数据已密不可分。从飞机、汽车的设计制造,到个人生活点滴的记录,数据已渗透到人类社会的各个方面。数据是资源,是钻石矿,是未来的新油田,数据意味着财富,意味着知识与信息,意味着企业甚至国家在科技浪潮中的核心竞争力。科学技术是一把双刃剑,数据在带来巨大价值的同时,也引入了大量的安全风险与挑战。合理利用数据首先必须满足其安全需求。

一、数字安全的内涵

　　数字安全是数字中国建设和数字经济发展的重要基础,既包括网络安全、数据安全,也代指数字系统处于有效保护的状态和能力。作为非传统的安全范式,数字安全是我国总体国家安全体系的重要环节。从安全能力来看,数据已经成为国家基础性的战略资源。我国的数字安全体系涵盖了数据、数据产品与数据产业的安全,形成了"安全—控制—利用"的三层结构。

(一) 网络安全的内涵

我国网络安全方面的法律主要包括《网络安全法》《全国人民代表大会常务委员会关于维护互联网安全的决定》等。网络安全分为四个层面,即物理安全、运行安全、数据安全与内容安全,分别对应基础设施的安全、信息系统的安全、信息自身的安全以及信息利用的安全。① 《网络安全法》将网络安全分为网络运行安全和网络信息安全,使网络处于稳定可靠运行的状态,以及保障网络数据的完整性、保密性、可用性的能力。因此,为了保障网络安全,数据处理者应该采取相应的技术措施和其他必要措施,并且在进行风险监测或者发现风险时应及时采取补救和处置措施。

网络安全审查制度开始于2014年中共中央网络安全和信息化委员会办公室(简称"中央网信办")发布的《关于加强党政部门云计算服务网络安全管理的意见》,其中明确了云计算服务安全审查机制,重在强调相关活动的"安全"和"可控"。2017年《网络安全法》提出了网信领域的国家安全审查制度,具体涉及关键信息基础设施、信息通信技术供应链等方面。2021年《网络安全审查办法》出台,依据该办法,关键信息基础设施运营者采购网络产品和服务,网络平台运营者开展数据处理活动,影响或者可能影响国家安全的,应当按照本办法进行网络安全审查。申报网络安全审查具体分为三种情形:第一,关键信息基础设施运营者采购网络产品和服务,影响或可能影响国家安全;第二,数据处理者开展数据处理活动,影响或可能影响国家安全;第三,掌握超过100万用户个人信息的网络平台运营者(包括关键信息基础设施运营者及数据处理者)赴国外上市。根据2021年《网络安全审查办法》规定,网络安全审查重点评估采购网络产品和服务,以及数据处理活动可能带来的国家安全风险。

(二) 数据、数据产品与数据产业

按照国际化标准组织(ISO)在信息技术术语标准的定义,数据是"信息的一种形式化体现方式,该种体现背后的含义可被再次展示出来,且该种体现适于沟通、展示含义或处理"。② 数据具有工具性,它作为生成和传输信息的数字编码技术,体现为以二进制为基础的比特或比特流,进而可以通过应用代码显示为信息。③ 《数据安全法》第3条第1款规定:"本法所称数据,是指任何以电子或者其

---

① 参见杨合庆主编:《中华人民共和国网络安全法解读》,中国法制出版社2017年版,第160页。
② 纪海龙:《数据的私法定位与保护》,载《法学研究》2018年第6期。
③ 参见梅夏英:《在分享和控制之间:数据保护的私法局限和公共秩序构建》,载《中外法学》2019年第4期。

他方式对信息的记录。"由此可见,数据的基本定义要素有两个,一个是要求记录于一定数字载体之上,另一个是必须能够携带信息。

在对数据进行加工整合后,就形成了数据产品。数据产品实际上是一个固化的软件系统,其中包含数据分析算法和底层决策逻辑,数据产品使人们基于数据能够更好地进行决策和分析。数据产品是数据可用性的直接体现,以数据产品的生成为时间节点,在此之前数据并没有直接的价值,且收集数据需要一定的成本。在数据产品生成之后,数据便具有了直接的价值,这一价值体现为通过数据产品的运行,其能够对未来趋势产生合理预测,从而进一步指导交易。

数据产业发展的最新形式就是大数据和人工智能的应用。大数据是指那些大小已经超出了传统意义上的尺度,一般的软件工具难以捕捉、存储、管理和分析的数据。大数据是数据从量变到质变的结果之一。"广义上的大数据强调的是思维方式,即使用大量多样且快速更新的数据来预测相应趋势,而狭义的大数据被视为技术,是一种挖掘分析数据的计算机技术。"[①]人工智能则是基于数据和算法而开发的新应用,其是基于数据而对人的智能进行模拟和延展的一门科学技术。

(三) 数据安全的内涵和外延

《数据安全法》第 3 条第 3 款规定:"数据安全,是指通过采取必要措施,确保数据处于有效保护和合法利用的状态,以及具备保障持续安全状态的能力。"数据安全有两方面的内涵:分别指涉"数据防护的安全"与"数据利用的安全"。这两个方面既对立又统一,无论是数据本身的安全还是数据防护的安全,都带有强烈的技术色彩。因此,当将"数据安全"作为一个法律概念进行审视时,应当回归技术中立原则,着眼于最终的法律效果。"数据安全"是指数据处于一种没有危险和不受威胁的状态,数据需要自始至终保有完整性、机密性和可用性。

数据机密性意味着要保证数据通信的隐私,实现敏感数据的安全存储,能够验证有效的用户和实施粒度访问控制。数据完整性是指数据的一致性、正确性、有效性和相容性,意味着数据存储在数据库中或通过网络传输数据时,能够得到保护,不被删除和损坏。数据可用性意味着一个安全系统授权用户可以不受延迟地访问数据。

从数据安全的内涵出发,有三个层面的外延。第一,数据本身内容的安全,即数据的收集、存储、使用都不受到威胁,也不存在数据泄露或者数据丢失的风险。第二,数据产品的安全,即处理数据的软件系统的安全。数据产品的安全要

---

① 陈兵:《大数据的竞争法属性及规制意义》,载《法学》2018 年第 8 期。

求处理数据的软件,不遭受恶意破坏、更改或泄露。第三,数据产业的安全,即保证以数据作为主要对象的产业安全。数据产业安全是从宏观角度来说的,所谓产业安全,是指在数据相对集中的产业,不受到数据泄露、数据软件被非法破坏等问题的威胁。

综合这三个层面来看,数据是数据安全的概念基础,其安全性也关乎整体的数据安全;数据产品是数据价值发掘的结果,其所依托的软件系统是数据运用的基本手段,因此也是数据安全的主要对象。而数据产业是数据和数据产品的宏观体现。以人工智能和大数据为代表的数据产业,需要数据安全的支撑。换言之,数据产业的安全以数据本身的安全和数据产品安全为基石。

二、数字安全的类型

(一)按数据安全级别划分

特别数据安全的保护尤其适用于重要数据和敏感数据。重要数据是指与国家安全、经济发展,以及社会公共利益密切相关的数据,具体包括"未公开的政府信息、大面积人口、基因健康、地理、矿产资源等"。重要数据一旦泄露,可能会直接影响国家安全、经济安全、社会稳定、公共健康和安全。敏感数据是个人数据中需要特别关注的一种类型,一般是指"一旦泄露、非法提供或滥用可能危害人身和财产安全,极易导致个人名誉、身心健康受到损害或歧视性待遇的个人信息。"[①] 人们通常认为,敏感数据主要指:种族或民族血统、政治意见、宗教信仰或其他类似性质的信仰、身体或精神健康或状况(或任何遗传数据)、性取向和其他相关活动、有关司法程序的任何信息、任何个人财务数据。一般数据安全保护适用于除重要数据和敏感数据以外的普通数据。

(二)按数据安全主体划分

实践中,数据治理主体呈现出多元性的特点,政府、企业和个人是数据安全治理的直接参与者和主要利益相关方。政府数据安全保护具体涉及:管理自身政务数据、建立数据安全标准、为社会组织合法合理收集、使用数据提供规范指引及加强个人数据保护的公共宣传。企业数据的保护范围包含其经营过程中涉及的一切数据,其中个人数据和重要数据需要额外关注。个人是当今互联网的主要用户,尽管侵犯隐私报道连篇累牍,绝大多数用户依然心存侥幸或选择漠视。只要互联网存在一天,个人就应加强自我防范意识,保护自身信息不被泄露和滥用。

---

① 何渊主编:《数据法学》,北京大学出版社2020年版,第7页。

(三)按数据生命周期的安全管理划分

数据安全管理应贯穿整个数据生命周期,覆盖处在静态中的数据、传输中的数据和使用中的数据。静态中的数据是指以任何数字形式存储的非活动数据,可能位于硬盘驱动器或数据库、云存储或其他位置。由于数据存储的聚合性,静态数据常常成为攻击者的主要目标。传输中的数据是指数据从一个存储地向另一存储地进行移动,此种数据很容易受到攻击,无论是通过专用网络、本地设备,还是通过公共可信空间。使用中的数据保护最易被忽略,在对使用中的数据进行保护时,除了访问控制和用户身份验证,还应采用同态加密等安全技术。总之,数据保护方案必须贯穿数据生命周期中的各个环节。

三、数字安全治理中的价值理念衡平

法律规则背后总有各种互相冲突或重叠的价值取向。换言之,任何法律制度都必须直面法律价值的考验。我国数字安全法律制度的发轫时间不长,尤其需要研究法律规制中的价值平衡问题。各国十分重视对重要数据经济价值的开发利用,同时也凸显出数据利用中的价值冲突。首先是数据安全价值与数据自由价值之间的冲突。我国《数据安全法》的立法宗旨主要在于两方面:一是规范数据安全处理活动,加强数据安全法律保护;二是促进数据的自由流动,以创造更多的经济价值。数据安全价值与自由价值是重要数据法律规制中价值冲突的最直接表现。其次是安全价值下公共利益与个人利益的冲突。数据安全的核心价值目标是国家安全,国家安全的本质内核是人民安全与利益。人民利益包括公共利益和个人利益,当两者出现冲突时,应该以谁为优位价值,是数据安全治理中最深层次的冲突问题。

(一)平衡原则下协调数据安全价值与自由价值

平衡原则是指通过法律权威来协调各方面冲突因素,使相关各方利益在共存和相容的基础上达到合理的优化状态。[①]《数据安全法》强调数据安全与数据发展,即主张数据安全价值与自由价值之间并非完全对立关系。因此,在协调两者之间冲突时,应当遵循平衡原则。

一方面,"安全"意指国家构建数字安全制度,明确数据安全的保护义务,实现技术意义上的数据安全,保障数据安全状态,以促进数据自由价值的实现。步

---

① 〔美〕E.博登海默:《法理学:法律哲学与法律方法》,邓正来译,中国政法大学出版社2004年版,第414页。

入数字时代后,数据自由流动对于经济发展的重要性愈发明显,立法者对数据采取分类分级保护制度,尽可能实现数据的自由流动与安全保障的平衡。为防止因监管过于严格而妨碍数据流动,《数据安全法》规定了企业对于新种类数据的处理规则,在地区部门未确定新种类数据的级别之前,企业可以先行采集和存储,但必须对其负有安全保障义务。另一方面,重要数据依法自由流动,需要法律保障。在数据治理过程中,由于不同的数据处理者利益需求不同,致使数据自由与安全价值之间的冲突凸显。公民正当、合法利益当然不受侵犯,重要数据法律规制的首要目的,就是保障相关主体权利的实现。为防止企业滥用其权利而实施非法数据处理活动,人们需要法律规制数据自由流动。

(二)比例原则下均衡公共利益与个人利益

我国《数据安全法》突显"公益优先"的价值理念,但过分强调公共利益,也可能会导致公权力的不当扩张。比例原则的首要目的是限制公权力,规范行政机关权力的行使。[①] 因此,行政机关为了保护公益而对个人利益进行限制时,必须遵循比例原则,且这种限制应当符合必要性、适当性和均衡性。一是符合适当性。行政机关在执法时其手段和目的必须是适当的,要有助于实现重要数据的安全治理。二是遵循必要性。行政机关在进行有关数据执法时,应采取对个人利益最小侵害的方式。尤其在数据跨境流动中,企业和个人持有的重要数据跨境应执行严格批准制度,但不宜过分限制非重要数据的流动。三是达成均衡性。在维护国家安全、人民利益的同时如何考虑个人利益的保障就显得尤为重要,因此立法者在制定相关法律时需均衡考虑,以确保特定情形下公益目标与公权力对人数据权利的限制之间,保持必要的平衡关系。

(三)以国家安全为重心,主张公益优先

数据法律规制的立场选择,不仅关系到相关配套法律措施的制定,更是关系到执法部门能否正确理解和适用法律条文。基于数据安全关乎国家安全这一重要事实,立足于我国数据发展现状,规制重要数据处理行为时,必须坚持"以国家安全为重心,主张公益优先理念",以促进数据治理"中国模式"走向成熟。以国家安全为重心,主张公益优先理念的立场选择更符合我国现实需要。在数据治理方面,我国立法在认同公共利益优先的同时,更关注重要数据流动时的全局利益。相应地,行政部门在执法时也应遵循相关原则。

---

① 参见刘权:《比例原则适用的争议与反思》,载《比较法研究》2021年第5期。

第二节 数字安全的规制框架

近年来,我国高度重视数字安全治理问题,党中央国务院多次作出重要指示,提出要切实保障国家数据安全。围绕数据安全保护的核心议题,数字治理相关工作加速推进,已经形成相对完善的规制框架。

一、数字安全治理的体系架构

2015年颁布的《国家安全法》第25条明确提出"实现网络和信息核心技术、关键基础设施和重要领域信息系统及数据的安全可控",将数据安全纳入国家安全范畴。2016年颁布的《网络安全法》着眼于网络安全整体发展和网络空间主权维护,提出"鼓励开发网络数据安全保护和利用技术,促进公共数据资源开放"。2021年,随着《个人信息保护法》和《数据安全法》的出台,数字安全治理法律体系得到进一步完善。《个人信息保护法》对个人信息数据进行全面保护,有效提升了个人信息数据安全保护力度。《数据安全法》的出台填补了我国数据安全治理领域的空白,不仅成为我国数据安全的基础性法律,也是首部聚焦数据监管的专门立法。《数据安全法》可以统筹发展、安全和治理等多重目标,为我国数据安全治理工作提供了重要的法律依据,进一步完善了我国数据安全治理的顶层设计。

(一)《国家安全法》与《数据安全法》

《国家安全法》以法律形式确立了总体国家安全观的指导地位,界定了国家安全的内涵和外延,明确维护国家安全的各项任务,建立健全国家安全制度和国家安全保障措施。《国家安全法》为建立包含数据安全、网络安全在内的国家安全法律体系奠定了基础,《数据安全法》具体落实了《国家安全法》对建设信息安全保障体系、提升信息安全保护能力、实现数据安全可控的要求。《数据安全法》是《国家安全法》的配套立法,二者并非下位法与上位法的关系,而是特殊法与一般法的关系。

(二)《网络安全法》与《数据安全法》

《网络安全法》与《数据安全法》都是国家安全治理体系的重要组成部分,二者的侧重点各不相同。《网络安全法》的规制范围涵盖网络基础设施安全、网络运行安全、网络数据安全等整个网络空间的安全;《数据安全法》调整的范围则包含以电子方式记录的网络数据以及非网络数据,包括个人数据、企业数据和政务数据。《网络安全法》与《数据安全法》存在规制范围的交叉,二者共同规制着网络数据安全。两部法律对于网络数据安全规定不一致的,应当适用新法优于旧法的原则,优先适用《数据安全法》的规定。

(三)《个人信息保护法》与《数据安全法》

《个人信息保护法》与《数据安全法》分别涉及数据在私人权益和公共利益的不同体现,具有不同的立法目的、保护范围和制度构造。具体而言,在立法目的上,《个人信息保护法》主要是为了维护信息主体个人的隐私、人格乃至财产利益,而《数据安全法》则是为了维护国家安全和社会公共利益。在保护对象上,由于《数据安全法》中"数据"的概念更加宽泛,其内涵和外延都广于个人信息,因此其保护对象相比《个人信息保护法》也更为广泛。在制度构造上,《个人信息保护法》是以知情权、删除权、可携带权等权利为核心的权利法体系,而《数据安全法》则注重以安全义务为中心构造违反数据安全规定的行政责任和刑事责任。

二、数字安全治理的制度内容

(一)坚持总体国家安全观

我国坚持"安全导向"的数据治理观,尤其强调将国家安全作为数据立法的核心价值。"国家安全话语"的数据治理理念既重视数据之于经济发展、社会变迁的重要意义,更看重数据对于国家整体安全的影响。《数据安全法》第4条明确提出:"维护数据安全,应当坚持总体国家安全观,建立健全数据安全治理体系,提高数据安全保障能力。"《数据安全法》以总体国家安全观为出发点和落脚点,着力构建有效防范化解数据安全风险的数字安全保障体系。总体国家安全观既强调安全又强调发展,因而《数据安全法》也体现出"安全与发展兼顾"的价值定位。《数据安全法》中"发展"价值有二层含义:一是指数据技术、数字经济产业的发展;二是指数据开放共享机制体制的发展。《数据安全法》中的"安全"价值也有二层含义:一是保障作为国家核心利益的数据主权安全;二是保障社会公共利益的安全。[①]

(二)"包容审慎"的产业发展观

在我国经济高质量转型发展中,数据作为信息型生产要素,对于经济增长的重要性愈发凸显,数字经济新风口不断诞生。传统的监管体系和监管治理手段面对数字经济发展时,已经捉襟见肘。"应用安全"与"数据安全"并行以及"注重开放"与"注重保护"并重的理念逐渐成为业界共识。政府应该给予新业态必要

---

① 参见朱雪忠、代志在:《总体国家安全观视域下〈数据安全法〉的价值与体系定位》,载《电子政务》2020年第8期。

的发展时间与试错空间,根据公共风险的大小进行适时适度干预。《数据安全法》施行,既能充分体现我国支持数字经济发展的决心,又能确保"安全中保发展、发展中促安全"的产业路径。监管沙盒、隐私计算、联邦学习等前沿技术能够不断释放数字领域的产业活力与多元探索,包容审慎的理念能够有效回应不确定性,贯彻新发展理念的时代要求。

(三)"分级分类"的数据治理体系

数据的类型化管理将极大地促进数据安全与数据流动,国家法律、部门规章、标准规范共同构成的制度体系所关注的数据分类分级机制应各有侧重,进而形成数据分类分级治理体系的效力协同机制。《数据安全法》中,分类分级是数据分类保护的一个基本思路,在重要数据基础上新增重要程度和保护等级更高的"国家核心数据",明确对其实施更加严格的制度化管理,划定"核心数据"安全监管红线。《数据安全法》第21条规定,国家建立数据分类分级保护制度,根据数据在经济社会发展中的重要程度,以及一旦遭到篡改、破坏、泄露或者非法获取、非法利用,根据国家安全、公共利益或者个人、组织合法权益造成的危害程度,对数据实行分类保护。这一规定与之前出台的行业性数据分类标准保持了监管的一致性,以数据可能产生的社会危害性为尺度,对数据的重要等级进行分类。《数据安全法》还明确从国家层面自上而下建立数据分类保护制度,这更有利于从国家层面对数据安全性进行分类统筹,形成数据分类保护的数据安全治理体系,深化全流程数据安全的评估与监管。

(四)"互惠公平"的数据治理秩序

各国围绕数据主权相关的数据管理权和控制权展开激烈的角逐,阻碍了数字经济的全球化发展和区域合作。各国在数据主权上呈现普遍的积极扩张趋势,突破了数据安全及流动的合理界限。在法理上,数据主权谦抑性对激进式扩张的协调抑制确有必要。在规则建构的合理性上,谦抑性原则要求数据主权防御主义与进攻主义实现动态均衡。我国为应对全球数据竞争的现实,合法保护我国数字企业的发展利益,促进公平互惠国际治理新秩序形成,通过《数据安全法》明确了数据管辖的域外效力,将应用范围延展到境外企业在我国境内开展的数据处理活动。《数据安全法》中对"长臂管辖"作出了防御性的规定,针对域外法律适用所可能导致的管辖冲突及其所涉的跨境证据调取问题,提出了数据安全层面的法律要求。在我国境内进行数据处理的活动,以及数据存储于境内的组织和个人,都受该条款约束。《数据安全法》还优化了数据出境规则,规定了数据领域下的反制裁措施,为我国依法反制外国的限制措施提供了有力支撑。

三、数字安全治理的机制保障

若想对数字领域的数据处理活动进行更好的监督与管理,就必须明确数字安全的负责人与管理机构,以提供相关的机制保障。全面保障数据安全需构建完善的数据安全监管体系,确立监管原则和目标,明确监管主体及其职责,形成不同区域、不同层级间的监管协调机制。

(一)明确数据安全监管职责

数据安全治理以及相关制度规定需要具体监管部门来贯彻落实,因此如何设置监管体制,成为数据安全治理中一项至关重要的工作。《数据安全法》需要兼顾数据生命周期涉及的全流程,明确提出不同监管主体的监管职责,构建完备的数据监管体系。首先,各地区、各部门对本地区、本部门工作中收集和产生的数据及数据安全负责。其次,工业、教育、科技等主管部门承担本行业、本领域数据安全监管职责。再次,公安机关、国家安全机关等在各自职责范围内承担数据安全监管职责。最后,国家网信部门负责统筹协调网络数据安全和相关监管工作。厘清相关部门监管职责有效实现了国家对数据安全统筹协调与监管,也符合数据安全监管的需求和现状。域外也有"数据保护官"(Data Protection Officer, DPO)制度,特定企业有法定义务任命数据保护官,以补充政府数据保护的监管职能,将自我规制与正式监管相结合,将精巧规制与多元合作规制都应用于数字安全领域。

(二)建立数据安全风险评估机制

数字安全的保障还要从源头建立数据安全风险评估机制。《数据安全法》提出,国家将建立集中统一、高效权威的数据安全风险评估、报告、信息共享、监测预警机制。为此,应重点关注以下内容:首先是建立数据安全的风险预警机制,找出能够对经济社会发展产生影响的内外部潜在因素,分析风险,明确数据安全风险预警的标准。其次是建立数据安全风险识别机制,数据安全风险评估必须要识别风险,尤其是量化不确定性程度和风险可能造成损失的程度,要设立持续监察机制,实时关注数据安全风险因素的变化。最后是建立数据安全风险处置机制,《数据安全法》中也明确提出这一举措。这是在数据安全风险识别的基础上,采取不同措施对已知安全风险进行应急处置。这一机制特别关注对重要数据的相关制度设计,建立高效权威的数据安全风险评估专项机制,缩短评估周期,以最大限度地降低数据安全风险。

(三)健全行业数据监管机制

在互联网发展初期,数据安全治理工作主要由相关行业的自治机制来保证,呈现出明显的分散化和部门区隔特征。随着数字化转型加速,数据安全治理亟须更加协调统一的管理机制,打通行业主管壁垒、加强统筹,进一步提升治理效能。《网络安全法》构建了以国家网信部门为统筹协调机关,行业主管部门各司其职的网络安全监管体制。《数据安全法》则进一步明确规定了中央国家安全领导机构对国家数据安全工作的领导地位:中央国家安全领导机构负责国家数据安全工作的决策和议事协调,研究制定、指导实施国家数据安全战略和有关重大方针政策,统筹协调国家数据安全的重大事项和重要工作,建立国家数据安全工作协调机制。与此同时,《数据安全法》规定了相关行业主管部门承担各自行业、领域的数据安全监管职责,延续《网络安全法》的相关规定,明确网络数据安全和相关监管工作仍然由国家网信部门进行统筹协调。

(四)国家数据安全审查制度

数据安全审查是我国国家安全审查和网络安全审查制度的重要内容。《国家安全法》第 59 条规定,国家建立国家安全审查和监管的制度和机制,对影响或者可能影响国家安全的网络信息技术产品和服务等进行国家安全审查。《网络安全法》第 35 条也规定,关键信息基础设施运营者采购网络产品和服务应当通过网络安全审查的要求。为贯彻总体国家安全观的要求,落实国家安全审查和网络安全审查相关规定,《数据安全法》规定了数据安全领域的安全审查制度,要求对影响或者可能影响国家安全的数据处理活动进行国家安全审查。

第三节 数字安全的重要制度

目前,数据要素市场失灵现象凸显,数据的不正当爬取、非法垄断等不正当竞争行为频发。为实现科学审慎地精准规制,就需要根据不同类型、不同级别的数据特征,明晰与之匹配的数据权属及权责体系、构建数据流通规则、完善数据安全保护体系,统筹数据安全与发展。鉴于数字安全领域存在诸多风险问题,本节提出数据分类分级制度、数据出境与数据跨境相关制度作为回应。

一、数据分类分级制度

数据分类分级是数据分类(Data Classification)与数据分级(Data Grade)的合称,是实现维护数据安全、促进数据发展的基础。数据分类指根据数据的属性特征划分成一定的种类,使得纷繁芜杂的数据按照某种规律形成系列集合。数据分级则按照一定的原则、标准、规律划分成层次有序的级别,不同级别数据在数据处理行为中将遵循对应级别的规则。《数据安全法》第 21 条就明确规定了

"国家建立数据分类分级保护制度",并构建起以核心数据、重要数据和通用数据为界分的三级数据安全保护体系。

(一) 数据分类分级的需求定位

我国数据分类规范呈现个人信息与重要数据的双层治理轨道,分级规范则主要基于数据的敏感性、重要性、被危害程度等因素进行划分。数据分类分级已经逐渐上升到国家安全与维护国家战略方面,能够为具体数据处理者提供合规坐标。

首先,数据分类分级在统筹发展和国家安全上具有重要意义。数据安全是数据要素驱动数字经济健康发展的底线与支撑,基于此的发展旨在实现国家经济在国际竞争中获得优势地位的目标。

其次,数据分类分级有极强的现实需求。一方面,数据种类存在广泛性,导致了数据属性的多样性与差异性。例如,个人信息具有强烈的人格权益属性,企业数据则具有浓厚的财产权益属性,政务数据、自然数据等具有较强的公共和国家主权属性。另一方面,数据归属存在着交叉性。譬如,有一些涉及个人敏感信息的轨迹数据,在被相关互联网企业及电信运营商收集汇编后可能一部分可能成为企业数据,政府为实现防控管理职能收集后又可能成为公共数据。因此,由于不同类型、不同级别的数据所荷载的权益存在较大差别,应该以差异化原则构建起数据安全体系,通过分类分级实现在数据全领域、全周期、多场景、多维度下的科学精准治理。

(二) 数据分类分级的法治理路

分类分级是一种数据治理的工作思路和模式,如何科学合理进行数据分类分级是推动全球数字经济发展的共同难题。

首先,数据分类的双层逻辑分别为重要数据与个人信息的区别治理,相较于数据分级,数据分类的标准相对模糊。《数据安全法》正面处理了这一问题,第21条、第25条、第30—31条分别提出"重要数据""核心数据"等规定。无独有偶,《网络安全法》第27条、第37条也存在"重要数据"的安全等级保护等问题。

其次,静态单一维度的数据划分会导致实践困境。欧盟通过《通用数据保护条例》和《非个人数据自由流动框架条例》,将数据类型以二分法形式划分为个人数据与非个人数据,但部分数据因混合形式而难以分离。基于此,我国对数据分类分级原则的法治构造应关注多元利益共存的法律价值,引入动态、场景化的评估方法,并统筹好安全与发展的数据治理理念。

最后,在完善数据分类分级的具体实施规则上,要以负面清单制度推进数据分级体系的设计。核心数据将采取严格管理制度,原则上禁止其在市场上流动,可附严格条件后限制性流动;对重要数据采取重要保护制度,对于需要管制的重要数据应纳入负面清单,列举清楚管制数据的范围和具体事项,采取原则上限制性流动标准。与此同时,相关机构需要定期适时调整核心数据、重要数据目录,优化负面清单制度。负面清单外的数据要素允许市场进行自由配置,允许市场主体在合法合规的路径上流通,以此培育数据要素市场良好环境,激发数据要素市场主体活力。

此外,应以多元共治的路径探索数据分类的体系构建。一是充分发挥市场作用,结合数据分级体系,坚持让市场对资源配置起决定性作用。二是更好发挥有为政府的作用,推进相关领域与政府部门及时制定并适时调整相关领域、行业与地区的数据分类目录及负面清单。三是规范引导行业组织参与治理,鼓励相关行业组织依法制定本行业数据分类分级标准,建立数据安全规范和团体标准。四是建立行业组织与政府部门联系机制。

(三)"重要数据"的定位与治理

重要数据的规制不仅是国家数据治理能力的体现,更关系到国家安全和社会安定。关键信息基础设施领域中的重要数据概念是一个特定范畴。数据分类分级的视野下,重要数据指的是一旦被泄露或破坏,会危害国家安全和公共利益的数据。重要数据是介乎一般数据与国家核心数据之间的中间概念,对重要数据的保护也就成为数据安全制度中承上启下的关键一环。

为了更明确地理解重要数据的内涵,有必要对其与相关概念之间的关系加以厘清。首先,就重要数据与国家秘密的关系而言,《保守国家秘密法》优先于《数据安全法》的适用,被认定为国家秘密的数据就不再被认定为重要数据。其次,就重要数据与个人信息的关系而言,在某些情况下个人信息与国家安全、公共利益存在关联,但从便利管理的角度出发,原则上应该将个人信息排除在重要数据之外。最后,就重要数据与国家核心数据的关系而言,二者均为数据分级制度下区别于一般数据的概念,但国家核心数据是更为重要的重要数据。

重要数据的识别是指依循一定方法将重要数据从海量数据中挑选出来,从而对其进行增强型的管理与保护。目前,较为主要的参考文件为全国信息安全标准化技术委员会发布的《信息安全技术 重要数据识别指南(征求意见稿)》,对识别重要数据的基本原则、识别因素和描述格式进行了规定。重要数据的界定仍存在较大模糊性,其法律属性尚未完全厘清。《信息安全技术 重要数据识别指南(征求意见稿)》规定的六项原则,分别包括聚焦安全影响、突出保护重点、衔接既有规定、综合考虑风险、定量定性结合和动态识别复评,强调了立足国家安全和公共利益层面,兼顾保护和发展,保障各地方各行业的管理自主权以及关注重要数据的变动性等特点。

重要数据的来源、泄露、跨境流动都关乎国家安全与社会安定,因此防止无授权入侵以及数据泄露是重要数据安全保护的重心。域外也多采专门监管的规制方案,美国是通过联邦方面特设信息安全监督局(简称 ISOO)总揽其监管工作,并授权其制定相关保护政策及程序;欧盟则由数据保护委员会(简称 EDPB)负责数据监管工作,因此重要数据需要在一般数据管理规定的基础上进行增强型保护。我国《网络安全法》《数据安全法》《网络数据安全管理条例(征求意见稿)》《网络安全审查办法》等法律法规对此均有所规定,具体包括以下内容:(1)完善其内部组织机构和人员配备,设置数据安全管理机构和负责人;(2)实施重要数据备案制度,便于主管、监管部门对重要数据处理活动和安全风险进行监管;(3)实施安全防护与培训制度,重视日常运营中软硬件的安全保护以及相关人员的培训工作;(4)实施网络安全审查制度,当事人需主动申报可能影响国家安全的数据处理活动,网络安全审查工作机制成员单位也可以依职权主动审查;(5)实施出境安全评估制度,数据处理者在中国境内收集和产生的重要数据需向境外提供的,都要依法进行安全评估,对于关键信息基础设施运营者收集和产生的重要数据,还要求原则上应当在境内存储,确因业务需要方可申请出境;(6)定期风险评估制度,数据处理者每年自行或委托数据安全服务机构开展一次数据安全评估,并报设区的市级网信部门;(7)完善重要数据共享、交易、委托处理规则,约定数据处理的目的、范围、处理方式、数据安全保护措施等,明确双方责任义务,征得主管部门同意并留存相关记录;(8)实施发生安全事件或特定事项时的报告制度,建立数据安全应急处置机制;(9)实施数据安全审计制度,非重要数据的审计由数据处理者委托数据安全审计专业机构进行,重要数据的审计则由主管、监管部门组织开展。

二、数据出境制度

数据作为新的生产要素,在不断的跨境流动中贡献经济价值。然而,数据的无序跨境流动可能危害个人、社会和国家安全,为此需同步探索治理体系,防范化解风险挑战,实现安全与发展的统筹协调。数据出境是数据处理者将在国内收集、产生的重要数据和个人信息,提供给境外主体的行为。数据特有的科技属性与流动隐蔽性,在主动出境和被动出境的情境下,都可能给国家安全治理带来挑战。

（一）数据出境中的国家安全风险

个人数据出境可能使我国在政治、文化领域面临国家安全风险，非个人数据出境可能面临国土、军事、科技等领域的国家安全风险。

一方面，个人数据出境时，未匿名的数据可以反向定位到个人，从而被数据控制者进行分析，通过算法构建针对特定群体暗藏意识形态的信息推送模型。群体意识和行为被操纵后汇集起的风险将给国家意识形态、政治生态等带来巨大安全威胁。

另一方面，非个人数据出境同样会带来国家安全风险。非个人数据指"来源于个人＋匿名化处理"或"不来源于个人"的两种数据，这些数据无序出境后，也可能被其他国家进行技术处理，以对特定国别的社会状况进行精准画像，并有针对性地开展情报收集和研判等工作，尤其是地图数据、不动产登记数据、生物数据等。在特定领域，比如刑事司法领域，为实现追诉目的，亦有从他国调取刑事数据的需求，从而构成刑事数据出入境的问题。刑事数据出境对数据存储国影响重大，为防控风险，同样应对出境刑事数据进行安全评估。

（二）数据出境引发的治理挑战

首先，数据的科技属性和流动隐蔽性增加了数据出境国家安全治理的难度。海量数据来源于数据公开、网络收集、物联网上传、数据泄露等多个渠道，数据格式结构不同，数据处理者遍布数据产业链的各个环节。数据流动隐蔽性高，难以识别。恶意软件采集、SQL注入获取数据库权限、网络爬虫抓取等存在以隐蔽方式进行的数据流转和使用行为。

其次，现有监管规则和防范措施不能完全满足数据出境国家安全治理的需要。《数据出境安全评估办法》的施行与《个人信息出境标准合同规定（征求意见稿）》的出台，标志着我国数据出境安全制度初步形成。但是，制度层面上仍存在内在体系上的内容交叉与外在体系层面的关联性不足等问题。[①] 数据主动出境与数据被动出境的区别尚缺乏深入讨论。数据的主动出境，是指数据控制者在明知或应知其实施的行为会产生数据出境效果情形下进行数据出境。数据的被动出境，是指由不能预见、不能避免并不能克服的客观情况导致的数据出境，这方面源自被动出境防范措施的不足。我国数据出境安全制度体系的安全保障逻辑具有单一性，缺乏能够统合"评估、合同、认证和其他方式"的整合型理论基础。

---

① 参见赵精武：《论数据出境评估、合同与认证规则的体系化》，载《行政法学研究》2023年第1期。

(三）完善数据出境的制度体系

一是完善数据安全技术标准。既要推动法定的数据安全标准落地，也要鼓励企业发展事实标准，明确异构数据处理标准，防范重要数据夹带出境，完善企业的数据泄露防护标准，厘清数据控制者的内部技术手段，防止特定数据以违反安全策略规定的形式流出。

二是充分认识数据出境评估的特殊之处。数据出境安全评估与我国现有的诸多风险评估、影响评估、安全评估相比，在法律依据、评估主体、法律效果方面均具有一定独特性。数据出境安全评估蕴含极强的国家安全考量、具有独立直接的法律效力，实质上仍应为一个具体行政行为，但数据出境安全评估结论为"最终结论"可能造成理论困惑。为此，有两种可能的解决模式：一是出于国家安全例外而将安全评估行为认定为行政终局行为；二是将其限缩为网信部门的最终结论。

三是完善数据主动出境与被动出境的双重治理体系。对于数据主动出境的规则，需要建立协调统一的监管机构与监管规则体系，加强数据控制者数据出境国家安全保障责任，引导、鼓励数据控制者积极履行自我管理义务。对于数据被动出境体系的构建，需要建立境外网络攻击监控调度平台，统一管理监测重要数据，准确快速判断网络攻击风险；形成政府与私营部门协同防御体系，强化数据泄露出境的溯源能力。按照"识别、评估、缓解、预防"的数据安全风险管理逻辑，可将数据出境风险划分为国家安全风险、违约责任风险、技术安全风险、其他未知风险四类，并按照风险水平采用"安全评估单列，其他制度互补"的体系架构解决对应的数据出境安全风险。

三、数据跨境流动制度

作为数据共享与开放的重要途径与形态，数据跨境流动能够提高数据要素的生产和流通效率，实现数据资源要素的高效分配，推动全球社会福祉的整体增进。数据跨境流动不仅关乎国家主权、公共安全、商业利益、个人隐私等多元价值和多维利益，还需统筹兼顾与域外法律制度和执法方式的有效衔接。

（一）数据跨境流动的内涵

1980年，经济合作与发展组织（OECD）出台了数据跨境流动的相关规则（Guidelines on the Protection of Privacy and Transborder Flows of Personal Data），并将其定义为："计算机化的数据或者信息在国际层面的流动。"而事实上，数据跨境流动没有非常统一的定义，但基本都涉及三个层面的问题：(1)客体是可被机器识别的数据；(2)范围需突破地理上的边境；(3)对数据要进行存储、读取和编辑等操作。

数据跨境流动对安全问题会产生显著影响。首先,数据跨境流动可能会对国家安全和公共安全造成影响。由于互联网对于传统行业的渗透,工业、交通、医疗等许多领域的数据均被电子化和电子传输,大量数据暴露在互联网上,数据监听和操纵已成为新型的情报获取及内政干预手段。其次,数据跨境流动也关乎个人信息安全。随着云计算的应用,越来越多的用户将自己的个人信息上传到云端上,企业会将从不同国家获得的数据进行集中的存储和处理。频繁传输的数据内容间存在关联性,而实际存储地点又存在不确定性,一旦受到攻击,就可能造成大规模的信息泄露。

(二) 数据跨境流动与国际治理的衔接

跨境数据流动问题,涉及属地管辖、本地化要求、数据安全、国家数据主权、隐私保护等多方面的内容,已经成为一个重要的前沿命题。欧美间的数据博弈既反映了欧盟"权利本位"与美国"市场本位"的价值取向之争,又体现了欧盟利用"布鲁塞尔效应"扩大其监管力的基本策略。域外数据跨境制度的更新也给我国的制度构建提供了契机。值得注意的是,在区域和双边层面一些融合性规则正在成为趋势[1],可能推动多边治理框架的形成。

1. OECD 的早期探索:以便利化和相互协调为基调

1985 年 4 月 OECD 发布的《跨境数据流动宣言》是其日后关于跨境数据流动谈判框架的雏形,呼吁各国对跨境数据流动采取更开放和便利的态度。该宣言关于促进跨境数据流动的几项协调内容包括:提高对数据、信息以及相关设施的接入,避免造成没有正当理由的阻碍;在相关法规和政策上确保透明度;形成处理与数据跨境流动相关问题的共同方法或形成统一的解决方案;等等。关于跨境数据流动的共同方法或解决方案迟迟未能取得实质进展,OECD 成员内部对此问题也尚未形成统一看法。

2. CPTTP:实质性消除数据流动阻碍

《全面与进步跨太平洋伙伴关系协定》(CPTTP)是在跨太平洋伙伴关系协定(TPP)基础上构建的一个自由化水平高、涵盖领域广、具体要求严的自贸协定。它在第 14 章 "电子商务" 中已涉及企业在什么样的情况下可以将数据传输或存储在外国,并率先在两项长期有争议的跨境传输条款上获得突破:一是各成员应一般性地允许数据跨境传输,包括个人数据;二是禁止各成员加诸本地存储要求。这两项条款涉及的自由化义务,CPTTP 较之 OECD《跨境数据流动宣言》

---

[1] 参见王中美:《跨境数据流动的全球治理框架:分歧与妥协》,载《国际经贸探索》2021 年第 4 期。

有实质性突破。同时,CPTTP 仍然保留了大量的公共政策例外,提供给发展中国家以缓冲空间。

3. 美墨加协定:强力推动数据流动自由化

在跨境数据流动上,美国毫无疑问是最积极的推动者。近二十年间,美国在其谈判的自由贸易协定中,都希望加上允许跨境数据流动的条款。在 2019 年达成的《美墨加协定》第 19 章"数字贸易"是目前为止最为详尽的关于跨境数据流动的规定,不仅包括了电子签名、电子合同等传统电子商务内容,还将重点放在以数据为内容的新型跨境交易上,虽然没有许多强制性条款,但是触及消费者保护、隐私保护、源代码、安全风险评估、基础设施服务提供者责任、知识产权保护、政府数据公开等新的相关问题。《美墨加协定》建立起的美式架构可能是未来其他区域与多边谈判的重要参考。

4. WTO 框架下的努力:仍以电子商务为主

在 WTO 现有框架下,可以适用在跨境流动上的协定主要是《服务贸易总协定》(GATS)。但实际上,跨境数据流动可能涉及的服务部门包括计算机与相关设施、电信设施以及视听服务,在各国的贸易统计口径下目前无法就跨境数据流动统一归类,因而也就难以明确 WTO 成员在 GATS 下就各服务部门所做的开放承诺是否能够在此适用。因此,2019 年后,部分成员同意单设"电子商务"谈判,就如何消除跨境数据流动中的障碍问题进行协调,建立能为更多 WTO 成员共同接受的治理框架。尽管参与谈判的成员提出的议案分歧很大,但 WTO 电子商务谈判仍是目前最有希望达成有约束力的多边协定的谈判。

(三)数据跨境流动的制度架构与规制可能

目前,我国《网络安全法》确立了数据本地化存储原则,明确在境内收集和产生的个人信息和重要数据应当在境内存储;《数据安全法》也补充了"其他数据处理者"的规定,对数据跨境流动的治理范围进行扩充;《网络安全审查办法》《个人信息保护法》则为处理实践问题提供了总体依据,并根据特定行业的需求先行制定了规范。在我国近年来的实践中,涉及数据跨境流动的场景呈现爆炸式增长,相关治理机制与监管规则的缺位容易引发潜在的冲突:一方面,基于数据安全的考量,国内对平台企业的数据跨境活动监管趋向严格,明确了适用安全评估的判断标准,即需要符合"数据种类+数据处理者类型+个人信息主体人数"等要件。另一方面,不同国家和地区对于数据跨境的监管竞争正不断增强。

> 《数据出境安全评估办法》第四条 数据处理者向境外提供数据,有下列情形之一的,应当通过所在地省级网信部门向国家网信部门申报数据出境安全评估:
> （一）数据处理者向境外提供重要数据;
> （二）关键信息基础设施运营者和处理 100 万人以上个人信息的数据处理者向境外提供个人信息;
> （三）自上年 1 月 1 日起累计向境外提供 10 万人个人信息或者 1 万人敏感个人信息的数据处理者向境外提供个人信息;
> （四）国家网信部门规定的其他需要申报数据出境安全评估的情形。

图 11-1　适用安全评估的标准

基于我国当前安全与发展并重的需求,亟待在数据本地化存储的基础上因应发展需要,对我国数据跨境的流动治理机制进行扩展深化。具体而言,首先,完善数据跨境流动立法及监管体系,将关注重点转向"传输"这一动态过程。同时,完善数据跨境流动的行业监管体系,建立和完善数据出境安全评估体系。其次,应当增强数据跨境流动治理国际领域的合作。加紧推进国际合作渠道尤其是区域性合作渠道的建立,注重建立和完善数据跨境流动的国际执法合作机制。最后,引导和支持跨国企业开展数据跨境流通合规整改工作。积极引导企业开展合规工作,或者开辟新的合规途径如企业资质认证制度,充分激活私主体层面的国际合作。

第四节　数字安全的治理实践与未来展望

实践中,"违规收集个人信息""数据泄漏"等事件频频发生,这不仅损害了数据主体的利益,也影响了我国数据产业的健康发展。2021 年前相关立法补给不足,《消费者权益保护法》《个人信息保护法》等法规常作为援引依据。传统理论对于数据安全的保护缺乏力度,无法全面适应数据利用中多元主体复杂场景的关系形态。

一、数字安全在实践中的具体表征

《数据安全法》的出台,为数据安全治理工作构建了总体框架,与《网络安全法》《个人信息保护法》等法律法规中数据治理相关制度保持衔接,有效丰富和完善了我国数据安全治理体系。当前,我国数据安全治理顶层设计基本形成,但数据分类分级、重要数据目录管理、数据交易共享等具体制度的配套规定仍有待完善。从实践出发,可以有效观测实践与理论的距离,归纳分析执法机关与司法机关的案件认定思路,检视现有规则体系的缺省之处。

表 11-1 数字安全相关案例

案件名称	案件概况	案件处理时间	处理部门及方式	援引规范
岱山农商银行违规泄漏客户信息	岱山农商银行违规泄漏客户信息	2020年4月	中国银保监会舟山监管分局 1. 岱山农商银行罚款30万元 2. 泄漏信息责任人禁止从事银行业工作3年	《中国银行业监督管理法》第46条、第48条
科勒卫浴多地代理商违法采集人脸信息被罚	执法人员对科勒卫浴门店进行检查,发现具有人脸识别功能监控设备,电脑中储存大量记录公民个人信息文件,经核实其收集信息行为未经消费者同意	2021年6月24日	宁国市市场监督管理局 1. 警告 2. 罚款3万元	《消费者权益保护法》第56条第1款第9项
		2021年8月25日	六安市市场监督管理局 1. 责令改正 2. 罚款3万元	
"驾培平台"存储个人信息被盗	广州某公司开发的"驾培平台"存储了驾校培训学员的姓名、身份证号等信息1070万余条,但未建立数据安全管理制度和操作规程,对于学员个人信息也未采取去标识化和加密措施,系统存在未授权访问漏洞等严重数据安全隐患,被第三方团伙破解系统盗窃数据包	2021年10月	广州警方 1. 警告 2. 对该公司罚款5万元	《数据安全法》
"民生宝""快速问医生"等7款App违法违规收集使用个人信息	海南省互联网信息办公室组织对省内用户量大、与民众生活密切相关的7款App收集使用个人信息情况进行了技术检测,检测结果显示这7款App均存在不同程度违法违规收集使用个人信息行为	2021年11月	海南网信办 1. 责令整改 2. 责令定期组织人员学习《数据安全法》等法规	《网络安全法》《App违法违规收集使用个人信息行为认定方法》《常见类型移动互联网应用程序必要个人信息范围规定》

第十一章 数字安全的法律机制

（续表）

案件名称	案件概况	案件处理时间	处理部门及方式	援引规范
"闪修侠"等87款App违法违规收集个人信息	浙江省App违法违规收集使用个人信息专项治理工作组，组织对实用工具类、网络社区类、网上购物类等常见类型且公众大量使用的部分App的个人信息收集使用情况进行检测，并对存在问题的App进行点对点通报，责令违规App限期整改。经复测核查，"闪修侠"等87款App未能按要求整改，仍存在违法违规收集使用个人信息的行为	2021年12月	浙江网信办 1. 责令整改	《网络安全法》《数据安全法》《个人信息保护法》《App违法违规收集使用个人信息行为认定方法》《常见类型移动互联网应用程序必要个人信息范围规定》
山东首起未履行安全防护处罚案	某公司自建收费系统，通过公众号采集公民个人信息，存储在第三方云平台上，但对采集的数据未采取安全防护技术措施，未依法履行网络安全保护义务	2022年5月	枣庄网警 1. 警告 2. 责令改正	《数据安全法》第27条第1款、第45条第1款

以案件作为观测视角可以发现，随着《数据安全法》的实施，执法部门不仅对已造成损害后果的违法主体进行行政处罚，还会重点关注数据控制者数据安全防护义务的履行情况。这意味着现有的规制体系逐渐从事后救济向事前预防过渡，部分回应了《数据安全法》确立的风险监测制度，并同时督促数据处理者积极履行《数据安全法》第27条到第30条明确的合规义务。

从各案件处罚方式及程度上不难看出，各地区监管部门处罚程度偏轻，且处罚形式单一，例如浙江省在对"闪修侠"等87款App责令限期整改后又违规的情况，就缺乏对主要责任人的惩罚措施。相关案例也未能体现出《数据安全法》第21条确立的数据分类分级的保护要求。驾培平台、医疗咨询平台、民生信息平台等因涉及领域多样性导致收集到的用户数据存在较大差异，各数据处理者就不同类型、不同级别的数据应当采取的保护措施也大相径庭。各监督机关给予的处罚措施过于笼统，缺乏针对性。

同时，各监督机关实施处罚所援引的法律规范相对模糊，未能厘清《网络安全法》与《数据安全法》不同的适用情形。网络空间由三个相互重叠的层次组成:最底层是网络基础设施构成的物理层;中间层是逻辑层,即代码与算法层;最上层是内容层或虚拟层。根据《网络安全法》第 76 条规定,网络安全包含网络数据安全。《网络安全法》的规制范围涵盖关键信息基础设施的运行安全、网络运行安全、网络信息安全等整个网络空间。《数据安全法》调整的数据包含以电子方式记录的网络数据以及非网络数据,涵盖个人数据、企业数据和政务数据。《网络安全法》与《数据安全法》的适用各有其侧重性。

二、数字安全治理的未来指向

在《数据安全法》出台以前,我国相继针对数据安全问题颁布过包括《数据安全管理办法(征求意见稿)》《个人信息出境安全评估办法(征求意见稿)》等规范性文件,其中涉及个人数据保护的法律法规近 70 部,部门规章近 200 部。为解决上述法规过于分散且缺乏体系性的问题,《数据安全法》这一数据安全领域的基础性法律应运而生,抓住了数据安全治理的主要矛盾和平衡点。《数据安全法》就数据竞争和保护的关键问题制定了适合我国国情和现状的规则路径,促进了良好产业发展环境和全球数据治理新秩序的形成。但这部以概括性、原则性为主的法律,在条文的明确性和可操作性上还可以进一步细化。

(一)数据确权等重要问题亟待解决

数据确权成为优先级高但完成难度较大的一环,数据确权问题将成为阻碍我国数字经济快速发展的最大制度障碍。横向上应该从"客体—主体—内容"出发,对数据与信息、数据的来源者与处理者、来源者所有权与处理者用益权等进行分离;纵向上应该按照数据生成的周期,将数据生成区分为数据资源采集、数据集合加工利用和数据产品经营三个不同阶段,构建数据资源持有权、数据加工使用权、数据产品经营权三阶段分层确权的格局[①]。数据确权具有明显的制度优势,可以避免"公地悲剧"、走出"丛林法则",实现定分止争,矫正市场失灵,建立数据流通利用的有效市场。数据不具有特定的物理形态,因此应该从传统"一物一权"的确权过程转移到动态数据合约的"进程确权"。[②]

(二)实施细则的配套及关联法律的衔接

《数据安全法》的出台,遵循了基础性法律把握总体性、原则性问题的规律,

[①] 参见申卫星:《论数据产权制度的层级性:"三三制"数据确权法》,载《中国法学》2023 年第 4 期。
[②] 参见康宁:《数据确权的技术路径、模式选择与规范建构》,载《清华法学》2023 年第 3 期。

但在实施细则方面尚可以继续深入细致地讨论。比如,《数据安全法》第三章中提出建立重要数据分级分类和重要数据目录制度、特定场景下数据出口管制制度、数据安全风险预警和应急处理机制,第五章中提出政务数据的安全与开放等。对于这些具体制度来说,需要相关部门在《数据安全法》总体要求下,结合部门职能,相互协调配合,建立有操作性、可以实施落地的具体规则。另外,《数据安全法》中涉及的数字交易的种种规定,考虑创新立法,在与《民法典》《反不正当竞争法》等民事和商事法律制度中,需要配套推进,厘清法律关系,明确不同的适用场景。

（三）细化数据风险防控机制

我国数据风险防控制度已经初具规模,包括从数据交流开启端口的风险评估至结束端口的审查报告等制度,已经能够实现数据交流全过程保护机制的覆盖。但如此繁杂的数据风险防范机制,仍需要通过具体操作机制的建构,从而契合数据保护的需要。

在风险识别及预警机制上,需要对发现的风险点做到及时预警、及时上报。因此,在这一层面,可以在已有的数据分级分类机制的基础之上,通过数据溯源等技术进行数据治理,实现数据流转过程中的可追溯性,实现风险"看得见"这一效果。先通过优化算法,对发生概率、可能造成的损失进行预估;再通过数据的流动情况,及时进行风险评估;然后结合当前经济社会发展状况,根据现有行业标准,制定出具有适用价值的风险预警标准,从而在发生特定数据风险时,能够加以截流、及时上报。通过大数据平台,可以有效建立信息共享机制,打破行政条块分割产生的"信息孤岛"问题。

（四）构建数据共享安全机制

数据共享安全机制的建立,离不开大数据技术的支撑,通过前沿技术的综合运用,可以有效提高相关政策的落实程度。为实现数字治理的高效便捷性,有必要对于数据共享管理机制进行优化,从而在整体上优化数据共享机制的操作步骤及配套措施。

首先,数据共享的安全机制有赖于技术革新与前沿手段的突破。注重保障数据全生命周期的安全,重点做好数据脱敏、数据标记、追踪溯源、数据安全标识、数据加密存储、风险控制和个人信息保护等,着力解决数据共享过程中敏感及隐私数据易泄露、共享数据二次流转管控和越权使用等问题,实现数据共享全程可监测、可管控和可追溯。

其次,在组织架构层面,行政管理部门内部要健全完善工作交流机制,形成网络对接平台,进行统一规划、实行统一标准,完成数据共享全过程的宏观规划与总体性布局。在对外合作层面,健全以政府为主导、多元主体共同参与的数据共享机制,促进其不断深化合作。

最后,在责任认定标准层面,在企业内部进行合规指导,培养单位内部人员的合规意识。通过准确划分单位与个人的行为责任,防止责任混同现象的发生,着重落实违规操作后的安全责任。同时,指导互联网企业建立风险应对机制,实现数据风险来袭时的积极防御,落实数据处理者的数据安全防护义务。

(五) 推进国际标准和协同倡议

为携手打造开放、公平、公正、非歧视的数字发展环境,我国提出《全球数据安全倡议》,希望以此为基础,探讨制定全球数字治理规则。《数据安全法》的出台并实施体现了我国数据治理的立法主张。我国应以建立全球网络空间命运共同体为目标,推动数据领域国际组织的建设,促进跨境数据传输规范统一。

问题与思考

1. 我国《数据安全法》的体系逻辑是什么?原创性在哪里?
2. 不同主体数据安全的义务有哪些?
3. 滴滴赴美上市中的数据安全有哪些风险点?如何通过法律解释处理这一问题?
4. 为什么数字安全是国家安全的新维度?

扩展阅读

1. 包柠榛:《中概股赴美上市的数据安全审视:风险来源、中美监管与应对》,载《东北师大学报(哲学社会科学版)》2023年第4期。
2. 魏求月:《数据跨境调取的审查规则构建——〈数据安全法〉第36条重塑》,载《法律适用》2023年第6期。
3. 康宁:《数据确权的技术路径、模式选择与规范建构》,载《清华法学》2023年第3期。
4. 洪延青:《我国数据安全法的体系逻辑与实施优化》,载《法学杂志》2023年第2期。
5. 范明志:《论数据安全的客体》,载《法学杂志》2023年第2期。
6. 程啸:《论数据安全保护义务》,载《比较法研究》2023年第2期。
7. 刘浩然:《论网络平台规则效力的司法审查》,载《行政法学研究》2023第

3期。

8. 王玎:《论数据处理者的数据安全保护义务》,载《当代法学》2023年第2期。

9. 姚璐、何佳丽:《全球数字治理在国家安全中的多重作用》,载《现代国际关系》2021第9期。

10. 郑曦:《刑事数据出境安全评估制度研究》,载《法学论坛》2023年第4期。

第十二章　数字交通的法律架构

【引读案例】

随着大数据与信息技术的蓬勃发展,自动驾驶汽车领域迎来了前所未有的飞跃。国内外众多汽车制造商竞相加速自动驾驶技术的产业布局,同时各大互联网巨头也纷纷涉足,致力于智能驾驶系统的研发与创新,如特斯拉的 FSD(全自动驾驶)系统、华为的 ADS 2.0 系统、百度的 Apollo 平台等。这一技术浪潮不仅重塑了汽车产业格局,还催生了以"车路云图网"为核心架构的数字交通新生态。

目前,自动驾驶技术的商业化应用正以前所未有的速度推进。在湖北武汉,百度的 Robotaxi 商业运营项目引领潮流,成为行业热议的焦点;在北京亦庄的街头,自动驾驶汽车穿梭其间,乘客已对此也习以为常;在上海,无人驾驶出租车更是向公众敞开了大门,提供了未来出行的全新体验。截至目前,据我国工信部发布的信息,全国范围内已开放超过 2 万公里的自动驾驶测试道路,自动驾驶汽车的总测试里程突破了 7000 万公里,标志着我国自动驾驶技术正稳步迈向成熟与普及的新阶段。

不过,自动驾驶技术的发展无法一蹴而就,风险往往如影随形。近年来,自动驾驶汽车在国内外均出现了多起伤亡事故。无论是 2016 年我国河北邯郸发生的特斯拉在自动驾驶模式下与环卫车发生碰撞致特斯拉车主死亡,还是 2024 年美国华盛顿西雅图特斯拉在"全自动驾驶"撞死一名摩托车手的事故,都提示自动驾驶、数字交通的安全规则、数据流通利用规则以及致害责任仍亟待法律回答。面对由汽车自主驾驶与数据交通所引发的新型法律问题,厘清数字交通的法律架构不仅对保障受害人权益起到积极作用,同时也能为技术与产业的持续健康发展创造有利的法治环境。

交通是"国之大者",不仅影响了人们的日常生活,也影响着经济发展、国家命运。依托大数据、人工智能、区块链、新一代移动互联网等新技术,交通一步步进行着数字化转变,数字交通已经成为当前交通行业乃至我国数字化转型的主要议题。在此背景下,为了有效调整数字交通法律关系,传统交通法的理论和规则体系面临重新检视与更新的时代需求。

第一节 数字交通概述

一、数字交通的内涵与特征

数字交通发展满足了数字经济社会中民众不断增长的出行与运输需求,是当今世界交通运输发展的热点和前沿议题。

（一）数字交通的概念

交通是指"人们借助于某种运动方式,完成人或物的空间位置移动的过程"①。"所谓道路交通是指为实现人或物在空间位置上的移动而在道路上所实施的移动。道路交通是一种运动过程,是交通参与者和交通工具在道路系统上进行地理和空间移动、变化的过程,是人、车、路组成的复合动态系统。根据道路交通活动形态特征,可分为动态交通和静态交通,如在道路上临时停车是道路交通活动的一部分。"②

2019年交通运输部印发的《数字交通发展规划纲要》指出,数字交通是以数据为关键要素和核心驱动,促进物理和虚拟空间的交通运输活动不断融合、交互作用的现代交通运输体系。由此定义观察,数字交通的本质是数据闭环赋能体系,通过数据全域标识、状态精准感知、数据实时分析、模型科学决策、智能精准执行,实现交通的模拟、监控、诊断、预测和控制,解决交通规划、设计、建设、管理、服务闭环过程中的复杂性和不确定性问题,全面提高交通资源配置效率和安全运转状态,实现智慧交通的内生发展动力。③ 从更广阔的空间来说,数字交通是覆盖海陆空的交通体系,但是在此处数字交通仅指以道路为基础的交通。

（二）数字交通的特征

数字交通将先进信息技术与交通运输深度融合,以"数据链"为主线,构建数字化的采集体系、网络化的传输体系和智能化的应用体系,最终实现人、车、路、环境的全方位综合智能连接。④ 具体而言,建基于现代信息通信技术的数字交通,由人、车、路、环境等多个子系统构成,以交通工具、道路、服务信息的收集、处理、发布、交换、分析、利用为重点,通过多层级、多方式、智能化的手段,为交通运输参与者和乘客、货物、运输工具、从业人员等提供高效的互联、最佳的匹配、多样性的服务。⑤

---

① 郑才城、谭正江、毕华编著:《道路交通安全法学》,中国人民公安大学出版社2017年版,第5页。
② 同上书,第4页。
③ 参见倪峰:《谈谈数字交通》,载《交通先导》2023年第3期。
④ 参见庄孝昆:《福建智慧交通综合行政执法建设探究》,载《中国交通信息化》2020年第2期。
⑤ 参见宋爽编著:《数字经济概论》,天津大学出版社2021年版,第180页。

(三) 数字交通与传统交通、智能交通的关系①

数字交通与传统交通既有区别又有联系。首先,在基础设施建设方面,数字技术的应用使得传统交通基础设施向信息基础设施、融合基础设施和创新基础设施转型,打造智慧综合运输网。本质上,数字交通是对传统基础设施的数字化改造。其次,在道路运输服务方面,依托丰富的路网数据信息与用户出行习惯数据,可以发展出"出行即服务"模式,"交通+"新业态的持续发展将全面改善市民公共出行体验。最后,在交通监管治理方面,数字交通使交通控制和管理向精准化、在线化和移动化转变。

数字交通不仅是传统交通的发展升级,也与智能交通、智慧交通概念形成了同中有异的关系。智能交通概念产生于20世纪90年代初,而智慧交通是在2009年由国际商业机器公司(IBM)提出的理念。智慧交通与智能交通都是信息技术、传感技术、通信技术等多种技术在交通领域应用的产物,二者在建设内容、关键技术、应用方向等方面拥有共同点。但二者的侧重点不同,智能交通主要侧重于各类交通应用的信息化,而智慧交通是物联网、云计算等新技术在智能交通中的有效集成运用,侧重于追求系统功能的自动化和决策的智能化。②

二、数字交通的基本构造

观察数字交通的体系,核心是"车—路—云—网—图"五位一体多维高度协同,通过打造"聪明的车""智慧的路""强大的云""灵活的网""精确的图",形成了数字交通的基本构造。在数字交通"车—路—云—网—图"的整体架构中,路是基础,车是核心,限于篇幅与数字交通发展的现状,此处仅讨论"车—路"这一基础构造。

(一) 智能网联汽车

1. 内涵

在数字交通中"车"是指"聪明的车"——智能网联汽车。虽然未来可能发展海陆空跨域的智能运载工具,但现阶段数字交通的核心仍是智能网联汽车。作为人工智能技术应用较早和较为成熟的一个领域,智能网联汽车深度融合新一代网络通信技术与汽车交通等领域,其研发与应用是革新汽车技术、提升产业水平的必经之路。与此同时,也需要法律规则的引导与支持。

根据2018年发布的《智能网联汽车道路测试管理规范(试行)》第28条第1款,智能网联汽车(Intelligent Connected Vehicle,ICV)是指搭载先进的车载传感器、控制器、执行器等装置,并融合现代通信与网络技术,实现车与X(人、车、

---

① 参见郑慧君:《让交通行业向"数"融合》,载《经贸实践》2023年第3期。
② 参见倪峰:《谈谈数字交通》,载《交通先导》2023年第3期。

路、云端等)智能信息交换、共享,具备复杂环境感知、智能决策、协同控制等功能,可实现安全、高效、舒适、节能行驶,并最终可实现替代人来操作的新一代汽车。智能网联汽车通常也被称为智能汽车、自动驾驶汽车等。① 智能网联汽车融合了电子控制技术、人工智能技术、互联网技术、通信技术等多项新兴产业技术②,可代替自然人驾驶员完成对环境的感知、对路况的判断以及对车辆的控制。我国对于自动驾驶汽车界定的同时强调网联性和自主性两个技术特征。③ 自动驾驶汽车不仅要具备自主能力,能够自主识别驾驶环境、规划路线和执行决策,还应当具备网联能力,实现车与各方互联互通。④

智能网联汽车所表现出的上述特征来自网联之后数据处理和智能操作。首先,智能网联汽车与传统汽车的本质区别在于是否实现智能化。自动驾驶汽车实现了智能驾驶对人工驾驶的取代,自动驾驶系统取代人类驾驶员。但广泛存在的人机交互引发了一系列法律和伦理问题。现有法律制度预设的规则只调整人的行为,即法律主体、法律关系、法律行为、法律责任及法律监管都是围绕人来展开的。传统汽车仅仅作为出行工具,其引发的损害都被评价为人的行为,但自动驾驶汽车具有智能性和自主性,改变了人支配车这一"单向支配",能够独立于人类驾驶员决策自主行为("双向交流"),从而对现有法律制度构成了全方位的冲击。无论是刑法领域规制智能网联汽车会产生刑事风险和对刑事责任进行认定⑤,还是根据《民法典》《道路交通安全法》对机动车驾驶人、交通事故赔偿责任进行认定等,均会出现与传统汽车规制不同的情况。其次,自动驾驶系统所实现的高度智能实际上是它进行海量数据学习的结果。易言之,数据化支撑了智能网联汽车的智能化,但也引发了普通用户对于隐私和个人数据保护的担忧。例如,自动驾驶汽车用户的个人住址、常去的地址甚至个人喜恶及家庭结构等私密性信息,将会暴露于数据之下。智能网联汽车也可能会引发网络信息安全问题,给恶意互联网黑客等提供了可乘之机⑥,甚至会威胁社会公共安全和国

---

① 该定义在2021年《智能网联汽车道路测试与示范应用管理规范(试行)》第37条中继续沿用。
② 参见刘宪权:《涉智能网联汽车犯罪的刑法理论与适用》,载《东方法学》2022年第1期。
③ 参见郑志峰:《自动驾驶汽车的私法挑战与应对研究》,中国法制出版社2022年版,第26页。
④ 参见柴占祥、聂天心、〔德〕Jan Becker编著:《自动驾驶改变未来》,机械工业出版社2017年版,第39页。
⑤ 参见刘宪权:《涉智能网联汽车犯罪的刑法理论与适用》,载《东方法学》2022年第1期。
⑥ 2015年7月24日,菲亚特克莱斯勒美国公司宣布召回旗下约140万辆存在软件漏洞的汽车,这是首次发生汽车制造商因黑客风险而召回汽车的事件。据美国媒体此前报道,两名黑客用计算机从16公里外成功入侵一辆多功能越野车的触屏车载无线电系统,并利用该系统存在的安全漏洞对车辆的方向盘、油门、刹车、收音机等功能进行远程控制。总部在密歇根州的菲亚特克莱斯勒美国公司在声明中说,被召回车辆涉及美国市场上"公羊""吉普""道奇"等菲亚特克莱斯勒旗下品牌近两三年的一些车型,这些车辆均配备这款触屏车载无线电系统,公司正在对这些车辆进行软件更新,使联网车辆免受黑客控制。

家安全。

2. 自动驾驶分级

关于智能网联汽车自动驾驶的分级，国际上采用的标准是国际机动车工程师学会(Society of Automotive Engineers,SAE)发布的"六阶段分级法"的自动驾驶分级标准，汽车按照其自动化的程度分为全手动(level 0,No Automation)、驾驶辅助(level 1,Driver Assistance)、部分自动(level 2,Partial Automation)、有条件自动(level 3,Conditional Automation)、高度自动(level 4,High Automation)与完全自动(level 5,Full Automation)六个阶段。该分级指南于2014年1月首次发布，随后于2016年9月、2018年6月、2021年4月三次更新分级指南。目前国际上普遍认可的是SAE在2016年对自动驾驶修订后的最新标准，即SAE J3016标准，其内容如下表表示：

表 12-1　自动驾驶标准

自动驾驶分级		名称	定义	驾驶操作	周边监控	接管	应用场景
NHTSA	SAE						
L0	L0	人工驾驶	由人类驾驶者全权驾驶汽车。	人类驾驶员	人类驾驶员	人类驾驶员	无
L1	L1	辅助驾驶	车辆对方向盘和加减速中的一项操作提供驾驶，人类驾驶员负责其余的驾驶动作。	人类驾驶员和车辆	人类驾驶员	人类驾驶员	限定场景
L2	L2	部分自动驾驶	车辆对方向盘和加减速中的多项操作提供驾驶，人类驾驶员负责其余的驾驶动作。	车辆	人类驾驶员	人类驾驶员	限定场景
L3	L3	条件自动驾驶	由车辆完成绝大部分驾驶操作，人类驾驶员需保持注意力集中以备不时之需。	车辆	车辆	人类驾驶员	限定场景
L4	L4	高度自动驾驶	由车辆完成所有驾驶操作，人类驾驶员无需保持注意力，但限定道路和环境条件。	车辆	车辆	车辆	限定场景
	L5	完全自动驾驶	由车辆完成所有驾驶操作，人类驾驶员无须保持注意力。	车辆	车辆	车辆	所有场景

2021年，国家市场监督管理总局、中国国家标准化管理委员会发布《汽车驾驶自动化分级》(GB/T40429-2021)，将汽车驾驶自动化等级划分为6个级别，分

别为 0 级—5 级,即为 0 级驾驶自动化(应急辅助)、1 级驾驶自动化(部分驾驶辅助)、2 级驾驶自动化(组合驾驶辅助)、3 级驾驶自动化(有条件自动驾驶)、4 级驾驶自动化(高度自动驾驶)和 5 级驾驶自动化(完全自动驾驶)。我国采用的"六分法"标准实质上与 SAE 自动驾驶分级标准是相同的。

在 SAE 标准下,只有 L3、L4、L5 三个级别才能称为是真正意义上的自动驾驶,即自动驾驶仅指 L3 级至 L5 级,具体包括有条件自动驾驶(L3)、高度自动驾驶(L4)与完全自动驾驶(L5)三个阶段。其余应急辅助(L0)、部分驾驶辅助(L1)及组合驾驶辅助(L2)均不属于自动驾驶,无法归入自动驾驶范畴。

综上所述,我国的汽车驾驶自动化分级标准与国际通用的 SAE 标准仅是提法略有不同,基本内容并无二致。这一分级方案已经为自动驾驶汽车路测等领域的立法所采纳,作为立法与监管的依据。与此同时,分级也为自动驾驶汽车的法律人格、民事侵权责任认定等问题的讨论与认定提供了基础。[①]

(二) 数字道路

道路构成了数字交通的核心基础设施,数字道路作为新基建的一部分,是智慧城市的重要基础和构成要素。在数字交通中,数字道路发挥着实现数据智能网联汽车车路协同的功能,也影响着智能网联汽车发展路径的选择。

1. 数字道路的内涵

在传统交通规则体系下,"道路"是指公路、城市道路,以及虽在单位管辖范围内但允许社会机动车通行的地方。《道路交通安全法》对道路通行进行了一般规定,并对高速公路等进行了特别规定:第三章对道路通行条件进行了规定和限制,主要是对于道路及其相关配套设施的规定,其中不仅包括对道路交通信号的相关规定[②],也包括对于道路使用需征得相关机关同意的规定[③]。第四章规定了道路通行规定,分为一般规定、机动车通行规定、非机动车通行规定、行人和乘车人通行规定以及高速公路的特别规定。

[①] 参见冯珏:《自动驾驶汽车致损的民事侵权责任》,载《中国法学》2018 年第 6 期。

[②] 《道路交通安全法》第 25 条规定:"全国实行统一的道路交通信号。交通信号包括交通信号灯、交通标志、交通标线和交通警察的指挥。交通信号灯、交通标志、交通标线的设置应当符合道路交通安全、畅通的要求和国家标准,并保持清晰、醒目、准确、完好。根据通行需要,应当及时增设、调换、更新道路交通信号。增设、调换、更新限制性的道路交通信号,应当提前向社会公告,广泛进行宣传。"

[③] 《道路交通安全法》第 32 条规定:"因工程建设需要占用、挖掘道路,或者跨越、穿越道路架设、增设管线设施,应当事先征得道路主管部门的同意;影响交通安全的,还应当征得公安机关交通管理部门的同意。施工作业单位应当在经批准的路段和时间内施工作业,并在距离施工作业地点来车方向安全距离处设置明显的安全警示标志,采取防护措施;施工作业完毕,应当迅速清除道路上的障碍物,消除安全隐患,经道路主管部门和公安机关交通管理部门验收合格,符合通行要求后,方可恢复通行。对未中断交通的施工作业道路,公安机关交通管理部门应当加强交通安全监督检查,维护道路交通秩序。"

数字道路作为智慧交通建设的底座和基石,一直是智慧交通建设的重点。数字道路无论是在物理建设还是在规范设计上,均建基于传统道路基础上。数字道路的建设有助于实现对道路交通的动态化、智能化管理。数字道路建设将实现更为精准、及时且综合的道路通行状况感知,并通过采集车辆行驶轨迹,为城市交通信号控制优化提供丰富数据基础,有着良好的应用前景。

我国自 2012 年开始进行智慧交通建设。在过去 10 余年的时间里,智慧交通建设先后经历了搭建各种基础应用系统的初级阶段,建设集成指挥平台及大数据分析研判中心的中级阶段,以及让数据帮助城市来做思考和决策,打造能够自我调节、与人类良性互动的交通环境的高级阶段。在现阶段,需要道路借助云计算、大数据、人工智能等新一代信息技术,使自己变成具备可知、可测、可控、可决策能力的数字道路。道路成了可与路上交通要素交互信息、提供服务并可大幅提升城市运行效率的新一代基础设施。

一般来说,"数字道路"应具备以下三个基本要素:一是需要具备道路基础设施的数字化模拟。也就是,对于道路交通标志标线进行数字化的模拟,帮助在虚拟世界构建出更多交通问题的场景。二是设施装备的数字化模拟。每个城市都安装了成千上万的设备,每个路口都有很多的设备,这些设备如何从一个孤立的装备变成一个一体化的智能体,这是设备数字化要解决的问题。三是交通状态认知的数字化。车辆、非机动车、行人等数据,能够实时跟踪发现一些突发事件、拥堵事件,并能够主动报警,最终实现管控策略的推演。但是,现阶段由于数字道路缺乏统一的建设标准,数字化、智能化在智慧交通场景应用方面,还存在着应用广度和深度不足的情况。数字道路的大规模建设始终难题待解,成为制约智慧交通快速发展的桎梏。

2. 数字道路的标准规范

道路标准是指为保障车辆、行人交通安全,普及高速公路、普通公路、城市道路等各类道路的规划、设计、建设、维护和管理制定的统一规范。根据不同的用途和性质,我国制定了严格、科学的道路标准,包括高速公路、一级公路、二级公路、三级公路、城市道路、农村公路和其他专用道路。为满足不断增长的交通需求和日益提高的交通安全要求,我国的道路标准不断升级完善。具体来说,我国制定了一系列道路工程标准,对道路的设计、施工、使用、维护和管理进行了全方位的规定和规范,进一步提高城市道路的安全性和稳定性,如《道路交通标志和标线》《城市道路交通工程项目规范》等。

建设数字道路需要用相关技术标准来指导实践。所谓数字道路标准规范,是指为规范数字道路系统建设,统一技术标准,提高数字道路设计科学性和系统性,满足出行需求,保障行车安全的标准规范。数字道路标准规范在总体要求、建设要求、智慧等级等基本规定下,主要应包括云控平台、边缘计算、路侧设施,还应包括通信系统、信息安全等支撑保障系统内容。目前,我国从中央到地方都积极制定公布相应的数字道路标准规范。在国家《数字化智能交通基础设施技术要求》及《智能交通基础设施数字化技术规范》的指导下,上海、浙江、武汉等地分别制定了适合本地特色和发展的数字道路标准规范。各地标准明确道路及其附属设施的建设要求,兼顾一般车辆与自动驾驶车辆需求,体现智慧、节能等特点;明确感知和边缘计算系统的组成、功能、性能要求、设备参数等,以及最高应能够适应自动驾驶车路级别等。由于缺少统一建设标准,构筑数字道路涉及多种数字引擎、不同数据链,各种设施和设备很难实现广泛互联,也无法实现交通全要素的数字化表达以及动静态数据的一体化呈现。现阶段,我国部分区域花费大量人力、物力,建设了实时车流数据、遥感、BIM、CIM 和高精地图等数字交通要素,但由于它们无法在同一个体系内实现表达,因此最终为交通系统带来的性质提升仍然有限。数字道路如何成体系化、规模化建设,形成网络效应,成为全行业亟待突破的问题。

第二节 智能网联汽车管理

作为一种复杂的人工智能系统,无论是驾驶辅助等级的驾驶系统,还是进阶的自动驾驶等级的驾驶系统,其功能的研发、习得及最终商业化落地,都须经过大量的场地测试与道路测试[①]。我国对智能网联汽车实施全流程的管理,推动智能网联汽车的道路测试、示范应用、示范运营与商业化运营等治理流程完善,这一治理途径坚持了沙盒监管的基本规律,本质上是在遵循现行法的基础上,开创了一种包容创新的实验监管路径。道路测试制度对于智能网联汽车实际落地具有重要价值。

一、智能网联汽车准入制度

我国对机动车进入市场实行准入管理制度。[②] 然而,现阶段智能网联汽车

[①] 参见张欣等编:《迈向自动驾驶时代:全球自动驾驶规则要览》,对外经济贸易大学出版社 2023 年版,第 318 页。

[②] 参见李晨贞、张建华、李月华:《国内外汽车市场准入现状分析》,载《小型内燃机与车辆技术》2015 年第 3 期。

缺少统一技术标准,尚未建立相应准入标准。① 智能网联汽车行驶运营准入规则和标准不仅是保障产业良好健康发展的重要准则,更是保障公共安全的重要规则。

准入制度解决的问题是决定什么车可以上路。私权行使以自由为原则,但不受限的私权自由极可能导致市场失灵,此时便存在国家干预的理由,市场准入机制本质上就是一类国家在制度层面为公共利益而干预市场的事前手段。② 就机动车的市场准入机制而言,该制度是为了将不具有生产机动车能力的企业排除在外,以避免市场上出现具有安全隐患的机动车,危害公众。因此,传统机动车的市场准入条件较为严格。以我国为例,机动车产品只有满足相应国家标准,获得车辆产品检验说明,进入工信部《道路机动车辆生产企业及产品》等公告目录,才有生产、销售的可能,即"符合国家标准+进入公告目录=市场准入"。问题在于,由于缺乏相应国家标准,智能网联汽车很难进入我国道路机动车辆生产目录,更遑论生产上市。从国内外的实践来看,现阶段智能网联汽车的市场准入分为两种,即设置专门准入条件与豁免现行准入条件。

(一)准入条件

欧盟 UN-R157 以及我国《深圳经济特区智能网联汽车管理条例》针对智能网联汽车,设置了专门的市场准入条件。智能网联汽车满足相关准入要求后,即可进入市场生产、销售。

2020年6月24日,联合国欧洲经济委员会(UNECE)车辆法规协调世界论坛上通过了《关于自动车道保持系统(ALKS)车辆认证统一规定》(UN Regulation No. 157,简称 UN-R157),并决定该法规于2021年1月起实施。在认证申请上,UN-R157 遵循"申请—测试—批准"的路线,自动驾驶汽车获批之后便可量产。根据 UN-R157 第3条,申请自动车道保持系统(ALKS)车辆类型认证的,应当提供包括自动车道保持系统(ALKS)的基本设计、与其他车辆系统连接方式或直接控制输出变量的方法等附件中提及的文件;代表车型应当送至技术服务部门进行认证测试。根据 UN-R157 第4条,如果根据本法规提交的车辆类型符合第5至9节的要求,则应批准其申请。

《深圳经济特区智能网联汽车管理条例》首次在国内创造地方智能网联汽车产品目录,允许智能网联汽车在满足国家标准或深圳地方标准之后进入该目录。

---

① 参见杨珊、张莎莎:《论智能网联汽车发展的法律障碍与应对》,载《西南交通大学学报(社会科学版)》2023年第1期。

② 参见王兰:《商事登记与市场准入关系的法经济学思辨》,载《现代法学》2010年第2期。

只有进入该目录或国家智能网联汽车产品目录的智能网联汽车,才能在深圳销售、登记。具体而言,深圳的做法是"企业申请准入—审查是否满足标准—决定是否列入目录"。《深圳经济特区智能网联汽车管理条例》第20条授权深圳市工信部门组织制定智能网联汽车产品地方标准,并根据智能网联汽车生产者的申请,将符合地方标准的智能网联汽车列入深圳市智能网联汽车产品目录,并向社会公布;不符合国家汽车标准或深圳市地方标准的智能网联汽车,不得在深圳市销售、登记。而根据该条例第5条和第28条,进入该目录的智能网联汽车,在满足登记条件,并经公安交管部门登记后可以上路行驶。同时,该条例第23条还鼓励有关行业协会参考国际先进标准,组织制定行业团体标准,并向工信部门备案公开。

(二) 豁免条件

由于现行准入法规无法适应智能网联汽车,一些国家便采取豁免准入要求的进路。所谓豁免准入,是指因采用新技术、新工艺或新材料,不能满足现行准入法规的要求时,企业向有关部门提出相关准入条件豁免申请,有关部门经评估后作出豁免决定。欧盟、美国和我国存在相应豁免准入法规。

欧盟设置了专门的豁免准入程序。欧盟规范机动车认证的法令主要是《机动车辆认证办法》(2007/46/EC)和《机动车辆认证和市场监管办法》(Regulation No.858/2018)。为使自动驾驶汽车认证方面在欧盟范围内达到协调一致,2019年4月5日,欧盟发布《自动驾驶汽车认证豁免程序指南》。根据《机动车辆认证办法》(2007/46/EC)第20章和《机动车辆认证和市场监管办法》第39章,自动驾驶汽车认证豁免程序大致为"提交申请—成员国评估、认证(该国内有效)—欧盟委员会投票认证(欧盟范围内有效)"。具体如下:第一,企业向成员国主管机构提交认证申请。第二,若条件许可,成员国可根据认证豁免程序办法临时认证许可,该认证只在成员国境内有效,并向欧盟委员会和各成员国通报豁免理由、评估情况等信息。第三,欧盟委员会应组织机动车技术委员会进行投票,表决是否将成员国的临时认证转变为欧盟认证。欧盟委员会的认证决定,也应以认证豁免指南为基础,清楚认定自动驾驶功能情况。欧盟委员会认证决定应公开。欧盟委员会应根据对风险的评估,以及未来可能的认证适用条件,限定认证的期限(最小为36个月)和数量。第四,在等待欧盟委员会认证决定之前,成员国可接受其他成员国的临时认证,许可其在本国境内获取临时认证。第五,对于按照认证豁免程序认证的车辆,欧盟委员会可根据认证主管机构提供的简化材料,对认证范围进行扩大。上述简化材料应清楚描述拟扩大认证车辆与已认证车辆的不同。

美国国家公路交通安全管理局拥有相关豁免权限。美国在 2016 年发布的《联邦自动驾驶汽车政策指南 AV 1.0》中提到，如果自动驾驶汽车的外观设计和内部配置不符合《联邦汽车安全标准》的要求，汽车制造商可以向美国国家公路交通安全管理局（NHTSA）寻求产品豁免。通用和福特两家车企已经要求美国汽车安全监督机构给予豁免，以部署数量有限的不配备方向盘和刹车踏板等人类控制装置的自动驾驶汽车。NHTSA 在 2022 年 7 月 20 日公布了两家公司的请愿书，并将其开放给公众评论，为期 30 天。NHTSA 有权批准此类申请，允许数量有限的无须人为控制的自动驾驶车辆在美国道路上行驶。两家汽车制造商都希望每年部署多达 2500 辆汽车（这是法律允许的最大数量）用于共享出行和送货服务，但它们都没有提出向消费者出售自动驾驶汽车的申请。

我国的机动车产品准入豁免由工信部实施。根据工信部《道路机动车辆生产企业及产品准入管理办法》第 24 条第 1 款之规定，因采用新技术、新工艺、新材料等原因，不能满足本办法所规定准入条件的，企业在申请道路机动车辆生产企业及产品准入时可以提出相关准入条件豁免申请。理论上，智能网联汽车生产企业可以通过向工信部申请准入豁免，避免缺乏国家标准而带来的准入障碍，不过这种准入豁免往往伴随着专门的风险评估与条件限制。根据工信部 2022 年 10 月 28 日发布的《道路机动车辆生产准入许可管理条例（征求意见稿）》第 15 条之规定，对于缺乏技术标准的机动车产品申请许可准入的，工信部应当根据具体情况与公安、生态环境交通运输、市场监督管理、保险监督管理等部门一起进行风险测试评估。通过风险测试评估、确认风险可控的，可以作出附条件准入许可决定，并在道路机动车辆产品准入许可信息中载明使用范围限制、使用期限等相关限制条件事项。

总的来说，智能网联汽车技术还在发展，缺乏成熟的技术标准体系是智能网联汽车无法获得市场准入的根本原因。在这一现实前提下，想要以准入机制激励智能网联汽车的规模化商业应用，较为可行的做法是短时间内采取准入豁免，在一定时间、一定地域内推进其商业应用，以确保风险可控，同时开始建立相应国家标准体系，从根本上解决市场准入问题。

综上所述，这一系列智能网联汽车准入的政策和管理规范，意图在于推动智能汽车产业的发展与应用，但智能网联汽车的发展并不仅仅是政策和技术之责，也亟待现有法律规则做出全方位的调整，推动智能网联汽车行驶运营准入规则统一及细化。

二、智能网联汽车测试、应用与运营管理体系

工业和信息化部、公安部、交通运输部共同制定的《智能网联汽车道路测试与示范应用管理规范(试行)》(工信部联通装〔2021〕97号)以及上海、深圳等地方立法,对智能网联汽车的道路测试、示范应用、示范运营以及商业化运营作了规定。这构成了我国智能网联汽车的管理体系。

(一) 道路测试

所谓道路测试,是指在公路(包括高速公路)、城市道路、区域范围内等用于社会机动车通行的各类道路指定的路段进行的智能网联汽车自动驾驶功能测试活动。[①] 道路测试是智能网联汽车已经完成测试(区)场的实车测试,在获得正式准入前在规定的道路进行的测试。由于智能网联汽车还未真正到商业化应用阶段,因此道路测试是目前智能网联汽车法律规制的核心。相应的道路测试立法是智能网联汽车发展最前沿国家的规制重点。

道路测试的要求包括主体、驾驶人、车辆的要求、道路测试申请等。

首先,道路测试主体要符合相关要求。道路测试主体是指提出智能网联汽车道路测试申请、组织道路测试并承担相应责任的单位,其应是在中华人民共和国境内登记注册的独立法人单位,具备汽车及零部件制造、技术研发或试验检测等智能网联汽车相关业务能力,对智能网联汽车道路测试可能造成的人身和财产损失,具备足够的民事赔偿能力,具有智能网联汽车自动驾驶功能测试评价规程,具备对道路测试车辆进行实时远程监控、对道路测试车辆进行事件记录、分析和重现,以及对道路测试车辆及远程监控平台的网络安全保障能力。[②]

其次,道路测试的驾驶人要符合相关要求。道路测试的驾驶人是指经道路测试、示范应用主体授权负责道路测试、示范应用安全运行,并在出现紧急情况时从车内采取应急措施的人员。驾驶人应与道路测试、示范应用主体签订劳动合同或劳务合同,取得相应准驾车型驾驶证并具有3年以上驾驶经历,最近连续3个记分周期内没有被记满12分记录,最近1年内无超速50%以上、超员、超载、违反交通信号灯通行等严重交通违法行为记录,无饮酒后驾驶或者醉酒驾驶机动车记录,无服用国家管制的精神药品或者麻醉药品记录,无致人死亡或者重伤且负有责任的交通事故记录,经道路测试、示范应用主体培训合格,熟悉自动驾驶功能测试评价规程、示范应用方案,掌握车辆道路测试、示范应用操作方法,

---

[①] 参见《智能网联汽车道路测试与示范应用管理规范(试行)》第2条。
[②] 参见《智能网联汽车道路测试与示范应用管理规范(试行)》第5条。

具备紧急状态下应急处置能力。①

再次,道路测试的车辆要符合相应要求。道路测试车辆是指申请用于道路测试、示范应用的智能网联汽车,包括乘用车、商用车辆和专用作业车,不包括低速汽车、摩托车。道路测试车辆应未办理过机动车注册登记,满足对应车辆类型除耐久性以外的强制性检验项目要求,对因实现自动驾驶功能而无法满足强制性检验要求的个别项目,需提供其未降低车辆安全性能的证明,具备人工操作和自动驾驶两种模式,且能够以安全、快速、简单方式实现模式转换并有相应的提示,保证在任何情况下都能将车辆即时转换为人工操作模式,具备车辆状态记录、存储及在线监控功能,能实时回传车辆标识、车辆控制模式、车辆位置、车辆速度、加速度、行驶方向等运动状态信息,并自动记录和存储在车辆事故或失效状况发生前至少90秒的数据。这些数据包括:(1)车辆标识(车架号或临时行驶车号牌信息等);(2)车辆控制模式;(3)车辆位置;(4)车辆速度、加速度、行驶方向等运动状态;(5)环境感知与响应状态;(6)车辆灯光、信号实时状态;(7)车辆外部360度视频监控情况;(8)反映驾驶人和人机交互状态的车内视频及语音监控情况;(9)车辆接收的远程控制指令(如有);(10)车辆故障情况(如有)。数据存储时间不少于1年。②

最后,道路测试的申请要求。进行道路测试前,道路测试主体应确保道路测试车辆在测试区(场)等特定区域进行充分的实车测试,符合国家、行业相关标准规范,省、市级政府相关主管部门发布的测试要求以及道路测试主体的测试评价规程,具备进行道路测试的条件。③ 道路测试主体进行道路测试申请时应提供智能网联汽车道路测试安全性自我声明并由省、市级政府相关主管部门进行确认,包括道路测试主体、车辆识别代号、测试驾驶人姓名及身份证号、测试时间、测试路段、区域及测试项目等信息。其中,测试时间原则上不超过18个月,且不得超过安全技术检验合格证明及保险凭证的有效期。④

(二)示范应用

所谓示范应用,是指在公路(包括高速公路)、城市道路、区域范围内等用于社会机动车通行的各类道路指定的路段进行的具有试点、试行效果的智能网联汽车载人载物运行活动。⑤ 示范应用是智能网联汽车已经完成道路测试之后,

---

① 参见《智能网联汽车道路测试与示范应用管理规范(试行)》第7条。
② 参见《智能网联汽车道路测试与示范应用管理规范(试行)》第8条。
③ 参见《智能网联汽车道路测试与示范应用管理规范(试行)》第9条。
④ 参见《智能网联汽车道路测试与示范应用管理规范(试行)》第10条。
⑤ 参见《智能网联汽车道路测试与示范应用管理规范(试行)》第2条。

在有限范围的道路上进行的试用。

示范应用要求包括主体、驾驶人、车辆的要求、示范应用申请、管理等。由于示范应用驾驶人、车辆、管理与道路测试的相关规定相同，因此在此仅介绍示范应用的主体和申请。

第一，示范应用主体要符合相关要求。示范应用主体是指提出智能网联汽车示范应用申请、组织示范应用并承担相应责任的一个单位或多个单位联合体。示范应用主体为在中华人民共和国境内登记注册的独立法人单位或多个独立法人单位组成的联合体，具备汽车及零部件制造、技术研发、试验检测或示范应用运营等智能网联汽车相关业务能力，由多个独立法人单位联合组成的示范应用主体，其中应至少有一个单位具备示范应用运营服务能力，且各单位应签署运营服务及相关侵权责任划分的相关协议，对智能网联汽车示范应用可能造成的人身和财产损失，具备足够的民事赔偿能力，具有智能网联汽车示范应用方案，具备对示范应用车辆进行实时远程监控、进行事件记录、分析和重现的能力，以及具备对示范应用车辆及远程监控平台的网络安全保障能力。

第二，示范应用的申请要求。对初始申请或增加配置相同的示范应用车辆，应以自动驾驶模式在拟进行示范应用的路段和区域进行过合计不少于 240 小时或 1000 公里的道路测试，在测试期间无交通违法行为且未发生道路测试车辆方承担责任的交通事故。拟进行示范应用的路段或区域不应超出道路测试车辆已完成的道路测试路段或区域范围。[1] 示范应用主体在申请示范应用时应提供智能网联汽车示范应用安全性自我声明并由省、市级政府相关主管部门进行确认，包括示范应用主体、车辆识别代号、示范应用驾驶人姓名及身份证号、示范应用时间、示范应用路段或区域及示范应用项目等信息。其中，示范应用时间原则上不超过 18 个月，且不得超过安全技术检验合格证明及保险凭证的有效期。[2]

道路测试、示范应用应遵守省、市级政府相关主管部门的管理规定。在此仅列举一些主要的管理规范。智能网联汽车开展道路测试或示范应用需要在省、市级政府相关主管部门指定的若干典型路段、区域进行。道路测试、示范应用路段和区域内应设置相应标识或提示信息。[3] 道路测试车辆、示范应用车辆应当遵守临时行驶车号牌管理相关规定。未取得临时行驶车号牌，不得开展道路测试和示范应用。道路测试、示范应用主体、驾驶人均需遵守我国道路交通安全法

---

[1] 参见《智能网联汽车道路测试与示范应用管理规范（试行）》第 16 条。
[2] 参见《智能网联汽车道路测试与示范应用管理规范（试行）》第 18 条。
[3] 参见《智能网联汽车道路测试与示范应用管理规范（试行）》第 22 条。

律法规,严格依据道路测试或示范应用安全性自我声明载明的时间、路段、区域和项目开展工作,并随车携带相关材料备查。不得在道路测试或示范应用过程中在道路上开展制动性能试验。① 道路测试车辆、示范应用车辆车身应以醒目的颜色分别标示"自动驾驶道路测试"或"自动驾驶示范应用"等字样,提醒周边车辆及其他道路使用者注意,且不应对周边的正常道路交通活动产生干扰。② 车辆在道路测试及示范应用过程中,不得非法从事道路运输经营活动,不得搭载危险货物。③

在道路测试、示范应用期间发生交通违法行为的,由公安机关交通管理部门按照现行道路交通安全法律法规对驾驶人进行处理。④ 在道路测试、示范应用期间发生交通事故,应当按照道路交通安全法律法规规章确定当事人的责任,并依照有关法律法规及司法解释确定损害赔偿责任;公安机关交通管理部门应当依法对当事人的道路交通安全违法行为作出处罚;构成犯罪的,依法追究当事人的刑事责任。⑤

智能网联汽车在测试示范应用过程中仍会遇到测试结果不互认、测试时空范围受限、管理标准不统一等问题。各地示范区在政策和标准等方面有不一致的地方,形成了一定的地方壁垒,包括测试互认、数据共享、互联互通以及无人化测试场景等方面。目前北京、上海、长沙、重庆等示范区形成了明确的互认项目,但是道路测试方面,尤其异地里程互认、各地示范区测试场建设、开放道路建设有不同的规划,对测试里程的认定也有差异。⑥

针对上述问题,首先,需要破解智能网联汽车相关政策法规障碍。"现有的指南性政策文件在效力层级处于规章甚至规章以下的规范性文件,无法对自动驾驶问题进行根本性解决,也不涉及无人驾驶问题的真正的规制。"⑦需要通过综合性效力层级更高的立法来解决现有的法律障碍。同时,"建议持续完善法律法规和政策标准环境,更好地支持智能网联汽车的发展,解决不适用性的问题,促进产业化商业化发展,提供良好的发展环境,根据其法律法规和政策标准的层级和影响的范围不同,分别采取不同的措施和方法,逐步消除对智能网联汽车的

---

① 参见《智能网联汽车道路测试与示范应用管理规范(试行)》第24条。
② 参见《智能网联汽车道路测试与示范应用管理规范(试行)》第25条。
③ 参见《智能网联汽车道路测试与示范应用管理规范(试行)》第27条。
④ 参见《智能网联汽车道路测试与示范应用管理规范(试行)》第33条。
⑤ 参见《智能网联汽车道路测试与示范应用管理规范(试行)》第34条。
⑥ 参见杜巧梅:《商业化落地依然面临诸多挑战》,载《21世纪经济报道》2023年5月23日。
⑦ 王霁霞、符大卿:《自动驾驶汽车道路测试的法律规制》,载《行政管理改革》2019年第8期。

制约和限制"①。其次,"建立各地方测试记录与许可互认制度,消除自动驾驶汽车各地规制差异化造成的障碍,促进自动驾驶技术快速发展"②。最后,从政策方面营造支持创新、包容审慎的发展环境。横向上加强行业合作,纵向上促进上下联动,积极鼓励引导负责任的智能网联汽车测试验证与示范应用活动,促进公平公正,确保可控可信。

(三) 运营

智能网联汽车运营包括示范运营和商业化运营。示范运营是指,在公路(包括高速公路)、城市道路(包括城市快速路)以及特定区域范围内用于社会机动车辆通行的各类道路的指定路段,对智能网联汽车开展载人、载货或者特种作业的商业试运营活动。商业化运营是指,依法取得道路运输经营资质,利用智能网联汽车从事道路运输经营活动。

示范运营和商业化运营,目前仅在地方层面有立法。从目前仅有的立法来看,智能网联汽车的示范运营主要包括以下三个方面:

一是确定适用范围。智能网联汽车示范运营适用于相关行政区域政策允许范围内的各等级公路(包括高速公路)、城市道路(包括城市快速路)以及特定区域道路的示范主体开展高等级智能网联汽车开展载人、载货的示范运营活动。

二是明确申请要求。开展智能网联汽车示范运营活动申请应当满足相关主体要求、车辆要求及驾驶人要求。首先,智能网联汽车示范运营主体是指具备开展智能网联汽车示范运营相关技术能力,能够独立承担相应责任的单位③,只有符合相应要求的单位才可以按照有关规定开展示范运营活动。其次,示范运营主体应当就智能网联汽车示范运营提交示范运营方案以及智能网联汽车示范运营安全性自我声明。示范运营方案包括安全保障措施、有关风险分析和应对措施等内容。而安全性自我声明这一概念并不陌生,其贯穿于智能网联汽车从道路测试到示范运营全过程,对于安全性自我声明确认的企业申请要求主要有以下五个方面:(1) 具有独立法人资格;(2) 具备相关技术能力;(3) 具备符合道路测试、示范应用、示范运营等相应条件的车辆;(4) 配备远程监控系统和紧急接管人员,紧急接管人员应当具备无驾驶人智能网联汽车的操控能力和相应准驾车型的机动车驾驶证,经过专业知识、现场操作和应急处置培训;(5) 按照有关规定已经投保或者承诺投保机动车交通事故责任强制保险和一定金额的商业保

---

① 杜巧梅:《商业化落地依然面临诸多挑战》,载《21世纪经济报道》2023年5月23日。
② 王霁霞、符大卿:《自动驾驶汽车道路测试的法律规制》,载《行政管理改革》2019年第8期。
③ 参见《上海市智能网联汽车测试与应用管理办法》(上海市人民政府令第60号)第26条。

险。就示范运营阶段而言,安全性自我声明还需要相关部门的确认①。再次,开展示范运营的车辆应当经过示范应用并达到规定里程或时间,符合相关技术要求,且未发生交通违法行为以及因车辆原因造成的安全事故。② 最后,对于智能网联汽车示范运营的驾驶人则是要求应当具备道路运输从业资格。

三是明晰确认程序及安全措施。申请主体向相关部门提交材料。部门受理后组织召开智能网联汽车示范运营论证会议,第三方机构开展技术评估,确认通过后,正式开展示范运营。智能网联汽车的安全至关重要,因此应当明确智能网联汽车示范运营相关暂停及终止情形,如未按照规定配备测试安全员或者驾驶人、提供虚假材料等。发生上述情形后,企业需完成整改,经过确认后,符合条件的可准予恢复示范运营。

商业化运营的相关要求主要包括车辆要求、人员要求及总量调控三个方面。首先,从事道路运输经营活动的智能网联汽车应当符合以下条件:(1) 获得产品准入或者具备同等条件的产品认定;(2) 与经营业务相适应,并经检测合格;(3) 经公安部门注册登记,取得车辆号牌、行驶证等登记凭证。③ 其次,从事道路运输经营活动的智能网联汽车的驾驶人应当符合相应的道路运输从业条件,能够熟练掌握智能网联汽车自动驾驶系统。④ 最后,各地应根据自身经济社会发展、道路交通状况,对智能网联汽车商业化运营进行调控。相关部门可以根据实际需要,对从事公交、出租、货运等业务的智能网联汽车的发展规模、数量和车型等实行总量调控。

第三节 车路协同

当前我国自动驾驶正以车路协同作为的主要发展路径。⑤ 车路协同是物联网、云计算、大数据等现代科技的深度融合,能够实现和促进车辆与道路基础设施之间的信息交互与共享,提升交通运输系统的效率性、安全性和舒适性。

一、车路协同的内涵

车路协同(Vehicle-infrastructure Cooperation)是指,采用先进的无线通信

---

① 参见《上海市智能网联汽车测试与应用管理办法》(上海市人民政府令第 60 号)第 27 条。
② 参见《上海市智能网联汽车测试与应用管理办法》(上海市人民政府令第 60 号)第 26 条。
③ 参见《上海市智能网联汽车测试与应用管理办法》(上海市人民政府令第 60 号)第 32 条。
④ 参见《上海市智能网联汽车测试与应用管理办法》(上海市人民政府令第 60 号)第 33 条。
⑤ 参见卢春房等:《中国车路协同产业研究与发展对策建议》,载《中国公路学报》2023 年第 3 期。

和新一代互联网等技术,全方位实施车与车、车与路、车与人之间动态实时信息交互,并在全时空动态交通信息采集与融合的基础上,开展车辆主动安全控制和道路协同管理,充分实现人、车、路的有效协同,保证交通安全,提高通行效率,从而形成安全、高效和环保的道路交通系统。

早在 20 世纪 60 年代,美国汽车三巨头之一的通用汽车在新泽西州的普林斯顿市打造了一条电子化高速公路的测试跑道,被业内视为最早的"车路协同"。[①] 随着 5G 的到来,智能车路协同系统逐渐完善,并将加快促进道路网、传感网、控制网、能源网以及管理数据基础平台五网融合,实现不同等级的智能车辆在同一道路上同时运行,从而达到车路协同。智能车路协同凸显智能车路协同中无线通信网络所处的重要支撑地位。智能车路协同系统主要有以下三个特点:一是注重人—路—车的整体协调;二是注重大规模、大范围的联网联控;三是注重充分利用多种模式的交通网络和信息交互。[②]

目前,车路协同应用场景落地加速推进,围绕智能网联测试示范区、高速公路、交叉路口、智慧公交、物流运输、园区/机场/港口应用的车路协同项目正不断落地。从商业化进程来看,涉及车路协同四个核心部分:通信平台、终端层(车端/路端)、边缘计算和云控平台。具体来说,第一,车路协同通信技术包括车车通信、车路通信两部分。作为车路协同中的连接管道,通信平台主要负责提供车与车、车与路间实时传输的信息管道,通过低延时、高可靠、快速接入的网络环境,保障车端和路端的信息实时交互。第二,终端层分为车载终端和路侧终端,两者在原有的设备上,通过智能化改造,搭载激光雷达、摄像头等传感器,以实现车辆之间的互联检测,与路侧端的环境监测,进行信息数据传导,产生交互行为。第三,边缘计算是指在靠近应用场景的网络边缘,将计算、存储、通信等任务分配到网络边缘的计算模式,就近提供边缘智能活动。第四,云控平台是车联网的核心环节,是实现网联协同感知、网联协同决策与控制的关键基础技术。从更宏大的角度看,云控平台是智能城市实现、智能交通体系建设中非常重要的基础设施。云控平台又包括云控基础平台和云控应用平台。[③]

二、云控平台

车路协同需要将"聪明的车"和"智慧的路"相结合,实现高效协同。作为车

---

① 参见《车路协同是自动驾驶的噱头吗?》,https://baijiahao.baidu.com/s?id=1728715961189179540&wfr=spider&for=pc,2023 年 7 月 27 日访问。
② 参见徐志强主编:《5G 的世界:智慧交通》,广东科技出版社 2020 年版,第 55 页。
③ 参见李彦宏:《智能交通》,人民出版社 2021 年版,第 181—184 页。

路协同"智慧大脑"的云控平台,在车路协同产业发展中承担"指挥者"的角色。云控平台不仅是车路协同的核心环节,而且是车路云一体化系统的组成部分。

（一）构成与功能

云控平台（Cloud Control Platform）是指配置云计算所需的硬件资源和软件资源,具备计算、通信、存储和安全防护能力,以云计算、物联网、人工智能等技术为手段,集成设施养护、运行管控、出行服务、决策支持各项功能,具备高速公路大规模数据接入、高效化处理、智能化控制、数字化展示等特征的信息平台。

云控平台由云控基础平台和云控应用组成。云控基础平台需要满足智能汽车对其运行过程安全、高效、节能和舒适等需求,满足政府相关职能部门对交通与道路规划、建设与养护、所辖区域态势感知、管理与控制等需求,以及满足产业链其他用户对交通数据赋能的三大类需求。而云控应用是指由云控基础平台提供的基础服务所支撑的所有应用,主要包括网联车辆赋能类、交通管理与控制类及交通数据赋能类三类应用。

在功能上,云控平台能为智能汽车及其用户、管理及服务机构等提供车辆运行、基础设施、交通环境、交通管理等动态基础数据,帮助增强智能网联驾驶服务能力,降低交通事故伤亡概率,减少交通拥堵时间,提升交通效率。同时,云控平台自身也具有高性能信息共享、高实时性云计算、大数据分析、信息安全等基础服务机制。

（二）云控平台国内政策发展现状及问题

1. 云控平台国内政策发展现状

我国从国家战略层面到地方政策方面,全面探索车路协同发展。目前国内在车路协同相关的政策与法规方面还处于探索阶段,但在云控平台方面已有积极实践。我国自2020年起逐步开展相关实践,国家发改委、工信部、科技部等11个部委发布的《智能汽车创新发展战略》明确提出建设智能网联汽车大数据云控基础平台的建设任务。随后的相关文件如《"十四五"现代综合交通运输体系发展规划》[①]《关于加快建设国家综合立体交通网主骨架的意见》[②]等陆续出台,但均是在宏观层面提出建设和推进云控平台建设的相关要求,并未对云控平台建设的详细内容作出规定。

---

① "专栏12 交通基础设施数字化网联化升级工程"中规定:"稳步推进集监测、调度、管控、应急、服务等功能于一体的智慧路网云控平台建设。"

② "三、重点任务"中规定:"……（八）加快智慧升级。坚持创新驱动,以数字化、网络化、智能化为主线,推动感知、传输、计算等设施与主骨架交通基础设施协同融合建设……稳步推进智慧路网云控平台建设……"

地方在中央"加快建设云控平台"的指导下,在车路协同技术发展中构建云控平台也成为各地方交通强国建设试点工作意见的一项"必需项"。以上海和深圳为例,其对于云控平台的建设主体、建设要求等方面存在相应异同。首先,云控平台建设主体在于地方政府。此处上海的车路协同云控平台建设,由地方政府部门与其他部门统筹规划和协调推动;①而在深圳的相关规定中,则只是指出地方人民政府应当统筹建设。② 其次,在相关云控平台的功能上,两者均是以信息共享为中心。

2. 云控平台存在的问题

现阶段,云控平台的发展还存在如下法律问题:第一,法规配套不完善,制约技术创新规模应用。车路云一体化系统建设过程中,新技术与新产品形态的应用需要在路权分配、运营收费、事故责任、保险投保等方面进行商业模式和管理创新,但现行法律法规与管理制度还不能完全适应新产品形态的发展要求,制约着车路云一体化技术创新和规模化应用推进。第二,行业标准不统一,测试评价体系亟待建立。近年,行业对车路云一体化系统以及各组成要素进行了积极的探索工作,创新产品逐步投向市场。但目前对于车端、路侧、云端各产品本身、相互间的数据互通、统一数据格式、系统应用服务等方面,还缺乏统一的标准规范,且测试评价体系也亟待建立。

对此,可以从如下几个方面进行相关的法律完善:首先,应当强化相关法规配套,为技术创新提供政策与制度保障。车路云一体化系统涉及了车辆、交通、通信等大量相关领域的建设和运营环节,相应地会受到较多领域职能部门的监管,为防止出现政策冲突、责任模糊等情况,需要建立跨部门的政策协调机制,针对车路云一体化系统平台建设运营所需的政策支持,各部门主动应对、提前谋划、协调联动。此外,可划定一定范围开展先行先试工作,在先行先试区域内,在各类型车辆的路权分配、商业化运营收费、交通事故的责任认定、人车保险投保等方面,敢于进行法律法规的突破,促进云控平台建设,推进标准规范制定。其次,应当尽快推进标准规范制定。行业组织加快推进车路云一体化系统相关标准规范制定工作,包括车端、路侧、云端各产品标准、相互间的通信标准、系统服

---

① 《上海市浦东新区促进无驾驶人智能网联汽车创新应用规定》第 19 条第 1 款规定:"浦东新区科技经济、建设交通部门和临港新片区管委会应当统筹规划、协调推动建设车路协同基础设施和车路协同云控平台,支持车路协同基础设施在安全可控的条件下与云控平台、路侧信号控制设施、智能网联汽车实现信息共享。"

② 《深圳经济特区智能网联汽车管理条例》第 40 条第 1 款规定:"市、区人民政府可以结合智能网联汽车通行需要,统筹规划、配套建设智能网联汽车通用的通信设施、感知设施、计算设施等车路协同基础设施。"

务标准等。在标准制定的基础上,进一步建立相应的测试评价体系、测试方法以及测试系统环境,定期发布测试报告。通过行业标准与测试评价体系的建立为技术创新提供评价依据,有利于车路云一体化系统的规模化建设与应用推广。

三、数据平台

数据是人工智能产业的基础,没有海量的高质量数据作为支撑,就不能发展良好的智能网联汽车。从某种角度来说,自动驾驶汽车更像是一台装有轮子的电脑,它们随时随地都在收集和处理数据。[1] 这一切都需要建立在明确汽车数据权属与利用规则之上,当下数据平台成为实现这一目的的物理基础设施。

智能网联汽车数据平台可分为基础数据交互平台、公共服务平台、应用服务平台三级架构。其中基础数据交互平台汇聚全国智能网联汽车基础数据信息,对接政府部门公共服务平台以及企业的应用服务平台,有利于提升行业监管与服务效率。[2] 数据平台通过全量数据采集、数据可视化及分析支撑云控平台功能。通过数据平台和云控平台的相互配合可以实现物理世界道路测试与虚拟空间仿真测试的融合,为车路协同的感知—决策—执行提供完整的技术支撑。数据平台及数据保障着云控平台能够与车、路及其他平台之间数据标准化交互,实现车、路、云端交通动态数据的标准化采集、存储与处理。

由此我国各地方纷纷制定相应规范性文件对智能网联汽车数据平台进行规制,其中上海、重庆、山东、江苏等地均印发了相应规定细则。此处以上海为例分析数据平台的相关构建、数据上传、数据保护等问题。《上海市浦东新区促进无驾驶人智能网联汽车创新应用规定》对于智能网联汽车的相关数据问题作出了相应规定。首先规定了智能网联汽车相关企业信息接入、上传指定数据平台的要求:开展无驾驶人智能网联汽车道路测试、示范应用、示范运营的企业负有数据接入义务。[3] 其次对于数据安全问题也作出了相应规定:明确提出企业应当建立和健全全流程数据安全和个人信息保护管理制度,并在发生或可能发生数

---

[1] 参见〔美〕特蕾莎·M.佩顿、西奥多·克莱普尔:《大数据时代的隐私》,郑淑红译,上海科学技术出版社 2017 年版,第 137 页。

[2] 参见李劲松主编:《智能网联汽车技术》,重庆大学出版社 2022 年版,第 95 页。

[3] 第 17 条规定:"浦东新区科技经济部门和临港新片区管委会应当加强对无驾驶人智能网联汽车运行的日常监督管理,并采取措施强化后台监管。开展无驾驶人智能网联汽车道路测试、示范应用、示范运营的企业应当按照规定安装监控装置,将相关数据接入指定的数据平台,实时上传到市级数据平台,并定期向浦东新区科技经济部门或者临港新片区管委会提交创新应用情况报告。"

据泄露、损毁等情况时应当立即采取补救措施、告知用户及向主管部门报告的措施。① 最后规定了数据平台所采集的数据不仅可以作为相关数据信息的收集和交互,还可以作为认定交通违法行为和认定交通事故责任的证据使用。②

第四节 路权及其发展

在道路交通安全法上,路权是核心制度。道路使用者按照道路交通安全法律赋予的权利义务实施交通活动是保障道路交通活动有序、安全的基础。道路交通参与者应遵循基本的路权规则,数字交通也不例外。

一、路权的一般理论

路权是以保障通行自由的基本权利为目的,路权规则有利于规范道路使用者的交通活动,对维护道路通行秩序、确保道路交通安全发挥着基础性作用。

（一）路权的内涵

虽然路权被经常性地提及和应用,但现行道路交通法律法规中并未对"路权"进行明确的定义。在理论上,对于路权的界定众说纷纭。

一般认为,路权即交通参与者的权利,是交通参与者根据交通法规的规定,在一定空间和时间内在道路上进行道路交通活动的权利。为了解释路权之间的冲突,也有学者认为,路权是指道路使用者依照各行其道的规定在从事道路交通活动过程中对某一道路空间所享有的通行、占用的权利,以及被他方借道时所享有的优先通行权。③ 目前,路权逐渐发展成基于一个地区道路资源的供给程度,根据交通规则合理分配道路资源的空间和时间使用权益的一种体系性理论。在现行语境下,路权已经发展成为复杂的多维度概念,从法律角度讨论路权,路权分配是一个核心议题,即将道路的使用权按照一定的规则给予道路使用者,道路

---

① 第25条规定:"开展无驾驶人智能网联汽车创新应用的企业应当按照数据安全相关法律、法规要求,建立健全全流程数据安全和个人信息保护管理制度,落实数据安全和个人信息保护责任。发生或者可能发生涉及国家安全、个人信息等数据泄露、损毁、丢失等情况的,有关企业应当立即采取补救措施,按照规定及时告知用户并向有关主管部门报告。开展创新应用过程中收集和产生的重要数据,应当依法在境内存储;因业务需要,确需向境外提供的,应当按照国家有关规定进行安全评估。个人信息数据的出境安全管理,按照有关法律、行政法规的规定执行。"

② 第29条第3款规定:"无驾驶人智能网联汽车以及车路协同云控平台采集的数据,经公安机关交通管理部门调查核实无误后,可以作为认定交通违法行为和认定交通事故责任的依据。"

③ 参见郑才城、谭正江、毕华编著:《道路交通安全法学》,中国人民公安大学出版社2017年版,第84页。

使用者获得路权后,就可以依法使用道路,以满足各种交通需求。①

(二)路权的类型

路权从时空属性上可分为空间路权和时间路权。空间路权一般为绝对路权,其通行的权利由特定的交通参与者享有,其他交通参与者在符合法定的条件下才可以借用,如自行车专用道、公共专用道;时间路权表现为先后通行的权利,是相对的路权。根据所享有权利内容的不同,路权可分为上路权、通行权、先行权和占用权。②

上路权是指交通参与者及其交通工具享有上道路通行的资格和权利。上路权主要针对机动车、依法应当登记的非机动车及其驾驶人而言,法律规定其必须符合交通法规规定的条件才有权上路行驶。《道路交通安全法》第 8 条规定,机动车经公安机关交通管理部门登记后,方可上道路行驶。尚未登记的机动车,需要临时上道路行驶的,应当取得临时通行牌证;第 11 条规定,驾驶机动车上道路行驶,应当悬挂机动车号牌,放置检验合格标志、保险标志,并随车携带机动车行驶证;第 18 条规定,依法应当登记的非机动车,经公安机关交通管理部门登记后,方可上道路行驶。

通行权是指道路交通参与者对某些道路或车行道所享有的通行权利。通行权交通参与者根据法律规定在道路某一空间范围内进行交通活动的权利,其他交通参与者不得侵犯,否则即为侵权。立法本意是在资源稀缺公共道路上采取有效措施解决人们的通行需求,防止交通混乱,威胁乃至伤害人们人身或财产权利。根据《道路交通安全法》规定,机动车、非机动车、行人各行其道;专用车道只准许规定的车辆通行;等等。例如,高速公路就限制低速机动车辆使用,城市的步行街通常设置为机动车的禁行区,以及存在公交专用道、小客车专用道、摩托车专用道等。

先行权指交通参与者根据交通法规规定所享有的优先使用道路的权利,其他交通活动参与者在实施变更车道、转换行驶方向等活动影响到先行权交通使用参与者时应当予以避让。因此,先行权多体现为车辆间、车辆与行人交叉时孰先孰后。单就通行效率而言,国家鼓励通行效率高的车辆优先通行。一般来说,在机动车通行范围内,公交车通行效率高,享有优先通行权。就交通主体强弱势程度而言,行人属于较弱一方,应当行人优先。

---

① 参见杨永勤、于泉、刘小明:《城市道路交叉口路权研究》,载《道路交通与安全》2005 年第 4 期。
② 参见郑才城、谭正江、毕华编著:《道路交通安全法学》,中国人民公安大学出版社 2017 年版,第 85 页。

占用权是指道路使用者依法享有的在某一时间、空间范围内使用道路进行非动态交通活动或其他与交通有关的活动的权利,常见的如施工占道、公用设施占道、商业占道等。占用道路时,须经公安交通管理部门批准,以取得占用的权利,未经批准不得占用。《道路交通安全法》第31条就规定:"未经许可,任何单位和个人不得占用道路从事非交通活动"。

二、路权分配

路权是交通参与者的道路使用权,而道路的空间资源是有限的,在同一时间,两个交通个体不能共用同一道路空间。因此,为了保证道路交通秩序和道路交通安全、保障所有交通参与者的道路通行与使用权利,需要对路权进行分配。路权分配是指将道路的使用权按照一定的规则给予道路使用者,道路使用者获得路权后就可以依法使用道路,以满足各种交通需求。[1] 根据概念可得知,路权分配实质上是对交通有限资源的分配。因此,路权分配必须公平合理、清晰明确,否则就易引发交通违法或造成交通安全隐患。通常情况下,路权分配应该遵循分配正义原则、弱势群体权利保护原则和公平优先于效率原则。[2]

三、自动驾驶的路权问题

随着智能网联汽车和数字交通的发展,路权理论与制度规范也面临着挑战,域外有不同程度的制度尝试。英国政府曾于2021年4月28日宣布,L3自动驾驶汽车将于2021年晚些时候在英国道路上合法行驶;安装自动车道保持系统(ALKS)技术的自动驾驶车辆在高速公路上的速度将被限制在每小时37英里内。2022年4月,英国公布《公路法》修订草案,允许L3级自动驾驶汽车上路行驶。[3] 德国政府于2021年7月通过了《道路交通法》与《机动车强制保险法》修正案,新法名为《自动驾驶法》。《自动驾驶法》的最大亮点是为具备L4级别自动驾驶系统的汽车在公路指定区域实现常规运营提供合法性基础。根据新法,L4级别智能汽车的公路运营必须符合"路端"和"车端"的诸多要求。从路端来看,无人驾驶车辆必须在德国境内"指定运行区域"的本国公共道路空间运营(第1d条第2款),并由州主管机关依照国家法律批准(第1e条第1款第3项)。从车端来看,L4级别智能汽车必须配备相应的技术设备,能够独立实现安全驾驶功

---

[1] 参见杨永勤、于泉、刘小明:《城市道路交叉口路权研究》,载《道路交通与安全》2005年第4期。
[2] 参见季金华:《公平与效率:路权制度安排的价值基础》,载《甘肃政法学院学报》2009年第6期。
[3] 参见郑志峰:《自动驾驶汽车的私法挑战与应对研究》,中国法制出版社2022年版,第65—66页。

能(第 1e 条第 2 款),例如能在指定运行区域"独立完成驾驶任务"而无须驾驶员介入,能独立遵守针对驾驶员的交通规则,等等。① 日本 2020 年 4 月实施的新的《道路交通法》已经允许 L3 级自动驾驶汽车上高速公路,包括乘用车和商用车,但必须配备安全员。2021 年 3 月实施的《道路法》从道路基础设施方面配合自动驾驶技术的发展,将"自动驾驶辅助设施"纳入道路条件。② "2022 年 3 月,美国交通部国家公路交通安全管理局发布《无人驾驶汽车乘客保护规定》,强调自动驾驶汽车必须提供与传统汽车同等水平的乘客保护,明确完全自动驾驶汽车可以不再需要配备传统的方向盘、刹车、油门等手动驾驶装置。"③"简单来说就是美国通过法律手段直接将自动驾驶技术率先推进到 L5(完全自动驾驶)等级。"④

对比域外国家对于智能网联汽车上路运行的规定,可以发现不同国家存在不同。首先是"车不同"。英国、日本允许 L3 级别的智能网联车上路,德国允许 L4 级别的智能网联车上路,美国甚至允许 L5 级别的智能网联车上路。其次是"路不同"。英国、日本规定智能网联车可以在高速公路上运行,德国则规定智能网联车在指定运行区域运营。

实际上,路权不仅关乎车辆是否能够正常上路,还包含智能网联汽车同传统汽车在路权上的分配,然而,国外立法似乎没有给出智能网联汽车与传统汽车、非机动车、行人等路权分配的准确答案。

我国对自动驾驶汽车路权也没有系统的规定。上海、深圳等制定的智能网联汽车管理条例,对路权仅有简要的规定。这些立法仍是地方性立法,且均具有较强的概括性色彩,对于自动驾驶汽车路权制度并未精细化、系统化。《深圳经济特区智能网联汽车管理条例》⑤《上海市智能网联汽车测试与应用管理办法》⑥规定自动驾驶汽车上路权以登记制度为获得方式。《上海市浦东新区促进无驾驶人智能网联汽车创新应用规定》第 2 条规定,在浦东新区行政区域内(临港新

---

① 参见张韬略、钱榕:《迈入无人驾驶时代的德国道路交通法——德国〈自动驾驶法〉的探索与启示》,载《德国研究》2022 年第 1 期。
② 参见郑志峰:《自动驾驶汽车的私法挑战与应对研究》,中国法制出版社 2022 年版,第 71 页。
③ 同上书,第 57 页。
④ 崔吕萍:《自动驾驶拿到路权更要安全》,载《人民政协报》2022 年 8 月 16 日。
⑤ 《深圳经济特区智能网联汽车管理条例》第 27 条规定:"实行智能网联汽车登记制度。列入国家汽车产品目录或者深圳市智能网联汽车产品目录的智能网联汽车,经公安机关交通管理部门登记后,方可上道路行驶。"
⑥ 《上海市智能网联汽车测试与应用管理办法》第 37 条规定:"智能网联汽车经公安部门登记后,方可上道路行驶。开展智能网联汽车道路测试、示范应用、示范运营的单位,凭经相关主管部门确认的安全性自我声明以及车辆登记需要的其他材料,向公安部门申领临时行驶车号牌。"

片区除外)的划定路段、区域开展无驾驶人智能网联汽车道路测试、示范应用、示范运营、商业化运营等创新应用活动以及相关监督管理工作。该办法意味着智能网联汽车在浦东新区的商业化运营需要在指定的区域,但具体什么级别的智能网联汽车可以上路,则没有进行规定,对于智能网联汽车与传统汽车、非机动车、行人等路权分配亦未作规定。虽然《浦东新区促进无人驾驶装备创新应用若干规定》对于无人驾驶装备上道路行驶有较为明确的要求,但其似乎并不规范智能网联汽车。因为该规定第2条第2款明确规定,无人驾驶装备,是指符合相关技术标准或者规范,通过智能网联系统完成自动驾驶,执行预定任务的低速轮式装备。然而,根据该规定第12条,无人驾驶装备上道路行驶应遵循有关非机动车的通行规定,并符合的条件之一是不得搭载人员。

第五节 法律责任[①]

责任是权益的保障机制。传统交通事故发生的原因绝大部分与人类驾驶员的驾驶失误有关,自动驾驶汽车通过其技术及数据分析能够有效减少交通事故的发生,但对其侵权责任分担的问题也不可忽视。

一、自动驾驶汽车交通事故责任

(一)自动驾驶汽车交通事故

自动驾驶产业在蓬勃发展的同时,也出现了致害责任"无法可依"的尴尬局面。2016年1月,国内首起自动驾驶致死事故曝光。司机高某某驾驶一辆特斯拉在京港澳高速河北邯郸路段行驶时,直接撞上了前方一辆正在作业的道路清扫车,轿车当场损坏,车主不幸身亡。据调查,该事故发生时,车辆处于自动驾驶状态,由于未识别出道路前方的障碍物,导致车辆没有采取任何避险措施,直接追尾道路清扫车,从而酿成了惨剧。司机高某某父亲将特斯拉告上法庭,该案件于2016年9月20日在北京市朝阳区人民法院开庭审理,但至今仍未审结完毕。此次交通事故让自动驾驶汽车再次处于舆论的风口浪尖,也让自动驾驶汽车侵权责任问题的解决变得更加迫切。

我国现行法框架内机动车交通事故责任主要围绕机动车驾驶人展开。《道路交通安全法》第76条规定:"机动车发生交通事故造成人身伤亡、财产损失的,由保险公司在机动车第三者责任强制保险责任限额范围内予以赔偿;不足的部

[①] 有些学者主张将智能网联汽车视为产品,通过产品责任来追究自动驾驶汽车致害责任。参见王乐兵:《自动驾驶汽车的缺陷及其产品责任》,载《清华法学》2020年第2期。

分,按照下列规定承担赔偿责任:(一)机动车之间发生交通事故的,由有过错的一方承担赔偿责任;双方都有过错的,按照各自过错的比例分担责任。(二)机动车与非机动车驾驶人、行人之间发生交通事故,非机动车驾驶人、行人没有过错的,由机动车一方承担赔偿责任;有证据证明非机动车驾驶人、行人有过错的,根据过错程度适当减轻机动车一方的赔偿责任;机动车一方没有过错的,承担不超过百分之十的赔偿责任。交通事故的损失是由非机动车驾驶人、行人故意碰撞机动车造成的,机动车一方不承担赔偿责任。"

总体上看,《道路交通安全法》第76条已经无法应对高级别自动驾驶汽车的致害风险。低级别的自动驾驶汽车(L3及以下),由于高度依赖人工操作,因此其交通事故归责完全可以适用《道路交通安全法》第76条。但该规定无法适用于高级别智能网联汽车(L4与L5)在自动驾驶状态时发生的事故。如果说传统机动车交通事故责任分配以机动车驾驶人为中心,是因为传统机动车的操作方式高度依赖于驾驶人,那么在高度自动驾驶(L4)和完全自动驾驶(L5)的状态下(根据《汽车驾驶自动化分级》,用户在L4时就可以不响应系统),根本不存在"驾驶人"这一角色,进而无从适用《道路交通安全法》第76条。为此,亟待讨论自动驾驶的归责路径问题。在机动车交通事故责任之外,由于智能网联汽车也属于一种"产品",因此自动驾驶汽车致害规则是否及其如何使用产品责任也成为讨论的选项。

(二)自动驾驶汽车侵权责任的既有规范

从国家层面来看,当前我国有关自动驾驶的法律法规、部门规章涵盖产品流通、上路行驶、事故责任、隐私安全以及地图测绘等内容,但多数立法并非针对自动驾驶汽车而设,当前我国立法在国家层面仍未作出回应。

从地方层面来看,北京、上海、深圳等地均已出台各自的自动驾驶汽车管理规范。其中,深圳市以特区立法的形式,在国内首次对智能网联汽车的准入登记、上路行驶等事项作出具体规定。《深圳经济特区智能网联汽车管理条例》虽然对自动驾驶致害责任分配方式作了规定,但仍存在归责方式不明的情况,如第54条规定:"智能网联汽车发生交通事故,因智能网联汽车存在缺陷造成损害的,车辆驾驶人或者所有人、管理人依照本条例第五十三条的规定赔偿后,可以依法向生产者、销售者请求赔偿。"该条例第53条使用的"发生交通事故造成损害,属于该智能网联汽车一方责任的"这一表述,难以判断出其所确立的是过错责任还是无过错责任。因为"属于智能网联汽车一方责任的"含义为何,依据什么来判断,该条文并未给出明确答案。如果适用过错责任,完全自动驾驶汽车无过错可言;以无过错责任审视之,似乎也没有必要强调"属于智能网联汽车一方责任",直接规定智能网联汽车一方承担责任即可。以此观之,《深圳经济特区智能网联汽车管理条例》第53条所指的归责原则是什么,还需要进一步观察。《上海市智能网联汽车测试与应用管理办法》第49条第2款规定:"因智能网联汽车产品缺陷造成交通事故或者其他损害的,受害人可以依法向生产者或者销售者请求赔偿。"该立法虽然对自动驾驶致害责任分配方式作了规定,但这是将智能网联汽车作为传统汽车来对待,不能完全适用于最有可能商业化运营的自动驾驶汽车侵权责任归属问题。

总体来看,我国自动驾驶立法呈现地方先行,缺乏统一立法的局面。这一立法现状在一定程度上影响了人们对于自动驾驶的接受程度,客观上也造成了自动驾驶汽车购买自动驾驶保险困难,最终不利于自动驾驶产业的发展。

二、新商业模式下高级别自动驾驶致害责任分配

对于自动驾驶致害责任的讨论,不仅需要了解自动驾驶的技术构造,还需要结合自动驾驶的商业模式。一种新兴的商业模式很可能改变原有市场格局下的法律关系,继而要求法律制度对此做出回应。

在未来自动驾驶汽车落地路径最清晰的商业模式是自动驾驶汽车出租模式,在此情况下,基于个人所有的责任分配构想可能出现偏颇。以产品责任为例,在自动驾驶出租车发生交通安全事故导致第三人损害时,受害者要求该车辆的运营商而非生产者承担赔偿责任显然更符合常识。

(一)运营商的责任

1. 运营商是责任承担的重要主体

在当前的自动驾驶出租车商业模式中,运营商处于中心地位。在自动驾驶出租车商业模式中,至少存在运营商(出行服务提供商)、车辆生产者、系统开发者、车辆使用人(乘客)、安全员(远程驾驶员)五个基本的法律主体。其中,乘客与运营商订立客运合同,安全员与运营商之间存在劳动关系,而运营商可能与车辆生产者、系统开发者存在买卖合同、技术合同等关系。由此观之,运营商作为出行服务提供者,其价值在于将自动驾驶汽车生产端与消费端串联起来。

尽管可能存在运营商、生产者与开发者角色重叠以致法律关系错综复杂的情况,但运营商这一角色始终是我们理解自动驾驶侵权责任分配的关键。因此,明确运营商是否承担责任以及可能会承担何种责任,是自动驾驶侵权责任分配的关键。

2. 车内乘客受损的责任承担

当自动驾驶汽车发生交通事故导致车内乘客受有损害时,应当由作为承运

人的运营商承担相应赔偿责任。在我国侵权法上,不作为侵权的作为义务来源包括特定关系、特殊职业、先前行为、安全保障义务以及诚信原则。① 作为自动驾驶汽车的实际控制者,运营商对车内乘客负有安全保障义务。与一般的安全保障义务不同,自动驾驶出租车运营商的安全保障义务要求更高。首先,自动驾驶汽车运营商实际控制该车辆,乘客无法介入驾驶过程,此时自动驾驶汽车出错,可能是由于运营商未尽到管理职责而造成。其次,要求运营商承担更高的安全保障义务,有利于促使其采取措施以保障乘客安全。最后,乘客与运营商缔结客运合同,运营商本质上是承运人,应当对运输过程中的旅客伤亡承担无过错责任。

3. 车外第三人受损的责任承担

相较于车内乘客受损的情形,车外第三人受损的责任归属问题相对复杂。当自动驾驶汽车发生交通事故导致车外第三人的损害时,应当由运营商承担相应赔偿责任,之后再向生产者追偿。此种责任分配构造更有利于受害者维权以及自动驾驶产业发展,此时,运营商承担保有人责任。

其一,对运营商而言,要求其对第三人承担无过错责任并不严苛。危险责任这一概念源自19世纪末的德国。严格地说,危险责任与无过错责任并不等同,它是无过错责任的一种。首先,自动驾驶汽车具有危险性。在危险责任理论中,所谓"危险性"的判断主要依据发生损害的盖然性、损害程度以及风险可控性。② 自动驾驶系统的出错概率远远小于人类驾驶员的犯错概率,但其存在复杂环境下感知不足、决策系统性能局限、执行偏差等问题,此外还存在黑客入侵驾驶系统导致驾驶事故等网络安全风险,风险可控性相对不强。因此,自动驾驶汽车具有危险性。其次,自动驾驶汽车的运营商应当对第三人承担危险责任。在自动驾驶出租车的商业模式下,运营商是该车辆的所有人或租赁人,其向乘客收取车费,获取商业利益。另外,处于运营商管理之下的云端安全员也随时准备应急救援可能出现的系统故障,且当前立法也往往要求运营商为自动驾驶汽车购买保险③,因此其具备分散自动驾驶风险的能力。基于上述考虑,自动驾驶风险在运营商的领域内,其应承担作为自动驾驶汽车保有人的危险责任。危险责任也具

---

① 参见程啸:《侵权责任法》(第三版),法律出版社2021年版,第219—222页。
② 参见[奥地利]海尔姆特·库奇奥:《侵权责任法的基本问题(第一卷):德语国家的视角》,朱岩译,北京大学出版社2017年版,第238页。
③ 例如,《智能网联汽车道路测试与示范应用管理规范(试行)》第10条规定,道路测试主体应提供每车不低于五百万元人民币的交通事故责任保险凭证或不少于五百万元人民币的自动驾驶道路测试事故赔偿函。《深圳经济特区智能网联汽车管理条例》第10条第2款规定,开展道路测试、示范应用或者上道路行驶的智能网联汽车,应当按照有关规定投保商业保险。

有免责事由以及减轻责任事由。①

其二,对于受害者而言,要求运营商承担无过错责任有利于维权。自动驾驶汽车属于产品,生产者与系统开发者须承担相应产品责任。但如果让受害者越过运营商直接向生产者或系统研发者索赔,有违一般人的朴素认识。同时,产品责任无法避免举证自动驾驶系统存在产品缺陷这一争议性问题,个人消费者将之作为起诉依据在策略上绝非明智。

(二)生产者与系统开发者的责任

在因自动驾驶汽车产品缺陷导致的道路交通事故中,生产者与开发者应当承担相应产品责任。这一点在《最高人民法院关于审理道路交通事故损害赔偿案件适用法律若干问题的解释》第9条中有所体现。② 而对于系统开发者,由于软件也是自动驾驶汽车的一部分,其理应承担产品责任。

如同危险责任,产品责任也具有相应的抗辩事由。我国《产品质量法》第41条第2款规定:"生产者能够证明有下列情形之一的,不承担赔偿责任:(一)未将产品投入流通的;(二)产品投入流通时,引起损害的缺陷尚不存在的;(三)将产品投入流通时的科学技术水平尚不能发现缺陷的存在的。"对于自动驾驶汽车生产者与系统开发者,"未将产品投入流通的"抗辩事由当然也能成立。对于第二项抗辩事由,由于自动驾驶系统存在升级更新的可能,流通时间应当随之予以调整,不能仅以自动驾驶汽车出厂销售时间作为流通时间。而对于第三项抗辩事由,即发展风险抗辩,生产者与系统开发者能否适用,这是一个争议较大的问题,因此发展风险抗辩问题也被认为是处于安全与创新之间的两难问题。所谓两难问题,本质上是受害者的损失能否得到合理补偿的问题,而这一问题可以通过自动驾驶保险来解决。

(三)运营商、生产商、系统开发商的责任顺位

在法律原理上,保有人责任与产品责任之间不存在适用上的优先顺序,由受害者自行决定向谁索赔。但就保护受害者的角度而言,举证自动驾驶汽车产品缺陷并非易事,因此宜将保有人责任置于第一责任地位,之后根据债权让与的原理,已对受害者先行赔付的运营商获得其对生产者、系统开发者的债权,可以向生产者、系统开发者追偿。

在自动驾驶侵权事故中,受害者拥有请求生产者、开发者的人身损害赔偿之

---

① 德国《道路交通法》第7条第2、3款将不可抗力与无权驾驶作为保有人责任的免责事由,第9条规定受害人过错造成损害的,适用德国《民法典》第254条与有过失之规定。
② 该条规定:"机动车存在产品缺陷导致交通事故造成损害,当事人请求生产者或者销售者依照民法典第七编第四章的规定承担赔偿责任的,人民法院应予支持。"

债权,该债权是否可以依据《民法典》第 545 条①转移至运营商似有疑问。一个重要原因是,人身损害赔偿之债权,依照一些学者的观点,这类人身或类人身的债权,属于《民法典》第 545 条第 1 款第 1 项规定的"根据债权性质不得转让"。②不过,按人大法工委的理解,根据债权性质不得转让的权利主要包括以下三点:其一,当事人基于信任关系订立的合同所产生的债权。其二,债权人变动必然导致债权内容发生实质性变更的债权。其三,债权人变动会危害债务人基于基础关系所享有的利益,实质性地增加了债务人的负担或风险,或实质性地损害了债务人的利益。③ 显然,依照这种理解,由于人身损害赔偿之债权本质上是金钱债权,并不属于上述三种情况之一,因此可以转让。

此种因人身损害而生的债权可以转让的主要理由是,作为自然人的身体权和人格权当然不可转让,但因对其损害而生的债权,即受害者得请求加害人予以赔偿之权利,一般属于金钱债权,只要受害者从第三人处得到了应有之补偿,没有道理限制第三人向加害人追偿。毕竟,在根本上,受害者所需要的是获得就其人身损害程度相当的金钱补偿,至于这笔补偿是否为加害人所支付并不重要。基于此,运营商在向受害者先行赔付之后,可以视为受害者已经将其人身损害赔偿之债权转让给运营商。因此,运营商可以向生产者或开发者追偿。

运营商向生产者追偿的逻辑在地方立法中也有所体现,不过这更接近于法定债权转移而非基于法律行为转移。根据《深圳经济特区智能网联汽车管理条例》第 54 条之规定,在交通事故中,自动驾驶汽车因存在缺陷造成损害的,车辆驾驶人或所有人、管理人依据本条例第 53 条向受害者赔偿之后,可以向生产者、销售者请求赔偿。

第六节 自动驾驶保险

在责任之外,保险作为一种损害填补与社会风险分散机制,对自动驾驶汽车致害救济起到重要作用。自动驾驶汽车投保人可以通过投注保险,进而填补因自动驾驶致害而产生损失,以促进行业发展、增强公众信心、更好地救济受害人,

---

① 《民法典》第 545 条规定:"债权人可以将债权的全部或者部分转让给第三人,但是有下列情形之一的除外:(一)根据债权性质不得转让;(二)按照当事人约定不得转让;(三)依照法律规定不得转让。当事人约定非金钱债权不得转让的,不得对抗善意第三人。当事人约定金钱债权不得转让的,不得对抗第三人。"
② 参见李永军主编:《民法学教程》,中国政法大学出版社 2021 年版,第 441 页。
③ 参见黄薇主编:《中华人民共和国民法典合同编解读》(上册),中国法制出版社 2020 年版,第 285—286 页。

客观上减轻企业压力。

一、自动驾驶汽车的责任保险①

围绕汽车保险规范，我国已经出台《道路交通安全法》《保险法》《机动车交通事故责任强制保险条例》等法律法规，形成了以交强险与机动车商业险为主体的保险框架。根据《机动车交通事故责任强制保险条例》第3条规定，机动车交通事故责任强制保险是指由保险公司对被保险机动车发生道路交通事故造成本车人员、被保险人以外的受害人的人身伤亡、财产损失，在责任限额内予以赔偿的强制性责任保险。由于交强险仅提供基础保障，因此我国非常鼓励投保机动车商业险。机动车商业险包括基本险和附加险两种类型，基本险包括机动车损失险、商业第三者责任险、车上人员责任险共三个独立的险种，附加险包括附加绝对免赔率特约条款、附加车轮单独损失险、附加新增加设备损失险、附加车身划痕损失险、附加修理期间费用补偿险等11种。

二、责任保险的问题②

无论是交强险还是商业险，都是以传统汽车、驾驶人、驾驶行为、驾驶过错、机动车交通事故责任为中心展开的，机器驾驶取代手动驾驶后，现行机动车保险体系将受到全方位的冲击。

第一，责任性质的冲击。根据《机动车交通事故责任强制保险条例》第23条规定，交强险需要区分机动车一方在道路交通事故中有责任和无责任两种情形。《民法典》第1213条进一步明确规定，机动车发生交通事故造成损害，属于该机动车一方责任的，先后适用交强险与机动车商业险。这意味着我国交强险与机动车商业险都属于有责赔偿的范畴，即保险责任与侵权责任是挂钩的，没有侵权责任就没有保险责任。而根据《道路交通安全法》第76条规定，确定机动车一方是否有责任的关键在于过错。据此，现行交强险与机动车商业险遵循的是过错赔偿的底层逻辑。如果机动车一方有过错责任，那么交强险和机动车商业险均可以完全适用；反之，商业险大打折扣，交强险只能在无责赔偿限额内适用。鉴于交强险无责赔偿限额远低于有责赔偿限额，因而保险人在赔付时首先会对加害人有无过错进行确认③。然而，自动驾驶汽车到来后，用户不再需要手动驾驶汽车，没有驾驶行为，何来驾驶过错，机动车一方的责任也就难以确定，现行交强

---

① 参见郑志峰：《论自动驾驶汽车的责任保险》，载《荆楚法学》2022年第5期。
② 参见郑志峰：《自动驾驶汽车的私法挑战与应对研究》，中国法制出版社2022年版，第211—218页。
③ 参见张力毅：《比较、定位与出路：论我国交强险的立法模式——写在〈交强险条例〉出台15周年之际》，载《保险研究》2021年第1期。

险和机动车商业险也就无法顺利适用。

第二，投保主体的变化。对于传统机动车来说，无论是交强险还是机动车商业险，投保的主体皆为机动车所有人或者管理人，即所谓的车主。这背后的理论依据在于"危险控制理论"及"保险利益原则"。[①] 具言之，机动车所有人或者管理人通常都是机动车的使用人，能够通过对其施加注意义务来控制事故风险的发生。同时，考虑到机动车所有人或者管理人通常需对机动车引发的交通事故负责任，投保对于他们来说是有动力的，可以分散他们的赔偿风险。然而，随着自动驾驶汽车的到来，事故责任逐渐从使用人一端转移到生产者一端，此时仍然要求机动车所有人或者管理人投保，就不无疑问。尤其在自动驾驶汽车中，事故发生常常无关于所有人或者使用人的操作，而是与汽车算法设计息息相关。若与其他汽车一样，让所有人或者管理人购买保险，有让消费者为生产者过错付费之嫌。[②] 与此同时，生产者一方对于责任保险的需求会更加强烈，如何将他们纳入投保主体成为一项新挑战。

第三，保险对象的影响。在现行机动车责任保险体系中，交强险和商业第三者责任险占据重要位置，但两者的保险对象都不包括被保险人和本车人员。《机动车交通事故责任强制保险条例》第3条及第21条明确规定，交强险保障的是本车人员、被保险人以外的受害人。如果机动车所有人或者管理人想要给车内人员投保，就需要购买单独的车内人员险。随着自动驾驶汽车到来，自动驾驶系统取代传统人类驾驶员，车内人员的角色发生了改变，他们与车外人员一样无法控制汽车的运行，两者处境逐渐同质化，将他们排除在交强险的救济之外值得商榷。

第四，保险内容的挑战。现行机动车责任保险的内容主要是第三人的人身财产损失、车内人员的人身损害以及机动车财产损失三大板块，同时还有各种附加险，包括附加绝对免赔率特约条款、附加车轮单独损失险、附加新增加设备损失险、附加车身划痕损失险等。自动驾驶模式的使用将导致部分车险产品需求量下降甚至消失，为自动驾驶汽车定制的新型险种将会诞生。例如，基于互联网、物联网应用的自动驾驶汽车将可以随时随地监控和召唤，大大降低了汽车被盗、被抢等事故发生的概率，盗抢险的需求可能会逐渐式微，而自动驾驶汽车的网络安全、数据安全、软件升级等方面的保险需求会相应增加。

第五，责任分担的难题。事故发生后，无论是交强险还是机动车商业险，保

---

① 参见于海纯、吴秀：《自动驾驶汽车交通事故责任强制保险制度研究——一元投保主体下之二元赔付体系》，载《保险研究》2020年第8期。

② 参见韩旭至：《人工智能的法律回应：从权利法理到致害责任》，法律出版社2021年版，第157页。

险公司承担责任后,都需要向有责主体追偿。对此,根据《最高人民法院关于审理道路交通事故损害赔偿案件适用法律若干问题的解释》第15条规定,如果因为驾驶人未取得驾驶资格、醉酒、故意制造交通事故的,保险公司在承担交强险后,可以向驾驶人追偿。随着自动驾驶汽车的普及,用户不再扮演驾驶人的角色,因为驾驶人的过错造成自动驾驶汽车交通事故的概率将大大减少,而生产者、黑客等第三方原因导致交通事故发生的情形将会增加,这将使得保险责任的后续分担变得异常复杂。

另外,自动驾驶汽车商业责任保险在现实中尚未完全成型。2017年,长安汽车推出国内首款无人驾驶保险"放心泊",由平安保险承担该责任事故所产生的损失。这被称为"中国第一份面向消费者的自动驾驶保险"。2020年,上汽保险公司为5G智能重卡制定了一套保险方案,也被媒体称为"我国自动驾驶汽车商用车领域的首批保险产品"。实际上,由于缺乏相关制度支撑,针对自动驾驶汽车而设置的保险尚未成型。以上汽车保险针对5G智能重卡推出的保险为例,该保险其实是车险、财产险和产品责任险的保险组合,而非单一保险。当然,在当前的商业测试阶段,根据《智能网联汽车道路测试与示范应用管理规范》以及各地的测试管理法规,测试主体应当为自动驾驶汽车投注不低于500万元的保险。但这一做法是否能够延续至大规模商业化应用阶段,是值得怀疑的。《深圳经济特区智能网联汽车管理条例》第10条仅"鼓励保险企业开发覆盖设计、制造、使用、经营、数据与算法服务以及其他智能网联汽车产品全链条风险的保险产品"。

三、责任保险的未来构想

自动驾驶汽车责任保险仍可以从机动车交通事故责任险、第三者责任保险入手,构建自动驾驶汽车责任保险制度。

其一,就机动车交强险而言,首先,可以将自动驾驶汽车的保有人作为投保主体。在发生交通事故后,先由保险公司进行赔偿,而后根据事故原因,寻找责任主体。在这一环节中,由于保有人应当承担危险责任,"过错"这一掣肘机动车交强险的因素就消失了。其次,我国机动车交强险医疗费用赔偿限额仅为1万元,这远远不足以承担最为基本的医疗保障。因此,应提高机动车交强险赔偿限额。最后,为提高公众对自动驾驶汽车的信心,可以将车内乘客也纳入机动车交强险的赔付范围。

其二,推动自动驾驶汽车第三人责任保险出台。该类第三人责任保险属于商业险,原则上应是自愿投保。考虑到之后高级别自动驾驶汽车的保有人极有可能为企业,可以要求其必须投保第三人责任险,以便救济受害者。此外,在自动驾驶汽车商业保险推出的初期,由于缺乏事故发生率、事故烈度等数据,保险人很难计算出合适的保险费率。此时需要政府、保险监管机构等部门予以必要的支持,让保险人从运营商处获得研发保险产品必要的数据。既不能让保险人承担过高成本,也不能让受害者失去保障。

此外,救济基金也被认为是自动驾驶致害的可能救济手段。英国曾经提出,自动驾驶汽车所有者向政府缴纳一笔费用,该费用由政府专门管理,用于向自动驾驶汽车致害事件中的受害者提供补偿。从自动驾驶汽车当前的商业实践来看,与其让运营商向政府缴纳费用,不如由运营商集体出资,成立自动驾驶汽车救济基金。在具体结构上,可以借鉴船东互保协会制度,各个运营商集体出资,共同建立资金池,以会员形式加入该基金会。作为基金会会员,运营商是风险的承担者,同时也是受益者。在自动驾驶汽车第三人责任险仍然不能补偿受害者的损失时,由该基金会进行赔付。

问题与思考

1. 数字交通与传统交通、智能交通有何联系?
2. 智能网联汽车致害如何归责?
3. 智能网联汽车在路权分配上与传统汽车是否应当有所区分?
4. 智能网联汽车与传统机动车在交通事故责任认定中归责路径有何异同?
5. 智能网联汽车保险理赔可以适用过错赔偿制度吗?

扩展阅读

1. 郑才城、谭正江、毕华:《道路交通安全法学》,中国人民公安大学出版社2017年版。
2. 郑志峰:《自动驾驶汽车的私法挑战与应对研究》,中国法制出版社2022年版。
3. 程啸:《侵权责任法》(第三版),法律出版社2021年版。
4. 韩旭至:《人工智能的法律回应:从权利法理到致害责任》,法律出版社2021年版。
5. 李彦宏:《智能交通》,人民出版社2021年版。
6. 冯珏:《自动驾驶汽车致损的民事侵权责任》,载《中国法学》2018年第6期。
7. 张韬略、钱榕:《迈入无人驾驶时代的德国道路交通法——德国〈自动驾驶法〉的探索与启示》,载《德国研究》2022年第1期。

第十三章　数字艺术的产权保护

【引读案例】

2022年4月,全国首例NFT交易平台著作权侵权案在杭州市互联网法院宣判,网络用户未经著作权人许可将其作品《胖虎打疫苗》铸造为代币,在NFT交易平台上销售的行为侵犯了著作权人享有的信息网络传播权。法院认为,NFT交易平台在作品铸造时以及每次作品交易成功后收取一定比例的佣金和gas费,属于"直接获得经济利益",依据《最高人民法院关于审理侵害信息网络传播权民事纠纷案件适用法律若干问题的规定》第11条,应对网络用户侵害信息网络传播权的行为负有较高的注意义务。同时,法院将"较高注意义务"界定为著作权初步审查机制,即审查可以证明著作权权属、与著作权有关权益的初步证据。NFT交易平台因在用户上传作品前未做任何权利审查,仅在作品上传之后进行审查,且审查范围仅限于"全国作品登记信息公示系统",并不包含线下有形作品及互联网上公开发表、传播的作品,未尽到注意义务。被告声称其已尽到通知——删除义务,将涉案作品打入地址黑洞。但法院仍然认定被控平台未尽到审查义务对被控侵权事实主观上构成应知,存在过错而承担帮助侵权的责任。

第一节　数字艺术概述

数字虚拟技术的高速发展,促进了数字艺术的萌发与繁荣。数字艺术虽衍生于传统艺术,但高度依赖于数字技术。数字技术的不确定性与多变的潮流风尚,为数字艺术设计领域带来了技术的浪潮和冲击,同时也为数字艺术设计提供了更多创造空间和契机。[①] 数字艺术的复杂多变,同样为法学领域带来了诸多挑战。本章从数字艺术概念入手,厘清数字艺术的特征,并在此基础上,针对数字艺术对法学领域带来的影响与挑战进行深入的剖析,以期为数字艺术的发展提供法律保障。

---

① 参见高秦艳:《虚拟造物语境下的当代数字艺术设计研究及实践》,载《山东工艺美术学院学报》2022年第5期。

一、数字艺术的界定

(一) 数字艺术的概念

数字艺术是一种使用数字技术创作或呈现的,具有一定独立审美价值的艺术形式。数字艺术的诞生可以追溯到20世纪50年代,伴随着计算机技术的发展,一些艺术家开始尝试用数字手段进行艺术创作。最早的数字艺术可以追溯到1952年,数学家兼艺术家本·拉波斯基(Ben F. Laposky)使用早期计算机制作了绘画作品《电子抽象》(Electronic Abstraction)。到了20世纪60年代,基于计算机图形学的快速发展,数字图形设计、动画影像等艺术形式相继诞生,电影《2001太空漫游》(2001: A Space Odyssey)当中的特效技术以及艺术家罗伯特·劳申伯格(Robert Rauschenberg)、约翰·凯奇(John M. Cage)与贝尔实验室的工程师比利·科鲁费(Billy Kluver)共同创立的"艺术与技术试验协会"(Experiment of Art and Technology, EAT)所进行的一系列艺术实验,都是数字艺术发展最早期的代表。[1] 数字艺术的发展一直致力于隐藏数字身份,模拟物理世界,构造一个"超真实的拟像世界"。[2] 从20世纪90年代到21世纪初,数字媒介经历了前所未有的技术发展,在20世纪末,数字艺术已经成为一个专业术语,世界各地的博物馆和画廊已经开始收藏并组织数字艺术作品的大型展览。从广义上说,只要在艺术作品的"创作、储存或传播过程中的任何一点上运用了数字技术",就都可以普泛地被视作是数字艺术。从狭义上说,数字艺术是指那些"生来就是数字"的艺术形式。[3] 数字艺术自第一次出现起就经历了几个名字的变化:它曾被称为"计算机艺术",然后是多媒体艺术和赛博艺术(20世纪60年代至90年代)。现在数字艺术与"新媒体艺术"经常被交替使用,新媒体艺术在20世纪末主要指的是电影和录像以及声音和其他混合形式所形成的艺术形式。至此,数字艺术一词本身已经成为一个无法描述其统一美学的设计艺术作品与艺术实践广泛领域的综合体。[4]

---

[1] 参见李四达编著:《数字媒体艺术史》,清华大学出版社2008年版,第255页。
[2] 参见张骅、范玉刚:《媒介融合语境下的数字艺术发展特征与趋势探究》,载《中国文艺评论》2021年第8期。
[3] 参见姜宇辉:《数字"海洋"中的"崇高"与"创伤"——重思数字美学的三个关键词》,载《南京社会科学》2022年第10期。
[4] 参见〔美〕克里斯蒂安妮·保罗:《数字艺术:数字技术与艺术观念的探索》(原书第3版),李镇、彦风译,机械工业出版社2021年版,第7页。

(二) 数字艺术的特征

1. 虚拟性

虚拟性是建基于"虚拟技术"之上的,它不仅仅是"真实"的对立,而且有着可能发展为实际存在事物的潜力。[①] 虚拟性作为一种文化认知,并不意味着它仅仅是一种心理现象,而是意味着它体现在一系列的技术之中。[②] 数字艺术的虚拟性体现在其是由字节组成,以数据的形式存储在虚拟的空间内,其存储和传播都需借助互联网技术,以实现在虚拟世界中的快速转换、传播、存储和复制。艺术作品的产生和传播不再依靠传统的媒介,不再是纸质材料上的画作或电视中的影视作品,而是在电脑中表现为0与1的数字编码,通过数据的交换实现了作品的流动。从视觉的维度出发,一方面,数字艺术中的虚拟性存在于二维图像所营造的视觉之中,丰富的数字技术在图像制作和操控方面延伸并扩充了利用想象力来营造感官的传统,带来一种视觉上的沉浸感;另一方面,随着虚拟现实(VR)和增强现实(AR)等技术的发展,传统图像中基于光学的视觉模式所带来的沉浸感,也逐渐发展为综合光影和声音的知觉模式所带来的感官沉浸。

2. 交互性

所谓"交互",是指事物之间有反馈的相互作用,比如在人际交往过程中,凡是一方采取的行动或想表达的意愿得到另一方的应答,这一过程就构成了交互。数字艺术的交互性是数字艺术的主要特征,是艺术家利用数字媒介的网络传播性和技术性使观众产生视觉转换和感知体验,进而将艺术家、数字作品和观众变成一个有机的整体。在体验传统艺术作品时,发生在观众头脑中的这种交互仍然是一种精神事件——绘画或雕塑的物质性在观众眼前并没有改变。不过,针对数字艺术而言,交互性允许观众对一件艺术作品进行不同形式的浏览、收集或贡献,由此超越这一纯粹的精神事件。具体而言,数字艺术作品不仅可以用眼睛看,还可以用手触摸,观众可以在空间中移动,或声音震动,或触摸作品本身,进而产生各种不同类型的数字艺术作品。数字艺术的交互性拉近了艺术作品与观众之间的距离,这个距离不仅仅是观赏上的距离,还是身体和心理上的距离,使观众在互动中成为艺术作品的一部分。

3. 动态性

在网络中没有时间,只有永恒的变化,数字艺术也是动态的。数字艺术作品

[①] 参见彭骄雪:《简论网络对电影美学的解构和更新》,载《艺术百家》2004年第3期。

[②] 参见〔美〕凯瑟琳·海勒:《我们何以成为后人类:文学、信息科学和控制论中的虚拟身体》,刘宇清译,北京大学出版社2017年版,第18页。

之所以具有动态性,是因为它们可以通过数字技术进行不断的更新、修改、演变和互动,使其在时间和空间上呈现出多种变化和表现形式。具体来说,数字艺术作品的动态性特征表现在以下几个方面:其一,数字艺术作品可以不断更新和修改,其可以通过数字技术进行不断的更新和修改,以适应不同时间和空间的需求和变化。例如,数字艺术家可以对作品进行不同程度的修改,以实现更好的表现效果或更精确的表达。其二,数字艺术作品可以不断演变和衍生,其可以通过数字技术进行不断的演变和衍生,使其在时间和空间上呈现出多种变化和表现形式。例如,数字艺术家可以将作品进行分解、扩展或混合,以创造出新的艺术作品或媒介形式。其三,数字艺术作品可以实现互动性,通过数字技术实现与观众之间的互动性,使观众成为作品的一部分,并对其进行参与和控制。例如,数字艺术家可以通过虚拟现实或增强现实技术实现与观众的互动,或使用交互式媒体形式让观众参与作品的创作和演化。

4. 可复制性

数字艺术作品的可复制性是指通过数字技术可以轻松地进行多次复制和传播。数字艺术是以复制为生命,并在复制的过程之中无尽变化。举例来说,一首在数字软件上创作出来的电子舞曲,它最大的生命力当然就是在无尽的复制过程之中让更多的人听到、买到、享受到,该电子舞曲也在复制的过程中变得越来越容易获取和上手。可复制性是数字艺术的传播力所在,该特征为艺术家提供了更广泛的创作和传播平台,使得艺术家可以轻松地将作品传播给全球范围内的观众。数字艺术作品的可复制性也为数字媒体艺术市场的发展提供了支持,使得数字艺术作品可以更加容易地进行交易和销售。

二、数字艺术与近似概念辨析

(一)数字艺术与传统艺术

传统艺术总是将作品束缚于各种框架之中,艺术家的意志、评论家的理论乃至艺术机构的体制等,所有这些都凌驾于艺术作品之上。数字艺术从根本上挣脱了所有这些束缚,它随手随时随处可及,而且观众兼玩家往往可以随心所欲、各取所需地进行欣赏、互动和操作。[①] 换言之,与传统艺术相比,观众从数字艺术中可以获得互动性、体验感和参与感。此外,数字艺术没有苛刻的运输和保存条件,也无须独立的储存空间,在作品存储和传播上的优势尤为突出。在数字艺术兴盛和主导之前,不同的艺术类型主要依托于不同的媒介特性,比如绘画利用

---

① 参见王德胜等:《"微"时代文艺批评笔谈》,载《探索与争鸣》2022年第11期。

颜色,音乐运用声音,诗歌善用文字,不同的媒介激活了不同的艺术表现的形态、审美体验的方式乃至人与作品相交互的途径。在数字艺术中,所有媒介的特殊性最终都消失了,无论是绘画、音乐还是诗歌,最终无非是数据设计的不同模式而已。举例而言,在传统艺术中,印刷、摄影和雕塑是博物馆或画廊标配的面向观众的作品类型,其通过实体空间向观众展示艺术价值,但在数字艺术中,任何人在任何地点和时间就能看到互联网创造出来的艺术,观众摆脱了场地和设备对艺术展出的桎梏。

(二) 数字艺术与新媒体艺术

新媒体艺术指以创新的表达方式展现艺术作品的形态,不再是单纯地通过报纸、电视,而是增加互联网、手机等新兴媒体作为表达工具。如果从艺术史的角度去看,新媒体艺术是因为人类技术进步而产生的形式上的改变,就好像光学的发展带动了摄影技术的发展一样。纽约新学院媒体研究学院教授克里斯蒂安妮·保罗在谈到"新媒体艺术"和"数字艺术"两个概念的关系时认为,广义的新媒体艺术包括基于模拟技术的电影、录像、声音艺术和基于计算机技术的数字艺术两类,而数字艺术又可以分为以数字技术为工具的数字艺术和以数字技术为媒介的数字艺术两类,后者被认为是狭义的新媒体艺术。[①] 此外,二者的记录方式也不同,新媒体艺术依托新媒体技术的接收、储存方式记录艺术形态,即新媒体艺术先通过录像机、摄像机等设备采集艺术图像,然后再利用磁带或光盘存储;而数字艺术则是在艺术作品产生的整个过程都利用计算机技术,将有关艺术作品的数据、音频等进行数字化整合,通过计算机软件储存、传输艺术作品。[②]

(三) 数字艺术与算法艺术

美学是基于人与人发生审美关系的不同视角所存在的,而随着计算机视觉智能化和数字识别技术的不断完善,人们开始寻求一种科学计算美学的方式,希望计算机能够像人类一样具有审美的能力。[③] 由此,算法艺术这一概念应运而生,其基本原理是通过计算机算法模拟人类感知,对图像进行美学分析与评价,并推演出符合人类视觉审美经验的图像处理方案。与数字艺术相比,算法艺术最大的特点就是自动生成性。简单来说,一幅影像素材,无论其最初形式是否是计算机创作的,我们都可以利用算法将其生成一件新的影像艺术作品。一些早期已知的计算机生成的算法艺术的例子是在20世纪60年代早期由格奥尼斯

---

① 参见〔美〕克里斯蒂安妮·保罗:《数字艺术:数字技术与艺术观念的探索》(原书第3版),李镇、彦风译,机械工业出版社2021年版,第8页。
② 参见李平:《论新媒体艺术与数字艺术的异同》,载《大众文艺》2015年第23期。
③ 参见〔美〕卢克·多梅尔:《算法时代:新经济的新引擎》,胡小锐、钟毅译,中信出版集团2016年版,第169页。

(Georg Nees)、弗里德·纳克(Frieder Nake)、迈克尔·诺尔（A. Michael Noll)、曼弗雷德·莫尔(Manfred Mohr)和维拉·莫尔纳（Vera Molnár)创建的。这些艺术品由计算机控制的绘图仪执行，因此是计算机生成的艺术，而不是数字艺术创作的行为产生的。例如，美国艺术家克莱蒙特·瓦拉(Claremont Valla)的大部分影像艺术作品都是经由算法自动生成所产生的，其代表作《来自谷歌地图的明信片》中大部分素材都来源于谷歌地图的搜索引擎，这些图片素材无须加工即可自动生成一幅被异化了的乌托邦幻境。[1]

第二节 数字艺术的类型化及侵权可能性分析

一、数字艺术场景化分类

（一）数字藏品

数字藏品是数字艺术品独一无二或限量的复制品，是使用区块链技术，对应特定的作品、艺术品生成的唯一数字凭证，在保护其数字版权的基础上，实现真实可信的数字化发行、购买、收藏和使用。数字藏品在理论上可以是诸如数字唱片等用数字1和0所表示的任何东西。数字藏品借助区块链技术创造非同质化通证，实现所有权的分发和转移。区块链技术支持下的数字藏品保障IP数字版权唯一性、真实性，很大程度上解决了"山寨"泛滥却又难以追溯的问题，对IP开发与转化有独特的价值。换句话说，数字藏品无法像常规数据一样在电脑上复制，但所有者可以轻易将所有权转让给他人。通过这样的设计，藏家可以确保数字艺术品的稀缺性，并制定转让所有权或使用的条件和价格。数字藏品的品类极其丰富，包括但不限于图片、音乐、门票、视频、3D模型、电子票证、潮玩、卡牌、画作、表情包等。数字藏品的应用场景包括数字文创、数字名片、数字身份、数字存证和数字门票。

（二）数字作品

数字作品是数字艺术品的重要组成部分，系指部分或者全部依靠数字手段的方式产生并以二进制形式存在的作品。根据数字作品的产生方式，数字作品可分为两类：一是将具备物理载体的传统作品通过数字化手段生成的作品，例如将文字作品、美术作品等传统作品进行数字化而形成的数字作品；二是不以传统作品为基础直接借助计算机技术创作而形成的作品，例如数据库、计算机软件

---

[1] 参见陈永康：《算法背景下影像艺术的数字化转向》，载《新闻爱好者》2022年第7期。

等。相较于传统作品,数字作品因以互联网技术为基础而具备较强的可复制性、交互性。

NFT 是区块链技术的新兴应用场景,全称为"Non-Fungible Token",译为非同质化通证,是在区块链平台上由特定程序生成的基于 ERC-721、ERC-1155 等链上技术标准协议而发行的独一无二、不可复制、难以分割的通证。理论上,NFT 所指代的资产可有多种表现形态,包括但不限于音乐、视频、文字、图像、游戏等形式。数字艺术是 NFT 技术最早的应用之一。NFT 能够证明数字艺术的所有权,并允许所有者在各种在线社交空间中展示,最常见的例子就是电子游戏中角色皮肤。从《魔兽世界》到《堡垒之夜》再到《使命召唤》,游戏都允许玩家在不改变角色可塑性属性的情况下改变角色的外表,这样做的目的只是向其他玩家展示你的皮肤——越独特或越稀有越好。数字作品则是 NFT 的最为常见的应用。NFT 为数字作品的发展赋能,使之较于传统艺术品在明确作品权属、商业化等方面更具优势。在"胖虎打疫苗案"中,杭州互联网法院区分了"NFT"和"NFT 数字作品"两个概念。法院认为,NFT 只是记录了数字作品文件的数据特征,是一个抽象的信息记录;而 NFT 数字作品则是将文学艺术领域的作品铸造为 NFT,在区块链上进行交易与流通。①

（三）数字服装

数字服装是真实服装的虚拟展示,由像素而非纺织品制成,使用 3D 软件和计算机渲染。从数字时尚公司 The Fabricant 设计了世界上第一件数字服饰"Iridescence",在以太坊区块链上以 9500 美元售出,到现在的各大品牌开始布局和售卖数字时装,虚拟时尚的数字化价值已经是势不可挡。数字时装可不分性别和个体,具备任意尺寸的特点,通过一系列的设定和拍摄,消费者便能在"现实"中将他们穿上身。并不真实的虚拟世界构筑了人们异想天开的空间,通过虚拟人物的打造来表达自己的"另一面"。随着科技发展,虚拟将会不断丰富现实。它的准入门槛相对较低,任何艺术家都可以用最小的成本制作一个虚拟时装系列,同时这种无性别、无尺寸的作品可以完全抛弃人体解剖学的制约。与时尚界历史上的排他性相比,虚拟空间吸引了没有正式服装设计背景的独立图形设计师。这些创作者把他们的虚拟"衣服"当作类似艺术的商品,但与传统的时装设计师不同,他们不受限于物理现实的轮廓。正是由于数字服装脱离了人类身材带来的设计上的局限性,其创作可以发挥设计师天马行空的想象力,各大数字服

---

① 参见深圳奇策迭出文化创意有限公司诉杭州原与宙科技有限公司侵害作品信息网络传播权纠纷案,杭州市互联网法院(2022)浙 0192 民初 1008 号民事判决书。

装品牌如雨后春笋般蓬勃发展,受到了来自明星和年轻人的青睐。

二、数字艺术交易中存在的侵权风险

近年来,数字艺术品已经成为一种新的商业模式,如2022年北京冬奥会的赞助商伊利集团发布了"冠军闪耀2022"数字产品,该产品系全球首款永不过期、永久保鲜的数字牛奶。需要注意的是,NFT数字艺术品本身并不认证"作品"的知识产权,NFT数字艺术品的生成通常是由铸造者将"作品"NFT化,简单的NFT本身无法帮助NFT数字艺术品的创作者或所有者与现实世界中的真实人物相匹配,也无法验证NFT数字艺术品的铸造者是否拥有将该NFT与任何特定创作"作品"联系起来的基本权利。由此产生了如何证实NFT数字艺术品的铸造者就是"作品"的真正权利人等难题。现实中,各大NFT交易平台在知识产权保护方面尚存在较大缺陷,因此NFT知识产权侵权事件也随着NFT的大火而屡见不鲜。例如,数字艺术家在线社区DevianArt表示,自2021年8月开启NFT保护行动后,其每周扫描超过380万个新铸造的NFT以排查"盗窃"行为,目前其已经向可能存在侵权行为的NFT发送超过8万条警告。① 又如,荷兰艺术家Lois van Baarle在NFT平台OpenSea发现她的132件艺术品被"盗窃"铸造成NFT出售。② 许多NFT交易市场试图通过广泛的免责声明来避免假冒问题。例如,如果用户试图通过AtomicAssets marketplace购买数字艺术品,他们会收到以下通知:"用户必须接受这一点才能继续购买,即任何人都可以创建NFT,并自由选择名称和图像等属性,包括现有NFT的假版本或被盗的知识产权。在购买NFT之前,务必对收藏进行自己的研究,并仔细检查收藏名称,以确保您购买的是真正的NFT。"

(一)数字艺术交易的内在逻辑

1. 数字艺术的铸造

在数字世界中,世间万物均可予以数字化,一件有价值且可交易的数字艺术品制作一般遵循以下步骤:第一步,发布者确定数字产品的类型,包括图片、摄影作品、音视频等。第二步,由设计师用相关软件生成产品形象,再通过算法让产品"动起来"。第三步,程序员基于区块链协议编写智能合约,将做出来的形象铸造固定在区块链上,区块链会记录作品上传者对应的加密钱包的地址,类似于微

---

① 参见《DeviantArt正在扩大其检测和标记被盗NFT艺术品的系统》,https://www.163.com/dy/article/H7JP4V3J0511BLFD.html,2023年6月1日访问。

② 参见《传统艺术品被铸造成NFT艺术家们发出警告》,http://oppo2.yidianzixun.com/article/0dQJe2o6?appid=oppobrowser,2023年6月1日访问。

博 ID,以指向发布者的唯一身份。第四步,在产品进入区块链之后,制作发行站点,也就是存储数字产品的 H5 网页。因此,从广义上讲,数字产品的整个制作过程都可以叫作"铸造"过程;从狭义上讲,第三步通过 NFT 区块链技术给数字产品发布一个编号和证书的过程叫作"铸造"。

2. 数字艺术的交易

NFT 数字藏品交易一般在网络平台上进行,以采取的交易模式为标准,现有 NFT 交易平台可分为两类。第一类是自运营的发行平台,用户只能在该平台内购买 NFT 数字作品,无法进行二级市场的交易。该平台内的 NFT 数字作品通常由平台自身发行,著作权人通常为平台自身。但也存在平台与著作权人达成合作,授权平台发行其数字作品的情形。著作权人实际上将其数字作品排他许可给平台使用,如支付宝在蚂蚁链粉丝粒推出的国产动漫《刺客伍六七》NFT 支付宝付款码皮肤。第二类是第三方交易平台,该平台允许用户上传其铸造或经合法渠道获得的 NFT 数字作品,其他用户可以使用数字钱包(一种类似于支付宝钱包的用于网络支付的账户)在该平台上进行交易,平台通过驻场费、从每次交易中抽取一定比例的服务费等形式盈利。目前,国内多家主流平台为防止炒作风险并不支持二级市场的交易,但仍有个别平台通过设置限制转赠的方式实现"二级交易",如鲸探支持 180 天内转赠,OpenSea、唯一艺术、Bigverse 支持二级市场的交易。

一般来说,交易流程的第一步是发布者将电脑中存储的数字作品上传到 NFT 交易平台,平台支持图片、动图、音视频等多种文档格式,对文件大小有上限要求,上传后可预览,接着填写作品名称、描述信息、分类属性等基础性信息。第二步是设定交易条件,可以选择"单个"或者对同一个作品的"多个"出售,二者交易条件完全不同。如果是单个,那么只有一件数字作品出售;如果是多个,那么需要设定其欲出售的具体副本数量。这些数量的副本都是同一个数字作品,不区分原件和复制件,也可就账户下的多个 NFT 数字作品以文件夹打包的方式出售。第三步是选择本交易的底层智能合约。智能合约是由底层代码构成的可被自动执行的程序,智能合约作为承载交易双方合意的工具,"蕴含当事人一致之意思表示或要约承诺"。通过数字钱包支付 NFT"铸造"服务费,在数字钱包的弹出窗口点击确认,此时,一个 NFT 就"铸造"完成,并被自动写入区块链上的智能合约中。每个 NFT 均有一个编号,该编号指代的是其在区块链平台的智能合约中的编码。通过编号可以在区块链平台上找到该 NFT 的合约网络地址,打开该地址即可看到与这个 NFT 对应的智能合约底层代码。在合约的可查询函数中,可查询该 NFT 的原始数据。对于 NFT 交易平台上的买家来说,其可以通过数字钱包支付对价和服务费,即可成为平台上公开显示该数字作品的所有者,并且智能合约中嵌入的"自动执行"代码也被触发,在区块链上生成了新的所有者信息。

(二) 数字艺术著作权侵权风险

NFT 数字作品为数字艺术品市场的繁荣注入了动能的同时也存在著作权侵权风险。在"胖虎打疫苗案"中,法院指出 NFT 数字作品铸造和交易包含对该数字作品的复制、出售和信息网络传播三方面行为。

1. 数字艺术侵犯发行权可能性

著作权制度起源于对出版行为的规制。一般认为,出版行为主要包括复制和发行两个环节。我国《著作权法》第 10 条第 1 款第 6 项规定:"发行权,即以出售或者赠与方式向公众提供作品的原件或者复制件的权利。"在"胖虎打疫苗案"中,法院认为 NFT 数字作品铸造和交易并没有侵犯著作权人的发行权,且 NFT 数字作品交易并不能适用权利用尽原则。原因在于,其一,发行权的核心特征在于作品原件或复制件的所有权转让,即发行行为限定为有形载体上的作品原件或复制件的所有权转让或赠与。因此,未经权利人许可将 NFT 数字作品在第三方交易平台的出售行为无法落入发行权所控制的范畴。因为公众无须通过转移有形载体就可以获得作品的复制件,这一过程与传统传播途径的根本区别是不会导致作品有形载体在物理意义上的转移。其二,从发行权制度设立的本意上看,如果 NFT 数字作品可以无成本无数量无限复制,那么即便是合法取得 NFT 数字作品复制件的主体,对其潜在的后续传播数量亦难以控制,有违 NFT 数字作品的稀缺性和交易安全性之特点,对著作权人而言亦难言公平。其三,在 NFT 交易模式下,不特定公众可以在选定的时间和地点获得 NFT 作品,属于典型的信息网络传播行为,亦属于信息流动,该流动并不导致作品有形载体所有权或占有权的转移,自然不受发行权控制。该案二审法院认为,NFT 数字作品出售转让的结果是在不同的民事主体之间转移财产性权益,并非物权的移转,故其虽能产生类似于"交付"的后果,但尚不能落入发行权规制的范畴。

部分学者支持法院不适用发行权穷竭规制裁判结果,认为发行权作为著作权法规定的专有权利,规制的发行行为特指面向公众转移固定了作品的有体物的所有权,"发行权用尽"的基础就在于发行权针对的是有体物所有权的转移,只有这样才需要协调著作权法中发行权与民法中所有权的关系。[①] 然而,有学者认为权利竭尽原则应突破传统有形载体作品的界限,将其适用范畴拓展至数字

---

① 参见王迁:《论 NFT 数字作品交易的法律定性》,载《东方法学》2023 年第 1 期。

作品交易领域,满足 NFT 市场发展的需要与互联网的创新交易模式。理由包括:其一,以信息网络传播权规制虽然可以消除"无作品载体"法律障碍,但一方面,这个权利难以契合著作权人遭受的实际损害,也难以进一步控制非法铸造的 NFT 数字作品的转售行为;另一方面,因为发行权一次用尽原则难以适用,交易合同就可以任意阻碍合法铸造的 NFT 的转售和流通,而这会带来更多的法律问题。将发行权的控制范围予以扩张解释后适用于 NFT 数字作品交易才是更为合理的选择。① 其二,数字出版非同质代币模式下能够确保作品的稀缺性与交易的安全性,交易行为也符合网络发行行为的法律特征。因此,在数字出版非同质代币模式下亦具有适用发行权穷竭规则之可能。其三,从著作权人手中合法获得 NFT 数字作品的受让人,不必上传该数字作品即可在同一交易平台或者其他合作交易平台将其转售,"二手"NFT 数字作品的买受人,也无须下载该数字作品即可成为该 NFT 数字作品的所有人。没有了复制权的"羁绊",考虑创设数字环境下著作权的权利穷竭问题可谓正当其时。②

2. 数字艺术侵犯信息网络传播权的可能性

信息网络传播权以控制作品的网络传播为主要内容,其规制的交互式网络传播行为必须向公众提供,使公众可以在其选定的时间和地点获得作品。因此,有学者认为,如果 NFT 数字艺术作品链接指向的地址是合法上传的作品,由于使得作品处于可被交互式传播状态的行为并非铸造行为而是合法权利人先前的上传行为,提供链接的行为不属于新的向公众传播,不构成著作权侵权。如果该链接指向的是一个侵权的作品复制件,铸造 NFT 的行为可能被认定为向公众传播的行为,特别是铸造者是以营利为目的,并且明确知道链接指向的内容是侵犯版权的。③ 在"胖虎打疫苗案"中,法官认为 NFT 数字作品的交易对象为不特定公众,公众可以在选定的时间和地点获得 NFT 数字作品,故 NFT 数字作品交易符合信息网络传播行为的特征。二审法院进一步申言之,NFT 数字作品始终存在于作为"铸造者"的网络用户最初上传所至的服务器中,未发生存储位置的变动,用户既可以是不以受让为条件的在线浏览,也可以是在线受让之后的下载、浏览等方式,属于以有线或者无线方式向公众提供作品的信息网络传播行为。当前,部分 NFT 数字藏品以盲盒的形式进行售卖。尽管用户无法了解盲盒

---

① 参见张伟君、张林:《论数字作品非同质权益凭证交易的著作权法规制——以 NFT 作品侵权纠纷第一案为例》,载《中国出版》2022 年第 14 期。
② 参见陶乾:《论数字作品非同质代币化交易的法律意涵》,载《东方法学》2022 年第 2 期。
③ See Çağllayan Aksoy & Özkan Üner, NFTs and Copyright: Challenges and Opportunities, *Journal of Intellectual Property Law & Practice*, Vol 16, No. 10, 2021.

内 NFT 数字藏品的内容,但是其仍可以在选定的时间和地点购买盲盒。因此,以盲盒形式售卖的 NFT 数字藏品,仍在著作权法信息网络传播法律规制范围内。①

3. 数字艺术侵犯复制权的可能性

复制权是著作财产权的核心。有观点认为,依据我国《著作权法》第 10 条第 1 款第 5 项的规定"复制权,即以印刷、复印、拓印、录音、录像、翻录、翻拍、数字化等方式将作品制作一份或者多份的权利",可判定 NFT 数字藏品的复制过程在我国著作权法视野下属于复制权范畴。② 因此,未经权利人授权擅自复制他人的原生作品铸造并上链后非法牟利的,可依据我国《著作权法》第 53 条第 1 项的规定,认定其未经著作权人许可,复制和发行作品,侵犯了著作权人的权利。③ 也有观点认为,数字作品的铸造行为应属于复制权所控制范畴,其行为亦侵害了复制权,但因该复制是网络传播的一个必备步骤,其目的在于以互联网方式向社会公众提供作品,故复制本身给权利人造成的损害已经被信息网络传播给权利人造成的损害后果所吸收,理应无须单独对此予以评价。④ 在"胖虎打疫苗案"中,法院认为 NFT 数字作品的出售者将 NFT 数字作品复制、上传至平台进行交易的行为,分别由著作权法中的复制权、信息网络传播权所调整控制。复制行为的目的是以互联网方式向公众提供作品,故复制造成的损害结果已被信息网络传播造成的损害结果所吸收,无须单独予以评价。

(三)数字艺术商标权侵权风险

商标法既保护商标所有人,又保护消费者。一方面,商标法具有专有性,旨在保障商标所有人对其相关产品或服务的专有使用权;另一方面,商标法旨在通过允许消费者识别产品或服务的来源来保护消费者。在数字艺术商标领域,如果一方在未经资产所有者许可的情况下铸造了与基础资产相关的 NFT,并使用资产所有者的注册商标宣传、出售 NFT,则可能发生商标侵权。这里要考虑的关键问题是企业是否拥有涵盖 NFT 或类似商品/服务的注册商标。然而,即使资产所有者没有为相关商品/服务持有任何商标,在某些情况下,对不同商品使用相同或相似的商标属于不公平地利用资产所有人注册商标的声誉,可能构成

---

① 参见余俊缘:《数字作品 NFT 交易的本质、规则及法律风险应对》,载《科技与出版》2022 年第 10 期。

② 参见黄玉烨、潘滨:《论 NFT 数字藏品的法律属性——兼评 NFT 数字藏品版权纠纷第一案》,载《编辑之友》2022 年第 9 期。

③ 参见韩硕:《著作权法视野下 NFT 数字藏品的侵权与保护》,载《出版广角》2023 年第 1 期。

④ 参见王江桥:《NFT 交易模式下的著作权保护及平台责任》,载《财经法学》2022 年第 5 期。

侵权。① 事实上，美国法院已受理多个数字艺术品商标侵权的案件，在 Playboy Enters. Int'l v. www. playboyrabbitars. app② 案中，原告认为"被告在 www. playboyrabbitars. app 和 www. playboyrabbit. com（'假冒网站'）上伪造原告商标，未经授权销售假冒 Playboy Rabbitars non-fungible tokens（'NFTs'）网站的网址 uniform resource locator（URL）中包含原告相同版本的商标，并且几乎与原告销售正品 Rabbitar NFTs 的 www. playboyrabbitars. com 的实际网站（'正品网站'）相同"。法院认为在诉讼中认定被告侵权的可能性极大，进而批准了初步禁令。无独有偶，美国一家名为 StockX 的二手鞋交易平台"铸造"并售卖了数百双带有 NIKE 商标的 NFT 虚拟鞋类商品。2022 年 2 月，NIKE 以商标侵权及商标淡化为由，将 StockX 诉至法院。StockX 辩称其 NFT 只是合法购买的实体 NIKE 鞋的权属证明，并非是交易的商品，消费者可凭 NFT 向其换取实体鞋。而 NIKE 则称目前并无任何消费者将其 NFT 进行了实体鞋的兑换，StockX 的兑换程序只是个幌子，实质仍是在售卖 NFT 虚拟商品。从上述两个案例可以看出，随着 NFT 数字艺术商品的发展，已经衍生出相应的商标侵权民事诉讼。

1. 商标铸造为 NFT 数字作品的侵权可能性分析

在 NFT 数字艺术品商标侵权案件中，最为著名的莫过于"爱马仕案"，该案也被称为 NFT 商标侵权第一案。2021 年 12 月，艺术家罗斯柴尔德创作并在 NFT 交易平台 OpenSea 发布了"MetaBirkins"NFT 系列作品，该系列作品为 100 个虚拟的、外观为各种颜色的人造皮草的 Birkin 包的集合。"MetaBirkins"NFT 系列在上架后的 48 小时内，就达到了 60 万美元的交易量，部分单品价格甚至达到 4.6 万美元，高于爱马仕"Birkin"（其设计本身就是注册商标）手提包的价格，总销售额约 110 万美元。爱马仕曾经向罗斯柴尔德发出停止侵权行为函，罗斯柴尔德公开在其"MetaBirkins"的 Ins 账户上回复爱马仕，表示美国宪法第一修正案赋予其权利按照自己对世界的演绎去创造艺术。遭到罗斯柴尔德的拒绝后，爱马仕于 2022 年 1 月 14 日向纽约南区地方法院提起诉讼，指控罗斯柴尔德的行为构成商标侵权、虚假原地产名称、商标淡化、域名抢注、对商业声誉造成损害等，要求包括艺术家销售 NFT 作品的获利在内的经济赔偿，并停止进一步使用"Birkin"商标的临时禁令等。罗斯柴尔德认为"MetaBirkins"NFT 作品是他创作的数字艺术品，旨在反映当时时尚界流行的无皮草倡议，其对"Met-

---

① See Farah Mukaddam. NFTs and Intellectual Property Rights. [DB/OL]. 〈https://www. nortonrosefulbright. com/en-hk/knowledge/publications/1a1abb9f/nfts-and-intellectual-property-rights〉

② See Playboy Enters. Int'l v. www. playboyrabbitars. app, 21 Civ. 08932（VM）（S. D. N. Y. Nov. 13, 2021）.

aBirkins"的使用是在数字产品上的使用,是艺术表达,并非是在实体产品上使用,并援引关于描述性合理使用的"Rogers v. Grimaldi"[①]在先判例。根据美国宪法第一修正案[②],他对"MetaBirkins"的使用行为属于其言论自由。2023年2月14日,法院做出对爱马仕有利的判决。

本案的争议焦点为:在适用 Rogers 测试的前提下,涉案作品的内容与商标的使用是否存在"艺术关联性"? 若不存在,则构成商标侵权。若存在,则商标的使用是否对涉案作品的来源或内容存在"明显的误导"? 若存在误导,则认定构成商标侵权。若不存在,则认定该涉案作品对商标的使用受美国宪法第一修正案保护。

对于商标与涉案作品是否存在"艺术关联性",法院认为除非商标的使用与作品没有任何艺术相关性,即被告只是为了利用原告的商标或品牌的宣传价值,否则就能认定为具有艺术关联性。尽管爱马仕试图举证罗斯柴尔德利用原告辛辛苦苦培养的"知名度和商誉"实现不公平的获利,并提供了罗斯柴尔德声称自己"处于罕见的地位来欺负一个价值数十亿美元的公司"等言论,法院依然认可了本案中 MetaBirkins 作品的艺术关联性。对于"是否存在明显的误导",法院认为如果一个作品"诱使公众相信"它是由原告创作或以其他方式授权的,则构成"明显的误导",具体的判断标准要应用到"Polaroid 因素"。换言之,如果要构成"明显的误导",则要"根据'Polaroid 因素'评估出的混淆可能性必须特别令人信服,以超过'Rogers 案'中承认的第一修正案利益"。结合本案,相关的考虑因素是:(1)爱马仕商标的强度,更强的商标有权得到更多的保护;(2)爱马仕的"Birkin"商标和"MetaBirkins"商标之间的相似性;(3)公众是否对爱马仕与罗斯柴尔德的 MetaBirkins 系列的关系表现出实际混淆;(4)爱马仕通过进入数字藏品领域来"弥补差距"的可能性;(5)产品在市场上的竞争接近程度;(6)罗斯柴尔德在使用爱马仕的商标时是否表现出恶意;(7)"MetaBirkins"商标和"Birkin"商标各自的质量;(8)相关消费者的复杂程度。在庭审中,爱马仕创新实验室的工作人员向法院做证,爱马仕在 2021 年 10 月已经创作出第一只数字 Bir-

---

① Rogers 测试:1989 年,金格·罗杰斯和弗雷德·阿斯泰尔是演艺界历史上最著名的组合之一,仅凭他们的名字就能让人想起"金格和弗雷德"这对组合。被告阿尔伯特·格里马尔迪(Alberto Grimaldi)在美国和欧洲制作并发行了一部名为《金格和弗雷德》的电影。在影片开始发行后不久,金格·罗杰斯提起诉讼,要求永久禁令救济和金钱损失赔偿。地区法院认为被告在电影的标题和剧本中使用罗杰斯的名字是一种艺术表达,而不是商业言论。法律不会禁止在电影标题中使用名人的名字,除非该标题与电影"完全无关",或者"只是为销售商品或服务的变相商业广告"。

② 根据美国宪法第一修正案,国会不得制定关于下列事项的法律:确立国教或禁止信教自由;剥夺言论自由或出版自由;或剥夺人民和平集会和向政府请愿申冤的权利。

kin包,虽然公司并没有公开,但他相信"MetaBirkins"NFT的出现,会让消费者对产品来源产生混淆。另外一位哈佛商学院的教授也作证并认为"MetaBirkins"NFT在OpenSea上架的17天中获得的成功令人震惊,这种成功的部分原因是因为消费者认为爱马仕参与了这一项目。此外,爱马仕在法院诉讼中也作证,一些媒体比如纽约邮报、ELLE都曾经错误地报道过爱马仕与"MetaBirkins"NFT有关,这些错误报道在被纠正前可能已被上百万的消费者看到过。由此,法院认为"MetaBirkins"从最初单件450美元的售价逐渐上涨至数万美元,表明消费者在选购"MetaBirkins"NFT时,已经将该作品与爱马仕的"Birkin"手提包建立了联系,基于对爱马仕及"Birkin"品牌价值的认知纷纷抢购,使得"MetaBirkins"NFT在短时间内能够迅速升值,罗斯柴尔德也因此获得高额收益。罗斯柴尔德明显具有借助爱马仕"Birkin"的品牌知名度以提升其数字产品价格的主观故意,消费者在看到"MetaBirkins"NFT时极易误认为是爱马仕的"Birkin",这种联想破坏了爱马仕"Birkin"商标与其商品唯一、稳定的关联,相当于弱化了"Birkin"作为商标的显著性。最终,法院在适用"Rogers标准"的基础上,考虑到爱马仕的起诉书中对于"MetaBirkins"的混淆性做出了充分的指控,认为"MetaBirkins"商标对消费者构成了明显的误导,因此不能通过"Rogers测试",最终判决爱马仕胜诉。

2. "艺术性表达"之抗辩

罗斯柴尔德认为,其创作的NFT是在表达艺术,而不是试图将艺术品假冒成实体商品。他对MetaBirkins NFTs的营销和销售并没有侵犯爱马仕的商标权,因为他在非商业言论中使用了MetaBirkins商标,该商标的使用具有一定的艺术意义,属于一种艺术表现形式,并且该商标的使用并没有误导作品的来源或内容。早期的艺术家也有将商标纳入他们最著名的一些画作中并获利的情况。例如,巴勃罗-毕加索(Pablo Picasso)将保乐力加和其他显著的品牌酒放入他的静物画中。又如,波普艺术家安迪·沃霍尔(Andy Warhol)在没有得到品牌授权的情况下以丝网版画创作金宝汤罐头和可口可乐瓶。然而,在本案中,"MetaBirkins"是否能构成艺术性表达之关键在于是否会使消费者产生混淆,即该NFT是否属于"风格化但辨识度高"的作品,亦即消费者是否会将"MetaBirkins"当作爱马仕官方发售的NFT。为此,爱马仕向法院提供了关于混淆的市场调查证据。罗斯柴尔德的律师认为18.7%的NFT产品受众的混淆率低,有财力购买昂贵铂金包的消费者不会被误导,但爱马仕的专家认为这是能证明构成混淆的证据。此外,罗斯柴尔德在庭审中承认,"MetaBirkins"NFT最初的定价为450美元,但在该产品发行后,价格迅速上涨;该NFT产品的每次再销售,他都能从再销售的价格获得 7.5% 的许可费。最终,法院以"可能在公众心里造成消费者的误解和混淆"为由,判决罗斯柴尔德败诉。

第三节 数字艺术的产权保护路径分析

一、数字艺术的著作权保护

我国 2020 年新修订的《著作权法》第 3 条①明确规定了作品的内涵,进一步扩充了版权领域的作品类型,使得更多的新型作品形式能够被灵活容纳。换言之,数字艺术品只要符合《著作权法》第 3 条规定的作品认定标准,即能获得版权法律制度的相应保护:在文学、艺术和科学领域内;具备独创性;能够以一定形式表现;属于智力成果。符合以上四个构成要件的 NFT 数字艺术品即获得版权。虽然 NFT 数字艺术品交易是应用了区块链、智能合约技术的新型交易模式,但是并不能绕开对于作品著作权的保护。

NFT 数字艺术品交易既涉及数字商品所有权的转移,也涉及著作权的行使。在不是著作权人也没有著作权人授权的情况下,将著作权人的作品擅自制作 NFT 数字作品,同样要承担侵害著作权的法律责任。专门提供 NFT 数字作品交易服务平台系属于网络服务提供者而非内容提供平台。平台不仅需要履行一般网络服务提供者的责任,还应当建立一套有效的知识产权审查机制,对平台上交易的 NFT 作品的著作权做初步审查。在"胖虎打疫苗案"中,法院从 NFT 数字藏品的特殊性、交易模式、技术特点以及平台控制能力、营利模式等方面综合详细论证了平台应当承担相应的注意义务,并建立了一套行之有效的知识产权审查机制,对平台上交易的 NFT 数字藏品的著作权做初步审查:由铸造者提交其为著作权人或享有授权的初步证据,该证据需满足"一般可能性"的证明标准,使一般理性人相信铸造人为著作权人或享有授权。同时,平台应建立相应的侵权预防机制,必要时可以要求相关用户提供担保,防止交易的数字作品存在瑕疵。

（一）数字艺术独创性的认定

著作权法的立法目的是保护著作权人免受他人剽窃其作品的影响并保护作

---

① 《著作权法》第 3 条规定:"本法所称的作品,是指文学、艺术和科学领域内具有独创性并能以一定形式表现的智力成果,包括:(一) 文字作品;(二) 口述作品;(三) 音乐、戏剧、曲艺、舞蹈、杂技艺术作品;(四) 美术、建筑作品;(五) 摄影作品;(六) 视听作品;(七) 工程设计图、产品设计图、地图、示意图等图形作品和模型作品;(八) 计算机软件;(九) 符合作品特征的其他智力成果。"

者自由创作作品的权利,因此具有独创性是数字艺术品受到著作权法保护的前提。对于独创性的认定,可将"独创性"分解为"独"和"创"两个维度进行判定。"独"即独立完成,指作品不是抄袭的结果,而是源于作者本人。独立完成通常包含两种情况:其一,某个作品是作者从无到有独立创造出来的;其二,在已有的作品的基础上,作者进行再创作,由此产生了与原作品之间存在着可以被客观识别的,并非太过细微的差异的新作品。"创"即创造性,即作品并非仅仅是机械性或技术性的成果。在"胖虎打疫苗案"中,法院指出,作者马千里通过描绘"胖虎"的身体比例、五官、色彩及线条,塑造了膘肥体壮、忠实憨厚的东北虎形象。具体而言,胖虎头大身圆、缺少脖子、腮帮子显著鼓起,四肢比例与尾巴长度与正常老虎相比明显缩短,且被赋予大量拟人化的表情特征。"胖虎"展现了一个亲近、可爱的"大猫"形象。由此可见,涉案作品《胖虎打疫苗》呈现出作者的独特个体表达。当然,数字艺术品发布者也可将毫无独创性的作品铸造为 NFT,但此数字藏品可能不受著作权的保护。例如,2020 年,艺术家兼律师阿尔弗雷德·斯坦纳(Alfred Steiner)向美国版权办公室申请登记 10 个电子图像的著作权,其中第 1 个图像为空白,而之后每个图像增加一个视觉元素,美国版权办公室仅登记了第 8—10 个图像,而第 1—7 个图像因过于简单而被拒。①

(二) 数字艺术的美学高度

美学上的美感,又被称为审美鉴赏、审美判断或趣味判断,是指一种美的欣赏活动,审美活动是美与美感的统一。数字艺术品一般在美术作品或建筑作品的基础之上进一步构筑,因此在衡量数字艺术品的美学高度上可以参考美术作品或建筑作品的美学标准。我国《著作权法》在对美术作品或建筑作品予以界定时,特别强调了"审美意义"或"艺术作品"的法律属性。有学者认为,虽然"美术作品"规定了"审美意义",但"审美意义"是一种事实陈述,意在强调美术作品和建筑作品等必须构成艺术领域内的独创性表达。② 因此,版权法所保护的作品无须进行任何的审美判断,我国版权法应删除对美术作品、建筑作品"审美意义"的规定。③ 但是,有的法院主张将"审美意义"作为美术作品、建筑作品受保护的独立条件。例如,在"胖虎打疫苗案"中,法官认为根据《著作权法实施条例》第 4 条第 8 项规定,美术作品是指绘画、书法、雕塑等以线条、色彩或者其他方式构成

---

① See Brian L. Frye, Are CryptoPunks Copyrightable?, *Pepperdine Law Review*, Vol. 2021, No. 1, 2022.
② 参见谢晴川:《论实用艺术作品的"美"和"艺术性"要件——以适用路径的反思与重构为中心》,载《法律科学(西北政法大学学报)》2018 年第 3 期。
③ 参见熊文聪:《作品"独创性"概念的法经济分析》,载《交大法学》2015 年第 4 期。

的具有审美意义的平面或立体的造型艺术作品,因此美术作品除具备一般作品的独创性和可复制性这两个基本属性外,还需具有一定的审美意义,即只要创作者将其对美学的独特观点在物质载体之上以可视方式表现出来,符合最低限度创造性的要求,就可以构成美术作品。为此有学者总结道,问题的关键不是消除审美判断的主观性,而是在正确的条件下正确地运用审美理论。具体而言,涉案作品审美意义的司法裁定,可以依托"艺术共同体"标准,综合、灵活地选择适合涉案作品特定艺术形式的审美理论,裁判版权法明确或暗示要求的"审美意义"或"艺术性"。①

二、数字艺术的商标权保护

(一)数字艺术商标的显著性认定

对于已注册驰名商标来说,除适用商标近似及商品类似构成混淆性近似外,可利用驰名商标跨类保护、商标淡化理论、不正当利用驰名商标声誉及不正当竞争等作为论点,来支撑 NFT 数字艺术商品相关的商标侵权诉讼。对于未达到驰名商标的注册商标保护,仍以是否造成混淆为判断标准。具言之,无论被诉侵权行为是发生于真实世界还是虚拟世界,按照目前《商标法》的保护理论,均应以造成消费者混淆作为商标侵权的保护要件。上述"爱马仕案"中,美国纽约南区地区法院提及了用于判断混淆可能性的因素——Polaroid 要素。该要素源于 1961 年第二巡回法院的 PolaroidCorp 诉 PolaradElecs. Corp 案,主要包括八个方面:(1)原告商标的显著性;(2)商标的近似性;(3)两产品是否为竞品;(4)在先商标权利人进入在后商标使用人产品市场的可能性;(5)实际混淆的证据;(6)在后商标使用人采用该商标时是否具有恶意;(7)两产品各自的质量;(8)相关市场中消费者的谨慎程度。在"无聊的猿猴案"②中,被告铸造的"RR/BAYC NFT"包含了与原告"BAYC NFT"极其相似或者相同的图像,并使用了 Yuga Labs"无聊猿"图像中的注册商标。法院通过适用 Polaroid 要素后认为,被告使用了与注册商标同样的图像,使得其产品与原告产品实质上相同,并造成消费者混淆,同时被告故意销售竞争产品,不应适用合理使用原则,因而认定被告构成商标侵权。

(二)数字艺术商品种类的识别

数字艺术商标侵权案件的难点体现在商品类似的问题判断上。也就是,注

---

① 参见梁志文:《版权法上的审美判断》,载《法学家》2017 年第 6 期。
② See Yuga Labs, Inc. v. Ripps (2:22-cv-04355) District Court, C.D. California.

册在实体商品上的商标能否将其商标专用权延伸至 NFT 虚拟数字商品上？仅为数字化图片的虚拟商品能否与实体商品被认为是商标法意义上的类似商品？关于类似商品的判断标准，《最高人民法院关于审理商标民事纠纷案件适用法律若干问题的解释》（2020 年修正）第 11 条第 1 款规定："商标法第五十七条第（二）项规定的类似商品，是指在功能、用途、生产部门、销售渠道、消费对象等方面相同，或者相关公众一般认为其存在特定联系、容易造成混淆的商品。"显然，从表面来看，虚拟商品与实体商品的功能、用途、生产部门、销售渠道均不相同。但是，对类似商品不能简单地以商品本身的呈现形式进行判断，而是要从实质判断，即虚拟性为数字商品最大的特点，其商标、商品的呈现形式虽然发生了变化，但两者在虚拟世界中所起到的作用、两者之间的关系和真实世界一致。就 NFT 现阶段的发展来说，商品集中在服饰类如鞋、衣物、箱包等商品上，部分 NFT 商品可供消费者在电子游戏中为虚拟人物换装。虽然这类商品是虚拟商品，但无论是在真实世界还是在虚拟世界中，普通消费者眼中仍视其为服饰类商品，其功能、用途实际上与实体服饰类商品并无二致。而 NFT 商品的消费群体也与实体服饰的消费群体呈现高度重合的状态。因此，注册在实体商品上的商标专用权应该延伸至 NFT 虚拟数字商品上，且数字化图片的虚拟商品与实体商品都能被认为是商标法意义上的类似商品。

三、数字艺术的"虚拟财产"保护

虽然传统的物权理论认为物权的客体应占有一定的空间并有形的存在，应当具有有形性和独立性的特征，但是随着社会经济和现代科学技术的发展，物的范围早已不限制在有形、有体的范围内，只要具有法律上的排他支配可能性或管理的可能性，都可以认定为物。① 我国《民法典》第 127 条规定："法律对数据、网络虚拟财产的保护有规定的，依照其规定。"该条也为网络空间的虚拟财产获得法律保护提供了依据。网络游戏服装局限于特定游戏不能互通使用，促进了数字服装的迭代发展和多场景应用。摆脱单一穿着场景的数字服装，可以使用户随时随地变换服装。在实践中，数字服装的购买流程非常简单：用户只需从数字时装平台挑选一件中意的数字服装，在支付完对价后的几天内，平台就会将编辑后的数字时装发送给用户。平台为提升客户体验，都设有一些独特的功能。例如，DressX 允许顾客在购买前通过其移动应用程序中的增强现实技术试用数字

---

① 参见杨立新、王中合：《论网络虚拟财产的物权属性及其基本规则》，载《国家检察官学院学报》2004 年第 6 期。

服装。又如,ALIENWARE 打造了国内首个可穿戴 NFT 数字时装的 AR 试穿体验程序。从上述购买过程可知,数字服装属于虚拟动产,用户通过金钱购买获得数字服装,进而取得了对该服装的支配权。对于这种网络虚拟动产,不宜认为是债权的客体,而是用户与数字服装提供者之间通过债权的协议,用户取得的数字服装的物权。同时,鉴于网络虚拟财产权作为蕴含法之确信,可以根据一定方法予以公示,并且已经为司法裁判所确认的经久惯行之社会事实,应当被视为一项习惯物权。① 这种物权应具有占有、使用、收益、处分的全部所有权权能。

问题与思考

1. 步入元宇宙时代,全球首个数字服装品牌的创始人盖拉指出:"数字服装对于时尚行业是一场革命,是服装设计新时代的开端。"数字服装在蓬勃发展的同时,亦对著作权法产生了新的挑战,因为其摆脱了量体裁衣、实用保暖的限制。这是否意味着数字服装不具有实用功能性可构成作品获得著作权法的保护?若构成,作品应属于何种作品?在保护数字服装设计的同时应如何实现与社会公众使用间的平衡?

2. NFT 交易平台对网络用户铸造的 NFT"数字作品"是否具有审查义务?应承担何种审查义务?

扩展阅读

1. 姜宇辉:《数字"海洋"中的"崇高"与"创伤"——重思数字美学的三个关键词》,载《南京社会科学》2022 年第 10 期。

2. 张骋、范玉刚:《媒介融合境遇下的数字艺术发展特征与趋势研究》,载《中国文艺评论》2021 年第 8 期。

3. 王德胜等:《"微"时代文艺批评笔谈》,载《探索与争鸣》2022 年第 11 期。

4. 王迁:《论 NFT 数字作品交易的法律定性》,载《东方法学》2023 年第 1 期。

5. 黄玉烨、潘滨:《论 NFT 数字藏品的法律属性——兼评 NFT 数字藏品版权纠纷第一案》,载《编辑之友》2022 年第 9 期。

6. 韩硕:《著作权法视野下 NFT 数字藏品的侵权与保护》,载《出版广角》2023 年第 1 期。

7. 余俊缘:《数字作品 NFT 交易的本质、规则及法律风险应对》,载《科技与

---

① 参见许可:《网络虚拟财产:一个习惯权利的进路》,载《学术交流》2016 年第 11 期。

出版》2022 年第 10 期。

8. 王江桥：《NFT 交易模式下的著作权保护及平台责任》，载《财经法学》2022 年第 5 期。

9. 陶乾：《论数字作品非同质代币化交易的法律意涵》，载《东方法学》2022 年第 2 期。

10. 梁志文：《版权法上的审美判断》，载《法学家》2017 年第 6 期。

第十四章　数字行政的法律治理

【引读案例】

　　杜宝良是一名安徽农民,在北京以贩菜为生。2005年5月23日,杜宝良偶然查询得知,自己于2004年7月20日至2005年5月23日在驾驶小货车运菜时,在每天必经的北京市西城区真武庙头条西口被"电子眼"拍下闯禁行105次,被罚款10500元,但是此前从未有交管部门告知他有违法行为。2005年6月1日,杜宝良前往北京市西城区交通支队执法站接受了巨额罚款。6月13日,杜宝良向北京市西城区人民法院提起行政诉讼,申请撤销北京市公安交通管理局西城交通支队西单队(以下简称西单交通队)对他的行政处罚决定,其理由是:(1)西单交通队作出处罚决定所依据的禁令标志属于无效标志;(2)西单交通队对其中81次处罚没有出具书面处罚决定,没有履行法定的"书面告知"义务,明显违反法定程序;(3)西单交通队对他的行政处罚有悖于执法原则和目的。2005年7月13日,北京市交管部门向社会公布了交管局规范执法行为的八项具体措施,包括进一步完善规范执法告知制度、规范交通标志设施、规范固定违法监测设备的设置以及规范移动违法监测设备的使用等。2005年7月27日,北京市交管部门根据《人民警察法》及《公安机关内部执法监督工作规定》,以内部执法监督的方式,对西单交通队的执法行为予以纠正,杜宝良撤诉。

第一节　数字行政概述

一、数字行政的概念

　　数字行政并非一个规范性的法律概念,而是一个描述性用语,意指运用各种数字技术实施的行政活动。① 然而,在这一定义中,"数字技术"和"行政活动"都是十分抽象宽泛的概念,因此需要分别对二者展开进一步解释。

　　首先,数字技术是指可以借助一定的设备,将图、文、声、像等信息转化为电

---

① 参见胡敏洁:《自动化行政的法律控制》,载《行政法学研究》2019年第2期。

子计算机能识别的数据,并进行运算、加工、存储、传输的技术。具体而言,归纳国内外的实践,数字行政运用了从低级到高级多种不同类型的数字技术,既包括较为基础的计算机和互联网技术,也包括自动化和智能化水平更高的云计算、大数据、机器学习和自动化决策(人工智能)等技术。以我国为例,在 2000 年至 2017 年间,数字行政主要体现为基于计算机和互联网技术的电子政务,包括政府内部的办公自动化、由"政府上网工程"推动的政府门户网站建设、政府信息网上的发布和公开、行政许可的在线实施等。而自 2017 年至今,我国的数字行政进入了"数字政府"阶段,在原先计算机和互联网技术的基础上,大数据、机器学习等人工智能技术得到了广泛运用,由此实现了公共行政从电子化、自动化向智能化的转型。[1]

其次,与行政法的"行政"概念相对应,数字行政的"行政"特指的是公共行政,而不包括由企业等私主体实施的私行政。所谓的"公共"可以从三方面来理解,其一,处理的是有关社会公众的事务;其二,是出于公共利益的目的;其三,主要由行政机关通过行使公权力来实施。[2] 关于"行政"的概念,从广义上讲,所有对社会公共事务的组织、协调、管理和控制活动都可以归入"行政"的范畴,即德国学者毛雷尔所称的"社会塑造"(Sozialgestaltung)活动。此外,毛雷尔还补充到,作为社会塑造活动的行政是积极主动、面向将来的,由此区别于"不告不理"的、被动的司法活动。[3]

需要注意的是,在"数字行政"的语境下,"行政"的概念与行政法学的"行政行为"并不完全相同。行政行为是指行政主体在职权行使过程中所作的能够引起行政法律效果的单方意思表示行为,包括抽象行政行为和具体行政行为。[4] 行政行为的一个核心特征在于会对行政相对人产生法律效果,即导致一定法律关系的产生、变更或消灭。现实中,一些行政行为可以运用数字技术作出。例如,交警部门通过摄像头记录交通违法行为,并通过短信方式告知相对人相应的行政处罚决定。这部分数字行政活动因为产生了一定的行政法律效果,所以属于行政行为的范畴。然而,实践中还有大量数字行政活动对相对人不产生法律效果。例如,警察通过监控设备巡查社区的治安情况,环保部门运用大数据评估不同企业的违法风险并据此配置执法力量。这些都属于运用数字技术实施的行政管理活动,也是本章所关注的数字行政实践,但不属于行政行为,而属于内部

---

[1] 参见黄璜:《数字政府:政策、特征与概念》,载《治理研究》2020 年第 3 期。
[2] 参见石佑启:《论公共行政与行政法学范式转换》,北京大学出版社 2003 年版,第 21—22 页。
[3] 参见〔德〕哈特穆特·毛雷尔:《行政法学总论》,高家伟译,法律出版社 2000 年版,第 6—7 页。
[4] 参见余凌云:《行政法讲义》(第三版),清华大学出版社 2019 年版,第 248 页。

行政行为或行政事实行为的范畴。

二、数字行政的实践场景

当各种数字技术被运用于行政管理活动时,就产生了形式多样的数字行政实践,其主要实践场景有以下几种:

(一)电子证照

所谓电子证照,是指由计算机等电子设备形成、传输和存储的证件、执照等电子文件,是纸质证照电子数据化的产物。根据《国务院关于在线政务服务的若干规定》第10、11条,电子证照与纸质证照具有同等法律效力,可以作为办理政务服务事项的依据。实践中,电子证照的范围正在不断扩大,不仅涵盖了身份证、户口本、社会保障卡、驾驶证、出入境证件、学历学位证和职业资格证等个人证照,还包括营业执照、生产经营许可证、资质证等企业证照。[①]

电子证照是在线政务服务的基础性数据。通过将证照信息数据化,政府就可以建立统一电子证照库和电子证照共享服务系统,实现证照信息跨地区、跨部门的共享互认。[②] 这为建设全国一体化政务服务平台和行政事务的"一网通办""跨省通办"创造了条件。

(二)在线政务服务

依托互联网技术,大量政务服务事项可以实现全流程的网上办理。在线政务服务的一个主要类型是在线审批。根据《行政许可法》第29条,行政许可申请可以通过电子数据的方式提出。申请人可以在政务服务平台上上传电子版申请材料,而后由不同部门依次在线上进行审查确认:在一个部门审查确认后,系统会将电子申请材料转交给下一个部门,由此自动进入下一环节的审批流程,而无须相对人在线下向另一部门提交材料;或者不予确认而自动退回上一审批环节,要求申请人修改或补充材料。当审批流程结束后,系统会以电子证照的形式生成许可证、执照、资格证等行政许可证件,并发送给申请人。申请人可以在网上直观地看到整个审批流程,并实时查询审批进度。除行政许可以外,还有大量依申请的行政事项也都通过政务服务平台实现线上办理,例如,网上申报纳税、社会保险的办理、转移和接续,食品、药品的登记备案,证书证件的换发、补办,领取养老金人员的待遇资格认证,等等。在政府信息公开领域,根据《政府信息公开

---

① 中国互联网络信息中心发布的第51次《中国互联网络发展状况统计报告》显示:"截至2022年底,国家政务服务平台已归集汇聚32个地区和26个国务院部门900余种电子证照。"

② 参见《国务院关于加快推进全国一体化在线政务服务平台建设的指导意见》(国发〔2018〕27号)以及《国务院关于在线政务服务的若干规定》(国务院令第716号)第10条。

条例》第 29 条,申请人也可以采用数据电文的形式申请获取政府信息。

另一在线政务服务的主要类型是行政信息的在线查询。目前,全国和各省的政务服务平台提供了大量行政信息的在线查询服务,例如,社会保险参保缴费记录查询、专业技术人员职业资格证书查询、个人住房公积金缴存贷款信息查询、异地定点医疗机构查询等。一些通过查询服务生成的电子文件,如个人的信用记录,又可以成为相对人办理其他行政事项的电子材料。全国一体化的在线政务服务平台一方面实现了各类政务数据的跨区域、跨部门、跨层级共享,另一方面便利了民众的在线查询,人们不用自行查找对口的部门获取信息,而只需在在线平台上搜索相应的事项查询即可。

（三）数字公民参与

互联网等数字化的沟通媒介也为更广泛的公民参与创造了条件。民众可以通过政务服务平台、市民热线、网上信访平台等渠道,进行网上咨询、投诉、建议、信访和诉求表达;政府也可以以线上方式征集民意,获得行政管理的一手信息。以北京、上海等城市的 12345 政务服务热线为例,市民可以通过该热线咨询情况、反映问题或提出投诉建议,接听人员可以对问题直接做出答复,无法答复的则予以记录,转交给对口行政部门进行处理,并在一定期限内反馈市民处理结果。

（四）非现场执法

非现场执法也称电子监控执法,根据《上海市浦东新区城市管理领域非现场执法规定》第 2 条,是指运用现代信息技术手段收集、固定违法事实,采用信息化等方式进行违法行为告知、调查取证、文书送达、罚款收缴等的执法方式。目前,非现场执法主要应用在交通执法领域。《道路交通安全法》第 114 条规定,公安机关交通管理部门根据交通技术监控记录资料,可以对违法的机动车所有人或者管理人依法予以处罚。交警部门可以通过视频监控、图像抓拍及车牌识别、测速、车辆称重和车辆尺寸检测等设备,对超速、超载、超限、闯红灯、压实线、违反限行、违法变道、不系安全带等交通违法行为进行取证记录,并做出行政处罚。除道路交通领域以外,我国海事、航政、水上交通、城管、互联网监管、市场监管等领域也积极推行非现场执法方式。在交通、海事等领域,采用非现场执法方式做出的行政处罚在行政处罚总量中的占比已经达到一半以上。[1]

非现场执法分为两个步骤进行:第一步骤是通过图像、重量等传感器记录交通违法行为,并将其数据输入系统完成调查取证。第二步骤是实施处罚。对可

---

[1] 参见茅铭晨:《从自定走向法定:我国〈行政处罚法〉修改背景下的非现场执法程序立法研究》,载《政治与法律》2020 年第 6 期。

适用简易程序,即处以警告、200元以下罚款的行政处罚决定,行政机关可以通过手机App、短信或电子邮件等告知相对人处罚决定,相对人可以在系统上自助缴纳罚款。因为这一过程完全是在交警部门和行政相对人无接触的情况下线上完成的,所以也被称为"自动化行政处罚"。①

(五)非现场监管

非现场监管是指行政机关通过收集监管对象的各类数据信息,对其风险与合规情况进行评估和监督,并采取针对性监管措施的监管方式。

目前,非现场监管主要适用于以下三个领域:

其一是保险和金融监管领域。相关监管部门收集金融机构、保险公司的报表数据、经营管理情况及其他内外部资料等信息,运用大数据技术对监管对象的风险状况和合规情况进行分析和评估,做出评价,并采取相应监管。非现场监管是金融和保险业监管的重要手段,在监管流程、风险识别判断、监管行动制定和实施中发挥核心作用。②

其二是环境保护执法领域。在环保执法领域,非现场监管的主要手段是自动监控,包括视频监控和环保设施用水、用电监控等物联网监管手段,无人机、无人船、走航车以及卫星遥感等科技监测手段。监管部门在采集数据的基础上通过大数据技术分析企业的违法风险,进行持续监测预警。③

其三是食品生产和餐饮服务执法领域。在食品生产领域,监管部门可以通过溯源监管平台,追踪食品从种植(养殖)、生产加工、包装运输、流通、储存、销售的整个流程,实现"从农田到餐桌"全过程监管。在餐饮服务领域,监管部门要求餐饮服务企业在备餐间、餐具清洁区、食品贮存间、食品加工区等重点场所安装监控摄像头,并将其数据接入"明厨亮灶"统一监管平台。监管部门由此可以对餐饮服务企业进行实时的"线上巡查",餐饮服务企业也可借此展开自查。

三、数字行政的类型

从以上关于数字行政应用场景的归纳不难看出,数字行政具有技术类型多样和实践场景丰富的特点。这种复杂性使得学者们在对数字行政进行类型化时,需要引入多重标准,通过把这些标准在不同层次上进行组合,来划分数字行

---

① 参见余凌云:《交警非现场执法的规范构建》,载《法学研究》2021年第3期。
② 参见《中国银监会非现场监管暂行办法》(银监发〔2015〕53号)、《保险公司非现场监管暂行办法》(中国银行保险监督管理委员会令〔2022〕3号)。
③ 参见《生态环境部关于优化生态环境保护执法方式提高执法效能的指导意见》(环执法〔2021〕1号)。

政实践的类型。下面介绍三种数字行政的类型化方式。

(一)基于行政活动的类型划分

这种类型化方式首先从行政活动的环节出发,将其按发生顺序和负责的任务分为三个环节。第一个环节是"识别与输入",即通过人工或技术手段记录和固定证据,如摄像头抓拍交通违法行为;第二个环节是"分析与决定",即对上一环节收集的证据进行分析、审核,并据此作出(或不作出)行政决定,如对抓拍到的交通违法行为做出处罚决定;第三个环节是"输出与实现",即对上一环节法律后果的实现和执行,如警告、收缴罚款等。

其次从行政化活动的自动化程度出发,或者说人工和自动化系统在完成各环节行政任务时的分工,将其分为五个类型。其一是全人工(无自动化);其二是自动化辅助人工,即行政的所有环节都需要人工参与,自动化系统仅仅起辅助作用;其三是部分自动化,即自动化系统可以独立完成部分环节的任务;其四是全自动化,即行政活动的所有环节均由自动化系统完成。而在全自动化这一类型中,又可以区分无裁量能力的自动化,如系统根据限速标准对超速行为自动做出处罚决定,以及有裁量能力的自动化。

将两项标准组合起来,就可以将数字行政分为五个等级,具体如表14-1所示:

表14-1 数字行政五个等级示意图

级别	名称	任务的完成主体			有能力适用的领域
		识别与输入	输出与实现	分析与决定	
零级	无自动化行政	人类		人类	无
一级	自动化辅助行政	人类和自动化系统共同完成			不涉及裁量
二级	部分自动化行政				
三级	无裁量能力的完全自动化行政	自动化系统		自动化系统	
四级	有裁量能力的完全自动化行政				全部

(二)基于程序与实体的类型划分

这种类型化方式首先区分了程序和实体,即区分数字技术是运用于行政活动的程序环节还是实体环节。其次区分了行政活动的自动化程度,先区分了人工和自动化两种类型,接着自动化的部分又分为采用和不采用人工智能系统两种。

将这两项标准进行组合,就可以将数字行政分为三种类型:

1. 程序环节由自动化系统推动,但实体决定由人工做出。目前绝大多数的在线政务服务和非现场处罚都属于这一类型。例如,在对交通违法行为的非现场处罚中,证据的收集由摄像头等传感设备自动实施,但对证据的审核以及处罚决定的作出都需要以人工方式作出。

2. 程序实施和实体决定均实现自动化,但实体决定以非人工智能方式做出。这一类型的典型实例是"无人干预审批",行政许可的申请人在进行身份认证后,向系统上传电子申请材料或者由系统自动调用数据进行信息核验,经审核无误后系统即可向申请人发送电子许可证,整个过程无须人工干预。①

3. 程序实施和实体决定均实现自动化,且实体决定以人工智能方式做出。目前这种类型仅仅是一种理论假设,尚未成为现实。②

第一种和第二种类型都采用了行政活动的自动化程度这一标准。因为自动化程度不同的数字行政活动,会采用不同种类的数字技术,并具有不同类型和水平的风险,所以这种分类分级方式有助于对不同等级的数字行政活动,采用不同类型、不同强度的监管措施,对数字行政活动实施精准治理。

(三)基于规制构成要素的类型划分

这种类型化方式从规制理论出发,将公共行政作为一种规制手段,其构成要素包括规则设定、监督和执行。接着,每个构成要素都可分为两种类型。其一,行政的规则可以是固定的,也可以是适应性的。前者如执法系统根据固定的限速标准抓拍超速行为,后者如交管系统根据道路实时的车流量调整红绿灯的间隔时间。根据固定规则运行的自动化系统是一种简单系统,而能够根据现实情况调整规则的系统是运用智能算法的复杂系统。其二,监督可以是对违法行为反应性的实时发现,也可以是对未来可能违法风险的预测。前者如对超速行为的发现和记录,后者如环境执法部门根据企业既有的行为数据评估其违法风险。其三,执行可以是全自动的,也可以是仅仅为人工执行提供建议。例如,对于法院的失信被执行人,铁路订票系统会自动拒绝他们订购高铁车票,这属于全自动执行的例子。金融风险评估系统提示监管部门对高风险企业采取规制措施,就属于为人工执行提供建议的例子。

将规制的三个构成要素和每种要素的两种类型进行排列组合,就可划分出

---

① 参见《天津市住建委开通"无人审批+电子证照"服务新模式 服务效率大幅提升》,https://zf-cxjs.tj.gov.cn/xwzx_70/zjdt/202012/t20201208_4699471.html,2023年8月1日访问。

② 参见展鹏贺:《数字化行政方式的权力正当性检视》,载《中国法学》2021年第3期。

八种数字行政类型,如表 14-2 所示:①

表 14-2　八种数字行政类型

标准设定	监督	执行	描述
固定的	实时反应	自动化的	简单实时执行系统
固定的	实时反应	建议性的	简单实时警告系统
固定的	风险预警	自动化的	简单预测性执行系统
固定的	风险预警	建议性的	简单预测性建议系统
适应性的	实时反应	自动化的	复杂实时执行系统
适应性的	实时反应	建议性的	复杂实时建议系统
适应性的	风险预警	自动化的	复杂预测性执行系统
适应性的	风险预警	建议性的	复杂预测性建议系统

第二节　数字行政的优势与风险

一、数字行政的优势

(一) 便利行政相对人

政务服务的在线化和平台化,为相对人办理行政事项提供了极大的便利。首先,大量原先需要在线下办理的行政事项如今可以在线上办理,甚至可以直接通过手机应用进行操作,而无须相对人亲自到场办理。其次,大量原先由不同部门负责的、分散在不同部门政务系统的行政事项,如今被整合到全国和各省的政务服务平台中,相对人不再需要费力查找各类事项的负责部门、办事渠道和平台系统,只需在政务服务平台上搜索办理即可,实现了各类行政事项的"一网通办"。再次,许多原先必须在固定地域或者需要往返两地办理的行政事项,如学历学位公证、养老保险关系转移接续等,如今相对人可以直接在异地线上办理,从而实现了行政事项的"跨省通办"。最后,行政审批中,相对人原先需要在各审批环节奔走于不同部门,并重复提交纸质材料,如今只需在线一次性提交电子材料,系统便会自动依次将事项转交不同部门处理,办事流程大大简化,实现了"数据多跑路,群众少跑腿"。

---

① See Karen Yeung, Algorithmic Regulation: A Critical Interrogation, *Regulation & Governance*, Vol. 12, No. 4, 2018.

(二) 促进各部门业务协同

传统科层制的行政组织注重根据地域、层级和管理事项进行机构设置和职能分工。这种组织形式尽管有助于各部门在其管辖的地域和事项范围内高效处理专门性的行政事务,但不利于各部门之间的业务协同,难以处理实践中日益增多的需要跨地域、跨层级和跨部门协作的复杂事务,存在治理碎片化、缺乏整体性的问题。①

平台化的政务服务和城市治理模式可以在不打破现有机构职能分工的基础上,通过数据共享、流程再造等方式促进部门间的业务协同,实现整体化治理。首先,凭借在线政务服务平台,由不同部门对同一行政事项进行的审核、确认和批准工作都可以被整合到单一的流程中,由系统自动依次向不同部门派单、传递,推动流程的进行。所有在审批流程中的部门都可通过平台系统知晓之前环节的信息,并共享审核所需电子材料。于是,以政务服务平台为中介,各部门就在同一事项的审批上实现了业务协同。同时,凭借"一网统管"的城市治理平台,原先以垂直条线为主的部门治理转变为以事件为中心的平台化治理。按照"上报、受理、分拨、处置、审核、办结"的流程,平台可以高效处置各类事件。当有突发事件时,通过平台预警一键启动应急处置预案,明确响应级别,即可联动消防、公安、交警、网格、森林消防、卫生等部门及时对事件进行处置,实现各部门工作的高度协同。②

(三) 降低执法成本,提高执法效率

首先,在非现场执法、非现场监管等场景中,摄像头、无人机、遥感、声呐等监测装置替代了大量传统用于巡逻、检查的执法人力,大大降低了执法成本。这些装置不仅可以覆盖更大的空间范围,24小时无休运作,而且可以自动识别和记录违法行为,在其监控范围内实现接近100%的违法行为发现率,显著提高了执法效率。

其次,通过将人工智能算法用于预测违法风险,执法部门可以优化其资源配置,在有限执法资源的条件下取得更好的效果。例如,在环境执法中,环保部门可以通过机器学习算法分析企业排污的数据,从而预测最有可能出现环境违法行为的企业,并将执法人力向这些高风险企业倾斜,对它们加大检查力度。据估计,相比对所有企业随机抽查,运用机器学习算法决定优先检查的企业,可以让

---

① 参见高秦伟:《数字政府背景下行政法治的发展及其课题》,载《东方法学》2022年第2期。
② 参见《江宁汤山:"一网统管"在线,基层治理有"数"》,https://www.xhby.net/ly/ssf/202308/t20230801_8031949.shtml,2023年8月1日访问。

环保部门抓获的违法者数量增加六倍。① 2018年,上海市食品药品监督管理局通过分析网上订餐平台的数据,识别一批存在较高食品卫生风险的"网红"餐厅,在线下检查中发现这些餐厅多存在管理状况差和无证经营的情况。②

（四）防止行政违规行为

在线政务服务有助于防止传统线下办事可能存在的违规行为。首先,在线政务服务实现了行政事项处理流程的全程公开、透明。当事人可以通过平台系统了解办理事项所需的全部流程,在提交申请后,可以实时查看事项的处理进度,并知晓每个环节的处理结果和依据。其次,在线政务服务系统可以将一些程序规则代码化,从而有效避免程序违规行为的发生。例如,如果当事人提交的申请材料不全,或者不符合要求,便无法在系统上提交申请,这避免了不合资质的申请的发生。此外,在在线审批中,系统将每类审批事项的流程都进行了代码化,当事人只有通过所有整个审批流程后才能完成审批,这防止了遗漏和逃避审批环节的问题,同时促使了各审批机关对其所负责的环节负责。最后,相对人在线办事流程中的所有数据、材料、处理人、处理结果和理由、反馈信息等都会在系统中存档,保证了审批的可问责性。

（五）提高行政活动的科学性和适应性

首先,不同于传统行政决策主要依赖管理者的个人经验和有限的调查数据,现代数字行政通过大规模铺设传感装置,能够实时收集海量数据,并且运用大数据、人工智能等技术进行数据分析,辅助政府科学决策。例如,上海市临港新片区政府的智能决策系统通过运用人工智能、物联网等技术,能够在历史事件数据的基础上建构城市事件处置模型,实现上报事件的智能立案、智能派单、智能处置和智能核查。上海防汛防台指挥系统收集了近百年具有较大影响的台风数据,并运用算法分析了近十年上海主要灾害事件的要素,从而在台风来临时进行比对,采取有针对性的防范措施。③

其次,人工智能算法的运用提高了行政管理活动的适应性。传统行政管理往往依据固定的规则标准实施,稳定性有余而灵活性不足,无法根据现实情况进行调整优化。数字行政则可以凭借机器学习算法,在实时收集、分析数据的基础

---

① 参见〔美〕卡里·科利亚尼斯:《算法规制:作为治理工具的机器学习》,孟李冕、宋华琳译,载《湖湘法学评论》2022年第2期。
② 参见宋华琳、孟李冕:《人工智能在行政治理中的作用及其法律控制》,载《湖南科技大学学报（社会科学版）》2018年第6期。
③ 参见陈永生:《数字时代平台治理的运作逻辑:以上海"一网统管"为例》,载《电子政务》2021年第8期。

上灵活调整行政措施,最大化实现行政管理目标。例如,杭州市通过交通信号优化控制系统调整 1300 多个信号灯,覆盖杭州四分之一的路口。该系统可以根据来自交警和高德平台的实时交通数据智能调整信号灯的配时,从而有效疏导交通。"实际应用中,杭州中河—上塘路高架车辆道路通行时间缩短 15.3%,莫干山路部分路段缩短 8.5%;萧山信号灯自动配时路段的平均道路通行速度提升 15%,平均通行时间缩短 3 分钟。"①

二、数字行政的风险

(一)算法技术缺陷

数字行政的优势源于各种数字技术的运用,其风险也来自其所运用的技术本身。当技术存在缺陷时,使用该技术的行政活动就可能产生不良后果。数字行政的技术缺陷风险主要有以下两种表现:

第一,算法技术出现故障,无法稳定实现其设计目的。例如,在常州,由于交通执法部门的车牌识别系统无法识别"苏 U",许多"苏 U"牌号的违章车辆被识别为"苏 D",导致这些"苏 D"牌号的车主受到了错误的处罚。在 2020 年的 5 个月里,常州市车管所撤销了 1000 多起由此产生的违章记录。②

第二,算法对法律规则进行了不当的代码化。数字行政中,为实现自动化监管和执法,需要将法律规则转化为代码和算法。然而,不当的代码化会将法律规则进行改写,导致违法行政。例如,在浩峰能源公司诉嘉峪关市环境保护局一案中,因为浩峰能源公司多次违法拒不改正,嘉峪关市环保局使用"行政处罚自由裁量辅助决策系统"对其处以了 91994 元罚款。但根据《大气污染防治法》第 117 条,多次违法屡不改正的,应当处以责令停工整治或者停业整治的处罚,而非罚款。因此,辅助决策系统对该规则进行了不当的代码化,导致嘉峪关市环保局的处罚决定适用法律错误。③

(二)个人信息和隐私泄露

政府掌握着海量的个人信息,而且在行政管理活动中也在不断收集个人信息。数字行政的优势很大程度上正是源于对海量个人信息收集、处理和共享,但由此也带来了个人信息与隐私泄露的风险。首先,政府和公安部门存储的个人信息数据库,可能因为系统安全漏洞、黑客攻击或管理人员的违法行为而发生大

---

① 张建锋编著:《数字政府 2.0:数据智能助力治理现代化》,中信出版集团 2019 年版,第 189 页。
② 参见《苏 U 违章却算到苏 D 头上!为了年检白跑了两趟,常州车主槽了》,https://www.sohu.com/a/398020094_99967794,2023 年 8 月 1 日访问。
③ 参见(2018)甘 09 行初 2 号行政判决书。

规模泄露,威胁公民隐私乃至于国家和公共安全。其次,在非现场监管、非现场执法等场景中,大量安装的监控、监测和身份识别设备可能会不当收集公民个人信息,侵犯公民的私密空间和安宁。最后,在行政执法过程中,部分执法人员的个人信息保护意识淡薄,导致公民的个人信息被不当公开。例如,在疫情防控时期,一些阳性人员和密切接触者的个人信息在政府网站上被公开,使他们遭到网络暴力,难以回归正常生活。

(三) 违反正当程序

数字技术的运用极大地改变了行政活动的运作方式和流程,但这些改变在实现便捷和效率的同时,也与正当程序价值产生冲突。在行政领域中,正当程序包含三方面要求,即公开、中立(无偏私)和听取意见[1],数字行政对这三者均提出挑战。

首先,算法黑箱威胁程序公开。程序公开的一个基本要求是说明理由,尤其是在行政机关做出不利于行政相对人的决定时。但是,自动化执法中用于行政裁量的算法往往难以满足这一要求。一类用于行政裁量的算法是非机器学习的简单自动化算法。它只能处理事先设定的有限变量,运用决策知识库并采用固定的算法模型,将输入(即各法律事实要素)转化为输出(即法律后果),因而可称之为"裁量计算器"。[2] 例如,目前在环境执法领域中广泛采用的"行政处罚自由裁量辅助决策系统"就属于这一类型。对于这类算法,尽管处理参数的算法是固定和可知的,但行政执法人员并不知晓从事实要素到处罚结果的运算过程,因而无法对相对人就处罚类型及罚款数额的裁量进行说理。[3] 另一类是基于机器学习的人工智能算法,这类算法的黑箱属性是由其机器学习的技术属性所决定的。机器学习算法可以自行从训练数据中找寻与某事实(如行政违法行为)相关的变量,并依此建模预测未来的违法风险,但是算法选择了何种变量无法为人所知。这意味着,当行政机关参考机器学习算法的建议而做出行政决定时,因为它不知道算法是基于何种变量(以及选择的变量是否存在歧视)而提出的建议,所以无法向相对人说明裁量理由。[4]

其次,算法歧视威胁行政决定的中立性。行政的中立性要求决定者不得偏私,不得考虑不相关因素。然而,算法决策却隐含着歧视的风险,算法歧视有两

---

[1] 参见章剑生:《现代行政法总论》(第 2 版),法律出版社 2019 年版,第 218—235 页。
[2] 参见郝元:《基于计算机控制的自由裁量辅助决策系统初探》,载《电子政务》2010 年第 9 期。
[3] 参见王正鑫:《机器何以裁量:行政处罚裁量自动化及其风险控制》,载《行政法学研究》2022 年第 2 期。
[4] 参见张凌寒:《算法自动化决策与行政正当程序制度的冲突与调和》,载《东方法学》2020 年第 6 期。

种来源。一种来源于算法的代码本身,例如,在自由裁量辅助决策系统中设定了法律以外不相关的事实参数,或者算法对某事实参数进行了不合比例的加权处理。另一种则来源于训练数据,这主要发生在机器学习算法的情况中。当训练数据包含人类社会中对种族、性别、特定群体等的偏见时,用该数据训练出的算法也会相应将这些偏见代码化,并用于行政决策。相比来源于算法的歧视,来源于训练数据的歧视因为源于机器学习算法的黑箱性质,所以更具有隐蔽性,更难以为人发现和纠正,同时也更难以对其进行问责。

最后,在非现场执法中,相对人的知情、陈述、申辩等程序权利难以得到保障。《行政处罚法》第44、45条规定:"行政机关在作出行政处罚决定之前,应当告知当事人拟作出的行政处罚内容及事实、理由、依据,并告知当事人依法享有的陈述、申辩、要求听证等权利。""当事人有权进行陈述和申辩。行政机关必须充分听取当事人的意见……"但是,在交通等领域的非现场执法中,因为从证据收集到做出处罚决定的整个过程,执法人员都没有与当事人当面接触,所以事实上并未在处罚决定作出前履行其告知义务。当事人往往是在处罚决定作出后、收到通知时,才得知自己被处罚。同时,因为行政机关是在没有告知当事人的前提下作出的处罚决定,所以当事人也没有机会对此进行陈述和申辩。于是,就产生了许多如杜宝良案一样,当事人在不知情的条件下被反复处罚的情况。

(四)威胁人类决策自主性

在数字行政的实践中,算法被定位为人类决策的辅助,也就是作为"辅助决策系统"而发挥作用。但是事实上,这种本应居于辅助地位的算法决策,却对人类决策的自主性提出了挑战。

算法决策对人类决策自主性的威胁,首先来源于一种人类决策所固有的认知偏差——"锚定效应"(anchoring effect)。锚定效应是指人们在进行数字估算时,往往会将某个特定数值作为起始点即"锚",而后在该数值的上下做出微小调整得出最终估算的结果。[①] 当算法被用于辅助行政处罚的自由裁量时,尽管理论上它的作用仅限于提出建议,最终的处罚结果依然由人工决定。但是,由于锚定效应的存在,行政机关最终的处罚结果往往会接近于算法系统的建议,这使得算法事实上拥有了决定权。同时,如果执法人员习惯于依赖算法做出裁量,还会造成裁量怠惰的问题。也就是说,执法人员不再积极考量个案的特殊情形,对算

---

① See Amos Tversky & Daniel Kahneman, Judgment under Uncertainty: Heuristics and Biases, *Science*, Vol. 185, No. 4157, 1974.

法的建议进行调整和修正,而是盲目地遵从算法建议作出决定。[①]

其次,现实中一些自由裁量辅助决策系统会过度限制执法人员的裁量空间,使之难以根据个案情况做出差异化的决定,阻碍个案正义的实现。其一,目前自由裁量辅助决策系统所设定的法律事实参数是固定的,无法根据个案情况进行调整,这意味着执法人员只能在系统设定事实要素范围内调查取证,无法考虑其他事实要素进行裁量。其二,在一些自由裁量辅助决策系统中,执法人员对系统裁量结果的修改权限被严格限定。例如,当系统将某类行为设定为固定金额的罚款时,执法人员便无法对罚款金额进行调整,只能依此做出决定。[②]

(五)数字权力的滥用

数字技术在显著提高了政府治理能力的同时,也使其权力得到了前所未有的扩张和强化。凭借数字技术,政府可以对社会实施大规模、全方位的监控,收集和处理海量的个人信息。如果这种数字权力脱离法治的约束,被用于不合法、不正当的目的,就可能会侵犯公民的基本权利。例如,新冠疫情期间,健康码原本被设计用于收集民众的健康信息,帮助政府制定科学的防疫政策。但是,在河南郑州的"赋红码"事件中,一些地方政府却将其作为一种变相限制公民人身自由的手段,对上千名不符合红码条件的银行储户违法赋予红码,阻止其进行正当维权。[③]

第三节 规制数字行政的法律制度

针对数字行政的风险,主要有三类法律制度可以对其实施规制。其一是算法治理制度,主要用于规制来自算法本身的风险,包括算法影响评估和算法审计制度;其二是技术性正当程序制度,用于保障行政相对人的程序性权利;其三是个人信息保护与数据安全制度,用于规制个人信息和隐私泄露风险。

一、算法治理制度

(一)算法影响评估

算法影响评估是算法使用主体在开发或部署自动化决策系统之前,根据算

[①] 参见查云飞:《行政裁量自动化的学理基础与功能定位》,载《行政法学研究》2021年第3期。
[②] 参见王正鑫:《机器何以裁量:行政处罚裁量自动化及其风险控制》,载《行政法学研究》2022年第2期。
[③] 参见《郑州问责"赋红码":健康码必须被善用而非擅用|新京报快评》,https://www.sohu.com/a/559981997_616821,2023年8月1日访问。

法的性能、使用的数据集质量以及对个人权利和公共利益的影响等要素,对算法进行风险评估,以求预防和降低算法风险的制度。算法影响评估制度由2018年美国纽约州的《算法问责法》所首创,之后在加拿大的《自动化决策指令》、欧盟的《公共管理算法决策系统影响评估示范规则》(以下简称《示范规则》)以及美国的《算法问责法案》中得到了更为精细化和体系化的建构,如今已成为算法治理的典范制度。

算法影响评估的主体是算法的使用者,包括公共机关和企业。加拿大的《自动化决策指令》和欧盟的《示范规则》均针对的是公共机关,是专门对数字行政的规制政策,而美国的《算法问责法案》则针对私人企业。

算法影响评估的内容主要包括算法性能、数据质量以及对个人权益和公共利益的影响。首先在算法性能方面,算法使用者应当根据算法的设计目标,对系统的性能和绩效进行评估,尤其是它的缺陷和故障。其次在数据质量方面,一是应当对算法使用的数据集进行测试,防止出现数据偏差和其他可能导致算法歧视的因素;二是应当确保算法使用的数据的准确性和时效性,并且符合数据和隐私保护法律。最后还应当评估算法决策系统对个人权利和公共利益的影响程度,并据此确定算法决策系统的风险等级。

算法影响评估的程序环节主要有测试、制作影响评估报告、专家审计、公众参与、评价和重复评估。算法使用者先需要对算法性能和数据质量进行测试,并依此制作影响评估报告。之后,由独立的专家委员会对该报告进行审计,评估报告的准确性、充分性和完整性。对于高风险的算法,欧盟《示范规则》还额外规定,在专家审计之后应当向社会公开算法影响评估报告,通过听证会等方式吸收公众意见。算法使用者最终应当在评估专家审计和公众意见的基础上扩展原报告。此外,算法使用者还应当在发现报告缺漏或系统发生变化时或者每隔一段时间,对算法系统的影响进行再评估。

对数字行政而言,算法影响评估制度有助于预防和降低由算法和数据集缺陷而产生的风险,并根据算法风险等级制定有针对性的规制政策。首先,通过算法影响评估,行政机关可以在算法投入运行之前发现和纠正算法技术缺陷、算法对法律规则的不当代码化、数据集偏差以及数据保护漏洞等问题。其次,算法影响评估通过专家审计和公众参与,实现了对算法影响评估的外部监督,保证了公众的知情权,强化了公众对数字行政活动的信任。最后,对数字行政算法的风险评级充分考虑了数字行政的算法类型和实践场景的多样性,有助于对算法实施针对性的精准治理。

（二）算法审计

算法审计是指由算法使用者、监管部门或第三方机构对算法系统的安全性、合规性进行监督审查。不同于在算法部署前进行的算法影响评估，算法审计是在算法投入使用之后进行持续性监督活动。欧盟《人工智能法案》第17、43条规定的高风险人工智能系统的质量管理制度和合格评估要求，均属于算法审计的范畴。此外，我国目前也已经在个人信息保护、算法推荐、深度合成和生成式人工智能等监管领域，确立了算法的合规审计制度。①

算法审计的主体包括算法使用者、监管部门和第三方机构。算法审计将多元主体纳入了算法治理体系，有助于发挥和结合不同主体的监管优势。与外部审计相比，由算法使用者进行的内部审计拥有信息、时间和技术上的优势，可以深入测试算法模型性能和数据集质量，发现和评估算法缺陷和风险。由政府监管部门实施的算法审计侧重于维护公共利益，主要审查算法的社会风险以及算法使用者的内部合规情况。由非官方组织等第三方机构进行的算法审计，为更广泛的公众参与和监督提供了渠道，更具社会影响力，有利于提升公众的数字素养，对算法权利形成制约。

算法审计的对象是具有较高风险的算法。和算法影响评估一样，算法审计也贯彻了"基于风险的规制"的要求，主要针对具有较高风险的算法决策系统，且风险程度越高，审计措施也越严格。例如，在我国关于算法推荐、深度合成和生成式人工智能的规定中，仅对"具有舆论属性或者社会动员能力"的算法有备案和安全评估的要求。对于数字行政的算法审计，也应遵循分类分级原则，对例如非现场处罚、非现场监管等对相对人权益影响较大、具有更高风险的自动化决策算法，应当采取更严格的审计措施。

算法审计的内容可分为"总体风险控制"和"过程风险控制"两个模块。② 对总体风险控制的审计针对的是算法使用者内部的合规机制，包括内部领导与治理结构、政策与程序、投诉与档案制度、应急预案机制以及教育与培训制度等。对过程风险控制的审计针对的是具体的技术风险。其一是数据风险，根据数据质量、数据安全、数据准确性、数据清洁度等指标进行审计；其二是算法风险，包括算法公平、算法性能、算法透明度等；其三是平台风险，主要是平台企业的风险控制和管理能力。

---

① 参见《个人信息保护法》第54、64条；《互联网信息服务算法推荐管理规定》第7、8、24条；《互联网信息服务深度合成管理规定》第15条；《生成式人工智能服务管理暂行办法》第8、17、19条。

② 参见张欣、宋雨鑫：《算法审计的制度逻辑和本土化构建》，载《郑州大学学报》（哲学社会科学版）2022年第6期。

二、技术性正当程序

数字技术改变了行政活动的方式和流程,同时也对传统的正当程序原则提出了挑战,在此背景下,技术性正当程序的理论和制度应运而生。[1] 技术性正当程序一方面延续了传统正当程序中公开、中立和听取意见的要求,另一方面将这些要求在数字行政的场景下进行了重构,主要体现为以下四方面内容。

(一) 算法与监控设备公开

在数字行政中,由算法驱动的自动化决策系统参与了行政决策的过程,监控设备取代了人力成为调查取证的主要方式,于是正当程序的公开要求就体现为算法和监控设备的公开。

首先,行政机关应当将其使用的算法决策系统向社会公开。因为行政机关使用的算法决策系统会参与行政决定的做出,会对不特定行政相对人的利益产生广泛影响,所以出于公共利益的需要,行政机关有义务将其算法决策系统向社会公开。算法公开和透明一方面保证了公众的知情权,使人们能够建立对数字行政活动的信任;另一方面充当了外部监督和问责的机制,有利于及时发现和修正算法缺陷,对由算法系统缺陷而导致的违法行政进行问责和救济。

其次,执法部门应当将用于非现场执法的监控、测速、称重等自动化取证设备向社会公开。这也是保障公众对行政执法活动知情权的必要举措。我国在此方面已经进行了许多立法。例如,根据《道路交通安全违法行为处理程序规定》第16、17条规定,设置交通技术监控设备的地点应当有明确规范相应交通行为的交通信号;固定式交通技术监控设备设置地点应当向社会公布;使用固定式交通技术监控设备测速的路段,应当设置测速警告标志。

(二) 电子告知

目前,对于采用非现场执法方式作出的行政处罚决定,法律允许在事后通过电子方式告知相对人,但对于查询和告知的时间做出了限定。例如,《道路交通安全违法行为处理程序规定》第20条规定,交通管理部门应当在违法行为信息录入道路交通违法信息管理系统后的当日,向社会提供查询;在录入系统后5日内,通过移动互联网应用程序、手机短信或者邮寄等方式将违法时间、地点、事实通知违法行为人或者机动车所有人、管理人,并告知其在30日内接受处理。司法判例也认可此种告知方式的合法性,认为当事人在交管平台上处理处罚的过

---

[1] See Danielle Keats Citron, Technological Due Process, *Washington University Law Review*, Vol. 85, No. 6, 2008.

程中,能够获知其违法事实情况、处罚决定的内容和法律依据,因而处罚程序合法。①

(三) 算法解释权

根据传统正当程序观念,在当事人受到不利行政决定时,有权知晓决定的理由,而当自动化决策系统参与行政决定时,此种知情权就体现为算法解释权。《个人信息保护法》第 24 条对算法解释权作出了规定:通过自动化决策方式作出对个人权益有重大影响的决定,个人有权要求个人信息处理者予以说明。行政机关作为数字行政活动中的个人信息处理者,负有算法解释的义务。就解释的方式而言,有必要区分"以模型为中心"和"以主体为中心"的解释。前者是对算法模型整体所做的笼统解释;后者则是对特定决策中,个人数据信息如何影响决策所做的解释。② 技术性正当程序中的算法解释权,应当采用以主体为中心的解释,因为只有这种解释才能够对具体行政决定的裁量理由作出说明。

(四) 异议与人工审查请求权

与电子告知一样,传统正当程序中的陈述、申辩和听取意见的权利也转为事后行使,具体体现为异议和人工审查的请求权。《道路交通安全违法行为处理程序规定》第 5 条规定,违法行为人或者机动车所有人、管理人对交通技术监控设备记录的违法行为事实有异议的,可以向公安机关交通管理部门提出。在此,被处罚人对处罚决定的异议权,就相当于其在传统行政处罚程序中享有的陈述和申辩权。同时,处理地公安机关交通管理部门应当在收到当事人申请后当日,通过道路交通违法信息管理系统通知违法行为发生地公安机关交通管理部门。违法行为发生地公安机关交通管理部门应当在五日内予以审查,异议成立的,予以消除;异议不成立的,告知当事人。在此,交通执法部门的人工审查义务就对应于传统正当程序的听取意见义务,因为只要当事人提出异议,执法部门就必须应申请进行人工复核,并告知当事人审查结果。

三、个人信息保护与数据安全制度

个人信息保护与数据安全制度解决的是数字行政过程中个人信息泄露的问题。数字行政活动中,个人信息的泄露具体表现为行政机关过度收集个人信息和因管理不当而向外界泄露个人信息。规制前者有赖于对个人进行数据赋权,

---

① 参见四川省成都市中级人民法院(2018)川 01 行终 776 号行政判决书。
② See Lilian Edwards & Michael Veale, Slave to the Algorithm? Why a "Right to an Explanation" is Probably Not the Remedy You are Looking for, *Duke Law & Technology Review*, Vol. 16, No. 1, 2017.

同时课予政府相应的信息处理者义务,规制后者则需要政府建立健全内部的数据安全制度,并采取一定的数据安全技术措施。

首先,我国《个人信息保护法》规定的个人信息权利和个人信息处理的"告知同意"规则,有助于防止政府过度收集个人信息。根据《个人信息保护法》第44条,"个人对其个人信息的处理享有知情权、决定权,有权限制或者拒绝他人对其个人信息进行处理"。对应这一权利,《个人信息保护法》第35条规定,国家机关为履行法定职责处理个人信息,应当依法履行告知义务。原则上,政府只有在告知个人并取得其同意的前提下,方可处理其个人信息。除了尊重个人意思以外,政府收集个人信息的行为还受到必要原则和目的限制原则的制约,即必须出于合法、合理的目的,其所收集的个人信息应当与其信息处理目的直接相关,且不得超出履行法定职责所必需的范围和限度。

此外,《个人信息保护法》还对在公共场所安装图像采集、个人身份识别设备作出了严格限制。该法第26条规定:"在公共场所安装图像采集、个人身份识别设备,应当为维护公共安全所必需,遵守国家有关规定,并设置显著的提示标识。所收集的个人图像、身份识别信息只能用于维护公共安全的目的,不得用于其他目的;取得个人单独同意的除外。"

其次,在数据安全方面,《个人信息保护法》和《数据安全法》还规定了信息处理者的一系列数据安全保护义务。其一,政府作为个人信息数据的处理者,应当采取措施防止个人信息泄露、篡改、丢失,落实数据安全保护责任,保障政务数据安全,包括制定内部管理制度和操作规程、对个人信息实行分类管理、采取安全技术措施、对从业人员进行安全教育和培训、制定并组织实施个人信息安全事件应急预案等。① 其二,政府的数字行政活动涉及许多敏感个人信息的处理,并且会利用个人信息进行自动化决策,应当在事前进行个人信息保护影响评估,对其个人信息处理的目的和方式、对个人权益的影响和安全风险以及数据保护措施进行审查。②

> **问题与思考**
>
> 1. 数字行政有哪些实践场景?可以按照哪些方式进行分类?
> 2. 数字行政的优势和风险有哪些?
> 3. 什么法律制度有助于规制数字行政的风险?

---

① 参见《个人信息保护法》第51条,《数据安全法》第27条。
② 参见《个人信息保护法》第55、56条,《数据安全法》第30、39条。

> 扩展阅读

1. Karen Yeung, Algorithmic Regulation: A Critical Interrogation, *Regulation & Governance*, Vol.12, No.4, 2018.

2. 〔美〕卡里·科利亚尼斯:《算法规制:作为治理工具的机器学习》,孟李冕、宋华琳译,载《湖湘法学评论》2022年第2期。

3. 马长山:《数字法治政府的机制再造》,载《政治与法律》2022年第11期。

4. 王锡锌:《数治与法治:数字行政的法治约束》,载《中国人民大学学报》2022年第6期。

5. 苏宇:《数字时代的技术性正当程序:理论检视与制度构建》,载《法学研究》2023年第1期。

6. 余凌云:《数字政府的法治建构》,载《中国社会科学院大学学报》2022年第1期。

7. 展鹏贺:《数字化行政方式的权力正当性检视》,载《中国法学》2021年第3期。

8. 胡敏洁:《自动化行政的法律控制》,载《行政法学研究》2019年第2期。

9. 张凌寒:《算法自动化决策与行政正当程序制度的冲突与调和》,载《东方法学》2020年第6期。

10. 马颜昕:《自动化行政的分级与法律控制变革》,载《行政法学研究》2019年第1期。

第十五章　基层数智治理的法治路径

【引读案例】

　　城市大脑是指由中枢、系统与平台、数字驾驶舱和应用场景等要素组成，以数据、算力、算法等为基础和支撑，运用大数据、云计算、区块链等新技术，推动全面、全程、全域实现城市治理体系和治理能力现代化的数字系统和现代城市基础设施。2016年12月，杭州市委、市政府率先成立了"城市大脑"建设领导小组的组织框架结构，集合政府、企业以及高校等各方力量，整合了建委、公安、财政等十个部门，形成整体效力。此外，为解决数据统筹等问题，杭州市政府专门成立了市数据资源管理局，为推进项目研发提供支撑和保障，以消除信息孤岛现象，从而真正发挥数据价值并且保证数据正义。同时，杭州市交警与各大企业合作建设了两个实验室，还挂牌成立了杭州交警城市大脑实践基地，积极探索警务机制改革，全力推进试点项目的研发探索。

　　2017年杭州市上线城市大脑交通系统V1.0版，依托大数据和人工智能技术，城市大脑能够实时掌握道路交通状况，并智能优化信号灯配时，实现交通流量的精细化管理。这种基于数据驱动的交通治理方式，响应迅速、效率高效，可实现交通拥堵问题的精准化治理。与此同时，城市大脑还能收集各种环境和社会数据，通过算法模型实现多领域的统筹协同，进一步提升城市运转的敏捷性。杭州城市大脑交通平台的成功运用，展现了基层数智治理的巨大潜力。

　　基层数智治理既是数字社会治理的重要组成部分，也是数字法治建设的基础和重点领域。为了更全面地概览基层数智治理的基本轮廓和核心要件，本章主要从基层数智治理的基本范畴、发展趋势、主要挑战和法治路径四个方面展开论述，积极推动数字法治建设在基层社会落地生根。

第一节　基层数智治理的概念与特征

　　2021年7月，中共中央、国务院印发了《关于加强基层治理体系和治理能力现代化建设的意见》，其中明确提出"加强基层智慧治理能力建设"，这体现了基层治理数字化转型的根本要求，同时也是中国特色基层治理走向"智治"的重要举措。阐述基层数智治理这一治理新形态的内涵,是真正实现自治、德治、法治、智治"四治融合"的理论前提,也是关乎社会主体安定、有序发展的重大时代命题。

一、基层数智治理的概念

厘清基层数智治理内涵的首要前提是明确基层治理的含义,对基层治理的不同解读直接影响实践中基层治理方式和资源配置。

(一)基层治理的含义

近年来学界对基层治理的研究层出不穷,但基层治理的概念仍然众说纷纭,缺乏统一的定义。综合来看,主要有以下两种代表性观点。

1. 空间(地域)性含义界定

通说大多围绕基层治理的地理空间展开论证基层治理的含义。也就是说,概念解释的重点大多基于基层的空间边界延伸,将基层等同于社区。例如,有学者提出,基层治理是以乡镇、村或城市的邻里社区为基本范围,直接面对社会和居民,依靠治理机制,发挥各种社会力量共同解决社会公共问题的活动。[1] 有学者进一步指出,社区建设已成为城市基层治理的重要议题,且议题重点探讨如何构建从街道办事处到居委会的基层政权。[2] 而为了精准聚焦国家管控和民间自治的契合点,推动群体和组织协同发力,属地化管理是必经之路。[3]

2. 社会性含义界定

现代社会人员流动急速加剧,削弱了空间的地理属性,提升了社会的开放性和多元性。因此,部分学者反对将基层治理的研究囿于封闭的空间内,忽视基层治理的系统性和联动性。[4] 主张打破固化的思维藩篱,以社会认知路径取代基于地域的传统解释路径,基层治理本质上应当是以人的聚合为中心,解决开放性社会中多元主体一体化问题。[5] 还有学者进一步指出,基层治理最主要的特征在于多重逻辑和多种机制的交织运作,基层治理包括顶层设计、政策安排、居民

---

[1] 参见钱玉英:《城镇化背景下的基层治理:中国的问题与出路》,载《苏州大学学报(哲学社会科学版)》2008年第5期。

[2] 参见何艳玲:《社区建设运动中的城市基层政权及其权威重建》,载《广东社会科学》2006年第1期。

[3] 参见黄俊尧:《"精细化"导向的城市基层治理创新——国家"趋近"社会的实践与逻辑》,载《浙江学刊》2019年第1期。

[4] 参见杨君、纪晓岚:《当代中国基层治理的变迁历史与理论建构——基于城市基层治理的实践与反思》,载《毛泽东邓小平理论研究》2017年第2期。

[5] 参见马卫红、喻君瑶:《何谓基层?——对当前城市基层治理基本概念的拓展》,载《治理研究》2020年第6期。

参与以及总结反思①,其概念内核不是"行政管理",而是以人为本位(如基层民众)的管理架构和治理体系。

基层治理的概念思辨表面上是术语内涵的简单转化,但本质上是目标与功能的升级转换。对涵义的不同解读折射出基层治理现状的复杂性、基层治理思维的先进性以及基层治理机制的现代性。基层治理的内涵解读是提升治理能力和治理水平的重要前提,克服新形势下传统基层治理的局限。它的目标不再是挖掘社会管制的纵深面,而是民众的权利表达和保障。它表面上似乎是行政组织的单向输出,但实质上是个体与组织的积极互动。概念会因不同的时代需求而展现不同面向。既往基层治理概念是"从属于某个社群的概念更多地由地理位置(当地社区)、职业和家庭决定"②,而数智治理时代下基层治理内涵更多是技术层面的超越和社会属性的赋予。

(二)基层数智治理的内涵

数智治理是数字智慧化与智慧数字化的合成,通过将智能信息新技术充分运用到政府数字治理场景,以全面提升社会治理和公共服务效能的先进治理方式和治理体系③,实现技术变革和深层次、宽领域的制度变革。基层数智治理的内涵,主要包括以下几个方面:

首先,智能信息技术是基层数智治理的技术基础。网络、大数据、人工智能以及这类技术深度合成、综合应用的产物如区块链、物联网、人形机器人等,是基层数智治理的基础保障力。这类技术已在基层被广泛实践,例如南京市江北新区"链通万家"形成的"区块链+小区自治",浙江省的在线矛盾纠纷多元化解平台(ORD平台)等等。然而,技术泛化也面临着个人隐私泄露、公权力无限扩张的隐忧。为避免技术异化相关主体凭借技术优势地位,避免本末倒置,技术对公权力的精准约束是智能化约束和智慧化服务的应有之义。④

其次,基层民众、组织是基层数智治理的治理主体。一方面,传统治理主体政府职能发生转变。普适的人工智能和网格化治理使得决策单元分散,全能型政府开始解组,"政府中心主义"逐渐被动摇,政府职能定位和治理策略由管制转向服务。另一方面,参与治理主体走向多元化。信息革命和智能互联网的深度

---

① 参见于永达:《基层治理要唯真、唯实》,载《人民论坛》2021年第3期。
② 〔德〕克劳斯·施瓦布:《第四次工业革命——转型的力量》,李菁译,中信出版集团2018年版,第96页。
③ 参见马长山:《数字法治的体系性建构——基于2021年以来我国数字法治建设的观察分析》,载《浙江警察学院学报》2023年第1期。
④ 参见汪玉凯:《智慧社会与国家治理现代化》,载《中共天津市委党校学报》2018年第2期。

融合开始去中心化,逐渐瓦解传统利益群体,调动各方主体进入治理通道。"在这场运动中,我们的社会将变得更加平等,更加人性化,每个人都重新拥有了知情和参与的权利。"①国家治理重心下沉旨在充分挖掘自治力量,通过数智治理贯彻"以人为本"理念,增强多元力量,贴近公民意愿和诉求,解决、化解矛盾在基层。

再次,"众创式"制度是基层数智治理的制度架构。新兴技术改写了既有规则和秩序,催生出共享模式形塑新秩序。人们能够借助信息技术,在创造与操纵符号的社会过程以及生产与分配财富及服务的能力之间建立紧密联系。②信息技术革命使建构于工业文明之上的制度体系遭到系统性挑战。新兴技术和智慧手段的更新和应用培育了全民的参与意识,减少了国家计划性的制度安排,削弱了排他性的权力,取而代之的是多元互动的秩序结构和共建共享共治的制度设计。既能实现科技赋权、行业自治,又能践行必要的风险管控和规范校正。数智治理的制度创新在为多元治理提供强劲动力的同时维护安定秩序和社会公平。

最后,双重空间同治是基层数智治理的治理形态。众所周知,当前的社会空间介乎物理和网络空间之间,生产生活方式和社会价值取向发生了深刻颠覆。因此,应确立虚实同构的双重空间的发展治理逻辑,摆脱传统物理空间治理的思维定式,探索物理空间和网络空间治理并重的治理形态。网络空间绝非法外之地,且传统物理空间治理的基础性手段难以为继,仅靠封堵、删除是不能彻底净化网络环境的,仅仅关注现实治理而忽视虚拟治理也是不行的。把现实治理跟虚拟治理结合起来,把疏与堵、解决问题和引导舆论充分地结合起来,才能不断完善社会治理。

归根结底,基层数智治理不是数据技术简单的嵌入与应用,而是治理体系本身的适应性调整和革命性转变。"历史已经向我们表明重大的技术变迁会导致社会和经济的范式转换。"③因此,数智治理不仅意味着治理工具的智能化,还意味着治理体系运行机理的科学化、系统化和协同化,将从根本上促进国家治理现代化转型。以服务基层民众、保障民众权利为出发点,坚持以人为本的理念指导以及双重空间一体化规制模式,运用信息技术,打造科学化、精细化、智能化的"数治"新范式。

---

① 〔澳〕史蒂夫·萨马蒂诺:《碎片化时代:重新定义互联网+商业新常态》,念昕译,中国人民大学出版社 2015 年版,第 296 页。
② 参见郑智航:《"技术—组织"互动论视角下的中国智慧司法》,载《中国法学》2023 年第 3 期。
③ 〔英〕乔治·扎卡达基斯:《人类的终极命运——从旧石器时代到人工智能的未来》,陈朝译,中信出版集团 2017 年版,第 296 页。

二、基层数智治理的特征

从特征来看,基层数智治理主要具有平台化、数据化、智能化、可视化和网格化五种特征。

(一) 平台化

信息技术时代,基层治理的平台化可以理解为行政组织通过治理理念更新、数字技术接入、服务供给集成、治理架构重组、治理流程再造等全面创新,构建整体化、一体化、平台化的治理新模式,以更好地适应技术驱动、系统集成、流程简捷、服务优化的治理目标,努力提升政府治理能力与用户服务体验,促进基层治理的全面转型与治理模式创新。[1] 基层治理平台化是基层治理结构性变革的表征之一,为治理现代化转型奠定基础。通过平台整合县乡两级的条线力量以统一指挥、调度,形成治理合力。通过平台集成优化原有碎片化、层级化的治理短板,提高基层治理的整体性,通过技术支撑构建不同领域、不同层级、不同部门间的网络链接,进而资源共用、信息共享、规则共制,实现多主体间的协同性网络治理,以达到平台系统内部共同利益和整体效能的最大化。与此同时,智慧治理背景下基层治理平台化建设机制透明、配置清晰、权责明确,为基层治理能力提供了稳定的制度供给和效能保障。例如,杭州多个乡镇、街道的基层治理平台与杭州城市大脑、"基层治理四平台"等平台间基本实现了信息快速流转,多个政府部门的数据以及小区物业、智能安防、市政服务等信息系统实现连通,构建了实时动态的基础信息和基础资源数据库,以"平战结合、因势授权"的理念,按需开放数据应用权限,可实时查询辖区的基础信息,分析重点服务对象基本情况,调阅商务楼宇、社区监控和公共设施等基础信息,及时联系上级部门、街道驾驶舱、社区工作力量等开展协同处置。[2] 基层治理过程呈现出不同于以往的"先知先觉",治理方式愈加精细化、信息化、场景化。

(二) 数据化

中共中央组织部、民政部负责人在《关于加强基层治理体系和治理能力现代化建设的意见》答记者问时指出,基层社会治理要跟上信息技术发展的步伐,与

---

[1] 参见陈水生:《数字时代平台治理的运作逻辑:以上海"一网统管"为例》,载《电子政务》2021年第8期。

[2] 参见《构建社区治理新模式 杭州社区智治在线下城平台上线》,https://www.hzzx.gov.cn/cshz/content/2020-06/09/content_7751755.htm,2023年8月12日访问。

互联网、大数据等深度融合,始终与时代发展和群众需要同频共振。① 在基层治理现代化转型建设的过程中,要格外重视数据的治理、开放、共享。能否有效利用、驱动数据,关涉治理平台能否真正发挥效能。数据是基层数智治理的资料基础,若缺乏足够的数据作为分析样本,数智治理将无从谈起。因此,只有合理运用数据辅助政府决策,才能提高治理的科学化水平,更好地满足群众需求。

实现基层数智治理数据化的关键在于业务数据化,通过数据编码、数据处理、数据分析以及数据输出环节,采用"数据—数据整合—知识构建"的基本开发思路②,将业务从"线下"移转至"线上"。首先,数据收集是治理数据化的逻辑起点。收集的数据对象包括网格治理范围内的人员和实物信息、风险数据以及异构时空数据。其次,整合治理所需的数据资料。通过标准化编码技术将混杂、无序、非结构化的数据转变为结构化、机器可阅读的高质量数据。③ 数据的有序性、一致性、完整性是基层治理各部门贯通、联结的前提条件,通过融合各部门的信息数据,打破时空壁垒,消除数据孤岛现象以强化合作治理。再次,形成治理业务对应的知识图谱和算法模型,以更好地应对基层事件的复杂多变和基层治理资源的有效调配。例如,基层社会治理事件分类分级处置和社会重点人员分类分级管控。最后,通过数据处理和输出环节以真正释放基层治理效能。构建技术治理的协同一体化路径,典型基层实践如浙江省的在线矛盾纠纷多元化解平台(ODR 平台)、安徽省阜阳市的"两有三解",都是卓有成效的共建共治共享的数据流通模式,最大化释放数据共享红利,充分惠及企业和群众。

此外,还需要警惕数据侵害。数字技术是一把"双刃剑",其既能助推基层社会治理智能化,同时也会带来技术滥用、隐私保护等风险问题。④ 因此,在运用数据治理的同时还需构建数据治理共享规则、坚守数据安全底线、保障数据权益。加强数字技术应用监管,聚焦数据权利与隐私法治保障,避免数据滥用,导致数据功能和治理价值背离。

(三)智能化

基层治理智能化是指将大数据、云计算、物联网等信息技术与新时代基层社会治理相结合,形成以智能技术为支撑,集合多元治理诉求、整合多方治理资源、促进多元主体参与、打造多元治理平台、满足多元主体需求、提升多元主体信息

---

① 参见李昌禹:《推进新时代基层治理现代化建设的纲领性文件》,载《人民日报》2021 年 7 月 13 日。
② 参见王禄生:《司法大数据与人工智能开发的技术障碍》,载《中国法律评论》2018 年第 2 期。
③ 参见蔡莉、王淑婷、刘俊晖、朱扬勇:《数据标注研究综述》,载《软件学报》2020 年第 2 期。
④ 参见陈水生:《城市治理数字化转型:动因、内涵与路径》,载《理论与改革》2022 年第 1 期。

处理能力的过程。① 基层治理智能化包括"硬""软"两个层面,技术的刚性支撑和治理机制的柔性运转,二者相辅相成。一方面,先进的信息技术能提升治理效能,另一方面,科学的治理机制能促进技术赋能。

基层社会治理的智能化主要体现在以下几个方面:一是信息获取。通过大数据、云计算、物联网等人工智能技术抓取识别基层辖区内的主体、客体信息,有效甄别主要矛盾、精确治理对象、检索潜在风险。二是资源整合。在获取信息的基础上解析、共享信息,促进多元主体协同、治理层级扁平化和风险处理及时因应。三是机制反馈。依托基层治理的平台和数据技术,汇总、分析治理信息与结果,及时优化既有组织与机制的弊端并且形成新的治理体系。智能技术驱动基层治理模式转型,尤其对司法场景的介入有鲜明的广泛性与深刻性。例如,司法系统法院已开始尝试利用智能技术推动诉讼服务迭代升级,我国已有相当一部分法院推出这项服务,比如杭州市西湖区法院的"小法"、广州市白云区法院的"小宝"、成都市崇州市的"小崇"等。总之,基层治理的智能化既能考虑技术投入产出与效率,又能兼顾社会效益和社会公平,在回应民众利益诉求、维持治理机制有序运转的同时,实现基层辖区服务供给的均等化。

(四) 可视化

智慧城市建设中常用北斗网格码技术内嵌一个开放性的时空网格框架,以构建涵盖空域空间、城市空间、地下空间在内的地球全域空间数字孪生网格数据模型,实现城市全要素数字化、全状态实时化和可视化、治理协同化和智能化,达到物理空间与数字空间虚实交互、平行运转。② 基层治理的可视化主要体现在风险管控、决策分析和权利诉求三个方面。

首先是风险管控的精确性和预防性。治理可视化对"异常"的洞察极其敏锐,例如某地为解决高空抛物治理难题,在小区安装智能高空抛物摄像头,通过人工智能视觉分析,自动识别、记录高空抛物行为,将抛物轨迹可视化以及时、准确反馈给相关责任人。基层治理的可视化对风险预防前置化无疑具有重要意义。其次是决策分析的针对性与实效性,通过可视定人、定岗、定责形成指挥矩阵。最后是权利诉求的多元性和包容性,通过可视化治理技术,精准把握社会民情和信息脉搏,让社会个体充分有效地理性表达自我需求。

(五) 网格化

高度智能化的社会在推动生产力解放和社会进步的同时也引发了深度的社

---

① 参见吴军民、周琳:《论新时代基层社会治理的智能化》,载《贵州社会科学》2022年第10期。
② 参见中国信息通信研究院发布的《数字孪生城市研究报告(2018年)》。

会解组,既有基层治理面临重大变革机遇和时代挑战。因此,网格化治理不仅是技术选择,更是法治战略上的制度安排。一般认为,基层社会网格治理是指运用信息技术和数字化平台,将管辖区域划分成若干个单元网格,设置网格员对单元网格实施事件巡查和监督、资源共享、集成联动的基层智能治理模式。[①] 基层社会网格治理是基层治理的基本方式之一。基层治理网格化旨在通过划定网格来明确权责范围,进一步提升基层治理的精细化,落实惠及民生的政策,提升治理效能。同时,基层治理网格化也是推进落实基层治理数字化的重要抓手。在"智治"背景下,我国基层治理正在经历从网格化管理到网格化治理的模式变迁[②],做到真正打通社会治理的"最后一公里"。然而,很多地方还是把网格化治理误解为一种技术工具和行政策略,仅把治理平台作为传统社会管理的技术拓展和虚拟延伸。因此,需要明晰基层数智治理网格化的价值理念和规制路径,以究其实质。

首先,基层治理网格化的价值目标在于增进赋权治理。通过网格化的治理模式将技术福利实时转化为民众权益,提升赋权实践的包容性、广泛性和动态性。其次,基层治理网格化的理念指导在于强化合作治理。基层结构正在历经从传统科层制治理向整体性治理模式的变革。[③] 传统政府主导的治理结构和权威形态转换成以多元共治为导向的政治核心,逐步形成共建共治共享的良性合作机制。最后,基层治理网格化是拓展民主参与机制的规制路径。参与式治理拓展了基层民主空间,使民众深度参与到公共政策和制度的议定过程中,有效平衡协调多方利益。[④] 技术治理的便利不等于基层治理效能提升。由"管理"向"治理"的内涵式提升关键在于落实基层民主、保障民众实质参与,使基层主体真正成为解决社会问题的支持力量,基层治理从被动应对矛盾转向积极定位问题。

第二节 基层数智治理的发展趋势

从技术与制度的关系来审视历史发展进程,新兴技术的发展与运用必然产生新的思维方式与行为方式,进而会对原有制度产生深刻影响。党的十九届四中全会对国家治理体系和治理能力进行了明确的阐述,提出要"建立健全运用互

---

① 参见马长山:《智慧社会的基层网格治理法治化》,载《清华法学》2019年第3期。
② 参见胡铭:《基层社会网格治理数字化及其规制》,载《社会科学辑刊》2023年第4期。
③ 参见陶振:《城市网格化治理:运行架构、功能限度与优化路径——以上海为例》,载《青海社会科学》2015年第2期。
④ 参见马长山:《智慧治理时代的社会组织制度创新》,载《学习与探索》2019年第8期。

联网、大数据、人工智能等技术手段进行行政管理的制度规制,推进数字政府建设,加强数据有序共享"。2022年6月国务院印发的《关于加强数字政府建设的指导意见》也明确提出相关要求,纵观我国政府运用数字技术提升行政能力的发展历程,可以划分为四个大阶段:早期信息化阶段,电子政务阶段,"互联网+政务服务"阶段,以及现在的数字政府阶段。进入数字政府阶段后,依托于大数据、算法、人工智能以及区块链等新兴技术,政府基层治理越来越呈现出精准化、整体化、跨界化以及敏捷化等优势。

一、精准治理

精准治理概念可以追溯到1911年弗雷德里克·温斯洛·泰勒(F. W. Taylor)在其著作《科学管理原理》中提出的科学管理理念,这是随着工业化进步而被全世界所接纳的先进管理理念。泰勒将精细严密的管理观念、管理规则与管理技术运用到实际企业管理过程之中,因其精确、细致、深入、规范的特点逐步被全世界所吸收借鉴。数字时代下,城市发展不平衡不充分、城市管理问题日益复杂以及社会治理需求朝着个性化、差异化和多元化发展,对社会治理提出了新的要求。党的十八届五中全会提出"加强和创新社会治理,推进社会治理精细化"[①],强调"城市管理要像绣花一样精细,越是超大城市管理越要精细"[②]。精细化思想以其符合数字时代的理念内涵,为优化城市治理体系、增强城市治理效能提供了富有价值的指导原则,并且在实践中大量具体的精细化治理举措纷纷落地实施,切实提升了城市治理水平。

个体关怀机制是精准治理的根本价值体现。精准治理是更加强调以人民为中心、关注人的价值和需求的治理模式,强调把人民群众的利益和需求置于首位,通过精准化的手段和有针对性的措施,实现社会治理的科学化、民主化和人性化,促进社会的和谐稳定和人的全面发展。精准治理将治理客体从抽象的"人群"变为了具象的"人",以实现对人性价值和个体发展的根本关怀与保障。

数字技术的快速发展为精准治理提供了优势工具。正是出现了强有力的各种数字技术手段,精准治理才得以在实践中被委以重任,社会各个主体才能要求治理体系和治理能力朝着更加现代化、精准化的方向发展。信息网络技术可以收集、整合和分析大量的数据,帮助决策者深入了解社会、经济和环境等方面的情况。这些数据可以用于精准识别问题和需求,从而制定更加科学、精准的治理

---

① 中共中央文献研究室编:《十八大以来重要文献选编》,中央文献出版社2016年版,第819页。
② 王彦田、刘志强、丁怡婷:《"城市管理应该像绣花一样精细"》,载《人民日报》2023年6月21日。

策略和政策,使治理更具针对性和有效性。以精准扶贫为例,信息网络技术可以用于建立贫困人口数据库和监测系统,实现对贫困人口的精准识别和定位。通过精准扶贫,可以将帮扶资源更加有针对性地送到贫困人口手中,提高扶贫的效率和精准度,助力贫困人口脱贫致富。

在合规合法框架下建立标准化规范机制。对于基层治理而言,如何建立起低成本高收益的治理路径是每个时代都需要思考的问题,而通过借鉴科学管理理念中标准化的操作规范流程,可以探索出一条符合数字时代下精准治理的新路径,即建立标准化规范治理方式。标准化规范治理方式有助于降低治理投入的时间和物质成本。因为规范化的决策方式和执行路径可迁移,治理主体可以从过去成功的经验中学习,并在其他地域复制和应用,节省了重复研发和试错的成本。通过标准化规范治理,不同地域的治理产出得到提升。因为在标准化的过程中,可以充分借鉴和比较各地区的治理效果和经验,找到最佳实践,并将其运用到其他地方,从而实现治理效果的优化和提升。

二、整体治理

整体性治理(Holistic Governance)最早于20世纪90年代在英国被提出,代表学者为佩里·希克斯,目的是解决英国政府在部门主义影响下形成的协作困难、治理成本过高以及效率低下等一系列治理难题。"政府再造新阶段的话语有整体工作、整合、协调、联合性公共管理等,整合成为政府再造的新课题。"[1]希克斯认为,只有打破已有的古板、僵硬、低效的治理模式,才能在管理超大城市过程中实现效率最大化。在经过了理论提出、实践检验以及理论升级三个阶段的凝练总结,整体治理在世界范围内得到了广泛的传播,成为检验国家治理是否现代化的重要指标之一。虽然世界各国的具体国情不尽相同,但在整体治理观的影响下,都秉持着整体、协作、灵活的共同价值观念,整体治理既是对政府治理模式进行探索提升的结果,也是对已有社会治理理论总结提升的产物,整体性政府被评价为"是21世纪公共服务改革最鲜明的特征"[2],直至今日,整体治理学说依旧凭借其强大生命力对政府治理模式产生深远影响。

整体治理提供了全新的治理方式。大数据、算法、区块链以及物联网等信息技术快速迭代更新给整体治理以更坚实的技术平台,为提升国家治理能力提供

---

[1] See Perri 6, Diana Leat, Kimberley Seltzer, Gerry Stoker,*Governing in the Round: Strategies for Holistic Government*,Demos Press, 1999.

[2] 周志忍:《整体政府与跨部门协同——〈公共管理经典与前沿译丛〉首发系列序》,载《中国行政管理》2008年第9期。

了技术保障。以整体治理为导向,依托信息技术实施政府行政统一、透明,推行"一站式"政务服务系统,提升政府行政效率与质量。更加注重政府内各部门的整体合作与信息互通,打破信息壁垒,消除由于信息孤岛造成的部门孤岛情况出现。借助治理信息网络,政府之间、政府内部各部门之间可以共享资源、共同决策、共同行动,共同解决公民需求。

整体治理克服碎片治理困境。整体治理是一种综合性的治理模式,旨在克服碎片治理所带来的困境和挑战。碎片治理通常指各个部门或组织在处理问题时缺乏协调合作,各自为战,导致资源浪费、信息孤立、决策不一致等问题。而整体治理则强调各方共同参与、整合资源和信息,形成协同合作的局面。整体治理之下借助信息网络技术能够构建起以人民为中心、政府为主导、社会机构为辅助的治理机构,实现政府、社会和市场的良性互动,推动社会的稳定和可持续发展。

整体治理更强调以公民为导向。政府将公众的需求和福祉放在首位,确保政策和决策的制定是为了满足公众的实际需求。政府与各公共服务主体、社会组织、行业机构等紧密合作,形成有机的合力。通过协同工作,避免资源的浪费,同时加强各方在公共服务领域的专业化和优势互补,始终坚持以人民利益为中心。

三、跨界治理

跨界治理概念源于区域治理概念,进入 21 世纪以来,国家经济飞速发展,城市化发展也随之加速。在跨界治理出现之前,区域治理的核心内涵是通过打造良好的市场环境与规则,以建立起更加平衡、符合当时社会需要的城市空间布局,主要强调各政府层级、发展主体之间以及同级政府之间的综合互动关系。① 数字技术的发展、超大城市的不断出现使得社会治理问题难度激增,如何解决在此背景下的社会治理问题是考察国家治理体系、治理能力现代化的重要指标。而跨界治理理念在区域治理理念基础之上提出了跨区域、跨层级、跨部门以及跨公私主体治理等方面的治理理念,力求打造数字时代下中国特色跨界治理的现代化治理之路。

1. 跨区域治理

随着城市、交通建设不断发展,同时全国产业升级产生的人口流动、人口增长导致各行政区划之间的联系不断加强,基层治理的客观现状不再允许出现"自

---

① 参见陈小卉、间海、胡剑双、钟睿、国子健:《跨界治理:理论·规划·机制》,中国建筑工业出版社2022年版,第110页。

扫门前雪"的治理模式,各省市之间更像牵一发而动全身的网络。跨区域治理就是以各个超大城市、大城市和城市所组成的治理网络为中心,打造本区域内的共同治理平台。针对一些跨区域的基层治理问题例如流窜犯罪团伙、公共环境保护等,通过不同区域政府之间的合作治理,打破社会治理的毗邻制度阻隔,推动"碎片化"的行政区社会治理转变为"一体化"的跨区域社会共治。

2. 跨层级治理

数字时代,许多问题和挑战借助数字技术跨越了传统行政边界,需要不同层级政府共同合作来共同应对。在国家层面,不同省份之间需要跨界治理来应对共性问题,如资源调配、经济合作、公共卫生等,如此可以促进区域均衡发展,实现资源的优化利用。在城市层面,不同城市之间需要跨界治理来解决跨城市性问题,如交通联通、公共服务互通、城市规划等。跨市合作可以促进城市间的交流与合作。通过跨越不同行政层级治理,各级政府可以共同解决共性问题,实现资源的优化配置,提高治理效率和水平。跨界治理有助于推动区域的协调发展和和谐稳定,促进各方的共同繁荣。然而,跨界治理也面临一些挑战,如不同行政层级间的权责划分、信息不对称、合作机制的建立等。因此,跨界治理需要各方共同努力,建立灵活高效的合作机制,实现多方共赢与共同发展。

3. 跨部门治理

在数字时代,公众对于政府服务的期待越来越高,希望能够享受线上化、一体化、便捷的服务体验。然而,传统的"碎片化"治理模式导致了政府服务的孤立性和不连贯性。例如,若各个部门将数据视为自己的"私有财产",不愿与其他部门共享更容易造成信息壁垒,导致治理过程中缺乏全面准确的信息,最终影响决策的科学性和合理性。在现代社会,由于许多问题涉及多个政府部门的职责和管辖范围,政府内部的跨部门治理显得尤为重要。不同部门拥有不同的专业知识和资源,通过合作,可以共同应对综合性的问题,避免单一部门的片面性决策,跨部门共同治理可以有效打破各政府部门之间的壁垒,形成联防联控的合力,有效应对社会治理难题。

四、敏捷治理

敏捷概念最初是在敏捷软件开发(Agile Software Development)领域被提出,最初目的是实现软件开发多方主体密切沟通和协作,以满足快速变化的市场需求,以"ChatGPT"为首的众多生成式人工智能语言模型就是敏捷概念的具体体现。而将敏捷概念引入行政治理领域,也能够应对快速变化的社会环境,满足人民在数字时代下对现代化治理体系和治理能力的需求。敏捷治理是包含快速识别性、快速实施性、快速变化性特点的治理模式,以应对不断变化且复杂的治理问题的基层治理新范式。国内最早将敏捷治理理念引入公共行政领域的是清华大学的薛澜教授及其研究团队,他们从治理对象、治理节奏、治理方式、治理关系等维度界定了敏捷治理的内涵。敏捷治理作为数字时代下政府治理新范式,已经被广泛应用到城市社区数字治理、智慧城市建设、社区和城市危机管理的实践之中。

治理节奏在敏捷治理中是至关重要的一部分,它强调快速回应和尽早介入问题,以便及时解决和防范潜在的风险。通过及时介入,可以防止问题蔓延到更大范围,降低后续处理的复杂性和成本。尽早介入还可以促使团队更早地掌握情况,为问题解决提供更多的时间和机会。为了实现治理节奏的快速回应和尽早介入,基层治理过程中需要建立开放、透明、高效的沟通机制。

专家学者提出,敏捷治理的治理方式是"灵活应变,渐进迭代"。[①] 敏捷治理在面对复杂多变的治理难题时,不会僵守固定的方案或刻板的决策。相反,它鼓励在实践中进行调试和试错。通过不断尝试和调整,可以更好地了解问题的本质和各种因素的相互关系,为制定更有效的治理方案提供有力支撑。此外,敏捷治理在基层数智治理过程中将长期治理目标分解为短期目标,逐步实现。这样可以在实践中不断检验和调整,保持治理策略的灵活性和持续改进的动力。

敏捷治理过程中注重多主体合作交流与互动,能够更好地发挥各方的主动性和创造力,充分利用各方的智慧和资源,提高问题解决的效率和质量。同时,这种治理关系也有助于增强公众对治理过程的参与感和认同感,增加政府的透明度和合法性。此外,要强调开放性沟通,倡导各方坦诚地交流意见和信息。政府与公众、不同部门之间都需要保持畅通的沟通渠道,以便及时传递信息、解决问题,并凝聚共识。

五、韧性治理

韧性(resilience)一词最早出现于20世纪40年代的心理学之中,在材料工程领域,对于韧性的理解是指某种材料在塑性变形和破裂过程中吸收能量的能力。1973年,克劳福德·斯坦利·霍林(Crawford Stanley Holling)在生态学领域内提出了韧性理念,他指出在自然生态系统内存在受到外力能够自行恢复的一种稳定能力,并将这种能力称为韧性。在此后的20世纪末,韧性理念拓展到

---

① 参见赵静、薛澜、吴冠生:《敏捷思维引领城市治理转型:对多城市治理实践的分析》,载《中国行政管理》2021年第8期。

社会系统内,复杂的社会生态系统在面对外部压力和限制时改变、适应和转化的能力即社会韧性。① 随着经济飞速发展,特大城市数量增加,中国共产党第十九届中央委员会第五次全体会议出台的《中共中央关于制定国民经济和社会发展第十四个五年规划和二〇三五年远景目标的建议》中提出"建设海绵城市、韧性城市"。数字时代背景下,应当借助信息网络技术提升应对突发情况、陌生社会问题的社会治理能力,转变传统滞后的治理理念,打造具有灵活性、适应性、快速性等特点的韧性治理架构,实现社会治理难题的早发现、早处理,在韧性治理过程中通过对已有风险治理经验的总结来提升政府学习能力,以增强面对未知、复杂社会风险的综合能力。

数字技术在韧性治理中发挥着关键的作用,它能够提供实时数据、智能分析和区域联通,为基层数字化、智能化解决治理难题提供更准确、高效的信息支持,从而更好地应对各种风险和挑战。同时,数字技术赋能使得韧性治理更具弹性和适应性。当面临复杂多变的挑战时,政府可以迅速调整和优化治理策略,灵活应对各种情况,实现快速应变,从而更好地维护社会稳定和发展。

多元主体共治强调整合各方资源和优势,形成合力应对挑战。政府、企业、学术界、社会组织等多个主体各司其职,通过合作协商、信息共享,使决策更加全面和科学。这种综合性合作有助于快速调动资源,制定更为高效和灵活的应对措施,提高治理的效率和成效。多元主体共治作为韧性治理中一大特色,为韧性治理提供了一种全新的范式。它整合资源、提高决策的灵活性、推动社会参与和民主决策,共同应对风险和挑战,增强社会的韧性和适应能力,实现社会的可持续发展和稳定。这种综合性的治理模式是应对复杂多变挑战的有效策略,具有深远的意义。

在数字时代治理过程中,社会不仅关注短期的问题和需求,更注重长远规划和战略。长期可持续发展是韧性治理的基石,它为治理提供了长远的规划和战略,强调结构性改革和创新,促进多元主体共治。这些特点使得社会能够在面对复杂多变的挑战时保持稳定、持续的发展,实现社会的可持续发展和稳定。长期可持续发展为基层数智治理提供了更广阔的视野和更坚实的基础,使社会能够应对未来的挑战,不断增强自身的适应能力和治理韧性。

---

① 参见史晨辰、朱小平、王辰星、吴锋:《韧性城市研究综述与展望——基于城市复杂系统视角》,载《生态学报》2023年第4期。

第三节　基层数智治理的主要挑战

基层数智治理充分融合信息技术与公共管理,为提高基层治理效能提供了重要支撑。然而,在其推进过程中也面临诸多挑战。本节将重点探讨基层数智治理实践中出现的三大问题,即指尖上的数字形式主义、赋能不平衡的数字鸿沟以及隐私信息的大规模泄露。

一、指尖上的数字形式主义

在基层数智治理中,"数智技术"具有工具和形式面向,是基层治理的方式和手段;"治理"具有目的和实质面向,旨在通过数智技术走向善治,实现公共利益的最大化。① 当过度追求技术理性而忽略价值理性时,将产生数智技术对公共治理的越位和替代现象,继而涌现出诸如"数据重复申报""应用软件留痕"等不同种类的数字形式主义问题。

数智治理的机制发挥和效能实现无法跳脱科层制的等级系统。② 在该体制下,政府往往践行压力传导路径:上级分解工作任务并指挥下级完成,并以考核、监督、激励等因素督促下级的执行;下级则在考量压力、能力、利益、风险等维度的基础上选择性或者能动性地予以落实。具体而言,搭附此模式后的"指尖上的数字形式主义"问题主要表现为以下两类情境。

一是"指挥"下的指标式管理。上级过度强化对下级的考核审查,借助数智技术,通过各类指标认定工作的完成情况,是一种"重量弃质"的形式主义威权管理模式。典型表现有两点:第一,数据达标。以高浏览量、高打卡率、高评论数等作为业绩考核的重要依据,只要后台的数据达标,便认定工作的完成。例如,陕西省人力资源和社会保障厅在推广"秦云就业"小程序中层层摊派,盲目追求注册数量,并将注册任务与目标任务考核、资金分配挂钩。③ 第二,工作留痕。考察工作进展以工作群上传文字和照片为标准,不进行实地核查,"干得好不如晒得好"是该类"数字形式主义"的典型特征。例如,厦门市同安区政府部分工作群片面强调工作留痕,以在工作群里通过图像、文字汇报的方式,代替职能部门履

---

① 参见俞可平:《权利政治与公益政治》,社会科学文献出版社2003年版,第148页。
② 参见董石桃、董秀芳:《技术执行的拼凑应对偏差:数字治理形式主义的发生逻辑分析》,载《中国行政管理》2022年第6期。
③ 参见陆丽环:《让基层干部轻装奋进新征程》,载《中国纪检监察报》2022年2月13日。

行实地查看的职责。①

二是"落实"中的应付式执行。科层压力和行政问责是基层工作有效落实的关键影响因素,而社会多元主体的监督、开展工作的效益和风险等是重要影响因素,由此便会滋生三类"数字形式主义"。② 第一,强压力和弱激励下的主动消极执行。由于缺乏相应的激励因素,下级往往以最"经济"的方式完成工作任务,奉行"懒政""怠政"的"不出事逻辑"。例如,以摆拍作假数据来"蒙混过关"。第二,弱压力和弱激励的被动消极执行。行政问责力度不强将削弱对下级的约束力,在"利己主义"的影响下,易导致"作秀"或者"不作为"现象。例如,基层干部的工作应用软件和网络工作群交叉繁杂,甚至衍变为"溜须拍马群",隐藏着"微腐败"的风险。第三,弱压力和强激励的被动积极执行。"强激励"推动政府加快服务建设,但由于缺乏有效监督和问责,容易出现象征性的"面子工程"。例如,竞相开发和建设种类繁多的应付式的政务应用软件、信息系统、微信公众号等,最终沦为"僵尸软件""僵尸网站",难以发挥实效。

习近平总书记深刻指出:"形式主义、官僚主义同我们党的性质宗旨和优良作风格格不入,是我们党的大敌、人民的大敌。"③随着智能技术的迭代更新,"指尖上的数字形式主义"问题将更加突出,而如何有效破解"数字形式主义"的弊病,全力推动基层数智治理面临着巨大挑战。

二、赋能不平衡的数字鸿沟

借助大数据等数字化技术,可以促进互联网融入政务服务的进程,继而促进政府与市场更好结合,提升决策的科学性。然而,由于各区域经济发展水平存在差距,不同区域的群体接受新事物、掌握新技能的能力也各不相同,因此在推进基层数智治理的过程中,数字鸿沟问题客观存在。具体而言,主要表现为以下三个方面。

一是区域数字鸿沟。这既体现在不同地区之间(如我国东部地区和西部地区),也体现在同一地区的不同区域之间(如我国东部地区的沿海城市与内地城市)。其中,城乡之间的数字鸿沟问题较为典型。在城市中,往往都已建成具有预警感知、综合指挥、监督考核功能的一体化数字平台,但部分远郊乡镇尚未有

---

① 参见刘晓宇:《少了"指尖"困扰 多了干事热情》,载《人民日报》2021年4月12日。
② 参见佟林杰、张明欣:《基层数字形式主义及其条块协同治理》,载《学术交流》2022年第8期。
③ 《习近平谈治国理政》第三卷,外文出版社2020年版,第500页。

独立的数据平台,甚至停留在人工统计分析阶段。① 除了网络终端硬件设施的"接入差距",城乡之间的数字鸿沟还可能表现为数字技术场景应用的"使用差距",以及城乡居民处理和创造数字资源的"能力差距"。②

二是群体数字鸿沟。"边缘群体往往产生更少的数据,数据鸿沟将导致其被各种大数据研究和政策所忽视。"③由于教育背景和地理文化的差异,人们的生活观念和接受程度也有所不同,因此无法使用智能设备的老人、经济条件较差的贫困者、行动能力受限者、对科学技术持怀疑态度的悲观者往往会成为基层数智赋能的"盲区"。久而久之,积累效应使得数智技术的普遍应用与"技术贫困者"之间的鸿沟进一步扩大,不仅阻碍了基层数智治理的有效推进,甚至可能激发群体之间的社会矛盾,引发社会问题。

三是价值数字鸿沟。数智技术本身是中立的,但是在其应用中不可避免引发对技术和人类关系的分歧。例如,在疫情期间,即使自己身体健康,但如果没有"健康码"往往也不能享受公共服务。此时的技术有决定人之本位的嫌疑,人的理性和自由被束缚在技术上。换言之,由于技术乐观者与技术悲观者等不同价值认知分歧的天然存在,将会使基层数智治理工作在不同群体中遭遇阻碍,进而加剧了认知上的数字鸿沟。在此意义上,数字鸿沟已然超越网络设备的非普惠性,而更多意味着资源配置的不平衡、信息分配的不正义、人格尊严的不平等。④

三、隐私信息的大规模泄露

我国个人信息保护法律规范将个人信息区分为隐私信息(即私密信息)、敏感个人信息和一般个人信息。其中,隐私信息具有"不愿为他人知晓"和"私密性"的特征⑤,属于隐私与个人信息的交叉范畴。在数字化时代,个人信息成为促进基层数智治理的必要资源,隐私信息在被收集和处理的同时,也会面临着被泄露的风险。具体而言,主要表现为以下两个方面。

一是隐私信息的内部泄露,主要是指政府、企业、社会组织等基层治理相关

---

① 参见孔祥利:《数据技术赋能城市基层治理的趋向、困境及其消解》,载《中国行政管理》2022年第10期。
② 参见吕普生:《数字乡村与信息赋能》,载《中国高校社会科学》2020年第2期。
③ 刘丽、郭苏建:《大数据技术带来的社会公平困境及变革》,载《探索与争鸣》2020年第12期。
④ 参见胡鞍钢、周绍杰:《新的全球贫富差距:日益扩大的"数字鸿沟"》,载《中国社会科学》2002年第3期。
⑤ 参见许可、孙铭溪:《个人私密信息的再厘清——从隐私和个人信息的关系切入》,载《中国应用法学》2021年第1期。

主体泄露隐私信息。根据主观心理态度的不同,可以分为故意泄露和过失泄露两种情形。在故意泄露隐私信息中,相关主体可能将网站平台、应用软件等收集到的征信信息、财产信息等隐私信息进行加工、出售,继而侵害公民的隐私权。隐私的人类价值是"个人自决""个性"和"个人人格"①,隐私信息排斥合理使用制度。因此,我国法律禁止储存和加工等非法处理隐私信息的行为。在此意义上,大规模泄露隐私信息的罪责更为严重,可能招致更为严厉的刑事法律评价。在过失泄露隐私信息中,可能表现为由于网络平台、应用软件的技术漏洞而导致公民个人隐私信息的泄露。在该种情形下,如何认定相关管理主体是否尽到了审查义务,如何追究其法律责任,以及如何实现隐私权保护和管理利益确认的平衡是基层数智治理中的一大挑战。例如,中国某委员会网站因网络漏洞泄露了周某某个人隐私信息,但是经检测,该网站符合相应安全标准,管理人员并不存在相应的过失义务。因此,法院认定该网站侵权,但不承担民事责任。②

二是隐私信息的外部泄露,主要是指通过非法入侵、攻击、破解各类网站、系统、软件等来非法获取公民个人信息。例如,由于某智能汽车数据管理平台未设置身份验证等用户访问权限,平台遭遇非法访问和入侵,导致大量车企机密文件和用户信息被曝光。由此可见,在数字化时代,有效应对非法攻击、全力维护平台安全面临着巨大挑战,这不仅需要迭代更新的防护技术,更需要与之配套的个人信息保护规范。在技术层面,一般秉持"技术应对技术""技术打败技术"的行为理念,但是也应当承认,技术防护具有一定的局限性。在规范层面,我国法律为隐私信息提供了更高级别的保护,构建了事前禁止—事后处罚的保护格局,形成了侵权责任—行政责任—刑事责任的保护体系,但如何实现规范与技术的适应与结合,并应用于基层数智治理之中,仍然值得进一步思考。

四、过度收集处理个人信息

我国法律已经构建起以民法为基础、以专门法为主干、以刑法为保障的全方位的个人信息保护体系。区别于对隐私信息绝对保护的理念,我国法律更加强调敏感个人信息、一般个人信息私人权益属性和社会利用利益属性的平衡。③因此,只有在满足法律规定的特殊要件的基础上,行为人才可以处理个人信息。

---

① 参见〔美〕阿丽塔·L.艾伦、理查德·C.托克音顿:《美国隐私法:学说、判例与立法》,冯建妹等编译,中国民主法制出版社2004年版,第17页。
② 参见陈敏、黄心宇、刘利:《省高院发布5起利用信息网络侵害人身权益典型案例》,http://www.hnzhengfa.gov.cn/news/fayuandongtai/show-54892.html,2023年8月12日访问。
③ 参见高富平:《个人信息保护:从个人控制到社会控制》,载《法学研究》2018年第3期。

然而,在基层数智治理实践中,相关主体往往会违背法律规范,过度处理个人信息。具体而言,主要表现为以下两个方面。

一是个人信息的重复处理。由于个人信息使用部门之间存在一定的"信息壁垒",个人信息共享机制尚未建立,因此极易出现重复收集个人信息的现象。例如,新冠疫情期间,部分地区要求重复申报行程轨迹、家庭健康状况;部分街道办要求重复填报跨系统的各类登记信息等。该类行为虽然保障了公民个人的知情权,但是反反复复地重复收集不符合比例原则,侵害了公民的生活利益。实际上,处理者可以依据《个人信息保护法》第23条的规定进行个人信息传递。但是,需注意避免越权处理个人信息的问题。

二是个人信息的越权处理。这主要是指个人信息处理者在处理权限、目的、方式、种类、场景等方面超出必要范围、违反法律规定而处理个人信息。《个人信息保护法》从处理前提、告知事项、同意方式等方面设置了更为严格的敏感个人信息处理的前置条件。[①] 然而,由于成本、技术等多方面因素的影响,处理者往往"铤而走险"。例如,滴滴全球股份有限公司违反最小必要原则,过度收集用户剪切板信息、乘客人脸识别信息等敏感个人信息,受到80.26亿元的行政处罚。由此可见,违规收集个人信息的行为成本低,所得收益大,已经成为数字化时代基层治理的巨大挑战。

第四节 基层数智治理的法治化进路

作为一种新型的治理形态,数智治理所蕴含的巨大优势使其成为现代社会治理的必然路径。在基层社会治理层面,借助数智化为社会治理"赋能"当然构成其不二选择。但需要注意的是,基层数智治理绝不是数字技术在基层社会治理中的简单运用,其同时也须主动接受现代法治价值和精神的制约。质言之,基层数智治理必须通过法治化进路来实现自身的规范化。否则,数字技术就很可能会成为权利侵害和权力任性的帮凶。为此,在推进基层数智治理的过程中,就必须积极采取下列措施确保其能够在法治轨道上有效运行:(1)树立数字法治的理念;(2)培育公民的数字素养;(3)保障公民的数字权利;(4)发展数字公共法律服务。

[①] 参见王利明:《敏感个人信息保护的基本问题——以〈民法典〉和〈个人信息保护法〉的解释为背景》,载《当代法学》2022年第1期。

一、树立数字法治的理念

基层数智治理的法治化展开离不开数字法治理念的支撑。理念是行动的先导,有什么样的发展理念就会引领什么样的发展实践,塑造什么样的发展形态。众所周知,"随着网络化、数字化、智能化的交融发展与深度变革,现代性的社会治理模式必然面临着深刻的数字化重塑,进入了'数治'新时代,催生了数字治理新模式"[①]。因此,为了更好地实现基层数智治理的法治化,必须牢固树立数字法治理念。所谓数字法治,顾名思义,就是以数字技术为底层逻辑的法治新形态。数字法治"立足于虚实同构的数字时空环境、展现数字生活逻辑、反映生物/数字'双重人'行为方式、旨在实现数字正义"[②]。当然,必须说明的是,数字法治绝不是超越现代法治的存在,而是以"数据化"和"算法化"为媒介,通过生成权利义务关系的数字表达,最终型构以智慧化为表征的社会秩序。具体来说,数字法治包含着技术和观念两个维度:在技术维度上,数字法治强调数字技术在法治建设过程中的运用,诸如借助大数据、人工智能等数字尖端科技,提升法治的实践效能,更好地实现法治的权利保障和权力制约诉求;在观念维度上,数字法治突出数字科技运行的法治化,即根据现代法治精神规范数字技术应用、数字经济发展、数字社会建设等。

在推行基层数智治理的过程中,为实现树立数字法治理念这一目标:首先,面对基层社会的治理难题,在传统的治理方式之外,治理主体应当破除观念障碍,以更加开放的姿态应对数字技术的治理应用,充分释放数字技术的治理赋能效应,进而助力基层社会治理能力和治理水平的有效提升。其次,在基层社会治理中,数字技术本身的中立性并不能消除其被滥用的风险,因而治理者在享受数字技术应用带来的便捷性之时,切不可违背数字技术的法治伦理。更重要的是,在法律制度层面,应当通过明确的法律规定充分保障公民的隐私权、知情权等法定权利。最后,治理主体必须根据数字正义的要求,尽可能消除数字技术应用带来的实质不平等。毕竟,数字技术带来的平等仅仅是一种形式平等。毫无疑问,此种形式平等必然无法弥合由此带来的实质不平等。在此背景下,数字弱势群体的法律保障也就构成了基层数智治理法治化的应有之义。

---

① 马长山:《数字法治的三维面向》,载《北大法律评论》2020年第2期。
② 马长山:《数字法治政府的机制再造》,载《政治与法律》2022年第11期。

二、培育公民的数字素养

基层数智治理的法治化展开亟须培育公民的数字素养（Digital Literacy）。公民是基层社会治理的重要参与者，其数字素养显然是决定基层社会数智治理水平的关键性因素。"数字素养"其实是一个舶来词，早在20世纪90年代，以色列学者阿尔卡来（Yoram Eshet-Alkalai）就提出了这一概念。他认为，数字素养应该包括五个领域：图片/图像素养、再创造素养、分支素养、信息素养、社会情感素养。当然，在理论上，究竟何谓"数字素养"，目前还存在较大争议。总体来说，数字素养指的是数字社会中公民有效参与社会生活所需的诸项基本技能。例如，根据国家网信办发布的《提升全民数字素养与技能行动纲要》的界定，数字素养主要是指"数字社会公民学习工作生活应具备的数字获取、制作、使用、评价、交互、分享、创新、安全保障、伦理道德等一系列素质与能力的集合"。实际上，在我国，尽管数字技术在国家战略的推动下得到迅速普及，但是与之相配套的数字素养培育工程并未及时跟上。在基层社会中，仍旧存在着大量的"数字弱势群体"，他们普遍缺乏为数字社会所要求的基本数字沟通能力，很少或者无法享受因数字技术应用而带来的时代红利。此外，在深度学习、大数据等数字尖端科技的引领下，数字技术在整体结构上愈趋复杂，缺乏必要数字素养和数字能力的普通公民当然难以理解，更遑论做出正确回应。由此便会诱发基于数字技术应用而形成的"数字正义鸿沟"。因此，不少学者都在理论上呼吁："治理部门在推进数字化治理中台、系统功能集成的同时，应立足民众，尤其是'数字难民'的视角，提高中台、系统的可操作性和易用性，杜绝'一体化''一网通管'成为后者参与基层社会网格治理数字化的障碍。"[①]

在推行基层数智治理的过程中，为实现培育公民数字素养这一目标：首先，应当通过不同渠道提升公民对数字技术的认知，鼓励其以科学谨慎的态度对待数字技术及其发展取向，尤其注重培育公民的信息甄别能力，引导他们以理性态度对待由数字技术（诸如ChatGPT等生成式人工智能）形成的舆论信息。其次，应当借助各种方式普及数字技术相关基础知识，提升公民对于数字技术的理解能力，帮助他们知悉智慧技术的运作原理及其局限性所在，理性应对智慧技术的实践应用。最后，特别需要说明的是，数字素养不仅包括"数字接入"素养，也包括"数字拒绝"素养。在塑造公民"数字接入"素养的同时，也应就其"数字拒绝"素养展开专项培育。如果说"数字接入"素养旨在帮助公民更好地参与数字生

---

① 胡铭：《基层社会网格治理数字化及其规制》，载《社会科学辑刊》2023年第4期。

活,享受数字技术带来的时代红利,那么"数字拒绝"素养所对应的就是公民作为主体的理性反思能力。只有同时具备"数字接入"素养和"数字拒绝"素养的公民,才不会轻易陷入"技术依赖"的陷阱之中。

三、保障公民的数字权利

基层数智治理的法治化展开要求有效保障公民的数字权利。在法律层面,数字时代的到来不仅使传统的权利形态面临着数字化重塑,而且催生了新的基于"数字化"的权利类型。在法学理论上,这些权利类型或者说权利束通常被概括为数字权利。一般认为,"数字权利是指人们能够自由和开放地获取信息和通信技术(ICT)的权利,例如,访问、使用、创建和发布数字媒体,以及访问和使用计算机、其他电子设备和通信网络的权利"[①]。从目前的理论研讨来看,数字权利在整体上仍属于一个概括性和开放性概念,需要随着数字技术特别是大数据、人工智能技术的不断发展而被注入新的内容。数字权利特别是数字人权的提出,意味着数字权利的有效保护必将成为各国法律制度的核心议题。"对公众来说,对个人数据的使用、保护以及信息获取的准确性的某种信任,是他们能够从'共享经济'中获益的必要条件。"[②]

在推行基层数智治理的过程中,为实现保障公民数字权利这一目标,一方面,在立法的维度上,必须进一步完善公民数字权利体系。在我国,相较于数字科技的迅速发展,以现行《民法典》《个人信息保护法》等法律法规为依托的公民数字权利体系仍存在很大的改进空间,特别是基于算法而衍生出的系列性问题,显然缺乏明确的法律保障。在此背景下,如果不能进一步扩充并完善现有的公民数字权利体系,无疑就会形成巨大的法律漏洞,导致普通公民在法律上处于严重的不利地位。另一方面,在执法司法的维度上,必须构建严格的数字权利保护机制。其一,应对面向基层行政机关设置严格的"权力清单制度",坚持"法无授权不可为"这一公权力行使的根本原则,明确数字技术的治理应用不得超出法定目的和法定权限;其二,面向基层数智治理出台专门的司法政策、司法解释、公报案例、指导性案例等,充分发掘司法裁判的社会效益,助力基层数智治理规范化水平的有效提升。

[①] 时建中:《数据概念的解构与数据法律制度的构建——兼论数据法学的学科内涵与体系》,载《中外法学》2023年第1期。

[②] 〔美〕伊森·凯什、〔以色列〕奥娜·拉比诺维奇·艾尼:《数字正义:当纠纷解决遇见互联网科技》,赵蕾、赵精武、曹建峰译,法律出版社2019年版,第255页。

四、发展数字公共法律服务

基层数智治理的法治化展开要求发展数字公共法律服务。在数字社会中,"数字公共法律服务"被认为构成了数字法治政府公共职能的重要组成部分,也是保障和改善民生的关键措施,是数字法治建设的基础性、服务性和保障性工作。在理解"数字公共法律服务"这一概念之前,需要先行理解"公共法律服务"这一概念。公共法律服务是公共产品的一部分,其指的是"保障公民基本权利,维护人民群众合法权益,实现社会公平正义所必需的法律服务,应当由司法行政机关统筹提供,具体包括为经济困难和特殊案件的当事人提供法律援助,开展公益性法律服务等"①。相应地,数字公共法律服务就是通过数字化方式重新塑造传统的公共法律服务,使其在虚实同构的数字时空环境展现数字生活逻辑,进而以生物/数字"双重人"的行为方式完成法律服务流程。数字公共法律服务以"互联网+公共法律服务"为典型样态,突出公共法律服务供给的"数据化""网络化"和"智能化",借助数据沟通这一媒介,大大疏解传统的线下公共法律服务模式的供给不足难题,从而更加高效地回应公民的法律服务需求。

在推行基层数智治理的过程中,为实现发展数字公共法律服务这一目标:首先,应加强基层法律服务人员队伍建设,通过定期培训、专项培训等方式,打造一支契合数字社会要求的基层公共法律服务专业团队;其次,应完善基层数字基础设施建设,通过高质量的数字平台有效提升居民的幸福感和满意度;最后,应探索基层公共法律服务多元化参与机制,例如向第三方购买数字公共服务等,有效提升基层数字公共法律服务的深度和广度。

> **问题与思考**
>
> 1. 基层数智治理的概念内涵是什么?它与传统基层治理有什么区别?
> 2. 基层数智治理可能面临哪些主要挑战?应该如何防范和解决这些挑战?
> 3. 如何培育公民的数字素养?提高公民数字素养对基层数智治理有何帮助?

> **扩展阅读**
>
> 1. 〔英〕罗杰·布朗斯沃德:《法律3.0:规则、规制和技术》,毛海栋译,北京大学出版社2023年版。

---

① 陈柏峰:《习近平法治思想中的加强权利司法保护理论》,载《法学家》2022年第5期。

2. 〔日〕西原春夫:《奇点临近:迎面而来的技术变革与法学家的课题》,于改之译校,北京大学出版社 2023 年版。

3. 〔德〕乌尔里希·克卢格:《法律逻辑》,雷磊译,法律出版社 2016 年版。

4. 〔美〕马修·克雷默:《哈特:法律的性质》,杨建译,上海人民出版社 2023 年版。

5. 梁文谦、殷涛、张元元:《数智赋能政府治理模式创新》,人民邮电出版社 2023 年版。

6. 薛澜主编:《未来社区》,中国发展出版社 2023 年版。

7. 俞可平:《走向善治》,中国文史出版社 2016 年版。

8. 马长山:《迈向数字社会的法律》,法律出版社 2021 年版。

9. 叶岚:《数智时代:AI 应用与地方政府智能治理》,上海人民出版社 2023 年版。

10. 胡铭、周翔等:《数字法治:实践与变革》,浙江大学出版社 2022 年版。

第十六章　数字司法的运行机制

【引读案例】

　　2013年年初,美国威斯康星州指控埃瑞克·卢米斯(Eric Loomis)在拉克罗斯市(La Crosse)发生的一起枪击案中触犯五项罪名。卢米斯否认参与了枪杀案,但他承认当晚晚些时候曾驾驶过同一辆车,不过涉及两个并不严重的指控——企图逃离交通管理员的管控,以及在没有得到主人同意的情况下驾驶其摩托车。在本案中,威斯康星州惩教署为卢米斯制备了一项包括"罪犯矫正替代性制裁分析管理系统"(Correctional Offender Management Profiling for Alternative Sanctions,COMPAS)风险评估在内的量刑前调查报告。COMPAS基于对被告的访谈及其犯罪史来评估其再犯风险,由于COMPAS研发公司要保守其评估方法之商业秘密,因此仅向法院提交了不包括评估过程记录在内的再犯风险评估数值结果。检察官向法院指出,COMPAS显示卢米斯"暴力风险高,再犯风险高,预审风险高",因而法官告知卢米斯:"通过COMPAS评估,您被确定为对社区构成高风险的人。"初审法院部分地依据COMPAS评估结果,判处卢米斯六年有期徒刑和五年社区延期监督(extended supervision)。卢米斯向初审法院提交了定罪后的缓解动议,认为按照美国宪法第六修正案,被告人有权知道被控告的理由,法院依据COMPAS的评估结果对其加以判决侵犯了其正当程序权利:一是侵犯了其根据准确信息被量刑的权利,因为COMPAS评估方法不公开;二是侵犯了其获得个性化判决的权利,因为COMPAS算法依赖于更大的群体特征信息来推断其个人未来犯罪的可能性;三是COMPAS算法不恰当地使用了"性别评估",违宪地将性别因素纳入量刑考量因素。但初审法院驳回了卢米斯的动议,并为威斯康星州上诉法院和州最高法院所维持。卢米斯案引发了算法准确性风险、算法歧视性风险、算法透明度风险等争议以及对刑事司法人工智能的质疑。

第一节　数字司法概述

所谓"司法",理论界主要从三个层面进行界定,并对应存在着三种观点:一是最狭义的司法概念,是指司法即审判。二是较广义的司法概念,是指国家司法机关(一般指人民法院和人民检察院)根据法定职权和法定程序,具体应用法律处理案件的专门活动。三是最广义的司法概念,还包括侦查、司法行政、法律服务、公证、仲裁、司法鉴定、调解等活动。为聚焦论述,本章"数字司法"中的"司法"采最狭义的司法概念,即不把"数字检察"包括在内。

一、数字司法的概念界定

目前,在我国官方文件中出现和使用较多的是"互联网司法""智慧法院"等概念,尚未出现"数字司法"这一概念,它主要还是学术理论界提出和探讨的一个学理概念。然而,对"数字司法"的概念,既无学者进行专门定义,又无一个统一的界定。概括起来,对"数字司法"概念的学理探讨,主要存在以下三种观点。

(一)"司法工具"说

综合学者的观点,"司法工具"说认为,"数字司法"主要包括以电子法院为代表的"数字诉讼"和以 ODR 为代表的"数字非诉"两种基本生态,它只是一种互联网、大数据、人工智能、区块链等现代数字技术与司法的深度融合和工具性应用,即如何将传统司法适用于新的数字场景,它并未对传统司法构成根本挑战。例如,庭审语音智能转写、生效裁判文书一键智能上网、电子送达等只是提升了司法工作效率,但与传统的司法人员电脑打字记录、电脑手动上网、线下送达并没有实质的区别。又如,电子取证、类案智能推送、人工智能证据分析、辅助量刑、裁判文书智能生成等,至多属于增强人类司法智慧的 AI。[①]

(二)"司法范式"说

美国社会学家托马斯·库恩(Thomas Samuel Kuhn)认为,"范式"是指"一个特定社团的成员共同接受的信仰、公认的价值和技术的总和"。司法范式体现着司法的价值、理念和逻辑,规定着法官处理纠纷的基本理论、观点和方法。现代社会中的法治范式和法律范式决定着司法制度的变革和司法范式的演变,有观点认为司法范式经历了三种形态演变,即自由主义法治范式和形式法法律范

[①] 参见刘艳红:《人工智能法学研究的反智化批判》,载《东方法学》2019 年第 5 期;施珠妹、覃俊清:《数字司法:"技术+司法"的两类应用场域》,载《人民法院报》2022 年 12 月 9 日。

式下的形式司法、福利国家法治范式和实质法法律范式下的实质司法、程序主义法治范式和程序法法律范式下的协商司法。以上三种司法范式,都是工商业时代追求实现传统场域正义的不断探索。"司法范式"说认为,数字司法则是基于数字时代,对司法价值、司法决策、司法功能的一种转型升级,即开始面向数字正义、走向人机协同、指向纠纷预防。①

(三)"司法变革"说

综合学者的观点,"司法变革"说认为,"数字司法"综合运用互联网等现代数字技术,推动着审判流程再造和诉讼规则重塑,是对传统审判方式的一种深刻的质变和突变以及革命性重构。尤其是"司法人工智能所带来的,已不再是过去那种外在技术装备的更新换代,而是对司法运行的内嵌式、技术性变革",它深刻重塑着司法过程和司法运行模式,引发司法制度及其运行机制的深度变革。数字司法对传统的司法场域、司法原则、司法理念、司法规则、司法审判、司法权力都构成了全新的变革与挑战,如电子诉讼正在前所未有地改变着诉讼结构、方式和习惯,在线诉讼规则完全不同于线下诉讼规则,诉讼管辖、事实认定和法律适用均打上了互联网烙印。②

从传统法学——现代法学——数字法学的迭代性变革演变来看,我们赞同"司法变革"说,因为"数字司法"作为数字法学和数字法治的重要组成部分,它也不应仅仅是一个新兴的"司法工具"概念或"司法范式"概念,而应该是一个迭代变革演进中的重要阶段。

二、数字司法的基本特征

目前,官方文件和学界探讨一般都认为,随着数字社会的到来,"网络化""阳光化""智能化"既是智慧法院建设的基本方向,也是数字时代的司法新样态。也就是说,数字司法的基本特征主要表现为网络化、阳光化和智能化三个方面。例如,最高人民法院多次明确提出要提升智慧法院网络化、阳光化、智能化水平,并

---

① 参见韩德明:《司法现代性及其超越》,人民出版社 2011 年版,第 84—101 页;帅奕男:《数字时代的司法范式转型》,载《求是学刊》2021 年第 6 期。

② 参见季卫东:《人工智能时代的司法权之变》,载《东方法学》2018 年第 1 期;马长山:《智能互联网时代的法律变革》,载《法学研究》2018 年第 4 期;高翔:《民事电子诉讼规则构建论》,载《比较法研究》2020 年第 3 期;马长山:《司法人工智能的重塑效应及其限度》,载《法学研究》2020 年第 4 期;魏斌:《司法人工智能融入司法改革的难题与路径》,载《现代法学》2021 年第 3 期;戴曙:《民事司法的数字化变革与重塑》,华东政法大学 2021 年博士学位论文;刘艳红:《人工智能技术在智慧法院建设中实践运用与前景展望》,载《比较法研究》2022 年第 1 期;胡萌:《互联网司法规则的中国模式》,载《人民法院报》2022 年 5 月 12 日;景汉朝:《互联网法院的时代创新与中国贡献》,载《中国法学》2022 年第 4 期;等等。

在 2017 年—2022 年每年发布的《智慧法院建设评价指标体系》中均把"网络化应用成效指数""阳光化应用成效指数""智能化应用成效指数"作为重要的评价指标。

（一）网络化

根据《智慧法院建设评价指标体系》，"网络化"主要包括网上办案和网上执行、网上信访、网上办公、数据管理等二级指标，具体包括案件电子卷宗、庭审录音录像、电子签章、网络案件评查、数字审委会、移动办案、网络执行查控、失信惩戒平台、网络拍卖、视频接访等三级指标。2019 年 12 月，最高人民法院发布《中国法院的互联网司法》白皮书。"数字司法"基于网络化特征，又被称为"互联网司法"，它是指互联网诉讼模式和规则的有机统一，主要包括"与互联网技术深度融合的审判模式""体现互联网特点的在线程序规则""确立互联网依法治理的实体裁判规则"三部分内容。2021 年 6 月以来，最高人民法院相继发布《人民法院在线诉讼规则》《人民法院在线调解规则》《人民法院在线运行规则》，在世界范围内率先构建起了全方位、系统化的互联网司法程序规则体系。

（二）阳光化

根据《智慧法院建设评价指标体系》，"阳光化"主要包括司法公开、诉讼服务和司法宣传三个二级指标，其中"司法公开"主要包括审判流程信息公开、庭审直播、裁判文书公开、执行信息公开等；"诉讼服务"主要包括网上立案、跨域立案、网上缴费、网上证据交换、网上开庭、电子送达、电子诉讼、互联网调解、12368 热线服务等；"司法宣传"主要包括司法政务网站更新和微博微信开通情况。从学理上看，"阳光化"主要是从"司法公开"层面而言的，正如党的十八届四中全会审议通过的《中共中央关于全面推进依法治国若干重大问题的决定》提出，要构建开放、动态、透明、阳光的司法机制。2013 年至 2024 年，最高人民法院先后建设开通中国裁判文书网、中国执行信息公开网、中国审判流程信息公开网、中国庭审公开网、人民法院案例库五大司法公开平台，不断提升司法透明度。

（三）智能化

司法智能化是司法信息化发展到一定阶段的产物，它是建立在信息化基础上的应用延伸。根据《智慧法院建设评价指标体系》，"智能化"主要包括诉讼服务智能辅助、审判智能辅助、执行智能辅助、大数据分析服务四个二级指标，具体包括智能诉讼引导、立案风险甄别、案件审判提示、文书自动生成与制作编校、法条及类案推送、庭审语音识别转录、刑事案件量刑规范化辅助、庭审自动巡查、执行办案系统智能化、审判态势数据智能化统计与分析、人案关联分析、大数据专题分析服务司法和社会治理等三级指标内容。从数字技术层面看，智能化主要体现为人工智能技术在司法中的运用。以数字民事司法为例,数字司法的"智能化"特征,主要表现为起诉立案的智能化、证据交换、审前程序的智能化、庭审智能化、文书送达智能化、法律适用智能化、执行智能化等方面。

三、数字司法的发展演变

从技术的迭代升级和法治的时代变革来看,我国法治建设大致经历了信息法治、智慧法治、数字法治三个发展阶段。① 人民法院的数字化发展亦呈现"积木式创新"模式,大致可分为法院信息化建设、智慧法院建设、数字法院建设三个演进阶段。② 与此同时,数字司法大致也经历了技术应用、智能辅助、重塑再造的不断升级的三个发展阶段,即依次对应为信息司法阶段、智慧司法阶段、数字司法阶段。

(一)信息司法阶段(1990—2015)

20世纪90年代以来,全球信息科技快速发展,我国人民法院也开始了信息化工作,突出的标志是,1996年5月,最高人民法院召开"全国法院通信及计算机工作会议",开始部署全国法院计算机网络建设工作。2012年,最高人民法院成立信息化建设工作领导小组,在全国范围内普遍推进信息化建设。2013年12月,最高人民法院首次出台《人民法院信息化建设五年发展规划(2013—2017)》,人民法院信息化建设进入了快速升级阶段。1990—2015年这一阶段,可以概括为信息司法阶段,其主要特点是信息技术在司法中的工具性应用,即司法的电子化、信息化、网络化。

(二)智慧司法阶段(2016—2020)

2016年1月,最高人民法院信息化建设工作领导小组举行2016年第一次全体会议,首次提出建设立足于时代发展前沿的"智慧法院"。同年7月和12月,《国家信息化发展战略纲要》和《"十三五"国家信息化规划》发布,明确提出支持智慧法院建设。2017年4月,最高人民法院发布《关于加快建设智慧法院的意见》,明确指出"智慧法院"是人民法院充分利用信息化系统,支持全业务网上办理、全流程依法公开、全方位智能服务,实现公正司法、司法为民的组织、建设和运行形态。2016—2020年这一阶段,可以概括为智慧司法阶段,其主要特点是在司法中开始引入人工智能等智能技术,并充分发挥智能技术的辅助司法

---

① 参见马长山:《数字法治的体系性建构——基于2021年以来我国数字法治建设的观察分析》,载《浙江警察学院学报》2023年第1期。
② 参见贾宇:《论数字法院》,载《法学研究》2024年第4期。

功能。

(三) 数字司法阶段(2021年至今)

2021年8月,中共中央、国务院印发《法治政府建设实施纲要(2021—2025年)》,明确提出"全面建设数字法治政府"。2021年9月1日和11月1日,我国《数据安全法》和《个人信息保护法》两部重要的数字法律先后施行。可以说,我国数字法治取得了突破性进展,数字司法也日渐成型,实现了历史性跨越。2021年6月至2022年12月,最高人民法院先后发布《人民法院在线诉讼规则》《人民法院在线调解规则》《人民法院在线运行规则》《关于加强区块链司法应用的意见》《关于规范和加强人工智能司法应用的意见》。在地方上,《建设"浙江全域数字法院"改革方案》《上海"数字法院"建设方案》于2021年3月和2023年4月相继发布。2024年3月,十四届全国人大二次会议上的《最高人民法院工作报告》明确提出,要推进全国法院"一张网"建设,以数字法院助力提质增效。2021年至今这一阶段,可以概括为数字司法阶段,其主要特点是司法的程序重塑和机制再造。

第二节 数字司法的正义机理

公平正义是司法的灵魂和生命。无论时代如何变迁,人们对司法的公平正义诉求都不会改变,但正义的内容具有时代性。数字时代的人们对数字司法的正义追求或者说数字司法的正义机理又会发生哪些变化呢?概括起来主要存在以下三个方面。

一、接近正义论

所谓"接近正义",是指帮助当事人进入法院进行诉讼,是为实现更经济、更简便、更快捷的司法程序所做的各种努力的总称。与传统司法相比,数字司法更有利于当事人有效地接近司法。

(一) 数字司法助力更好保障行使诉权

接近正义的核心之一是保障诉权,即要保障当事人依照法律规定享有的诉讼权利。2015年5月1日,我国开始施行立案登记制改革,强调对依法应该受理的案件,做到有案必立、有诉必理,不得有案不立、拖延立案、人为控制立案等。数字司法则更有利于落实立案登记制改革精神,保障当事人依法行使诉权。一是网上立案只需当事人通过身份认证在法院的诉讼平台注册登录账号,就可以随时提交起诉材料,可以有效避免可能存在的不予出具诉讼材料收据或控制收案的情况。二是接近正义还要求"原告可在任何法院提起诉讼,法院都有责任就管辖权对当事人给予指示,或者必要时移送案件至适当的法院"。2019年7月,最高人民法院启动跨域立案服务改革,不熟悉或者不会、不便使用网络的当事人可以选择到任何一家邻近法院递交诉讼材料,由协作法院核对并将电子材料通过中国移动微法院发送至管辖法院,管辖法院网上判断是否符合受理条件后,将结果反馈至协作法院和当事人,有效实现了当事人可在任何法院提起诉讼,哪怕收受材料的法院没有管辖权。三是数字司法对拖延立案也有很好的解决办法,如上海法院利用智能合约技术,对所有符合立案条件的"待立案"案件一旦满5个工作日,无须人工操作,系统就会自动分配诉讼案号完成立案。

(二)数字司法助力更好降低诉讼成本

诉讼成本关注的不仅仅是国家对司法资源的整体投入,更是成本与个人正义之间的关系。诉讼成本除了诉讼费之外,往往还包括诉讼过程中的调查取证成本、往返法院开庭的差旅费以及委托代理的律师费等各项成本。如果这些诉讼成本过高,则不利于当事人提起诉讼。与传统司法相比,数字司法能够更好地降低当事人的诉讼成本。一是数字司法利用区块链技术进行电子证据存取证,可为当事人省去以往电子证据的公证费用。二是在线诉讼实现了从立案到交纳诉讼费、应诉答辩、证据交换、开庭审理、文书送达等诉讼全流程全部线上运行,甚至"在线异步审理"可以让双方当事人在规定期限内按照各自选择的时间登录在线诉讼平台以非同步方式完成诉讼,这些不仅节约了往返线下开庭的差旅费,甚至实现了当事人零往返零差旅。根据2022年10月13日最高人民法院举行的"人民法院智慧法院建设工作成效新闻发布会"介绍,"通过在线诉讼开展诉讼,当事人参与诉讼从平均往返法院近6次减少到只需要1至2次,甚至一次也不用跑"。三是全国法院诉讼服务网、12368诉讼服务平台、在线诉讼平台等都为当事人普遍提供免费的诉讼咨询服务和诉讼风险评估服务,甚至提供全天候24小时不打烊的人工智能诉讼咨询服务,可以让经济困难的当事人不用请律师,也能得到普遍意义上的法律援助。

(三)数字司法助力更好提升司法效率

"正义的第二种涵义——也是最普遍的涵义——是效率。""诉讼迟延"通常被认为是"接近正义"的又一个阻碍。因为诉讼拖延可能导致证据灭失,进而影响判决的准确性,导致判决的非正义。此外,即使最终判决正确,诉讼迟延也会侵蚀判决的效用,如刑事冤假错案被告人的死后平反等。而数字司法可以较好地提升诉讼效率,解决诉讼迟延问题。一是数字司法可以确保一些案件按时开庭和尽早开庭。比如,上海法院律师服务平台的庭审排期自动避让功能可以避免代理律师庭审撞期而可能导致被迫取消开庭,广州互联网法院的虚拟"YUE法庭"可以有效缓解物理空间的实体法庭紧缺导致的庭审排期延后问题。二是在线诉讼可以缩短诉讼周期。比如,上海市高级人民法院在开发律师服务平台前,在全市调取了20万件有律师参与的案件进行数据核算,发现每个案件中律师若能减少一次来往法院阅卷的奔波,就能节省60万个小时工作时间,这都有利于加快诉讼进程。三是数字司法可以提升庭审和审判效率。比如,利用庭审智能语音转写功能,法官可以不用顾及书记员记录速度的快慢而影响庭审节奏,智能辅助裁判可以提升法官工作效率。再如,类案批量智审系统可以有效满足海量互联网纠纷解决的司法需求,提升纠纷化解效率。

二、可视正义论

"网络化""阳光化""智能化"的数字司法,利用数字技术可以消解因物理时空条件局限(如法庭空间有限、数量有限、旁听有限等)而导致的正义实现难题,使传统物理实体空间意义上的"接近正义"迈向现代数字虚拟空间意义上的"可视正义"。此外,数字司法不仅有助于实现符合程序规定的"看得见的正义",而且有助于看见程序本身的具体过程和内容;数字司法不仅使正义不再仅仅以看得见的方式实现,还将以超时空零距离的方式实现,使传统物理意义上的"看得见的正义"迈向现代数字意义上的"可视正义"。

(一)诉讼流程全节点数字化可视

数字司法可以通过各类诉讼平台,实现法院与当事人之间各类诉讼信息的流动自动性、及时性和高效性,推动实现法院与当事人之间的诉讼信息公开,降低当事人和诉讼参与人因诉讼信息不对称所产生的对司法的疏离感和不信任感。以往当事人到法院立案窗口提交起诉材料后,法院何时立案、何时安排开庭、何时宣判、案件何时生效等,当事人都处于被动不知状态,只有主动向法官询问或者被动等待法院发送通知,才能知晓诉讼流程的进展情况。而数字司法借助现代数字技术,通过五大司法公开平台使得案件从起诉、到立案、送达、保全、审判人员组成、追加当事人、开庭、延长审限、宣判、执行等全部诉讼流程节点信息第一时间向当事人自动推送、网上公开,做到了可接收、可查询的全面可视化。

(二)司法裁判全过程数字化可视

数字司法使得在线庭审成为常态化,而且利用电子卷宗可以实现证据智能展示,利用智能语音识别可以实现庭审记录同步转写完整记录和向当事人同步展示等,当事人不仅能看到法官翻阅卷宗的全过程,而且能看到庭审记录的全过程,确保了庭审记录的"原汁原味"。此时的"审判席也悄然无形化为一个阳光性的控制节点,进而改变了法庭的中心化、等级化设置。它与全景敞视建筑的目标相反,推动了中心权力的非中心化,其自动运行也并非那种俯瞰式的持续监视,而恰恰是趋向于参与各方的对称透明和平向可视,形成了全新的跨时空、无屏障、分布式、扁平化的全景敞视"[①]。此外,当事人还可以通过中国裁判文书网查看全国法院同类案件的生效裁判文书,有利于当事人进行类案对比,从另一个角度促使当事人自我说服并接受类案裁判结果,从而能更好地让当事人在每一个司法案件中感受到公平正义。

(三)司法监督全时空数字化可视

一是司法内部监督的全时空数字化可视。数字司法利用现代数字技术开发了随机自动分案、庭审自动巡查、庭审录音录像、审判流程管理、智能辅助办案、司法大数据分析、司法区块链等诸多数字化司法系统,实现司法运行内部监督的全程留痕、全程可视、全程回溯。二是司法外部监督的全时空数字化可视。数字庭审直播使得所有愿意旁听庭审的人员都可以上网旁听,而且可以事后回放观看庭审录音录像,打破了传统的物理空间限制和时间限制,使得司法公开全时空可视成为现实。类案智能推送使得当事人可以在诉前对调解方案、诉中对裁判形成、诉后对裁判结果进行可视化类比监督。此外,"裁判文书上网让每一个社会公众都可能成为司法产品的质量监督者",这些都使得司法的外部监督实现了全时空可视。

三、数字正义论

2017年,美国马萨诸塞州大学法学院教授伊森·凯什(Ethan Katsh)在《数字正义:当纠纷解决遇见互联网科技》一书中,首次在世界范围内提出互联网空间中的"数字正义"理论。他认为:"数字正义是一个关于法律作用以及促使个人参与处理和解决纠纷的理论,旨在厘清科学技术如何产生出各种类型的纠纷,并且致力于如何利用技术来解决和预防这些纠纷的产生。""数字正义可以让'接近正义'不再依赖于物理的、面对面环境,甚至不再受制于人类的决定,就可以实现。""数字正义实现的关键就在于体现在线解决纠纷的方式。""数字正义必须通过使用科技来增强'接近'和实现'正义'。""在'数字正义'理念之下,私人和社会都加强了对数字技术的采用,在法院内外共同促进'接近正义'的实现。""与早期替代性纠纷解决机制倡导者所提出的物理上的多门法院相比,当今新技术可以让

[①] 马长山:《司法人工智能的重塑效应及其限度》,载《法学研究》2020年第4期。

我们有更多机会去创设一个虚拟的'多门法院',让当事人更容易地去实现正义。"①他还指出,数字技术向法院的渗透,发生在三个阶段。第一阶段涉及效率和案件管理,其目的是使程序流线化,使法院可以远程运作,且当实体法院关门时依然可以运行;第二阶段与电子政府相关联,法院数字化被视为电子政府建设的一部分,旨在向公众提供更多的政府信息和新工具;第三阶段正通过"接近正义"之棱镜发生,一些法律程序可以在线进行,对"实现正义"和"正义"的传统理解被重新审视,法院正处在通过数字正义巩固"正义实现方式"的过程当中,而且距离实现数字技术的全部潜力还很远。②

马克思主义法律理论认为,没有抽象永恒不变的正义,正义从来都是具体的,而且其概念内容向来都具有时代性,并由一定社会的经济基础所决定。在人类进入数字生产、数字生活、数字经济时代,正义将被重新定义,数字正义将是更高的正义,也将是数字时代司法文明的重要组成部分。因此,如何实现数字正义,也将是数字司法的最核心命题和最高价值追求,即要努力让人民群众在每一个司法案件中感受到数字正义。对此,2020年《最高人民法院工作报告》首次以官方文件的形式,正式提出"数字司法"的概念,强调要"巩固拓展智慧法院建设应用成果,完善互联网司法模式,以精准司法推动数字正义,努力实现新时代更高水平的公平正义"。此后,最高人民法院又多次强调,构建中国特色、世界领先的互联网司法模式,创造更高水平的数字正义。

第三节 数字司法的运行机制

一、数字司法的运行样态

自2017年4月最高人民法院发布《关于加快建设智慧法院的意见》以来,我国数字司法开始加速,2017年8月、2018年9月,杭州、北京、广州三家互联网法院先后挂牌成立。2020年年初新冠疫情暴发后,为有效满足疫情防控期间人民群众司法需求,最高人民法院又于2020年2月及时发布《关于新冠肺炎疫情防控期间加强和规范在线诉讼工作的通知》,进一步加快了数字司法的步伐,突出表现为传统法院加速数字化、互联网法院全面数字化,并呈现出在线诉讼、区块链司法、大数据司法、人工智能司法等为典型代表的运行样态。

---

① 〔美〕伊森·凯什、〔以色列〕奥娜·拉比诺维奇·艾尼:《数字正义:当纠纷解决遇见互联网科技》,赵蕾、赵精武、曹建峰译,法律出版社2019年版,第4、54、253、259、263页。
② 同上书,第230页。

（一）在线诉讼

2014年1月，上海高院开发上线上海法院12368诉讼服务平台，为当事人提供网上立案等服务。2015年1月，上海高院又在全国法院第一个开通律师服务平台，提供网上立案、网上缴费、网上阅卷、网上开庭等在线诉讼服务。2015年6月，吉林电子法院正式开通运行，实现案件全流程网上办理。2016年2月，最高人民法院发布《人民法院信息化建设五年发展规划（2016—2020）》，明确提出推行电子诉讼。2017年4月，最高人民法院发布《关于加快建设智慧法院的意见》，又进一步明确规定，普及网上调解、网上证据交换、网上质证、网上开庭功能，构建支持全业务流程的互联网诉讼平台。2017年10月，浙江省余姚市人民法院在微信小程序中率先上线"移动微法院"；2018年1月，浙江省宁波市中级人民法院开通"宁波移动微法院"，同年9月在浙江全省法院推广，2019年3月最高人民法院将其在全国法院范围内推广，打造成为"中国移动微法院"。2020年2月，最高人民法院发布《关于新冠肺炎疫情防控期间加强和规范在线诉讼工作的通知》，要求"积极依托中国移动微法院、诉讼服务网、12368诉讼服务热线等在线诉讼平台，全面开展网上立案、调解、证据交换、庭审、宣判、送达等在线诉讼活动"。2022年3月，"中国移动微法院"转型升级为"人民法院在线服务"平台，实现诉讼全流程在线运行，当事人足不出户就可以在线完成全部诉讼事务。

（二）区块链司法

2018年9月，最高人民法院发布《关于互联网法院审理案件若干问题的规定》，首次对电子数据区块链存证进行确认。同年9月以来，杭州、北京、广州互联网法院先后建立区块链电子存证机制，分别上线"司法区块链""天平链""网通法链"，着力解决电子数据证据存证难、采集难等问题。2019年8月，最高人民法院搭建了覆盖全国的"人民法院司法区块链统一平台"。2020年3月，最高人民法院发布《关于人民法院贯彻落实党的十九届四中全会精神 推进审判体系和审判能力现代化的意见》，明确提出要"加快建设人民法院司法区块链统一平台，推进区块链技术攻关和应用场景落地，形成全国统一的人民法院区块链应用体系"。此外，最高人民法院还发布《司法区块链技术要求》《司法区块链管理规范》等，指出司法区块链是"一种在司法环境下，通过透明和可信规则，构建不可伪造、不可篡改和可追溯的块链式数据结构，实现和管理法务事务处理的模式"。2021年8月1日施行的《人民法院在线诉讼规则》进一步明确了区块链存证的效力范围，以及电子数据上链前后真实性审核规则。2022年5月，最高人民法院发布《关于加强区块链司法应用的意见》，进一步明确了区块链司法领域应用标准体系、区块链在多元解纷、诉讼服务、审判执行和司法管理工作中的应用规范等。其间,全国地方法院亦积极开发区块链司法应用场景。例如,2019年10月,北京互联网法院采用区块链智能合约技术,在全国率先实现执行"一键立案";2020年5月,安徽省亳州市谯城区人民法院首次启用区块链电子封条,实现云端实时监控被查封财产状况;2020年8月,广州市中级人民法院上线"区块链律师调查令"线上办理平台,完美解决了电子律师调查令真实性核实问题。

(三)大数据司法

2013年12月发布的《人民法院信息化建设五年发展规划(2013—2017)》提出,建设国家司法审判信息资源库。2014年6月,最高人民法院上线"人民法院数据集中管理平台",实现全国法院案件数据全覆盖、统计信息全覆盖。2016年7月,"人民法院数据集中管理平台"升级为"人民法院大数据管理和服务平台",向大数据分析、专题分析、大数据服务升级。人民法院还注重与其他部门数据整合和共享。例如,2014年12月,最高人民法院依托大数据技术开通"总对总"查控系统,地方法院陆续建成"点对点"查控系统,实现对被执行人银行存款、房产、土地、车辆、股票、船舶、网络资金等财产的网络化、自动化查控。再如,最高人民法院牵头,与公安部、司法部、银行保险监督管理委员会等部门建立道路交通事故损害赔偿纠纷"网上数据一体化处理"平台(简称"道交一体化"平台),即通过数据共享,实现人民法院、公安交警、司法行政、人力社保、保险公司、鉴定机构等多部门联动,实现道路交通事故案件处理高效透明、快处快赔。大数据司法应用场景还包括电子送达、类案与法条推送、量刑辅助、诉讼风险评估、裁判结果预测、识别虚假诉讼、审判监督与管理、纠纷预防、诉源治理等。例如,2018年4月,杭州互联网法院上线大数据电子送达平台,实现与中国电信等三大通讯运营商,以及银行金融机构、电商平台大数据互联互通,通过运用自动检索、深度挖掘等数字技术,有效解决了当事人电子地址查询难、活跃地址查询难等送达难题。2023年5月,最高人民法院办公厅又印发《关于深入开展司法大数据分析工作的通知》,要求以"数助决策"为目标,创新运用"数字体检""深度问诊"等方式,深入分析挖掘数据背后隐含的规律性特征,为法院审判管理和地方社会治理提供强有力的决策支撑。上海市高级人民法院对近5年300余万份裁判文书和全部电子卷宗进行解构,形成7.8亿多个解构数据点,为机器自动调取利用提供宝贵的"直接可用"数据。同时,通过大数据筛选、比对、碰撞和应用场景建设,初步形成了数助办案、数助监督、数助便民、数助治理、数助政务为主的数字法院框架体系。[①]

[①] 参见贾宇:《数字法院建设路径研究》,载《数字法治》2024年第3期。

(四) 人工智能司法

2016年11月,时任最高人民法院院长周强在第三届世界互联网大会智慧法院暨网络法治论坛上表示,将积极推动人工智能在司法领域的应用,为法官办案提供智能化服务。2016年12月,北京法院上线"睿法官"系统,为立案、庭审、合议、文书撰写等环节提供审判辅助和决策支持。2017年4月,最高人民法院发布《关于加快建设智慧法院的意见》,明确提出运用大数据和人工智能技术,按需提供精准智能服务。2017年5月,上海高院上线"刑事案件智能辅助办案系统"(即206系统),除为司法人员提供证据标准指引、逮捕条件审查、办案程序合法性审查、文书生成等智能辅助外,还创新人工智能司法应用,提供单一证据审查、社会危险性评估、证据链和全案证据审查判断、类案推送、量刑参考等功能。2018年1月,最高人民法院上线"类案智能推送系统",实现类案快速查询和智能推送。2019年4月,江苏省高院推出"同案不同判预警平台",整合相似案例推荐、法律知识推送、量刑智能辅助、文书智能纠错、量刑偏离预警等五大功能,为法官办案提供智能辅助。2019年9月,江苏省高院还上线"套路贷虚假诉讼智能预警系统",通过对风险人员、风险案件的智能识别与预警,辅助法官快速发现"套路贷"虚假诉讼。2019年12月,杭州互联网法院开通智能证据分析系统,法官只需点击一个按钮,即可获得证据分析结果。浙江法院还上线"凤凰金融智审"系统,实现全流程智能化审判,并推出AI法官助理,高度智能化模拟真实法官助理,独立完成全部事务性工作,为法官裁判案件提供智能辅助。2021年9月,最高人民法院上线"人民法院立案辅助系统",能够智能识别预警重复诉讼、虚假诉讼。2022年12月,最高人民法院发布《关于规范和加强人工智能司法应用的意见》,进一步明确了人工智能司法应用的总体目标、基本原则和应用范围等。

二、数字司法的解纷机制

随着互联网的几何式增长,在线纠纷数量也呈现出井喷之势,人民法院为积极应对不断增长的案件办理压力,通过在线调解平台和诉讼平台等建设,以及大数据、区块链、人工智能技术应用,逐步形成了包括"数字化的纠纷预防机制""数字化的非诉解纷机制""数字化的诉讼快审机制"等在内的在线多元解纷机制。

(一) 数字化的纠纷预防机制

面对巨量增长的在线纠纷,人民法院不仅注重发展纠纷解决机制,更加重视建立纠纷预防机制,努力从源头上减少诉讼纠纷。

1. 区块链司法纠纷预防机制

首先,运用区块链技术预防原生纠纷产生。由于区块链具有无法篡改、可追溯等特性,依托版权、信贷等领域区块链系统,对各类主体的网络行为进行上链加密记录,可以从源头上防范行为主体作出各类失信、违约、侵权以及其他违法行为,从而避免纠纷产生。例如,杭州互联网法院通过上线区块链智能合约技术,打造网络行为"自愿签约—自动履行……智能执行"等环节全流程闭环系统,从源头上减少了违约的可能。其次,运用区块链智能合约技术预防原生纠纷和次生纠纷产生。例如,杭州市西湖区人民法院推出金融纠纷司法链智能合约,在当事人签订的借款等各类合同以及当事人发生纠纷后经调解达成的协议中广泛应用区块链智能合约,有效提高合同和调解协议自动履行率,防止因不履行合同而产生纠纷,以及因不履行调解协议再引发诉讼。

2. 大数据司法纠纷预防机制

大数据所具有的全样本优势以及交叉比对分析能力,可以揭示不同类型纠纷的产生原因、重复模式和发展趋势。一方面,将纠纷发生原因提交给相关的公共管理部门,及时采取相应的阻止措施或者出台相应的规制措施,或者与相关公共机构合作,可以预防或者减少类似纠纷再次产生。例如,杭州市余杭区法院通过与公安机关、鉴定机构、调解机构、保险公司等合作,研发道路交通事故纠纷一体化处理平台。法院通过这个平台并运用大数据分析技术,就可以掌握全市道路交通事故的纠纷来源,分析纠纷发生的起因,为道路交通事故纠纷预防提供参考建议。另一方面,可以根据纠纷发展趋势,在类似纠纷刚处于苗头状态时,就能够予以发现并将其消灭在萌芽状态。

(二)数字化的非诉解纷机制

面对在线纠纷的持续增长态势,传统的诉讼纠纷解决方式和替代性纠纷解决机制 ADR 已经无法适应数字时代的发展,于是在线非诉讼纠纷解决机制 ODR 应运而生。

1. 全国统一的在线非诉解纷机制

2018 年 1 月,全国"道交一体化"平台上线运行,截至 2021 年年底,全国法院 86.77% 的道交案件通过在线平台进行调解,三年累计在线调解案件 121.66 万件,调解成功 85.62 万件。2018 年 2 月 25 日,最高人民法院又上线人民法院调解平台,截至 2021 年年底,共有 3504 家法院、6.1 万多家调解组织和 25.4 万多名调解员入驻平台,平均每个工作日有 4.3 万件纠纷在平台进行调解,每分钟就有 51 件成功化解在诉前,在线调解案件累计超过 2400 万件。人民法院调解还通过平台对接和邀请入驻的方式,与国家发改委价格认证中心、中国人民银行、中国银保监会、中国证监会、国家知识产权局、中华全国总工会、中华全国工商业联合会、中华全国归国华侨联合会、中国中小企业协会等15家单位通过"总对总"合作的方式，实现了纠纷全流程线上调解。

2. 地方特色的在线非诉解纷机制

除全国统一的人民法院调解平台外，上海、浙江等省市法院还结合地方实际开通了地方性在线多元解纷平台。例如，上海市高级人民法院于2019年11月升级建成一站式多元解纷平台，对外与全市6400多家人民调解组织以及经贸、银行、证券等行业调解组织线上互联互通，对内与人民法院调解平台、审判执行系统全面贯通，为当事人提供一站式在线多元解纷服务，如诉前调解的法律知识智能咨询、决定调解后的在线申请调解、调解不成后的在线起诉立案、同意调解后的在线委派委托调解、调解成功后的在线申请司法确认以及电子送达等。截至2024年10月，当事人通过平台自发向入驻平台的调解组织直接申请调解9.3万件，完成调解7万件，上海全市法院通过平台在线委派委托调解案件约67.3万件，完成调解57.1万件。

（三）数字化的诉讼快审机制

实践中，人民法院为提升金融借款合同纠纷、信用卡纠纷、证券虚假陈述责任纠纷等批量案件办理效率，探索建立了"智能化电子支付令""在线纠纷示范化解""类案批量智能审理"等数字化的诉讼快审机制。

1. 智能化电子支付令机制

为缓解互联网金融案件快速上升带来的审判压力，2015年5月25日，杭州市西湖区人民法院对一起网络小额贷款纠纷案件的当事人发出全国首例电子督促程序支付令。2016年，最高人民法院《关于人民法院进一步深化多元化纠纷解决机制改革的意见》第15条、《关于进一步推进案件繁简分流优化司法资源配置的若干意见》第4条均明确提出建立电子督促程序信息平台，推广使用电子支付令。经过实践发展，电子督促程序已经插上智能化的翅膀。例如，广州互联网法院于2020年6月上线"在线督促程序"，在传统督促程序基础上，利用互联网5G、大数据失联修复、区块链存证、人工智能等现代数字技术，实现支付令的在线申请、在线立案审查、自动生成指令、自动获取被申请人手机号码和电子邮箱等电子地址并送达，以及实现全流程区块链存证防篡改、人工智能自动化批量化处理，极大地提升了海量互联网金融纠纷处理效率。

2. 在线纠纷示范化解机制

2019年1月，上海金融法院发布全国首个《关于证券纠纷示范判决机制的规定（试行）》，其中第2条第1款明确规定："示范判决机制是指本院在处理群体性证券纠纷中,选取具有代表性的案件先行审理、先行判决,通过发挥示范案件的引领作用,妥善化解平行案件的纠纷解决机制。"后来,该院又在示范判决机制基础上,形成了"在线示范判决＋在线专业调解＋在线司法确认"的在线纠纷示范多元化解机制,即在示范判决基础上,对同批案件在线委派专业调解组织进行参照调解,调解达成协议后,由法院在线进行司法确认,赋予调解协议强制执行力。2020年10月,广州互联网法院也发布《关于在线纠纷示范化解若干问题的规定》,明确要通过对示范案件在线调解、在线庭审及发布示范案例的方式,引导同类型案件当事人通过多元化解手段快速解决纠纷。其中,示范案件从当事人均已在线认证关联的案件中选取,用于向同类型案件当事人公开展示解纷过程。

3. 类案批量智能审理机制

在人工智能辅助裁判上,司法人工智能能够很好地适用于权利义务关系清楚、争议不大的简单案件。例如,重庆市高级人民法院于2018年12月开通"民事类案智能专审系统",系统具备格式文书、裁判文书的批量生成、批量审批、批量签章、批量送达等功能,实现集团案件的批量处理,最大限度减少法官重复劳动。再如,广州互联网法院于2019年8月上线"类案批量智审系统",并与相关企业区块链存证系统互联互通,对案件能够全流程批量化办理。系统利用人工智能技术,自动识别并抓取案件同一原告或者被告信息,形成批量案件清单以及对应的诉讼材料,然后原告可以在系统上一键批量提交起诉,并推送给立案法官,由立案法官进行在线审查,首先实现起诉立案批量化处理。法官可以对该批案件后续每一个审理节点进行批量化处理,如批量存证调证、批量宣判、批量送达等全流程批量办理,实现自动化、智能化快速审理。

三、数字司法的潜在风险与防范

由于技术自由与技术监控并存,技术运用的良好初心与可能异化并存,技术表面上客观中立与实际上主观偏见并存等因素影响,数字司法在实际运行过程中,可能存在着潜在的司法权责分化风险、司法自主分化风险、司法伦理失却风险以及司法人文流失风险等,因此还需要建立健全风险防范机制,最大限度提升数字司法效能,实现数字正义,防范数字不正义。

(一) 司法权责分化风险与防范

通常情况下,司法审判权由法官具体行使,司法审判责任也由法官具体负责。但"在当前法官普遍受制于技术门槛而不能很好地规训技术滥用和失控的情况下,技术人员有可能通过算法的构建和引入,在事实上'分享'司法权,从而在一定意义上成为'影子法官'"①,"甚至还可能会在机器自主认知、自主学习、自主决策的过程中出现'算法独裁'的局面。"②也就是说,人工智能辅助司法裁判,则在一定程度上分享了法官的专属审判权,也就相应地造成了司法权力和责任的分化现象,其后果可能有如学者担忧的那样:"一旦审判主体和决定者难以特定,那么权力边界也就变得模糊不清,司法问责制就很容易流于形式,至少推卸责任的可能性被大幅度扩充了。"③

"法官主体就是在诉讼过程中,只能由办案法官完整地享有对案件的审理权和裁判权,并由办案法官承担责任。"④因此,为防范智能裁判可能对司法权责的分化风险,首先必须坚守法官的司法权力主体地位。综合学者的观点,人工智能在替代法官裁判上还存在技术上的诸多限制性因素:一是司法大数据的非充分性,包括案例数据的全样本数量不全、对潜在影响因素标记不足、存在一定规模低质数据等。二是司法裁判的逻辑是因果关系,而人工智能的决策逻辑是基于大数据的概率统计以及相关性。符合因果逻辑的实质正义很难依靠计算概率和相关性逻辑实现。三是人工智能缺乏自我意识、目的和立场,也不会产生意向性,难以或无法进行司法裁判中无法回避的价值判断。此外,"法官之所以能够裁判案件,还在于法官的民主正当性,所以,即使人工智能可以带来极好的司法裁判体验,也并不能推导出公民有服从人工智能之法律义务"⑤。其次必须坚守法官的司法责任主体地位。根据权责一致原则,坚守法官司法权力主体地位的同时,也必须坚守法官的司法责任主体地位。因为"现代的法官绝不是一台法律机器,而是在很大程度上充当立法者的助手,有着更高的自由,但相应地也负有较重的责任"⑥,而且"机器人无论以何种方式承担责任,最终的责任承担者都是人"⑦,"应当让法官意识到自己才是作出裁决结果的行动者,即便在人工智能辅助的情况下,作出有效力的决定仍然是通过'他自己的'行为,责任归属也在于法官自身"⑧。

(二)司法自主弱化风险与防范

司法大数据和人工智能使得法院的审判管理前所未有地实现了对法官审判

---

① 陈敏光:《司法人工智能的理论极限研究》,载《社会科学战线》2020年第11期。
② 季卫东:《司法人工智能的开发原则与政策》,http://www.sohu.com/a/336488999_120202776,2023年7月30日访问。
③ 季卫东:《人工智能时代的司法权之变》,载《东方法学》2018年第1期。
④ 卞建林、王帅:《审判权的理论展开与科学配置》,载《新疆社会科学》2018年第1期。
⑤ 江秋伟:《论司法裁判人工智能化的空间及限度》,载《学术交流》2019年第2期。
⑥ 〔德〕菲利普·黑克:《利益法学》,傅广宇译,商务印书馆2016年版,第31页。
⑦ 郑戈:《人工智能与法律的未来》,载《探索与争鸣》2017年第10期。
⑧ 高童非:《数字时代司法责任伦理之守正》,载《法制与社会发展》2022年第1期。

行为数据的全程留痕、全程可视、自动记录、自动分析、自动生成、自动预警的智慧管理,各种各样的绩效考核报表也前所未有的名目繁多且统计精细。"可以合理推断的是,法官会仔细考量指标体系的权重和意义,优化自己的司法行为,精心管理自己的数字痕迹,以生成一张漂亮的数据报表"①"更为复杂化、科学化、精致化的评价指标体系不断涌现的过程,其实也是具有主体性的法官不断被吞噬的过程。"②"虽然人工智能被明确定位为辅助工具,但辅助工具在高度理性化的社会中却完全有可能喧宾夺主,成为一种异化的主宰。"③因此,当法官自主裁判与智能推送类案不一致时,出于可能面临的当事人与社会公众质疑审判是否公正的风险和压力等原因,而放弃自主裁判,选择参照推送的类案进行裁判。

防范司法自主弱化风险,首先在考核上必须避免唯数据论。数字化的智慧审判管理有其大数据、人工智能等人工所做不到的数据海量挖掘和分析优势,但管理学中普遍存在着"凡是存在数字管理的地方,就可能存在着数据失真"的现象,这也是作为个人趋利避害的本性所致,目前还无法杜绝。因此,与"不能将法律变成一个数学制度"一样,也要防止将考评变成一种纯粹的数学制度。其次在管理上必须尊重法官自主性。不能将人工智能新型技术权力凌驾于司法自主裁判权之上,也不能将法官的决策权让渡给智能系统。以类案强制检索与智能推送应用为例,"要坚定地相信法官和法官的自主性,不能让貌似客观的类案推送结构化法官的思考"④。一是要赋予法官是否启动类案推送的自主决定权,对于法官已经对案件在法律适用上没有疑惑,而且有了最优裁判方案时,应当允许法官不再启动类案推送,而不是一律强制性进行智能检索和推送。二是要重点聚焦法官的司法认知和评价,形成法官对个案价值的公共判断,不必过分强调遵从类案推送对类案结果的参考建议,避免裁判者选择参照、包装参照、盲从参照等可能弱化裁判自主现象的发生。

(三)司法伦理失却风险与防范

智能辅助办案系统的应用最先带来的可能是机器人伦理问题。司法人工智能知识图谱可能出错,从而导致人工智能裁判错误。即使知识图谱准确且能够及时更新,但由于"编辑者的逻辑编排、要旨提炼、观点选择,体现了个人的价值

---

① 徐骏:《智慧法院的法理审思》,载《法学》2017年第3期。
② 张建:《论法官绩效考评制度改革及其实践效果》,载《法学》2019年第11期。
③ 李晟:《通过算法的治理:人工智能语境下的法律转型》,载《法学评论》2018年第1期。
④ 高可:《司法智能化的功能、风险与完善》,载《西安交通大学学报(社会科学版)》2020年第6期。

取向、学术判断、政策立场"①，编辑者自身可能存在的价值偏见和法律偏见，再经过程序员的理解将编码建模导入系统，难免存在偏差和偏见，而且算法背后还往往隐藏着算法黑箱和算法霸权。此外，裁判文书大量上网公开，虽对当事人、证人的信息进行匿名化处理，但裁判文书中所包含的信息数量与种类之多，加上与其他司法数据库之间相互频繁的参照引用，也难以确保被匿名处理的信息不被重新识别，由此可能造成案件中当事人和证人等诉讼参与人的民族、身份、身体缺陷等个人隐私信息的大规模扩散，并可能带来对个人的歧视画像和人格尊严侵犯等伦理道德风险。

防范司法伦理失却风险，首先要坚持人工智能应用通用伦理准则。按照2019年5月发布的《人工智能北京共识》、2021年9月发布的《新一代人工智能伦理规范》、2023年3月发布的《人工智能伦理治理标准化指南》要求，重点防范人工智能司法系统研发过程中可能存在的伦理风险。一是要坚持系统研发与伦理准则有机结合；二是要坚持司法中立的固有属性，避免算法偏见和算法歧视；三是要加强人工智能司法系统从设计到应用全过程的可解释性和可问责性建设，增强算法透明度，明确伦理风险责任主体。其次要加强个人司法数据保护制度建设。一是要坚持数据处理合法性原则，最大程度地避免或者减少司法数据处理过程中对当事人隐私权等基本权利形成的冲击。二是要在人工智能司法系统研发过程中，采用对当事人和诉讼参与人的隐私信息和敏感信息侵害最小的方式进行，包括进行充分的数据脱敏清洗，尽可能避免出现个人隐私信息和敏感信息。在进行大数据挖掘分析时，要在法院内部的保密网上进行，避免信息泄露。三是要建立数据保密制度，明确系统研发者、司法管理者、系统运用者等相关人员的保密规范和责任要求，保证数据处理人员无论什么时候、无论什么原因都不得进行"反向识别"操作，从匿名信息中反推识别相关当事人的身份。

（四）司法人文流失风险与防范

"裁判乃公正善良之术"，这句格言很好地诠释了司法本身内含着人文精神要求。然而，试图"用算法来处理人类特有的一些活动，有可能使这些活动丧失最根本的人性"②。正如苹果公司的首席执行官库克（Timothy Donald Cook）所言："我不担心人工智能让计算机像人类一样思考问题，我更担心的是人类像计

---

① 何帆：《人工智能时代，为何还要打造这样一本刑法工具书》，https://new.qq.com/omn/20190508/20190508A0708Q.html，2023年7月30日访问。
② 〔美〕卢克·多梅尔：《算法时代：新经济的新引擎》，胡小锐、钟毅译，中信出版集团2016年版，第223页。

算机那样思考问题——摒弃同情心和价值观,并且不计后果。"[①]实际上,当事人发生纠纷后诉诸司法,其诉求有时不仅仅是解决纠纷本身,还有纠纷解决诉求背后的情感宣泄和道德关怀等朴素的人文诉求。如果对涉及情感类的婚姻家庭纠纷都通过在线审理的方式进行,可能就会导致屏对屏审理所可能带来的人文关怀精神的流失。同样地,即使人工智能裁判能做到客观公正,但可能也难以让当事人接受人工智能机器通过冰冷的算法作出的裁判,因为人工智能裁判无法做到既解开当事人的法结,又解开当事人的心结和情结。

防范司法人文流失风险,还需要为数字司法插上人性化的翅膀。首先要坚持技术辅助主义。明确人工智能司法的边界和限度,尽力杜绝或者努力减少技术中心主义可能带来的人文精神流失风险。"尤其在面对价值冲突、伦理挑战、阶层对立等具有争议性和隐喻性的案件时,往往需要法官充分运用个体的良知、正义感和同情心展开境遇想象和情感互融,从而体现司法的温度,避免司法的温情正义被冷冰冰的机械正义所取代。"[②]其次要保障司法人文需求。一是要在各类诉讼服务平台和智能诉讼系统开发过程中,加强用户友好性和人性化建设,精准有效满足不同诉讼当事人的个性化诉讼服务需求。二是要在在线诉讼和数字司法全过程中保障当事人的司法人文需求,如不得强制要求当事人选择网上立案和在线庭审,充分尊重和保障当事人线上线下诉讼的程序选择权。

问题与思考

1. 关于数字司法的概念界定主要有哪些观点?您更赞同哪一种观点,为什么?
2. 数字司法的基本特征有哪些?
3. 数字司法的发展演变经历了哪些阶段?举例说明每个阶段的主要特征。
4. 数字司法的正义机理有哪些?
5. 数字司法的主要运行样态有哪些?
6. 线上诉讼与线下诉讼是并行关系,还是补充关系?在线诉讼等于"互联网+审判"吗?
7. 数字司法可能存在的风险有哪些?如何防范?

[①] 《库克:人工智能并不可怕 怕的是人像机器一样思考》,https://finance.china.com/industrial/11173306/20170612/30706950.html,2023年7月30日访问。

[②] 陈锐、王文玉:《司法人工智能与人类法官的角色定位辨析》,载《重庆大学学报(社会科学版)》2021年第3期。

8. 数字司法可能还存在哪些异化风险?如对司法公正、司法公开、司法公信,有没有可能存在着负面影响或者悖论性影响?如果存在,如何进行规制?

9. 结合引读案例"威斯康星州诉埃瑞克·卢米斯案",谈谈机器人能取代法官吗?如果能取代,在哪些方面可以取代?如果不能取代,在哪些方面不可取代?为什么?

> **扩展阅读**

1. 〔美〕伊森·凯什、〔以色列〕奥娜·拉比诺维奇·艾尼:《数字正义:当纠纷解决遇见互联网科技》,赵蕾、赵精武、曹建峰译,法律出版社2019年版。

2. 崔亚东:《人工智能与司法现代化》,上海人民出版社2019年版。

3. 中华人民共和国最高人民法院编:《中国法院的互联网司法》,人民法院出版社2019年版。

4. 〔英〕理查德·萨斯坎德:《线上法院与未来司法》,何广越译,北京大学出版社2021年版。

5. 帅奕男:《智慧社会的司法范式转型》,知识产权出版社2021年版。

6. 茆荣华主编:《全流程网上办案体系的探索与实践》,人民法院出版社2021年版。

7. 马长山:《司法人工智能的重塑效应及其限度》,载《法学研究》2020年第4期。

8. 左卫民:《中国在线诉讼:实证研究与发展展望》,载《比较法研究》2020年第4期。

9. 马长山:《数字司法的法治边界》,载《东方法学》2024年第4期。

10. 贾宇:《论数字法院》,载《法学研究》2024年第4期。

第十七章　ODR 的理论与实践

【引读案例】

区块链平台以太坊(Ethereum)的阿拉贡纠纷解决机制(Aragon Network)，也被称为"去中心化法庭"。在阿拉贡中，系统将在缴纳保证金的用户中随机选取五名"法官"，让其以多数裁决的方式进行裁判，并对多数意见者给予代币激励，对少数意见者没收保证金。有意思的是，该系统还采取了"三审终审"制，第三审由"声誉最高"的 9 人组成"最高法院"进行裁判。在此基础上，有学者进一步提出建立开源的区块链纠纷解决平台，即构建专业化、开放性的纠纷解决机制，允许"专业法官"在不同场合对不同类型纠纷进行裁判。甚至有学者提出依托于区块链建设"计算法院"或"计算陪审团"。[①]

第一节　ODR 概述

一、ODR 的概念

一个含义准确、范围广泛的概念是一套法律体系、制度良性发展、运作的重要基础。就 ODR 来说，其概念界定对于 ODR 的发展无疑意义重大。从字面意思来看，ODR 是"Online Dispute Resolution"的缩写。目前，学界对于 ODR 的概念并没有形成统一的意见。不同学者对 ODR 的概念界定存在较大差别。持广义说的学者认为，ODR 创建了一种独立于当事人的物理场所，它是大部分或主要过程利用因特网技术进行的争议解决机制。在这一观点下，ODR 可以进一步分为法院 ODR 和法院外 ODR，前者主要包括在线诉讼与在线法院附属 ADR（如法院的在线调解）；后者主要包括在线协商、在线调解、在线仲裁等方式。[②]

持狭义说的学者们认为，ODR 是 ADR 移至网络世界的产物。现代 ADR 发轫于 20 世纪 30 年代的美国，其英文全称为"Alternative Dispute Resolu-

---

[①] See Wulf A. Kaal, Craig Calcaterra, Crypto Transaction Dispute Resolution, *The Business Lawyer*, Vol. 73, No. 1, 2017.

[②] 参见高兰英：《在线争议解决机制(ODR)研究》，中国政法大学出版社 2011 年版，第 31 页。

tion",中文译名为"选择性争议解决方案"或"诉讼外或非诉讼争议解决方式",是对民事诉讼制度以外的各种非诉讼争议解决方式或机制的总称。狭义说主要分为"部分适用网络技术的 ADR"说、"完全适用网络技术的 ADR"说与"主要适用网络技术的 ADR"说等三种学术观点。我们认为,广义说的观点将在线诉讼纳入 ODR 的范围,导致 ODR 的定义过于宽泛,这与通说不符,且未考虑到在线诉讼与 ADR 的本质区别。因此,广义说不利于 ODR 的理论发展和实践运用。在这一前提下,我们需要分析狭义说下的不同观点,在狭义说下寻求新的概念共识。

(一)"部分适用网络技术的 ADR"说

持"部分适用网络技术的 ADR"说的学者认为,ODR 是部分运用网络技术的 ADR。"部分适用网络技术的 ADR"说之下还存在如下不同观点:一是认为只要运用了网络技术的 ADR,就是 ODR;[①]二是认为 ODR 是由纠纷解决体系和信息技术合成的新工具;[②]三是认为 ODR 是利用计算机在网络中解决纠纷的 ADR。[③] 该说的弊端在于,未认识到网络技术对于 ADR 的冲击,因此没有将 ADR 和 ODR 进行实质分离。该学说将部分适用网络技术的 ADR 都纳入到 ODR 之列,不当地扩大了 ODR 的范围,导致 ODR 的核心特征无法被凸显出来。

(二)"完全适用网络技术的 ADR"说

"完全适用网络技术的 ADR"说认为,只有所有程序完全适用网络技术的 ADR,才能被称为 ODR。这一观点要求 ADR 中的所有程序都依靠网络技术来完成。比如,消费者国际(Consumers International)将 ODR 定义为一种替代性纠纷解决机制,完全使用电子手段提供,当事方无须离开他们的家庭或办公室就可以使用和参与。国内亦有学者持此种观点,认为 ODR 是纠纷解决程序的完全数字化,即从纠纷解决到纠纷处理再到纠纷结果的执行,均通过数字化方式完成。[④] 该说的缺陷在于,将纠纷解决工具绝对化,不适当地限缩了 ODR 的范围。这就导致这种观点与实践相脱节,因而生命力不足。

(三)"主要适用网络技术的 ADR"说

该说在分析了"部分适用网络技术的 ADR"说和"完全适用网络技术的

[①] See Julia Julia Hörnle, Online Dispute Resolution: The Emperor's New Clothes?, *International Review of Law Computers & Technology*, Vol. 17, No. 1, 2003.

[②] See Colin Rule, *Online Dispute Resolution for Business*, Jossey-Bass Press, 2002, p. 3.

[③] See E-Commerce And Development Report 2003, United Nations Conference on Trade and Development (Chapter 7: Online Dispute Resolution: E-commerce and Beyond).

[④] 参见邓杰:《电子商务法研究——以争议解决为中心》,兰州大学出版社 2008 年版,第 278 页。

ADR"说的利弊之后,认为 ADR 和 ODR 的区分,首要考量的是在线技术或线下技术在纠纷解决中的作用大小,如果纠纷解决的主要程序是依靠在线技术来完成的,就称为 ODR,否则仍属于 ADR。该说指出,纠纷解决主要程序的确定采用动态标准。一般来说,法律文书的收发、证据的交换、纠纷的化解等都属于纠纷解决的主要程序。①

总体而言,"主要适用网络技术的 ADR"说成为主流学说。该说认识到 ODR 和 ADR 的属性交叉,并未将 ADR 和 ODR 的界限绝对化,肯定了二者之间的渗透关系。同时,此学说又通过一个较为明确的标准将二者区分开来,合理地划定了 ODR 的范围,有助于 ODR 的理论研究与实践发展。

二、ODR 的兴起

一般认为,ODR 的发展源自于 1996 年的三项 ODR 实验,即马萨诸塞大学的在线监察员办公室项目(UMOOO,The University of Massachusetts Online Ombuds Office)、虚拟治安法官项目(VMP,The Magistrate Project)、马里兰大学网上调解计划(UMOMP,The University of Maryland Online Mediation Project)。实际上,从 ADR 到 ODR 的发展并非偶然。除了人为的主动实验外,外界因素的变化是 ODR 发展的实质动因。首先,网络技术的快速发展与普及运用是 ODR 发展的基础条件;其次,电子商务的兴起是 ODR 发展的经济条件;再次,网络争议的激增是 ODR 发展的直接条件;最后,业余爱好者的实验项目是 ODR 发展的人为条件。②

ODR 的发展可以分为三个阶段。第一阶段为萌芽阶段(1996—1998)。自互联网商业禁令解除开始,互联网商业逐渐兴起,电子商务活动的增多带来更多的争议。在这一背景下,许多科研机构、企业、个人等开始尝试研发出一种更为高效的争议解决方式。这一阶段出现的 ODR 多由非营利机构创办,有关 ODR 的实验成果大多以论文或报告的形式公开。第二阶段为扩张阶段(1999—2015)。从 1999 年开始,ODR 网站进入商业化运作阶段。在不到 10 年的时间,ODR 解决了数以百万计的争议。ODR 的研究进入国际层面,并在国际层面形成一定的共识。ODR 在网络域名、版权和电子商务等领域飞速发展。第三阶段为技术迭代阶段(2016 年至今)。人工智能、区块链等新兴技术的发展,促使了 ODR 与这些新兴技术的融合,ODR 由此进入技术迭代发展的阶段。比如,Riikka

---

① 参见郑世保:《在线解决纠纷机制(ODR)研究》,法律出版社 2012 年版,第 31—32 页。
② 参见高兰英:《在线争议解决机制(ODR)研究》,中国政法大学出版社 2011 年版,第 57—59 页。

Koulu 介绍了区块链中的智能合约应用的可能性,说明了智能合约背后的逻辑,介绍了基于智能合约解决争议的路径,为网上争议解决提供了办法。① Wulf Kaal 指出,基于区块链的消费者争议解决不仅是理论上可行的,已经出现基于以太坊智能合约的初创公司利用区块链的匿名、自主、永久存储和分布式的特点,以技术手段实现了自治。②

三、ODR 的特征

(一) 纠纷解纷属性

ODR 的设立目的是解决纠纷,其最适合解决争议方距离遥远、争议标的较小的电子商务民事纠纷。人们设计、运用 ODR 的根本原因在于 ODR 可以快速地解决纠纷,如果没有争议的存在,也就不需要构建纠纷解决机制。从本质上来看,ODR 的运行是一种商业行为,只有通过提供高效、便捷的纠纷化解服务,ODR 运行商才能够获取较高的商业利润。

(二) 网络科技属性

ODR 虽借用了 ADR 纠纷解决原理,但其利用网络技术打造了一个新的纠纷解决环境,并利用这种虚拟的环境快速、便捷地解决纠纷。换言之,网络科技是 ODR 的核心属性之一,它帮助 ODR 打破了时间与距离对纠纷解决机制的束缚,只要在有网络的地方,争议方就可以进入 ODR 平台来解决纠纷,这缩短了纠纷化解的时间成本,大幅提升了纠纷化解中的信息交换效率。ODR 所运用的常见网络技术工具有 Email、电子布告栏、语音聊天室、网络视频会议、信息管理系统等。目前,随着科技的发展,新兴技术不断与 ODR 融合,运用区块链和人工智能技术的 ODR 已经在实践中出现。

(三) 私主体契约属性

ODR 的启动、裁决和执行程序主要依靠契约来完成。实践中,ODR 取得管辖权需要得到争议方的同意,且争议方可以随时退出 ODR 机制,这种退出可以是无因退出。也就是说,即使争议方不履行 ODR 裁决,一般也仅需负违约责任。ODR 的私主体契约属性在一定程度上决定了 ODR 的裁决难以具有较强的执行力。

---

① See Riikka Koulu, Blockchains and Online Dispute Resolution: Smart Contracts as an Alternative to Enforcement, *Scripted*, Vol.13, No.1, 2016.

② See. Wulf A. Kaal, Craig Calcaterra, Crypto Transaction Dispute Resolution, *The Business Lawyer*, Vol.73, No.1, 2017.

（四）诉讼替代属性

在民事纠纷的多元化解机制中，民事诉讼居于核心地位。这是因为，民事诉讼具有普遍性、强制性与公权性的特点。一般来说，不管一方当事人是否愿意，民事诉讼都可以用来解决民事纠纷，即便另一方不同意纠纷裁决，另一方也可以申请强制执行该裁决。但是，民事诉讼化解纠纷的时间和经济成本较高，这就导致争议方在进行利益权衡后，会主动选择 ODR 来化解纠纷，ODR 就成为诉讼纠纷化解的分流机制。争议方一旦对 ODR 的裁决不满意，仍可以运用民事诉讼来解决纠纷。就此而言，ODR 是民事诉讼纠纷化解的替代性机制。

四、ODR 与在线法院的关系

（一）在线法院与 ODR 的相关性

大数据、人工智能等新兴技术对传统生活方式带来挑战的同时，也对法院的传统办案模式产生了重大冲击。作为革新型司法审判模型的在线法院（Online Court）正是在这一背景下提出的。在面对新兴技术的不断冲击时，传统法院的技术变革主要有两种途径：一是通过技术的植入带动传统审理模式的"自动化"更迭，这一类型属于技术植入型改良，以远程庭审、移动微法院、语音识别等为代表。二是在引入新兴技术的同时革新原有的审理模式，这一类型属于模式革新型变革。技术植入型改良可以优化和加快原有的传统工作方式，但其效能优化的程度有限。而模式革新性变革虽然激进，但是其影响更加深远，数字货币就是最好的例证。在线法院是以在线纠纷解决机制为技术基础所构建的公办系统。在线法院概念的提出正是为了打破司法传统，改变法院现状。在线法院模式革新的特征主要体现在两个方面：一是其审理方式有别于实体审理和远程庭审的同步审理方式，法官采用异步交互形式进行审判；二是与传统法院不同，在线法院的司法职能得到了充分的扩展，能够全方位地处理纠纷问题。[①] 需要说明的是，在英美等国家，调解法官与审判法官分开设立，且调解程序设立于诉讼程序之前，因此域外的调解程序被认为属于 ADR。在我国，诉讼调解属于法官行使审判权的方式，因此法院中的在线调解不属于 ODR。从既有在线法院的实践发展来看，在线法院和 ODR 都是对当事人民事权利进行救济的手段。从这点来看，二者本质是相同的。此外，二者在价值目标和参与主体上也存在一致性。

[①] 在线法院的职能扩展是指技术赋能后的法院能提供比传统法院更多的扩展功能。比如，帮助用户理解、实现权责的工具，协助诉讼当事人管理工具、组织论点的设施，对司法之外的纠纷解决方式提供建议并推动纠纷解决，等等。参见〔英〕理查德·萨斯坎德：《线上法院与未来司法》，何广越译，北京大学出版社 2021 年版，第 60 页。

(二) 在线法院与 ODR 的差异性

在理清 ODR 和在线法院在概念上的区别以及二者的相关性之后,我们需要关注二者之间的差异。具体来说,二者的差异主要体现在如下几个方面:第一,价值目标的差异。在线法院是传统法院的技术升级版本,其诉讼价值仍延续了"公正有限兼顾效率"的传统,在线法院仍追求诉讼程序的严格性,公正是在线法院的首要价值目标。第二,解纷主体的差异。在线法院的解纷主体仍然是法官,ODR 的裁决者则更为宽泛。第三,设立主体的差异。在线法院的设立主体是国家,而 ODR 一般由商业组织自行设立。第四,受案范围的差异。相对来说,在线法院的受案范围更大。

第二节 ODR 的基本理论

一、ODR 与数字正义

(一) 前数据时代的"接近正义运动"

"正义是通过克服不正义来实现",加强对当事人的"照料"是技术革新的正当性根基。从 20 世纪 60 年代开始,美国法院就开始了"接近正义运动",形成了"三次浪潮",其目的在于帮助当事人进入法院,实现更经济、便捷、简便的司法程序。在"第一次浪潮"中,国家加大了对贫困当事人的法律援助,采用减免诉讼费用等措施,降低了当事人的诉讼成本。"第二次浪潮"肇始于 20 世纪 70 年代,美国通过公益诉讼和集团诉讼增强弱势群体的诉讼能力。"第三次浪潮"带来了替代性纠纷解决机制,简化和减轻了法院的程序和负担,以便让当事人更轻易地参与司法程序。[①] ODR 的产生与"接近正义运动"相关。

(二) 通过 ODR 实现数字正义

伊森·凯什与奥娜·拉比诺维奇·艾尼是全球数字正义理论的开创者,其发现了数字和正义之间的关系,基于"接近正义"理论,结合数字时代争议解决的特点首次提出"数字正义"(Digital Justice)理论。数字正义旨在厘清科学技术如何产生各种类型的纠纷,并且致力于利用技术来解决和预防这些纠纷的产生。"接近数字正义"和传统物理世界中的"接近正义"相比,主要体现在六个转变上:一是解纷场域的转变,从面对面的物理空间转向虚拟空间;二是解纷形式的转

[①] 参见〔美〕伊森·凯什、〔以色列〕奥娜·拉比诺维奇·艾尼:《数字正义:当纠纷解决遇见互联网科技》,赵蕾、赵精武、曹建峰译,法律出版社 2019 年版,第 54—55、59—60 页。

变,由人为介入转向科技辅助;三是介入时点的转变,从事后性转向注重事前的预防;四是对数据利用程度的转变,从数据保密转变为关注数据收集、使用和反复利用,甚至利用数据预测及防范纠纷的发生;五是权威来源的转变,从外生权威转向内生权威;六是正义面向的转变,从促进实体正义,转向促进实体正义和程序正义的双重实现,这才是数字正义比传统的正义观念更为进步之处。[①] 凯什认为,数字正义理论终将取代传统正义理论,成为数字世界的原则和准绳。线上产生的纠纷是数字化的纠纷,而数字正义理念又为在线纠纷的解决提供了较为系统和完备的指引。

通过 ODR 可以实现数字正义。借助网络技术发挥作用的 ODR 可以在虚拟空间为当事人提供全时段的纠纷化解,这不仅提高了纠纷化解的效率,还降低了纠纷化解的成本。甚至可以说,ODR 以其高效、便捷的特性重塑了纠纷化解机制的内在权威,实现了纠纷化解机制从外生权威向内生权威的转变。

二、ODR 的功能与价值

(一) ODR 的功能

ODR 的核心功能在于化解纠纷,以应对激增的在线纠纷。这种化解纠纷的功能与传统的 ADR 存在明显差异,具体表现在如下四个方面:一是跨境纠纷解决方式。ODR 不仅可以充分利用全球性的网络资源,而且其可以应对跨境类型的纠纷。ODR 网站建立在互联网上,全球各地的当事人都可以通过不同类型的 ODR 来解决纠纷。二是高效的纠纷解决方式。网络技术的加持使得争议方之间的信息交换具有及时性,这种速度可以与电子商务的速度相匹配。因此,ODR 是一种高效的纠纷解决方式。三是低廉的纠纷解决方式。传统的 ADR 需要争议方到达现场化解纠纷,这就需要争议方耗费差旅费、住宿费等费用。争议方通过 ODR 化解纠纷,不需要耗费上述费用,因此成本较低。特别是对于小额的电子商务纠纷,ODR 成为最合理的纠纷解决方式。

(二) ODR 的价值

一是纠纷解决的多元化,帮助高效化解社会矛盾,提升社会治理水平,实现社会治理现代化。以闲鱼小法庭为例,闲鱼小法庭是阿里巴巴集团旗下闲置物品交易平台——"闲鱼"自主推出的平台自治型非司法 ODR。在我国民间自发建成的非司法 ODR 中,闲鱼小法庭充分发挥"互联网民主"解纷特色,以设立"陪审团"式的民主投票解纷机制高效化解用户间的交易纠纷,极大程度上实现

---

① 参见何柏生:《数字的法律意义》,载《法学》2022 年第 7 期。

了用户与用户之间、用户与平台之间"共建共治共享"的解纷逻辑和治理理念。实践中,借由ODR平台实现的镇街、社区、企业多级联动机制,为政府决策和法院审理提供了参考,缓解了诉讼爆发式增长的现实需求与行政司法系统运行成本高昂、人员结构烦冗间的冲突。上下协同一体和"互联网＋大数据"运作有助于纠纷实质性化解、行政管理体系节流增效,使多龙治水的科层制管理逐步向精细化、信息化升级。概言之,ODR改善了传统线下方式的纠纷解决质效,避免那些本可以诉源解决的案件转化为更为激烈、更具对抗性的法庭诉讼,成为中国数字治理的全新路径。它是网上"枫桥经验"治理模式的关键一环,也是国家治理体系创新和治理能力现代化的中坚力量。

二是ODR提供一种新的纠纷化解思路,且极具理论上的创新价值。ODR的程序非常灵活、弹性,甚至部分ODR网站允许当事人以匿名方式参加纠纷化解程序。ODR的上述特点给予ODR设计者极大的灵活性,ODR因此具有极大的创新空间。比如,有些ODR系统引入人民陪审员制度。ODR的网络技术性决定了此项机制能够最快地与新兴技术融合,比如前述的阿拉贡系统,就展现了去中心化的特点。ODR所呈现的去中心化样态有助于社会协同,回应了现代政府对协同治理模式的探索,从而实现公共利益最大限度的增进。多中心模式作为一种拥有多个半自主决策中心全新社会治理范式,用以解决复杂公共纠纷,改革了既往强政府式的治理格局。ODR以其分布式、多元化、网络化、自组织和去中心化的优势,成为多中心治理的典型,通过既定规则构建秩序,破除不同利益主体间的囚徒困境,使公众与社会组织等非权力主体成为与政府及其他权力主体对等的社会治理主角,达成了社会化协同治理化解纠纷的初步条件。

第三节 ODR的实践发展

一、ODR的基本类型

（一）在线协商

协商是指当事人平等沟通达成共识的活动,在线协商则是指主要程序采用网络技术的协商活动。在线协商可分为辅助协商模式和自动协商模式。在辅助型在线协商模式中,中立第三人引导当事人逐步妥协与和解,但当事人仍是协商的决定者。自动型在线协商模式不需要第三人参与协商,当事人使用电脑程序进行协商。自动型协商模式的典型代表是不公开报价模式,比如Cybersettle和ClickNSettle网站等都采用了这种模式。在该模式中,争议双方的权利诉求与义务会被转化为一定数量的金钱,争议双方在有限的次数内,将自己的心理价位输入电脑,一旦争议双方的数目吻合或在一定范围内一致,程序就会生产有约束力的争议解决方案。在线调解的最大弊端在于其只能适用于金钱赔偿类的案件。

（二）在线调解

在线调解与在线协商不同。首先,协商是指当事人之间通过平等沟通,自行协商解决问题达成共识的活动;调解则是中立的第三方在当事人之间调停疏导,帮助交换意见,提出解决建议。其次,协商只要当事人之间意见达成一致即可解决,调解则是由调解员采用其认为有利于当事人达成和解的方式对争议进行调解。仲裁异于诉讼和审判,仲裁需要双方自愿,也异于强制调解,是一种特殊调解。在线调解可采用电子邮件、聊天室、讨论板等方式进行。在线调解是使用最为频繁的 ODR 类型。比如,Square Trade、Online Mediation 等网站都提供在线调解服务。

（三）在线仲裁

仲裁一般是当事人根据他们之间订立的仲裁协议,自愿将其争议提交由非司法机构的仲裁员组成的仲裁庭进行裁判,并受该裁判约束的一种制度。仲裁活动和法院的审判活动一样,关乎当事人的实体权益,是解决民事争议的方式之一。在线仲裁是指仲裁的主要程序中运用网络技术的纠纷解决方式。以 Web-dispute 为例,争议方签署参与在线仲裁程序的协议后,一旦双方产生争议,各方可以通过电子邮件的方式将案件相关材料发给仲裁员,仲裁员会在规定的时间内将结论告知争议方。在线仲裁与传统仲裁的最主要区别在于仲裁程序的设计。在线仲裁依赖网络技术在虚拟空间上进行仲裁程序,它在信息传递和互动交流上与使用邮递、传真、电话等方式的传统仲裁不同。依靠先进的案件管理和运行系统,在线仲裁能够提高办案效率,节约人力、物力、财力资源成本。另外,在线仲裁程序更具弹性和效率。参与人可以不受时间和地域的限制,随时接入程序,24 小时随时传递资料,查阅案件进程,仲裁程序的可利用性大大提高。

二、ODR 的运行程序

（一）启动程序

ODR 的启动需要符合管辖和受案范围两个条件。就管辖而言,ODR 采用商业化运作模式,主要通过协议的方式获得案件管辖权。ODR 的管辖制度与民事诉讼的关系制度不同,在 ODR 中不存在级别管辖、地域管辖、裁定管辖、管辖权异议等概念和制度。当事人的合意是 ODR 获得管辖的主要方式,具体方式有二:一是双方当事人合意在产生纠纷时运用某一 ODR,二是一方当事人申请使用某一 ODR,经此 ODR 询问另一方当事人并得到同意后,ODR 获得管辖权。需要说明的是,在 ODR 的管辖中,还存在专属管辖这一特殊形式。ODR 的专属管辖主要指某些特定的案件所产生的纠纷由特定的 ODR 进行处理,其他 ODR 无权管辖。实践中,专属管辖一般指自律组织或网络管理组织的成员必须按照组织的要求选择指定的 ODR 处理纠纷。比如,在消费者选择 Square Trade 这一 ODR 网站后,企业成员必须接受 Square Trade 的管辖。

就受案范围而言,从理论上来说,只要是法院主管的案件,ODR 都可以进行受理。但是,涉及民事诉讼中特别程序、督促程序、公示催告程序等非民事权益争议的案件,ODR 无法予以受理。例如,认定公民无民事行为能力人、宣告公民失踪或死亡等案件,不属于 ODR 的受案范围。在实践中,符合下列条件的案件适合运用 ODR 加以解决:其一,线下解决成本高于纠纷解决收益的民事纠纷;其二,请求中仅包含金钱的民事纠纷;其三,运用网络技术解决纠纷的优势十分明显的民事纠纷。

(二) 裁决程序

广义上,ODR 的裁决程序包含在线送达、在线文件传输以及在线审理三个部分。在线送达是指在案件办理过程中,ODR 系统将案件相关的文件通过网络技术送交给当事人或其他程序参与人。一般认为,ODR 程序除了借助网络技术送达外,还可以在特殊情形下利用实体世界的电话、传真甚至电报等手段进行送达。在线文件传输是指案件当事人借助网络技术,将案件相关文件传输给 ODR 系统。具体而言,案件当事人会把自身主张、证据等文件通过网络技术完整、准确地传输给案件裁决人,以便裁决人获取案件相关的资讯。同在线送达程序一样,在线文件传输以电子手段为主,实体手段为辅。在线审理是指案件裁决人在 ODR 系统中,借助网络技术对案件进行审理。民事诉讼要求法庭审理必须符合公开审理原则和言词审理原则。为了快速、高效地处理纠纷,ODR 中的案件审理以书面审理为原则、以开庭审理为例外,此处的开庭审理主要指当事人、裁决人同步参加 ODR 审理活动。

ODR 的裁决程序与民事诉讼中的裁决程序还存在如下不同:其一,ODR 的目的单一。ODR 的最大目的就是快速、便捷、低成本地解决纠纷,其程序与制度设计都是为此目的而服务。相较而言,民事诉讼的目的更加多元,主要观点有私法权利保护说、私法秩序维护说、程序保障说等。其二,ODR 裁决人的选拔机制与组织架构较为自由。ODR 规则允许当事人灵活地选择裁决人,ODR 的设计者可以根据不同的需求对裁决人的组织架构进行创新。ODR 有关裁决人的选用等不必拘泥于民事诉讼相关法律规范的束缚。其三,ODR 的裁决不必拘泥于当事人的请求权。民事诉讼奉行辩论主义,要求法院在当事人的请求范围内进行裁决,而 ODR 的裁决可以与当事人的请求不一致。比如,在电子商务纠纷中,一方当事人申请退货,ODR 裁决人可以要求另一方当事人给出赔偿即可,甚至 ODR 裁决人可以自行给予一方当事人一定的补偿。其四,ODR 裁决人可以自行调查、收集证据,这与民事诉讼的原则相悖。

(三) 执行程序

ODR 运行的最大难题是其执行问题。按照执行主体的不同,可以将 ODR 的执行程序分为三种类型:自治执行、社会力量辅助执行与司法执行。ODR 裁决的自治执行是指由 ODR 系统来对 ODR 所作出的裁决予以执行。可以进一步分为直接执行和间接执行两类,前者主要指 ODR 系统利用特定的网络技术控制手段来直接执行 ODR 裁决。此类执行的前提是,当事人已经取得生效的 ODR 裁决,且双方当事人已经同意由 ODR 系统直接执行相应裁决。后者主要指在 ODR 系统中创设激励或迫使败诉者履行 ODR 裁决的机制,以便在 ODR 执行程序中,推进执行工作的顺利进行。常见的间接执行措施主要有信赖标章机制、信用评价机制、名誉管理制度、黑名单制度等。

ODR 裁决的社会力量辅助执行是指通过社会力量的帮助来执行 ODR 裁决。这里的社会力量一般是实体世界中的社会力量。常见的社会力量辅助执行的方式主要有第三者保存制度、保证金制度、滞纳金制度等。以第三者保存制度为例,在货物买卖过程中,买卖双方在交易前会签订第三方保存服务协议,约定将货款交由第三方保存,同时买卖双方同意一旦发生纠纷就由某一 ODR 予以解决。在发生纠纷时,ODR 可进行裁决,第三方可根据 ODR 裁决结果直接处理货款。

ODR 裁决的司法执行就是由司法机关对 ODR 裁决予以执行的程序。一般而言,同 ADR 一样,纠纷争议双方所达成的和解协议和调解协议没有司法强制执行力,而仲裁裁决可以获得法院的支持,获得司法强制执行力。但与 ADR 不同的是,ODR 仲裁裁决强制执行力较低,目前世界范围内获得法院认可仲裁裁决效力的 ODR 系统并不多。总体而言,ODR 裁决缺少司法的强制执行力,实践中,法院直接认可 ODR 裁决效力的情形仍不多见。这主要由下列因素造成:其一,网络技术所带来的不确定性。网络技术的运用虽然便捷,但也存在风险。比如,证据原件的核对难题将影响裁决的说服力。其二,ODR 程序较为宽松。ODR 的程序弹性较大,裁决组织、裁决方式等都比民事诉讼自由。这种自由宽松的程序要求导致法院不会轻易赋予其司法强制执行力。其三,执行效果的综合考量。一方面,即便法院认可 ODR 裁决的强制执行力,因执行成本过高等原因,争议双方一般也不会选择申请法院强制执行;另一方面,一旦要求法院认可 ODR 裁决,就需要对 ODR 程序进行完善,这将提升纠纷化解的成本、降低纠纷化解的效率,而这与 ODR 的设立目的相悖。

三、ODR 的应用场景

(一)电子商务的 ODR 应用

近年来,ODR 在电子商务领域的发展最为迅猛。在中国,淘宝网中创设了一套全新且有效的在线纠纷化解机制。淘宝网 ODR 的纠纷解决过程较为复杂,具体来说,其纠纷化解的一般过程包含如下几个环节:第一,在启动阶段,仅有买家可以启动纠纷化解程序。第二,在裁决过程中,双方可以反复举证磋商。第三,在裁决方式上,淘宝网 ODR 以判定或和解的形式结案。两者的不同之处在于,和解可以发生在判定前程序的任意节点,判定由淘宝平台在程序的最后阶段做出,两者都是立即执行生效、程序不可回转。总体而言,淘宝网 ODR 从买卖双方处获得纠纷处理权,在纠纷化解中始终贯彻分流观念,并努力促成和解。从解决的结果看,多数纠纷以和解结案、多数判定支持买家。实际上,淘宝采取了"牺牲卖家单笔订单利益来满足买家的购物体验,再以事后的店铺流量作为补偿"的策略。

(二)社交媒体的 ODR 应用

社交媒体是人们彼此之间用来分享意见、见解、经验、观点的工具和平台,现阶段主要包括微博、微信、博客、论坛、播客等。社交媒体在互联网的沃土上蓬勃发展的同时,其内部也爆发了各种纠纷。在社交媒体中,常见的纠纷有两种:因管理行为产生的纠纷与因非管理行为产生的纠纷。前者指社交媒体平台与用户之间的纠纷,如用户对平台的处罚措施不满等;后者指平台用户之间的纠纷,此类纠纷属于典型的民事法律纠纷。以微博为例,其在线纠纷化解包括如下环节:第一,举报阶段。平台通过主动发现或被动接受举报来发现纠纷。第二,受理阶段。平台会对纠纷类型进行划分,进而做出不同的处理方式。第三,判断阶段。平台会根据不同的纠纷类型和案件情况,作出不同的判定。第四,结果公示阶段。平台会在"举报处理大厅"公示纠纷处理结果。第五,上诉复审阶段。平台设立专家委员会复审制度作为对当事人的救济措施。

(三)商业保险的 ODR 应用

ODR 在商业保险等领域得到一定的发展。2020 年 5 月,银保监财险部下发《关于推进财产保险业务线上化发展的指导意见》,鼓励保险服务全流程线上化,加强科技赋能,加快线上化发展。为此,泰康在线上线了自主研发的业内首个线上理赔纠纷 ODR 平台,并已与湖北省保险合同纠纷调解中心达成合作意见,旨在进一步提升在线理赔服务效率与理赔体验。据悉,理赔纠纷 ODR 平台借助云计算、互联网视频交互技术,让用户、保险公司、第三方调解中心通过线上视频的方式进行三方面谈及电话沟通,替代了传统现场调解模式,打破时间和空间的局限,第一时间满足用户调解需求。同时,通过引入中立第三方调解机构协助解决客户与保险公司之间的理赔纠纷,促进 ODR 平台成功运行。

(四)网络域名的 ODR 应用

网络域名是指注册人向域名管理机构注册的网址名称。在网络环境中,域名应当是独一无二的。随着域名商业化的普及,域名逐渐兼具了"地址"与"标识"的双重作用。域名纠纷的化解具有迫切性,ODR 的高效和便捷使得 ODR 在网络域名的纠纷化解上取得了巨大的成功。在世界范围内,网络域名纠纷化解的准则由 The Internet Corporation for Assigned Names and Numbers(简称 ICANN)制定。各个国家根据 ICANN 的授权设立自己的域名管理机构,并授权自己的域名 ODR 网站以处理域名纠纷。ICANN 核准的处理程序主要包括如下几个环节:第一,当事人向 ICANN 指定的纠纷化解机构提出申请;第二,被申诉人于 20 日内提出答辩书;第三,由 1—3 名专家成立专家小组;第四,专家小组成立后,通知当事人及 ICANN 和受理注册机构;第五,受理注册机构根据专家小组的意见处理网络域名。

四、ODR 的发展趋势

(一)技术上与区块链/人工智能结合

实践中,ODR 已经与区块链技术相结合,其中的代表就是阿拉贡系统。Aragon 是基于以太坊的仲裁机构,Aragon 发行的代币称为 Aragon Network Token,简称 ANT。为了保证合约在链上强制执行,Aragon 要求合约参与者在履行过程中要质押一定量的数字资产,如果履行期间发生争议,则由 Aragon 法庭来强制执行仲裁结果。Aragon 法庭是个去中心化的中立机构,其根据共享的信息做出判断。Aragon 将法庭分成不同的等级,低级的法庭处理细致、具体的争议,高级的法庭处理相对宽泛、抽象的争议,法庭会随着处理争议数量的增加和声誉的提升而提高级别。[①]

[①] 参见白瑞亮:《基于区块链的去中心化仲裁——跨境电商争议解决的新路径》,载《时代经贸》2021年第 2 期。

此外，ODR还被应用在以区块链为基础的智能合约所引发的纠纷之上。智能合约不包含处理文件的琐碎工作，也没有底部的签名墨迹，支撑智能合约的关键技术就是区块链。包含布置每一项任务以及可能事件的"假如/那么"条款的计算机程序在内，这些计算机程序一旦被创设并被双方正式接受，就能够在云端自我履行和运转。对关键履行指标的持续监控决定了在何时其中一个"假如/那么"条款突然从假的变成真的，并触发自动履行。区块链是散布于互联网上的分布式账本（就像一个分布式数据库），它允许数据进入系统并被存储于位于全世界的诸多不同的节点中。开发公司和创业者正迅速地为智能合约纠纷解决创造解决方案，其意识到这些纠纷要求跨管辖权的、超越法律之外且高效的司法外救济系统。相应地，创业公司也在区块链中创造ODR系统。

（二）场域上与数字司法结合

实践中，为贯彻中央关于诉讼与非诉讼相衔接的矛盾纠纷解决机制改革的总体部署，我国最高人民法院于2012年发布了相应的改革试点方案，其中一项主要内容就是构建诉调对接工作平台，这也成为后来一站式平台的雏形。一站式平台的构建，使ODR将前端咨询、评估、事中调解、仲裁以及诉讼审判五个工作模块彼此衔接起来。通过对案件数据的筛选整理，将案情简单、争议不大的案件分流出来，采用非诉讼方式解决，需要通过法院解决的案件则按照诉前调解、简易程序等方式处理，疑难案件则进入普通审判程序，由法院居中裁判。

据此，学界有观点认为，我国应当及时补充非司法ODR的司法确认制度，赋予非司法ODR法律认同，做到从纠纷源头真正地化解纠纷，减少纠纷再次回流到司法诉讼的情况发生。但是，ODR的司法确认将使得ODR的运行成本增加，这在一定程度上会阻碍ODR的发展。就此而言，我国应加大对非司法ODR的培育和支持，同时强化ODR与数字司法的衔接与融合。2017年，杭州市构建了"在线矛盾纠纷多元化解平台"。该平台与省内多家诉讼服务网站、仲裁机构等部门的网络接口相连，协助当事人、多元调解队伍及法院互通合作。截至2020年1月，浙江省在线矛盾纠纷多元化解平台入驻各类调解员超过4万人，累计流转案件58.2万件，调解成功51.5万件。截至2021年5月，杭州法院适用小额诉讼程序受理案件数2.4万余件；平均审理期限26.52天，同比减少了11天。[①] 除此之外，在数字司法建设中，法院系统应当秉行能动司法理念，实践中的在线法院需要注重于超大平台的管控与衔接，以便从源头促进纠纷的有效

---

① 参见余建华、王方玲：《杭州：推进繁简分流 跑出时代速度》，https://www.chinacourt.org/article/detail/2021/05/id/6028747.shtml，2024年9月4日访问。

化解。

> 问题与思考

1. ODR 与 ADR 的主要区别是什么?
2. ODR 与在线法院的关系是什么?
3. 应当赋予 ODR 以司法强制执行力吗?
4. ODR 的发展方向应当是怎样的?

> 扩展阅读

1. 〔美〕艾米·斯密茨、科林·鲁尔:《与未来握手:在线纠纷解决机制与互联网消费者权益保护》,胡晓霞译,北京大学出版社 2020 年版。

2. 〔美〕伊森·凯什、〔以色列〕奥娜·拉比诺维奇·艾尼:《数字正义:当纠纷解决遇见互联网科技》,赵蕾、赵精武、曹建峰译,法律出版社 2019 年版。

3. 于志强、郑旭江:《网络空间综合治理中的在线纠纷解决体系研究》,法律出版社 2022 年版。

4. 郑世保:《在线纠纷解决机制(ODR)研究》,法律出版社 2012 年版。

5. 钱颖萍:《"一带一路"建设中的商事纠纷在线解决机制研究》,西南交通大学出版社 2020 年版。

6. 丁颖、李建蕾、冀燕娜:《在线解决争议:现状、挑战与未来》,武汉大学出版社 2016 年版。

7. 谢鹏远:《在线纠纷解决的信任机制》,载《法律科学(西北政法大学学报)》2022 年第 2 期。

8. 〔阿根廷〕费德里科·阿斯特、〔法〕布鲁诺·德法因斯:《当在线纠纷解决遇到区块链:去中心化司法的诞生》,张智豪译,载《中国应用法学》2021 年第 6 期。

9. 胡晓霞:《消费纠纷的在线解决:国外典型经验与中国方案》,载《法学论坛》2019 年第 4 期。

10. 龙飞:《人工智能在纠纷解决领域的应用与发展》,载《法律科学(西北政法大学学报)》2019 年第 1 期。